습속
용례, 매너, 관습, 모레스, 그리고 도덕의
사회학적 중요성
2

서양편 · 784

습속
용례, 매너, 관습, 모레스, 그리고 도덕의
사회학적 중요성

제2권

윌리엄 그레이엄 섬너(William Graham Sumner) 지음
김성한, 정창호 옮김

한국문화사

• 일러두기 •

1. 본서는 프로젝트 구텐베르크 웹사이트(http://www.gutenberg.org/ebooks/24253)에 있는 판본을 번역 원본으로 삼고 미국 뉴욕 Cosimo사의 Cosimo Classics Literature 총서 중 하나로 출간된 Folkways: A Study of Mores, Manners, Customs and Morals를 참고했다.
2. 원본에 있던 미주는 모두 각주로 옮기고, 옮긴이가 넣은 주는 '옮긴이 주'로 표기했다.
3. 인용한 문헌의 원문에 저자가 직접 추가하거나 수정한 부분은 [ ]괄호로 표시되어 있다.
4. 저자가 각주에 인용한 문헌을 한국어판에서는 옮긴이가 원서의 참고문헌에 추가했다.
5. 본문에 인용되어 있는 절은 책 말미 '절번호 찾아보기'를 통해 그 인용 절을 확인할 수 있다. (예: 본서 42절 참조 → '절번호 찾아보기'의 '42.…62'에 따르면 1권 62쪽에 42절이 있음)

옮긴이의 글

『습속(Folkways)』(1906)은 섬너의 대표적인 저술로, 원문의 분량이 700쪽이 넘는 방대한 문헌이다. 그는 책에서 '습속'과 '모레스'에 대한 정의로부터 출발하여 노동, 부, 노예제도, 식인풍습, 원시적 정의(正義), 성(性), 결혼제도, 스포츠, 드라마, 교육과 역사에 이르기까지 폭넓은 사회 현상을 진화론적인 관점을 바탕으로 정리, 소개하고 있다. 책에 대한 적절한 이해를 위해 독자들은 그가 진화론을 받아들이고 있다는 점, 이를 인간 사회에 적용해 보고자 한 점, 아울러 그가 자유라는 이념에 커다란 가치를 부여하고 있다는 점을 염두에 두어야 할 것이다. 책에서 주목해야 할 또 다른 점은 습속과 모레스 등 그가 사용하고 있는 핵심적인 용어에 대한 설명이다. 이러한 용어들은 섬너가 각론에 들어가 성이나 결혼 등 구체적인 주제를 설명할 때 적절한 방식으로 스며들어 있다.

책에서 섬너는 인류가 진화 과정을 거치면서 획득하게 된 본성을 전제하면서, 인간이 이와 같은 본성을 충족시켜 생존을 도모하기 위해 각자에게 주어진 환경 속에서 자신이 가지고 있는 능력을 발휘했고, 이것이 계기가 되어 문화가 만들어졌으며, 결국 오늘날과 같은 거대 사회가 탄생하게 되었다고 생각한다. 이처럼 그는 인간이 주어진 환경 내에서 살아남기 위해 자신의 역량을 발휘하는 지속적인 과정을 통해 문화가 단순한 형태에서 복잡한 형태로 발전해 왔다고 생각하는데, 이러한 생각에서 핵심을 차지하는 개념이 바로 습속(folkways)이다. 습속이란 "필요를 충족시키기 위한 노력에서 유래된 개인의 습관과 사회의 관습"을 말한다. 이는 사회 구성원이 습관적으로 취하는 행동 양식을 말하는데, 섬너에 따르면 인간은 먼 조상으로부터 물려받은 본능을 충족시키기 위해 다양한 활동을 했고, 이러한 활동을 통해 자신을 환경에 적응시키게 된다. 그런데 그 특성상 인간은 불가피하게 집단생활을 하며, 이러한 생활을 하면서 집단 성원 전체가 잘 살아남기 위해 집단행동 양식을, 그리고 공동체 모두에게 도움이 될 수 있는 습관적인 방법을 개발한다. 바로 이것이 습속인데, 이는 인간이 시행착오를 거치면서 갖추게 된 것이다.

이러한 습속이 실질적으로 집단의 안녕에 필요하고 도움이 되는 것으로 간주되면 '모레스'(mores)로 자리 잡게 된다. 이러한 모레스는 집단 구성원의 생각과 행동 등을 통제하는 기능을 하며, 성원들은 이를 받아들이길 강요받고, 이를 어길 경우에는 제재가 이루어질 것을 감수해야 한다. 이러한 모레스는 단지 옳고 그름의 잣대로서의 도덕규범으로서만이 아니라 언어 습관을 포함해 의식주와 관련한 사람들의 수많은 행동 기준으로 작동하게 되는데, 섬너의 『습속』은 바로 이와 같은 습속과 모레스에 대한 생각을 바탕으로 인간사의 다양한 현상들을 설명하고 있다.

*　　　　*　　　　*

책을 관통하는 섬너의 근본적인 입장의 적절함은 차치하고라도 미국 사회학의 효시가 된 이 책의 내용은 섬너가 수집한 방대한 민속지와 역사적인 자료를 읽어보는 것만으로도 충분히 흥미롭고 유익한 읽을거리가 될 수 있을 것이다. 또한 오늘날 '습속'이라는 말이 비교적 흔히 쓰이고 있는데, 이와 같은 단어가 최초로 사용되면서 그 정의가 제시되고 있는 저작이라는 점도 이 책의 흥미를 더하는 부분이다. 이와는 다소 다른 차원이지만 역자는 섬너가 '사회진화론자'로 분류되면서 사회진화론에 대한 온갖 비판에 노출되는 것이 적절한지 가늠해 본다는 차원에서도 책을 읽어볼 가치가 있다고 생각한다. 많은 경우 섬너는 사회진화론자로 분류되면서 이러한 이론에 제기되는 비판을 고스란히 받고 있다. 하지만 이 책을 읽어보면 이와 같은 비판이 섬너의 저술이 상세히 분석된 상황에서 이루어진 것이 아님이 확연하게 드러난다. 다시 말해 2차 문헌을 통해 흔히 알려져 있는 바를 근거로 비판을 할 뿐, 정작 사회진화론의 본령으로 분류되는 저작에 대한 천착이 이루어지고 난 후 가해지는 비판이 아님이 확인된다는 것이다. 사회진화론을 어떻게 정의 내릴지, 그 내용이 무엇인지에 대한 논란의 여지가 적지 않은 상황에서 사회진화론에 대한 일반적인 비판을 그대로 답습하여 섬너를 평가하는 것은 정당하지 않다. 번역자는 사회진화론에 대한 좀 더 정확한 이해와 정리의 차원에서도 이 책을 읽어볼 필요가 있다고 생각한다.

*　　　　　*　　　　　*

19세기 영어 특유의 난해함, 그리고 동서양과 고금을 오가면서 논의를 전개하는 저자의 박식함을 충분히 따라가지 못하는 역자들의 한계 때문에 이 책이 나오기까지 적지 않은 시간이 걸렸다. 일부 내용은 미국인 몇 명에게 자문을 구해도 그 의미를 정확하게 파악하기가 어려울 정도였다. 그럼에도 주변 분들의 많은 도움 덕에 이렇게 책의 출간으로 번역을 마무리하게 되어 기쁘다. 하지만 다른 한편으로는 책 내용의 난해함이 일부 번역 문장에도 그대로 반영되는 경우가 있는 듯해 독자들께 죄송함이 느껴지기도 한다. 너그러운 마음으로 널리 이해해 주시기 바란다. 책의 처음부터 7장까지는 김성한이, 8장부터 끝까지는 정창호가 번역했다.

*　　　　　*　　　　　*

이 책이 나오기까지 도움을 주신 분들이 적지 않지만 무엇보다도 가족들에게 진심으로 감사를 표한다. 가족의 사랑과 희생이 아니었으면 실로 적지 않은 시간을 투자해야 하는 번역 일에 전념할 수가 없었을 것이다. 가족으로서의 이런저런 아쉬운 점을 숨긴 채 늘 격려만 해 주는 가족들에게 한없는 사랑을 보낸다. 한국문화사 이지은 과장님의 헌신은 결코 잊을 수 없을 것이다. 지금까지 출판을 하면서 과장님처럼 꼼꼼하게 교열을 봐준 경우를 본 적이 없다. 과장님은 건강이 좋지 않아 휴직을 하는 상황임에도 마지막까지 헌신적으로 책의 출간을 책임지셨다. 얼른 건강해져서 다시 함께 일을 할 수 있는 날을 기약해 본다. 마지막으로 인내심을 가지고 기다려주신 한국문화사 관계자분들, 그리고 직간접적으로 도움을 주신 많은 분들께 감사드린다. 이 책의 번역이 관련 분야의 연구와 독자들의 지적 관심을 충족시키는 데에 작게나마 도움이 되길 바란다.

2019년 9월
역자 일동

서문

1899년, 나는 지난 10년 혹은 15년 동안 강의에서 사용해온 자료를 바탕으로 사회학 교과서를 쓰기 시작했다. 이 작업을 하다가 문득 '모레스(mores)'에 대한 나 자신의 견해를 소개하려는 생각을 하게 되었다. 하지만 교과서 어디에서도 이를 언급할 수 없었고, 또 다른 책에서 언급한다 해도 한 장(章) 정도로는 이를 충분히 다룰 수도 없었다. 결국 나는 교과서 작업을 잠시 던져두고 지금부터 이야기할 '습속(folkways)'에 관한 글을 쓰기로 했다. '습속'과 '모레스'에 대한 정의를 살펴보려면 본서 1절, 2절, 34절, 39절, 43절 그리고 66절을 참조하면 된다. 나는 사회학에서 이미 사용하고 있는 단어들에서 유추하여 '습속'이라는 단어를 만들었다. 또한 내가 이야기하고자 하는 내용을 가장 잘 담을 수 있는 단어로 라틴어 'mores'를 선택했다. 책에서 나는 이 라틴어 모레스(mores)를 사회 복리에 도움이 된다는 생각이 포함된 '대중의 용례(usage)'와 '전통'이라는 뜻으로 사용하고 있다(본서 42절 참조). 이는 어떤 권위에 의해서도 조정되지 않으면서 각 개인에게는 이를 따르도록 강제력을 행사한다. 한편 나는 'Ethos(에토스)'라는 단어도 친숙하게 만들고자 했다(본서 76, 79절을 볼 것). 이 책 제목을 'Ethica', 'Ethology' 혹은 'The Mores'라고 하는 것도 좋을 것 같았지만(본서 42, 43절을 볼 것), Ethics는 이미 다른 의미로 사용되고 있고, 다른 용어는 매우 생소했다. '습속'도 생소하긴 마찬가지일지 모르겠지만, 그럼에도 그 의미는 훨씬 분명하다. 여기서 나는 어떤 습속에 쉽게 충격을 받는 사람이라면 습속에 관한 글을 아예 읽지 않는 편이 좋다는 말을 덧붙이지 않을 수 없다. "관습(custom)은 자연의 가르침이다. 이에 뜻이 있다고 말한다면, 우리는 이를 부끄러워해야 할 것이다."(햄릿 4막 7장 마지막) 나는 모든 습속을 진실되게 다루려고 노력했다. 여기에는 우리의 습속과 극단적으로 다른 것도 포함된다. 그러면서 우리의 관례(convention)에 대해서는 그 권위를 인정했고, 응당 받아야 할 존경의 끈을 놓지 않았다.

1장에서 나는 습속과 모레스를 열심히 정의하고, 이들을 상세하게 설명하려고 노력했으며, 이들이 인간 사회에서 어떻게 작동하는지를 분석했다. 2장은 습속이 인간의 이해 관심(interests)과 어떻게 관련되는지, 그리고 이러한 습속이 어떻게 작용하고 또한 영향을 받는지를 보여 주고 있다. 이 두 장에서 상세하게 설명하는 주제는 다음과 같다. 첫째, 습속은 인간의 필요를 충족하고자 노력하는 과정에서 탄생한 개인의 습관(habit), 그리고 사회 관습의 총계다. 이들은 초자연적인 존재에 대한 믿음(goblinism)과 사신(邪神)에 대한 믿음(demonism), 그리고 운에 대한 원시 관념들과 뒤얽혀 있으며, 이로 인해 전통적인 권위(traditional authority)[1]를 확보한다. 이어서 이들은 후속 세대에게는 규제 원리로 자리 잡게 되고, 사회적 힘(social force)[2]이라는 성격을 갖추게 된다. 습속이 어디에서 유래했고, 어떻게 발생하는지에 대해서는 아무도 모른다. 습속은 마치 내적인 생명 에너지가 작동하여 성장하듯 성장한다. 이들이 인간의 의

---

[1] (옮긴이 주) 권위의 한 유형으로, 과거로부터 전해 내려오는 전통이나 관습 등을 통해 권위의 타당성을 확보한다.
[2] (옮긴이 주) 사람들의 생활에 영향을 미치며 사회사상 등을 탄생시키는 원인으로 작용하는 사회의 힘.

도적인 노력을 통해 바뀔 수도 있다. 하지만 여기에는 일정한 한계가 있다. 시간이 흐름에 따라 습속은 힘을 잃고, 쇠퇴, 사멸하며, 결국 변형된다. 이들이 전성기를 구가할 때는 개인과 사회가 맡은 일에 대한 이들의 통제력이 크게 강화된다. 이 와중에 습속은 세계관과 살아가는 방침에 관한 관념을 만들어내고 성장시킨다. 그럼에도 습속은 유기적인 것도, 물질적인 것도 아니다. 습속은 관계와 관례, 그리고 제도적 장치로 이루어진 초유기적 시스템이다. 습속은 **사회적** 특징을 갖추고 있는데, 이와 같은 이유로 이들은 우리의 탐구 대상이어야 한다. 이와 같은 사회적 특징으로 인해 이들은 사회과학에서 탐구해야 할 주요 대상으로 자리매김한다.

일단 습속에 대한 분석이 이루어지고 나면, 그 결론은 반드시 일련의 사례를 통해 정당화되거나, 혹은 분석을 통해 확증된 바에 부합되는 모레스의 작동 사례들을 제시함으로써 정당화될 필요가 있다. 이러한 정당화가 성공하려면 해당 모레스에 대한 설명이 상세하게 이루어질 필요가 있다. 이렇게 하면서 우리는 해당 사례들의 뚜렷한 영향력과 논쟁적인 가치를 빈틈없이 찾아내야 한다. 제약이 있을 수밖에 없는 지면을 넘어서지 않으면서 세부적인 문제들을 적절히 다루기란 쉬운 일이 아니었다. 내가 제시하는 민속지학[3]적인 사실들은 다른 방법으로 이끌어낸 일반화된 명제를 사후적으로 뒷받침하는 사례가 아니다. 이들은 그러한 일반화된 명제를 이끌어낸 방대한 사실들 중에서 정선(精選)한 것이다. 이외에도 내가 증명하고 보여주려는 계획에 포함한 다른 수많은 매우 중요한 사례가 있는데, 이들은 지면 부족으로 제외할 수밖

---

[3] (옮긴이 주) 민속지학은 질적 연구 방법으로, 이러한 연구 방법에서 연구자는 오랜 기간에 걸쳐 다른 문화 속에서 살아가면서 해당 문화의 자연스런 모습을 관찰하게 된다.

에 없었다. 사신(邪神)에 대한 믿음, 원시 종교, 그리고 요술(witchcraft)[4]은 이에 해당하는 것들이다. 그 밖에 여성의 지위, 전쟁, 진화와 모레스, 고리대금, 도박, 사회 조직과 계급, 매장 관행, 서약, 금기, 윤리, 미학 그리고 민주주의도 내가 제외할 수밖에 없었던 주제다. 이 중에서 앞의 네 주제에 대해서는 글을 썼고, 조만간 별도로 출간하게 될지도 모르겠다. 내게 주어진 다음 과제는 사회학 교재를 마무리하는 일이다.

예일대학교에서
W. G. 섬너

---

[4] (옮긴이 주) 인간을 통해 강제적인 힘으로 작동되는 사악한 모든 힘.

차례

옮긴이의 글 ··· v
서문 ··· ix

제5장 사회선택 ··· 1
제6장 노예제 ··· 157
제7장 낙태, 유아살해, 노인살해 ······································ 247
제8장 식인(食人) ··· 291

참고문헌 ·· 316
찾아보기 ·· 340
절번호 찾아보기 ··· 349
옮긴이 해제 ··· 357

1권

제1장 습속과 모레스의 기본적인 의미
제2장 모레스의 특징
제3장 생존을 위한 투쟁: 도구, 기술, 언어, 화폐
제4장 노동과 부

3권

제9장 성 모레스
제10장 결혼제도
제11장 사회적 규약
제12장 근친상간
제13장 친족 관계, 혈족을 위한 복수, 원시적 정의, 평화 조약들
제14장 부정과 흉안

4권

제15장 모레스는 무엇이든 올바른 것으로 만들고 또 무엇에 대한 비난이든 방지할 수 있다
제16장 신성한 매음, 아동 희생
제17장 대중적 오락, 공연, 그리고 연극
제18장 금욕주의
제19장 교육, 역사
제20장 생활방식, 덕성 대 성공

제5장 사회선택[1]

모레스에 의한 사회선택 – 암시라는 수단 – 상징, 회화(繪畵) – 암시의 도구 – 슬로건, 선전구호 – 노예, 민주주의 – 별명 – 경구(警句) – 파토스 – 파토스는 진리에 호의적이지 않다 – 분석의 가치와 시금석으로서의 입증 – 인도적인 태도 – 구별(distinction)에 의한 선택 – 귀족 계층 – 유행 – 관례화 – 미개한 유행 – 민속지학을 통해 살펴보는 유행 – 미의 이상(理想) – 드레스 이외의 것들의 유행 – 잡다한 유행 – 유행에 의한 변형은 모두 합리성을 결하고 있다 – 유행에 대한 풍자 – 신념과 이상(理想)의 유행 – 유행은 하찮은 것이 아니다. 논의를 통해 달라지도 않는다 – 더욱 멀리까지 미치는 유행의 영향 – 은어와 무의미한 감탄사 – 허식, 일시적 유행, 그리고 일시적 유행어 – 사례 – 영웅, 속죄양, 조롱의 대상, 풍자화 – 풍자화 – 모레스와 일시적 유행 등의 관계 – 이상(理想) – 이상이 사용될 수 있는 경우 – 미(美)의 이상 – 이상적인 인간 – 표준형 인간 – 사고하는 것은 누구인가? – 신사 – 금기에 의해 제시되는 사회의 기준 – 범죄 – 형법 – 대중이 나타내는 공포와 희망 현상 – 열광, 망상 – 중세 사회의 기괴한 대중현상 – 중세의 집단적 움직임 – 탁발 수도회 – 다른 탁발 수도회 – 빈곤과 극빈에 대한 대중의 열광 – 망상 – 열광에는 암시가 필요하다 – 개인에게 미치는 군중의 힘 – 고통을 주는 방법을 통한 훈육 – 중세 교회는 사회선택의 기능을 담당했다 – 중세의 교회 – 성직자의 독신 생활 – 대중은 성직자가 독신이길 원했다 – 아벨라르두스 – 영국 교회와 그 모레스 –

성직자 독신제에 대한 선택 – 교회가 어떻게 선택 기능을 작동시켰는가 – 모레스와 도덕, 사회의 규약 – 모레스 내에서의 정설, 다른 의견에 대한 대응 방식, 고문을 통한 선택 작용 – 화형 – 북미 식민지에서의 화형 – 한 사람이 받는 벌에 대한 집단의 연대 책임 – 고대국가에서 이루어진 고문 – 로마 제국에서 이루어진 고문 – 유대교와 기독교의 보편성, 누가 누구를 박해하는가? – 죄인 판별법 – 고문의 비합리성 – 로마법의 이단 심문 소송 절차 – 이단 심문자로서의 주교 – 이단에 대한 정의(定義) – 알비파 – 대중 박해 – 박해에 대한 입장 – 세속의 권력자에게 부과된 의무 – 교회와 대중의 역할 – 교회의 세력을 확대하기 위한 이기적인 목적의 권력 사용 – 이단 심문소, 서서히 형태를 갖추어 가다 – 이단 심문소 설립에 관한 입법 – 지하 감옥 – 황색 십자가 – 재산 몰수 – 이단 심문소의 활동 – 이단 심문소의 성공 – 시민 재판과 교회 재판에서의 고문 – 이루어진 선택 – 영국에서의 고문 – 스페인의 이단 심문소 – 베네치아의 이단 심문소 – 정치적, 개인적인 목적을 위한 이단 심문소 활용 – 살인을 통한 선택의 단계들

---

[1] (옮긴이 주) 저자는 다윈이 말하는 자연계에서의 자연선택에 의한 진화와 유사한 과정이 인간 사회에서도 일어난다고 생각하고 있으며, 이를 '사회선택'이라고 부르고 있다. 두 선택은 유사하긴 하지만 그럼에도 동일한 것은 아니다. 무엇보다도 자연선택은 영겁의 세월을 거치면서 이루어지는 과정임에 반해 사회선택은 그렇지 않다. 저자는 편의에 따라 사회의 명멸 과정을 설명하기 위해 선택 개념을 도입했을 뿐, '진화'에 삼라만상이 포섭된다는 의미에서 사회선택을 이야기하고 있는 것은 아니다.

170. 모레스에 의한 사회선택

모레스에 대해 알아야 할 가장 중요한 사실은 그것이 개인을 지배한다는 것이다. 한 개인은 모레스가 어디에서, 어떻게 생겨났는지 모른다. 하지만 모레스는 유아기의 가장 이른 시기에 그 개인의 열려 있는 마음을 만나 그의 생각, 신념, 취향에 관한 소양을 제공하며, 미리 정해진 심리 과정으로 그를 이끌어간다. 모레스는 개인에게 행위 규칙, 기준, 그리고 윤리적 규칙을 전해준다. 모레스는 있어야 할 모습으로서의 인간형을 제시한다. 이러한 모델은 당사자가 모르게 개인을 주조하며, 이를 그 사람에 대한 지식 없이 행한다. 만약 그가 이러한 모델에 따르기로 하면, 그는 받아들여져서 사회적으로 크게 성공할 수 있다. 반면 그가 저항하면서 동의하지 않으면, 그는 버려져서 밟아 뭉개질 수 있다. 이렇게 보았을 때, 모레스는 사회선택의 엔진이라 할 수 있을 것이다. 개인에게 강제력을 행사하는 방식은 모레스가 선택을 행하는 방식이며, 그 과정의 상세한 내용은 연구할 만한 가치가 있다. 일부 습속은 그 뜻을 헤아릴 수 없는, 이성적이지 못한 선택을 한다. 영아살해는 이에 해당한다(본서 7장). 노예제는 언제나 물질적으로, 그리고 사회적으로 매우 강력한 선택을 행한다(본서 6장).

171. 암시라는 수단

암시는 모두 모레스에 기원을 둔 수많은 수단을 이용해 모레스 내에서 영향력을 행사한다. 암시는 일부 사람들이 이미 생각하고 느껴본 데까지만 확장하는 데에 머물 수도 있고, (이후 단계에서) 적극적으로 어떤 모레스를 확장하고자 할 때 의도적으로 사용될 수도 있다. 사회의 통념, 전설, 우화, 그리고 신화는 한 집단을 통해 세대에서 세대로 그 개념을 확장해 간다. 이러한 확장은 그러한 개념이 습속과 뒤섞이면서 습속과 모레스의 구성요소가 될 때까지 이어진다. 서사시는 모레스에 강한 영향을 미친다. 서사시는 젊은이들에게 모델이 될 만한 영웅의 행위나 인품의 유형들을 제시한다. 예컨대 '일리아드'와 '오디세이'는 그리스의 젊은이들을 가르치는 교과서가 됐다. 이들은 영웅 행위와 의무 개념을 제시했고, 모든 그리스인에게 설화, 개념, 이상(理想)에 관한 공동의 자원을 제공했으며, 누구나 알고 있었던, 그리고 인유(引喩, allusion)[2]에 의해 재차 상기될 수 있었던 정서를 제공했다. 사람들은 이러한 인유를 통해 모든 사람이 동일한 반응을 나타낼 것이라 기대했다. 물론 이러한 생각이 상투적인 가정이었을지도 모르며, 많은 경우 사람들의 생각과 느낌의 반응이 상투적인 것에 지나지 않았을 수도 있다. 하지만 심지어 이러한 경우마저도 암시가 영향을 미치는 데 실패한 것은 아니었다. 그 후 대중이 서사적 영웅 이야기가 추구하는 이상(理想), 그리고 신들에 대한 오랜 존경을 거부하고 비웃었는데, 이처럼 관념과 신념에 관한 오랜 공동 자원을 포기한 것은 국가의 모럴(morale)[3]이 쇠퇴했음을 시사한다. 다음의 문제는 매우 중요하다. 젊은이들에게 엄숙하고 신성한 것으로 암시되지만, 그들이 살아가면서 그 본질을 파악하여

---

[2] (옮긴이 주) 다른 예를 끌어다 비유하는 것을 말함.
[3] (옮긴이 주) 모럴은 도덕과 동일한 의미로 사용되기도 하지만, 어떤 경우에는 다소 다른 의미로 사용되기도 한다. 도덕의 일부로 간주되는 도덕 법칙이나 덕목은 보편적이고 일반적인 것으로, 이러한 것들은 현실 속에서 살아가는 개개인의 삶과는 다소 유리되어 있는 것처럼 느껴진다. 이러한 도덕을 사회 속에서 생활하는 개별 인간으로서의 존재 방식을 통해 생활에 밀착시키고 사상을 구상화(具象化)하는 과정에서 만들어지는 것이 모럴(morale)이다.

거부해야 하는, 한 국민 모레스 안의 관례적인 허위(humbug)가 미치는 영향은 무엇인가? '마하바라타(Mahabharata)',[4] '칼레발라(Kalevala)',[5] '에다(Edda)',[6] '니벨룽겐의 노래(Nibelungen Noth)'는 수백 년 동안 모레스에 커다란 영향을 미친 대중적인 서사시의 또 다른 사례다. 이와 같은 시(詩)들은 행동 모델과 원리를 제공한다. 하지만 후대에 가서 사람들이 이러한 시들의 진가를 인정하지 않으면서 조롱거리로 만들어버릴 수 있으며, 이들을 그저 겉치레와 거드름으로 이해할 수 있는데, 이는 불가피한 귀결이다. 이 중에서 전자는 대중에게서 나타날 가능성이 매우 크고, 후자는 교양 있는 계층에게서 나타날 가능성이 매우 크다. 서력기원 초기 그리스 로마 세계에서는 다양한 철학 학파가 그리스의 영웅주의, 미덕, 그리고 종교적 신념을 보존하고 갱신하고자 노력했다. 이들이 영원한 윤리적 가치를 갖는 듯했기 때문이다. 대중의 모레스는 결코 이러한 노력의 영향을 받지 않았다. 사실 세네카, 플루타르코스, 마르쿠스 아우렐리우스, 에픽테토스, 플리니우스 등이 쓴 글들이 자신들의 진정한 삶의 규칙을 알려주는 것인지, 아니면 단순히 글을 통한 겉치레에 지나지 않는지는 알 길이 없다. 르네상스 시대, 그리고 그 이후에는 고전을 배운 사람들이 고귀하다고 칭송할 만한 인품의 기준, 그리고 사고와 행동에서 갈고 닦아야 하는 것에 관한 기준이라는 측면에서 이와 같은 사람들의 영향을 받았다. 이들은 사람들이 공유하는 자원의 보고(寶庫)였다. 여기에는 사람들이 즐겨 인용하는 글귀, 사람들이 받아들이는 인생철학, 그리고 당대의 윤리적 견해가 포함되어 있었다. 하지만 이러한 자원은 오직 학식 있는 자들의 특수한 모임만이 공유했다. 이는

---

[4] (옮긴이 주) 바라타 왕조의 대서사시.
[5] (옮긴이 주) 핀란드 민족의 서사시.
[6] (옮긴이 주) 고대 북유럽의 서사시.

결코 대중에게 영향을 준 적이 없다. 지난 400년 동안 프로테스탄트들이 역사와 일화의 공동 자원으로 활용한 것은 성서다. 성서는 모든 계층이 익히 아는 경구나 잘 알려진 인용 구절을 제공했다. 이는 그 누구도 감히 부정하려 하지 않는 규칙과 기준을, 그리고 압도적인 힘을 가진 암시를 제공해 왔다. 성서가 대중의 모레스에 미친 영향력은 실로 막대했다.

172. 상징, 회화(繪畵)

많은 사람이 독서 능력을 갖추게 되기 전까지는 예술이 상징(symbols)의 형태로 암시(suggestion)를 전달했다. 상징 행위는 교역과 계약에, 그리고 결혼과 종교 등에 활용됐다. 우리 시대에는 글쓰기가 암시의 수단으로 상징의 위치를 차지했다. 상징은 더 이상 우리에게 호소력을 발휘하지 못한다. 이들은 우리에게 더 이상 익숙하지 않다. 반면 삽화는 우리에게 영향을 준다. 이들이 일간신문에 도입된 것은 암시 예술의 중요한 발전이다. 채색된 유리, 조각, 조각상, 회화 등의 중세 예술은 극도로 조잡하고 단순한 중세의 상상력을 드러내고 있다. 하지만 이는 동시에 어린아이 같은 독창성과 솔직함을 표현하고 있기도 하다. 중세 예술이 암시력을 갖는 것은 그것이 갖는 독창성과 솔직함에 따른 것임은 말할 것도 없다. 이러한 예술은 생생한 묘사를 하고 있으며, 중세 예술은 스스로를 탄생시킨 유형의 상상력을 자극하고 촉발했다. 이러한 예술은 천국, 지옥, 사신(邪神), 고문, 그리고 성서에 적혀 있는 사건 중에서 무섭고, 환상적이며, 기괴한 요소들이 포함된 것들에서 제재를 구했다. 십자가는 고문의 고통으로 죽어간 인간을 나타냈다. 이는 기독교의 주요 상징이었다. 이 모든 중세 예술에서 암시는 세련되지 못한 정념과 관능성을 산출해 냈다. 어린 시절에 목판화 삽화가 들어간 낡은 성서를 집어 든 적이 있는 사람이라면 누구든 목판화가 얼마나 강력한 힘을 발휘하는지 알고 있을 것이다. 이는 성서로부터 형성되는 기본적인 생각을 결정짓는데, 이렇게 만들어진 기본적인 생각은 이후 어떤 이야기를 듣게 되는지와 무관하게 평생 계속 유지된다.

173. 암시의 도구

오늘날 암시의 도구는 언어지, 그림, 조각, 도덕극, 혹은 여타의 시각적인 예술 작품이 아니다. 슬로건(watchwords), 선전구호(catchwords), 경구(phrases), 별명(epithets)은 오늘날의 암시 수단이다. 오늘날의 단어 중에서 그 의미가 전적으로 단순·명료하며, 애매하지 않은 듯이 사용되고 있지만, 사실은 전혀 정의되지 않은 채 널리 사용되는 단어들이 있다. '민주주의', '국민', '월가', '노예', '아메리카주의'가 그 예다. 지금까지 이들은 '상징(symbols)'으로 불리어 왔다. 하지만 이들은 '대용어(token)'라고 불리는 편이 더 좋을 것이다. 이들은 대용화폐(token coins)와 유사하다. 이들은 '통용'되는데, 이는 이들의 가장 주목할 만한 특징이다. 이들은 친숙하고, 의문시되지 않으며, 대중적인 단어다. 이들은 항상 그 가치를 넘어서 널리 통용되고 있다. 이러한 단어들은 대중에게 어쩔 수 없는 신화화의 경향이 있음을 드러내 보여준다. 이들은 인격화되며, 초인적인 에너지가 부여된다. '민주주의'는 귀족정치, 신권정치, 독재정치 등과 어깨를 나란히 할 수 있는 단어가 아닌, 인간사에 그 자체의 영감과 에너지를 주입하는, 어떤 외부에 기원을 갖는 권능으로 여겨진다.

'국민'은 한 지역의 주민을 일컫는 단어가 아닌, 사람들이 경험적으로 증명할 수 있는 것을 넘어서 본래적인 기능과 능력을 귀속시키는 창조된 신화다. '월가'라는 단어에는 한때 악마에 귀속시켰던 의미가 담겨 있다. 현재 편집 발행인이나 공인(公人)에게 회자되고 있는, 어떤 일을 생각하고, 요구하고, 분투하는 대상으로서의 월가(Wall Street)란 무엇인가? 사람들이 마치 실제로 존재하는 것처럼 월가를 명명하는 데는 집단의 이해관계가 걸려 있다. 그러나 대중이 '월가'라는 말을 들었을 때 떠올리는 관념은 분석된 적이 없다. 이는 환영 또는 신화다. 이 모든 용어에는 전제군주가 자리 잡고 있다. 도대체 누가 감히 민주주의나 국민을 비판하겠는가? 누가 감히 월가의 편을 들겠는가? 폭정이 가장 심하게 이루어지는 단어는 '아메리카적', 그리고 '아메리카주의'다. 누가 감히 자신이 '아메리카적'이지 않다고 말할 수 있겠는가? 누가 '아메리카주의'라고 일컬어진 대상을 감히 부정하겠는가? 이러한 연유로 우리는 어떤 것이 저열하고 위조된 것이라면 거기에는 항상 '아메리카적'이라는 라벨이 붙는다고 말할 수 있을 것이다. 사람들은 정당화될 수 없는 어떤 것을 추천해야 할 경우 '아메리카주의'라는 이름을 내건다. 누가 '애국적이지 않다'고 불리는 두려움에 떨지 않을 수 있겠으며, 누가 '아메리카적'이라고 부르기로 한 것을 비애국적인 것이라고 거부할 수 있을까? 만약 미국 숭배를 다루는 문서가 있다면, 우리는 그 사례로 독립선언서를 들 수 있을 것이다. 미국 숭배자임을 유달리 자처하는 사람들은 '정부는 피통치자들의 동의로부터 그 정당한 힘을 얻는다'라는 원칙을 부정해 왔다. 왜냐하면 이러한 원칙은 그들이 하고 싶다고 생각하는 바를 방해하기 때문이었다. 그들은 이러한 원칙을 고집하는 사람들을 미국인답지 않다고 비난했다. 여기서 우리는 무엇이 아메리카주의이고 무엇이 애국주의인지를 알게 된다. 이들 주의들은 우리 모두에게 부과된 의무로, 어떤 지배적인 신문과 정치인 도당이 말하기로 선택한 것, 혹은 선택하고자 하는 모든 것을 칭찬하고, 따르고, 복종해야 하는 것을 말한다. 우리에게 '영국'은 늘 어떤 반대해야 할, 다시 말해 반항하고 거부해야만 하는 일종의 대용어였다. '상징' 혹은 '대용어'는 항상 이처럼 암시에 활용될 수 있는 유용성을 갖추고 있다. 이들은 강제력을 갖추고 있으며, 주장을 입증하거나 오류를 상세하게 조사하는 등의 훈련을 받지 않는 사람들을 압도한다.

174. 슬로건, 선전구호

슬로건은 어떤 주제에 대한 정책, 노선, 견해, 혹은 측면을 압축적으로 설명한다. 이는 적절하고 유용할 수 있지만, 그 의미가 바뀌어 관계없는 함축이나 틀린 암시를 하기 십상이다. 오류를 간파하고 이를 제거하려면 비판적인 분석이 필요하다. 선전구호는 욕구를 자극하는 데 매우 적합하다. 1900년의 대통령 선거운동에서 우리는 의도적으로 만들어진, '더 풍족한 저녁 식사를(the full dinner pail)'[7]이라는 선전구호를 본 적이 있다. 이와 같은 창작은 암시를 예술로 승화시킨다. 대중 선동 주체로서의 사회주의 선동 방법은 거의 모두 슬로건, 선전구호, 그리고 암시적 경구로 이루어져 있다. '자연의 은혜', '생활의 향연', '무산자', '최하층 계급', '광산을 광부에게', '토지 없는 자들에게 토지를 반환하라' 등은 그 예이다. 노동조합주의(主義)를 뒷받침하는 철학을 살펴보면

---

[7] (옮긴이 주) 맥킨리는 1900년 미 대통령 선거에서 이러한 슬로건을 활용하여 4년 전의 선거에 비해 큰 득표 차로 재선에 성공했다.

우리는 그것이 거의 전적으로 암시적인 슬로건과 경구로 이루어져 있음을 확인할 수 있다. 여기에서는 '노동'이 모든 가치를 창출한다고 일컬어지는데, 이는 사실이 아니다. 하지만 이러한 오류가 정점에 달하는 경우는 집합적으로, 그리고 기술(技術)적으로 노동이 '노동자'의 의미로 파악될 때다. 이는 현재 유행하는 언어 남용의 한 사례다. '임금 노동자가 모든 가치를 창출한다'는 주장은 권리와 이익에 관한 수많은 중요한 결과가 초래될 수 있는 명제를 그저 논증 없이 단언적으로 발설한 것이다. '한 사람이 얻게 되는 이익은 모든 사람이 얻게 되는 이익이다'라는 주장은 강도 무리뿐만 아니라 그 어떤 형태의 조합에도 좋은 원칙이다. 생산하지 않으면서 '일을 한다'는 주장은 있을 수 있는 최대의 산업상의 허위다.

175. 노예, 민주주의

'민주적'은 현재 영향력을 행사하는 단어다. 그 때문에 우리는 이를 산업, 은행, 교육, 과학 등 각종 분야에서 듣게 된다. 하지만 이러한 곳에서 쓰이는 민주적이라는 단어는 그 의미가 없거나 사람을 현혹한다. 이는 논의를 왜곡시키는 데 사용된다. 노예제가 폐지된 이래 '노예'라는 단어는 하나의 대용어가 됐다. 오늘날 이루어지는 논의에서 우리는 '집세의 노예', '임금 노예', '빚 노예', '결혼 노예' 등의 말을 듣게 된다. 이러한 단어들은 대중의 생각에서 발견되는, 무엇이 자유이며, 또한 자유일 수 있는지에 대한 커다란 혼란과 오류를 여실히 보여주고 있다. 흑인들에게 해방은 환상에서 벗어나기 위해 커다란 노력을 기울여야 한다는 의미가 담겨 있었다. 그들은 '자유'롭다는 것이 의미하지 않는 바를 배워야만 했다. 빚 노예는 전쟁 포로를 제외하고는 가장 오래된 유형의 노예다. 빚을 진 남성은 자유롭지 않다. 계약을 맺은 남성은 자유롭지 않다. 남편과 아버지로서 의무와 책임을 지겠다는 계약을 맺은 남성, 혹은 시민으로서, 자식으로서, 형제 등으로서 의무와 책임을 가지고서 태어난 남성은 자유롭지 않다. 우리가 인간의 삶이라는 조건에서 벗어나서 '자유로울' 수 있다고 상상할 수 있는가? 만약 '임금 노예'라는 말이 어떤 사람이 생계를 꾸릴 필요 하에 있음을 의미한다면, 이를 비난하는 것에 어떤 실익이 있을까? 대중이 이 모든 수사적 표현에 경멸을 표하면서 등을 돌린다면, 이는 모레스 내에서의 일대 개혁이 될 것이다.

176. 별명

소설 덕에 여러 유형의 인간을 묘사할 수 있는 별명(epithets)이 풍부해졌다(본서 622절). 돈키호테(Don Quixote), 파우스트(Faust), 펀치(Punch), 라이네케 훅스(Reinecke Fuchs), 브라이어 래빗(Br'er Rabbit), 팔스타프(Falstaff), 바텀(Bottom), 그리고 디킨스(Dickens)의 저작에 나타나는 많은 이름(피크윅(Pickwick),[8] 펙스니프(Pecksniff),[9] 팟스냅(Podsnap),[10] 터베이드롭(Turveydrop),[11] 유리아 힙(Uriah Heep)[12])은 그 사례다. 이러한 단어들은 동전(coins)과 같다.

---

[8] (옮긴이 주) 디킨스의 『Pickwick Papers』의 주인공으로 착하고 익살스러운 노인의 상징.
[9] (옮긴이 주) 가식적으로 선량함과 도덕적 원리를 내세우는 사람을 뜻한다.
[10] (옮긴이 주) 자기만족에 빠진 남자를 뜻한다.
[11] (옮긴이 주) 완벽한 품행과 행동거지를 보이는 사람.

이들은 생각을 응축하고 여러 부류들을 만들어낸다. 이들 단어들은 언어를 절약적으로 사용하는 데 도움을 준다. 또한 이들은 사회선택을 통해 여러 유형에 대한 압축된 비판과 정의를 창출해내기도 한다. 책을 즐기는 계층은 모두 일상적으로 쓰이는 별명을 활용한다. 그리고 그러한 용례는 얼마 있지 않아 다른 계층으로 전달된다. 경멸이나 비난을 담은 별명을 계속 부르는 것에 견디려면 상당한 도덕적 용기가 필요하다.

177. 경구

교육을 받은 계층은 경구(警句, phrases)의 희생양이다. 경구란 당대에 특별히 관심의 대상이 되는 관념들에 맞추어 각색된 수사적인 미사여구이다. 경구는 암시를 위한 고안물이다. 이들은 인쇄물과 공교육 시대에 적합화된 술책으로, 주술사들의 오랜 술책과 다를 바 없다. 딸랑이나 북 대신 경구를 쓰는 사람은 '운명'이나 '의무'에 관해 이야기하고, 쉬운 구절들에 대중의 감정을 불어넣는다. 이들과 주술사들의 차이는 방법상의 차이에 불과하다. 경구에는 근엄함, 감동적인 어조, 그리고 수사적인 기술이 필요하다. 대개 이는 비현실적인 일반론을 담고 있을 따름이다. '시민권', '공공성', '공공 정책', '무역 금지', '바다를 제패하는 자가 육지를 제패한다', '무역은 깃발을 따른다', '조상들의 부(富)(the dollar of the fathers)', '태평양의 관문', '명예로운 평화'는 최근에 주조하거나 다시 주조한 말 중 일부다. 경구는 그것이 대구를 이룰 때, 또는 운(韻)을 가질 때 가장 힘이 실린다. '백색 금속을 지닌 황인이 황색 금속

---

[12] (옮긴이 주) 겉으로는 비굴할 정도로 충성하지만 속으로는 상대를 속이는 사람.

을 지닌 백인을 이긴다'라는 말은 은본위제에 반대하는 사람들을 매우 당황케 했다. 1844년에는 '54도 40분인가 아니면 전쟁인가(Fifty-four forty or fight)'[13]라는 두운(頭韻)체의 슬로건이 거의 전쟁을 유발할 뻔했다. 만약 슬로건이 '49도 30분인가 아니면 전쟁인가(Forty-nine thirty or fight)'였다면, 그 정도로 큰 영향은 없었을 것이다. '케이프에서 카이로까지(Cape to Cairo)' 연결된 철도는 두운체로 된 또 다른 경구의 사례다. 인도주의(humanitarianism)는 우리의 모레스에 스며들어 경구의 원천이 되어왔다. 40년 전 '휴머니티에 대한 열정(enthusiasm of humanity)'이라는 경구가 만들어졌다. 이러한 경구는 사회관계를 사람들의 감정에 호소해 철학화하는 학파의 영감을 자극했다. 이로 인해 '노동의 존엄성', '휴머니티의 고상함', '인간은 물건이 아니다', '자애의 대상이 될 만한 존재', '생활임금' 등의 경구가 만들어지게 되었다. 오늘날의 언어에서 'humanity'는 일반적으로 두 가지 의미로 사용된다. 첫째, 인류, 둘째, 인간과 인간 사이에서 느껴지는 공감의 감정. 인도주의를 표방하는 모든 경구들은

---

[13] (옮긴이 주) 54°40'는 오리건 전역, 다시 말해 현재의 워싱턴 주, 오리건 주, 캐나다의 브리티시 컬럼비아 지역의 북위 경계선을 의미하는데, 이 지역은 1818년 영미 전쟁이 종결된 이후 미국과 영국이 공동으로 소유하면서 관리를 담당하던 지역이었다. 그런데 경제적 이해관계가 문제가 되면서 이 지역을 미국의 영토로 편입시켜야 한다는 입장을 놓고 격론이 벌어졌다. 1844년 민주당은 테네시 출신의 사람들에게 잘 알려지지 않은 후보인 제임스 포크(James Polk)를 대통령 후보로 지명했다. 휘그당은 포크에 대응하여 헨리 클레이(Henry Clay)를 후보로 지명했다. 이러한 두 후보 간의 대결에서 클레이가 승리를 거둘 가능성이 커 보였다. 지명도로 보았을 때 클레이에 비해 포크는 무명에 가까웠기 때문이다. 이 상황에서 포크는 텍사스, 캘리포니아 및 오리건 전 지역을 포함하는 영토의 확장을 촉구했다. 이때 오리건주 북부 경계선이 54도 40분의 위도선이었는데, 포크는 "Fifty-four forty or fight!"이라는 슬로건을 이용해 대중의 영토 확장에 대한 관심을 촉발하여 선거를 승리로 이끌었다. fi, fo가 반복되는 두운체가 사람들의 관심을 촉발했던 것이다. 만약 두운체가 아닌, 예컨대 "Forty-nine thirty or fight!"과 같은 슬로건을 활용했다면 대중들에게 미치는 영향은 크지 않았을 것이고, 이는 선거 패배로 직결되었을 것이다.

이와 같은 애매함을 어느 정도 포함하고 있다.

178. 파토스[14]

암시는 파토스의 도움을 크게 받는다. 여기서 말하는 파토스란 본래적인 그리스어의 의미다. 파토스는 어떤 시대와 사람들이 좋아하는 개념을 둘러싸고 만들어지는 정서의 마력이며, 비판으로부터 암시를 보호한다. 기원전 4세기의 그리스인들은 폭군 살해(tyrannicides)에 관한 파토스를 마음속에 품고 있었다. 폭군들은 도시 민주주의가 탄생시킨 우두머리이긴 했지만, 그럼에도 민주정체론자들은 그들을 혐오했다. 폭군 살해는 영웅주의의 후광과 대중의 칭송에 둘러싸여 있었다.[15] 이와 동일한 감정이 16세기에 부활했다. 당시 어떤 통치자의 정책이 마음에 들지 않을 경우 그는 폭군 취급을 당한 듯하다. 이 때문에 몇몇 통치자가 희생을 당했다. 파토스는 여성과 기사(12세기와 13세기), 교회(13세기), 성묘(聖墓)[16](11세기와 12세기) 개념에서 커다란 비중을 차지하는 요소로 자리 잡고 있었다. 13세기에는 파토스가 빈곤을 미화하는 데 큰 몫을 담당했다. 오늘날에는 그리스 로마의 역사 및 여러 제도를 대상으로 상당량의 파토스가 소모된 바 있다. 고전 연구는 여전히 파토스에 상당 부분 의존하여 그 명망을 유지하고 있다. 미국에는 민주주의에

---

[14] (옮긴이 주) 파토스란 특정한 시대, 지역, 집단을 지배하는 이념적 원칙이나 도덕적 규범을 지칭하는 에토스(ethos)와 대립하는 말로, 열정이나 고통 등의 심원한 감정을 뜻한다.

[15] Burckhardt, *Griechische Kulturgeschichte*, I, 211.

[16] (옮긴이 주) 예루살렘에 있는 예수의 묘로, 예수가 부활할 때까지 누워 있었던 것으로 알려진 묘.

대한 파토스가 있다. 영어를 쓰는 국가들에서 결혼은 파토스가 감지되는 대상이다. 파토스는 시가와 소설에 의해 배양된다. 인도주의는 파토스에 의해 키워지고 파토스에 자극을 준다. '가난한 자'와 '노동자'는 파토스를 불러일으키는 대상이다. 왜냐하면 이와 같은 용어들이 문헌상에서는 관례적이면서 비현실적인 개념으로 사용되기 때문이다. 그 결과 가난한 자와 노동자에 관한 주제에 대해서는 제대로 된 토론이 이루어지지 않는다. 일부 사람들은 금주(禁酒)를 파토스의 대상으로 삼기도 한다.

179. 파토스는 진리에 호의적이지 않다

파토스가 작동할 때는 항상 그 대상이 되는 주제가 특권을 누린다. 이러한 주제는 일종의 애정의 대상으로 존중을 받으며, 이에 따라 엄격한 시험으로부터 보호를 받는다. 그 주제는 신성시된다. 이처럼 어떤 것이 이미 확립된 선호와 믿음으로 소중한 것으로 여겨지게 된다면, 이를 입증하는 것은 잘못으로 파악된다. 이렇게 보자면 파토스는 진리에 호의적이지 못하다. 파토스는 늘 종교의 한 요소였다. 오늘날 파토스는 애국심의 한 요소이며, 조국의 역사에 대해 느끼는 감정의 한 요소이기도 하다. 파토스는 개인에게 강제력을 행사하는데, 이러한 사실은 자신의 종교나 조국의 문제에 대해 대중이 제대로 진실을 말하지 않는 데서 드러난다. 오늘날에 이르기까지 기독교 교회에서는 위조와 기만에 관대한 입장을 취했는데, 이러한 사실은 현대인들에게는 충격적이면서도 납득이 가지 않는다. 하지만 이러한 용인이 이루어진 것은 대체로 종교와 교회에 대한 파토스 때문이었다. 만약 위조가 교회 혹은 종교에 도움이 되었다면, 이에 반대하는 사람은 누구라도 종교와 교회의 적처럼 보였을 것이며, 이들을 둘러싼 파토스를 거스르고자 하는 사람으로 보였을 것이다.

180. 분석의 가치와 시금석으로서의 입증

선전구호, 슬로건, 그리고 경구를 사용하는 모든 경우에서 상투적인 문구는 사고를, 특히 확인된 진리를 전달하는 듯이 보이며, 이들은 입증을 배제하는 방식으로 이와 같은 작업에 관여한다. 상투적인 문구들의 문제를 지적하려면 생각을 교정하고, 성공적인 토론을 하는 것이, 또한 분석과 입증을 하려고 노력하는 것이 매우 중요하다. 모든 유형의 암시는 분명 미혹의 분위기를 만들어내는 경향이 있다. 그런데 파토스는 미혹의 분위기를 더한다. 이는 판단을 망치는 요소들을 도입한다. 실제로 이로 인해 유익한 허구나 유용한 속임도 있다는 낡은 생각을 계속 유지하게 된다. 대중은 언제나 자신들의 좋고 싫음, 승인과 부인에 정서적 요소를 많이 불어넣는다. 이렇게 하여 얼마 있지 않아 그들은 자신들이 받아들이는 바를 무너뜨리기 어려운 파토스로 에워싸게 된다.

181. 인도적인 태도

인도적인 태도가 무엇인가의 기준, 특히 약자, 누군가의 의지에 좌우되는 사람들, 혹은 동물들에 대한 관대한 행동이 무엇인가에 대한 기준은 전적으로 그 집단과 시대의 모레스 안에 있다. 우루과이의 가우초 (Gaucho)는 "몰인정과 유혈을 즐기는 것이 제2의 천성으로 자리 잡고 있다." 그들의 짐승을 다루는 방식이 유혈을 즐기는 습관을 만들어준 것이다. "그들은 피를 흘리고 고통스러워하는 장면에 무감각하고, 나중에는 적극적으로 이를 즐기게 된다." 그들은 자신들의 말과 개에게 전혀 애정을 쏟지 않는다. 그들은 약탈하기 위해 사람을 죽인다.[17] 우리가 어떤 집단의 사람들에게서 방금 서술한 바와 같은 모습을 접하게 되는 경우는 극히 드물다. 폴리네시아인들이 피에 굶주리고 잔혹한 이유는 그들이 에너지 분출의 한 가지 방편으로 야생 동물을 사냥하지 않았기 때문일지도 모른다.[18] 북미의 인디언은 소름 끼치는 고문 방법을 고안해 냈지만 그들이 피에 굶주렸던 것은 아니었다. 그럼에도 그들은 자비롭지 않았으며, 타인의 고통이 그들을 찌푸리게 하지 않았다. 숀부르크 (Schomburgk)[19]는 치통으로 끙끙대는 아내에게 격하게 화를 낸 인디언의 이야기를 들려주고 있다. 그는 해먹을 베었고, 이로 인해 아내가 땅에 떨어지면서 팔이 탈구되었다. 한 유럽인 목격자가 보고서를 작성하여 추장에게 항의했지만, 추장은 그런 사소한 것을 보고한 사실에 놀라워 했다. 아시리아인들은 가죽을 벗겨내고, 꼬치로 꽂는 관행 등을, 그리고 왕이 직접 자기 손으로 죄수의 눈알을 뽑아버리는 관행에 대한 기록을 돌에 새겼다. 이집트인들은 대중이 보는 장소에서 왕들이 사람들(국적(國賊))을 살해하는 장면을 기술하고 있다. 로마인들은 피를 흘리고 고통스러워하는 광경을 좋아했다.[20] 중세는 사람과 짐승에 대한 잔혹한

---

[17] JAI, XI, 44.
[18] Ratzel, *Völkerkunde*, II, 163.
[19] *Britisch Guiana*, II, 428.
[20] Grupp, *Kulturgeschichte der Römischen Kaiserzeit*, I, 32.

처우를 한껏 즐겼다. 우리는 앞에서 설명한 가우초와 가장 근접한 모습을 중세에서 발견하게 된다. 중세의 사람들 중 그 누구도 현대의 교양 있는 사람들의 특징이라 할 수 있는, 비정함에 대해 오싹할 정도의 불쾌감을 느끼는 사람은 없었다. 이제 모든 잔혹함은 우리의 경험에서 멀어졌고, 이에 대해 접하게 되는 소식 또한 뜸해져 가고 있다. 친근함의 여부를 가르는 경계선도 먼 곳에 그어졌다. 이에 따라 잔혹함을 드러내는 사소한 방식도 이상하게 느껴지고, 극히 혐오스럽게 느껴진다. 하지만 인간의 본성이 변하지 않았고, 그 안에 존재하는 야수성이 언제든 다시 깨어날 수 있음을 보여주는 일들이 일어난다. 이는 모두 시간, 관습, 그리고 상황에 좌우된다. 개인은 그 시기에, 그 장소에 널리 퍼져 있는 이러한 문제들에 관한 모레스를 받아들이지 않을 수 없게 된다.

182. 구별에 의한 선택

구별(distinction)은 집단이 스스로 채택한 유형의 선택 방식을 개인에게 은연중 강제하는 주요한 방법 중의 하나다. 구별은 선택이다. 이는 허영심에 호소한다. 이는 두 가지 방식으로 작용하고, 이로 인해 두 가지 상반된 효과가 나타난다. 사람들은 칭찬받는 것에 의해 대중과 구별되고 싶어 하는 동시에, 칭찬의 대상이 아닌 것으로 인해 대중과 구별되고 싶어 하지 않는다. 주목받는 사람이 자신이 구별된다는 사실을 자랑스러워해야 할지, 부끄러워해야 할지 확실하지 않은 경우가 있다. 어떤 사회가 이런저런 행위들에 대해 칭호, 훈장, 포상을 내릴 경우 사회가 보상하는 바를 촉발하고, 이와 관련된 새로운 사례들의 발생이 이어진다. 선택의 작동 방식은 직접적이고 합리적이다. 구별 중에 비합리적인 방식으로 구별이 이루어지는 사례들이 있는데, 이들은 구별이 미치는 선택 효과를 매우 선명하게 보여준다. 학교의 교사들은 설령 어떤 것이 결함이나 흠이라 해도, 아이들이 나머지 아이들과 자신을 구분하는 어떤 특이성을 모방하려 한다는 사실에 익숙해 있다. 만약 실제로 그러하다면 미개인 어머니가 이성적으로 판단해 보았을 때는 바람직하지 않지만, 그럼에도 갓난아기의 신체를 채택된 유형의 신체적 완전함으로 변형하려 하는 것을 의아하게 생각하는 이유는 무엇인가? 내가 아는 어떤 부인이 나에게 자신의 인형을 보여주었는데, 그 인형은 정형(整形)을 위해 아이들이 차는 부착 기구를 모방해 철사 부착 기구를 다리에 차고 있었다. 그녀의 이야기에 따르면 어릴 적, 그녀의 놀이 친구 집단에 뼈가 약하고 발목이 약한, 이 때문에 철제 기구를 찬 아이가 있었다. 놀이 친구들은 모두 감탄하며 그 아이를 부러워했다. 그리고 자신들도 뼈가 약해져 철제 기구를 찰 수 있게 해달라고 기원했다. 이 부인은 자신의 인형이 최고가 되길 바라면서 자신의 인형에게 철사 기구를 부착한 것이었다.

183. 귀족 계층

모든 귀족 계층은 당대에 칭송받거나 승인되는 것을 가지고 있음으로써, 또한 생존 경쟁에서 유리한 위치를 점하게 하는 것들과 사회적 힘의 우월함을 제공하는 것들을 소유함으로써 타인들과 구별되는 사람들 집단이다. 오늘에 이르기까지 고등 문명에서는 사람들이 토지를 소유함으로써 사회적 힘을 갖출 수 있었다. 이는 지저분한 일을 떠나 자신이 하고 싶은 대로 삶을 계획할 수 있게 하는 유일한 방법이었다.

재능을 이용해 동일한 이점이 제공될 수 있는 수입을 얻을 수도 있었지만, 그럼에도 토지와 같은 영속적인 안전성과 독립성은 주어지지 않았다. 전쟁, 민정(民政), 그리고 종교 등은 재능이 활용되는 분야였다. 이 중에서 마지막에 언급한 종교는 온갖 정신 활동이 다양하게 요구되었다. 재능 있는 사람은 기술과 사기 행위(마법, 점성술, 치료법) 등으로 자신들의 지위를 확보해야만 했다. 그들의 지위는 교회 조직 내에서가 아닌 이상 결코 독립적이지 못했다. 그들은 전사(戰士)와 지주들에게서 인정을 받아야만 했는데, 이에 따라 지주들의 동료이자 협력자가 되었다. 상인과 은행가는 카르타고, 베네치아, 피렌체, 제노바, 그리고 한자의 귀족 계층이었다. 나폴레옹 통치 아래서는 재능 있는 군인들이 귀족이었고, 루이 14세 치하에서는 궁전의 신하들이 귀족이었으며, 로마에서는 성직자들도 귀족이었다. 14세기 이후에는 자본이 새롭고도 가장 큰, 없어서는 안 될 사회적 힘으로 자리 잡았다. 어떤 시대에도 그 시대에서 가장 중요한 사회적 힘을 장악한 사람들은 나머지 사람들에게 아첨과 겉치레의 말을 들었으며, 부러움을 사고, 섬김의 대상이었다. 귀족 계층을 형성한 것은 이들이었다. 귀족은 구분되는 사람들이며, 그들의 존재와 그들이 인정하는 바는 사회적 야심에 방향성을 부여한다. 이러한 사실이 선택적으로 작용하여 사회 내에서 무엇이 가장 커다란 장점이 되고, 또한 가치 있는 것으로 인정받을지를 결정한다는 것은 말할 것도 없다.

184.

모레스보다 낮은 단계에 속하는 다수의 대중현상이 있다. 이러한 현상에는 복리와 관련된 진리와 옳음의 요소가 결여되어 있다. 이는 모든 대중의 움직임이 개인에게 행사하는 강제력을 더욱 깊이, 그리고 더욱 분명하게 예증해 보여준다. 유행(fashion), 허식(poses), 일시적 유행(fads), 겉치레(affectations)는 이에 해당한다.

185. 유행

드레스의 유행은 터무니없음과 꼴사나움이라는 두 가지를 관습이라는 방패(ægis)로 감춰왔다. 14세기 초에는 꼴사나운 드레스를 금하는 법률이 등장했다. 귀족이 특별한 경우에 입는 의상에 특별한 멋을 더하기 위해 고안한 것을 시민들이, 그리고 나중에는 소작농이 모방해서 널리 퍼졌다.[21] 15세기에는 남자 바지가 다리와 엉덩이에 딱 달라붙었다. 구두끈은 다른 색이었고, 그 볼품없는, 도저히 보고 있을 수 없는 꼴을 한층 과장이라도 하듯 장식이 달려 있고, 가운데가 부풀려져 있었다.[22] 슐츠(Schultz)[23]에 따르면 우리는 오늘날 보게 되는 과거의 그림에서 15세기의 성직자와 도덕가들이 공공연하게 비난한 드레스의 볼품없음을 확인할 수 없다. 그저 흉하지 않은 것으로 간주되는 유형의 드레스만을 볼 수 있을 따름이다. 다시 말해 그 시대의 관습이 확립해 놓은 한계 내에 있었던 드레스만을 보게 되는 것이다. 동시대에 여성들이 목과 가슴을 드러내기 시작했다. 이러한 특징이 나아갈 수 있는 범위는 늘 유행과 모레스의 통제 범위를 벗어나지 못했다. 퓨리턴과 퀘이커교도

---

[21] Scherr, *Deutsche Kultur- und Sittengeschichte*, 109.
[22] Rudeck, *Geschichte der oeffentlichen Sittlichkeit in Deutschland*, 45.
[23] *Deutsches Leben*, 285, 297, 332.

들은 이를 완전히 제한하고자 했는데, 그들은 이에 부합되게 드레스를 만들기 위해 옷의 몸통 부분에 네커치프(neckerchief),[24] 혹은 부착물을 착용해 가슴을 완전히 가리려 했다. 모레스는 이것이 과하다고 판단하여 이러한 규칙을 거부했다. 도덕 설교자들의 온갖 설교에도 불구하고, 목과 가슴이 노출되는 옷은 정장을 입는 경우와 관례화에 의해 허용되는 경우에 국한되긴 했지만 그럼에도 결국 받아들여졌다.

186. 관례화

관례화(conventionalization)는 발레와 해학극 오페라의 의상, 그리고 수영복에 이르는 영역에까지도 두루 영향을 행사한다. 관례화에는 항상 엄격한 조건, 그리고 시간, 장소, 시기에 대한 제한이 포함되어 있으며, 이러한 제한을 벗어나면 같은 의복이라도 나쁜 것으로 간주된다. 이슬람교도와 동양인들에게는 드레스에 관한 이러한 관례화가 도입된 적이 없었다. 유행이 도입되어 흔해지면 우리의 눈은 그와 같은 형태에 익숙해지는데, 이때 이를 따르지 않는 사람들은 '옳게' 보이지도, 유행에 걸맞게 보이지도 않는다. 우리는 이러한 사실을 익히 알고 있다. 또한 우리는 유행이 변하고 나면 버려진 유행 내의 것들이 시대에 뒤처지고 촌스럽게 보인다는 사실도 알고 있다. 아무리 노력해도 이러한 인상에 저항할 수 있는 사람은 없으며, 이러한 사실은 모든 사람의 경험 속에서, 통용되는 관습의 힘이 개인을 능가함을 보여주는 사례가 된다. 어떤 유행이 지배력을 발휘하게 되면 그 경향은 원하는, 그리고 칭송되는

---

[24] (옮긴이 주) 장식이나 보온을 위해 목둘레에 두르는 작은 정사각형의 얇은 천.

효과를 만들어내기 위해 무절제의 정도가 점점 심해진다. 이때 유행 속의 의문스러운 요소가 묵인되고, 이것이 널리 퍼지는데, 그 누구도 이를 알아채지 못한다. 만약 1870년대의 여성이 그 시대의 드레스를 입고 1908년대의 드레스를 입은 여성과 만난다면 서로가 서로의 볼품없음에 놀랄 것이다. 그 어떤 드레스도 크리놀린(crinoline)[25] 스커트 이상으로 추악함, 불편함, 볼품없음으로 비난받은 드레스는 없었다. 하지만 1855년에서 1865년 사이의 여성들은, 심지어 지금까지 살았던 가장 아름다운 일부 여성들까지도 모두 이 스커트를 착용했다. 그들의 취향이나 성격에 대해 어떤 추측을 해봐도 이를 정당하다고 말할 수는 없을 것이다. 드레스의 유행은 어떤 합리적인 판단의 대상이 아니다. 어떤 비판도 합리적 판단에 도달할 수 없다. 일부 경우에는 어떤 여배우나 여왕이 어떤 유행을 선도했는지 알 수 있지만, 대부분의 경우는 그것이 어디에서 왔는지, 또 누가 이에 대한 책임이 있는지 알 수가 없다. 우리는 모두 그저 이에 복종해야만 한다. 우리에게는 항변할 기회도 거의 없다. '누구나 그것을 입고 있다' 혹은 '그런 방식으로 입고 있다'는 사실이 이를 승인하는 충분한 방법이다. 말할 것도 없이 이는 그저 사람들이 일반적으로 입는 드레스의 문제에 '관례화'를 특별히 적용해본 것이다.

187. 미개한 수준에서의 유행

드레스가 단순하고 상식적이었던 '좋았던 옛 시절'은 허리 밴드와

---

[25] (옮긴이 주) 19세기에 유행한 서양 여성들의 스커트를 부풀리기 위해 고안된 버팀대. 일반적으로 종 모양이나 닭장 모양을 하고 있었다.

에이프런 사용 이전 시대에서 찾아보아야 한다. 모든 야만인과 미개인은 유행에 따르기 위한 어리석음, 경박함, 그리고 자기 변형에 대한 비판에서 벗어날 수 없다. 그들은 자신들이 이루고자 하는 어떤 이상(理想)을 따르고자 했고, 혹은 타인들과 구별되고자 했다. 다시 말해 평범함이나 보편적인 데서 벗어나 눈에 띄고 싶어 했던 것이다. 첫 단계에서는 남다른, 높은 수준의 유행을 따르는 데에서 차별성을 획득한다. 어떤 경우에는 개인이 유행에서 벗어남으로써 차별성을 드러내지 않으려 하기도 한다. 이처럼 유행에서 벗어나는 개인은 타인들의 칭찬을 듣지 못할 것이다. 다음 단계에서는 새로운 유행을 시작하여 차별성을 획득한다. 만약 선택을 잘해서 '많은 사람의 관심을 끌 수만' 있다면, 차별성은 심지어 하나의 장식을 통해서도 얻어질 수 있다.[26] 구슬은 미개 시대에서 오늘날에 이르기까지 줄곧 유행하는 장식품이다. 플로리다의 한 인디언 여성은 "6쿼츠(quarts)(대략 1팩(peck))[27]의 구슬을 목에 두르고 있었다. 이러한 구슬은 뒤로는 그녀의 등을 따라, 앞으로는 가슴에 이르기까지 밑으로 늘어뜨려졌고, 턱 아래의 공간을 채우고 있었으며, 그녀의 목에서 귀에 이르는 부분을 덮고 있었다. 그녀가 머리를 움직이려 할 때는 어느 정도 노력이 필요했다. 그녀는 기껏해야 다른 대부분의 사람보다 조금 더 부유했을 따름이었다. 다른 사람들도 대체로 그녀와 다를 바 없이 무거운 구슬을 목에 차고 있었다. 뽐내길 좋아하는 엄마는 심지어 자신의 어린 딸에게 선망의 대상이 되는 다양한 무게의 목 장식을 걸어주고 싶어 했다. 여성들은 이처럼 성가신 구슬을 밤낮으로 몸에 차고 있었다고 일컬어진다."[28] "간혹 어떤 여성이 5파운드가 넘는 무게

---

[26] Lippert, *Kulturgeschichte der Menschheit*, I, 370.
[27] (옮긴이 주) 부피의 단위. 영국과 캐나다에서는 1쿼츠가 2파인트(pint) 또는 약 1.14리터, 미국에서는 1쿼츠가 0.94리터다.

의 장식을 목에 두르는 경우도 있다. 이렇게 되는 이유는 북부의 여성들이 평범한 목 장식 이외에도 하나의 혹은 그 이상의 광을 낸 커다란 조개껍데기를 목에 두르기 때문이다. 이 조개들은 서해안에서 가져온 것으로, 무게가 반 파운드 이상이다."[29] "베추아날란드(Bechuanaland)[30]의 유행은 변한다. 어떤 해에는 모든 여성이 파란 구슬을 차지만, 다음 해(교역자가 마침 파란 구슬 재고품을 사들였을 때)에는 황색 이외의 어떤 색의 구슬도 차지 않는다. 내가 글을 쓸 당시(1886년)에는 남자들이 까만색 단지 모양의 작은 모자를 쓰고 있었다. 그러나 수년 전에는 립 반 윙클(Rip Van Winkle)이 썼을 법한 커다란 펠트(felt)[31] 모자를 썼다. 그 결과 가게는 단지 모양 모자 재고품이 넘쳐났다."[32]

188. 민속지학을 통해 살펴보는 유행

수리남의 카리브 여성들은 장딴지가 굵은 다리가 아름답다고 생각한다. 이에 따라 그녀들은 발목 위의 다리를 묶어 장딴지를 더 굵게 만들려고 한다. 이러한 작업은 아이 때부터 시작한다.[33] 일부 오스트레일리아 어머니들은 아기의 코를 내리누른다. "그들은 자신들의 코 모양을 선호하면서 유럽인들의 뾰족한 코를 비웃는데, 그들은 유럽인들의 코

---

[28] *Bureau of Ethnology*, V, 488.
[29] Cary and Tuck, *Chin Hills*, I, 173.
[30] (옮긴이 주) 영령(英領) 시대의 아프리카 보츠와나(Botswana)에 대한 명칭.
[31] (옮긴이 주) 모직이나 털을 압축해서 만든 부드럽고 두꺼운 천.
[32] JAI, XVI, 87; Fritsch, *Die Eingeborenen Süd-Afrikas*, 170도 참조.
[33] *Bijdragen tot de Taal-Land-en Volkenkunde van Nederlandsch Indië*, XXXV, 67.

를 도끼 코라고 부른다."³⁴ 두 인종이 인접해 있을 때는 서로의 특징적인 차이에 관심을 갖게 된다. 이때 자신의 인종이 다름을 강조하려는 허영심 때문에 자신이 속해 있는 인종의 특징을 강조하려는 노력이 이루어지게 된다. 사모아섬의 어머니들은 아기의 코와 이마가 납작해지길 원하며, 이에 따라 손으로 이들 부위를 누른다.³⁵ "파푸아인들은 큰 코, 큰 가슴과 짙은 갈색의 매끈한 피부가 여성이 갖추어야 할 아름다움의 이상이라고 생각한다."³⁶ 현재 모든 파푸아인은 하얀 점토 파이프로 담배를 피우는데, 4주 후에는 어떤 사람도 하얀 파이프를 사용하지 않을 것이다. 그들은 갈색 파이프를 원할 것이다. 그다음 4주가 지난 후에는 그 누구도 파이프를 원하지 않게 될 것이다. 또한 모든 사람은 빨간 우산을 가지고 다닐 것이다.³⁷ 솔로몬 제도 사람은 첫 번째 단계에서 장식이 없는 파이프를 원한다. 그다음 단계에서 배나 닻이 새겨진 파이프를, 그러다가 쥐는 곳이 있는 파이프를 원한다. 여성들은 엄청난 무게의 금속을 장식용 반지로 손가락에 낀다.³⁸ 갈라족(Galla)³⁹ 여성들은 4파운드에서 8파운드의 무게가 나가는 반지를 낀다.⁴⁰ 타일러(Tylor)⁴¹에 따르면 한 아프리카의 미인이 커다란 동(銅)반지를 끼고 있었는데, 반지는 햇볕을 받으면 뜨거워졌다. 그래서 이 부인에게는 반지를 물에 적셔

---

[34] JAI, XIII, 280.
[35] *Australian Association for the Advancement of Science: Fourth Meeting, at Hobart, Tasmania*, 1892, 622.
[36] Hagen, *Unter den Papuas*, 241.
[37] 위의 책, 213.
[38] Woodford, *Naturalist among Headhunters*, 178.
[39] (옮긴이 주) 에티오피아 남부에서 케냐 북서부에 걸쳐 살고 있는 종족.
[40] Paulitschke, *Ethnographie Nordost Afrikas*, I, 93.
[41] *Anthropology*, 243.

온도를 낮추는 시종이 붙어 있어야 했다. 콩고 와부니아스(Wavunias)의 여왕은 목에 16에서 20파운드[42]나 되는 놋쇠 목걸이를 두르고 있었다. 그녀는 휴식을 취하기 위해 이따금 누워야만 했다.[43] 헤레로족(Herero)[44] 은 건기에도 광택을 유지하는 쇠를 착용했다. 여성들은 팔찌나 발찌, 그리고 완두콩에서 감자 정도 크기의 철제 구슬을 차고 있었다. 이는 35파운드에 이르는 하중을 견디는 격이었으며, 귀족의 발걸음으로 간주되는 질질 끄는 걸음으로 천천히 걸어 다녀야만 했다. 철은 희귀하고 은보다 가치를 인정받았다.[45] 리빙스턴(Livingstone)에 따르면 바론다(Balonda)[46]의 가난한 사람들은 몇 온스 되지 않는 장식물을 차고 있지만, 무거운 중량의 장식을 하고 다니는 사람들의 발걸음을 흉내 낸다.[47] 딩카족(Dinka)의 일부 여성들은 50파운드의 철을 몸에 두르고 있다. 다리와 팔에 찬 고리들은 노예의 족쇄처럼 철커덩거린다. 남성들은 무게가 꽤 나가는 상아 링을 팔뚝에 차고 있다. 부자들은 팔 전부를 상아 링으로 덮고 있다. 남성들은 가죽 팔찌와 목걸이도 착용한다.[48] 힌두스탄(Hindostan)[49]의 비하르(Behar)에서는 여성들이 놋쇠 링을 다리에 찬다. '링은 무겁고, 폭이 거의 1피트 정도가 된다. 가장자리는 깔쭉깔쭉하다. 이 링을 다리에 직접 끼워줄 수 있는 사람은 대장장이뿐이다. 대장장이

---

[42] (옮긴이 주) 1파운드=0.453592kg.
[43] JAI, XVII, 235.
[44] (옮긴이 주) 서아프리카 나미비아 일대에서 살고 있는 민족.
[45] Büttner, *Das Hinterland van Walfischbai*, 235.
[46] (옮긴이 주) 인도 북서부 라자스탄(Rajasthan)주에 있는 마을.
[47] *South Africa*, I, 298.
[48] Schweinfurth, *The Heart of Africa*, I, 153.
[49] (옮긴이 주) 인도의 북·서·동쪽을 둘러싼 산지와 반도부와의 사이에 가로놓여 있는 광대한 평야.

는 망치를 이용하여 이것을 다리에 채워주는데, 이때 여성들은 고통으로 괴로워하며 땅바닥에 뒹군다.' 우유 배달원 계급의 여성들은 흔히 구리와 주석의 합금 팔찌를 손목에서 팔꿈치까지 줄줄이 차고 있다. '팔찌의 수가 많으면 많을수록, 이를 차고 있는 사람은 더욱 아름답다고 여겨진다.'[50] 풍자가들은 지금까지의 이 모든 상세한 묘사를 오늘날 우리의 유행에서도 찾아볼 수 있음을 쉽게 드러내 보일 수 있을 것이다.

189. 미의 이상(理想)

멜라네시아에서는 10cm 폭의 거들을 최대한 꽉 끼게 착용한다. 27세의 한 남성의 시신에서 떼어낸 거들은 길이가 65cm밖에 되지 않았다.[51] 바리토(Barito)[52] 계곡의 여성들은 '사롱(sarong)'[53]을 매우 꽉 조이게 넓적다리 주변에 두른다. 이로 인해 발걸음이 제한되고, 자신들이 아름답다고 생각하는 점잔을 빼며 걷는 걸음을 걸을 수 있게 된다.[54] 기아나의 루퀜족(Rukuyenn)은 복부가 풍만한 여성을 이상적 아름다움을 갖춘 여성이라 생각한다. 그녀들은 복부를 크게 보이게 하려고 여러 거들로 복부를 휘감는다. '청소년기를 넘어선 파라과이 파야구아스(Payaguas) 여성들은 가슴을 아래로 늘어지게 만든다. 그들은 어머니가 되고 나서도 붕대

---

[50] JASB, III, 370.
[51] Finsch, *Samoafahrten*, 90.
[52] (옮긴이 주) 인도네시아 중부 칼리만탄 중부의 강.
[53] (옮긴이 주) 말레이시아와 인도네시아 등지에서 남녀 구분 없이 허리에 두르는 천.
[54] Schwaner, *Borneo*, I, 221.

를 이용하여 가슴을 압착함으로써 이러한 관행을 이어간다.'[55] 남부 아랍 사람들은 신부 손가락에 양초의 유지(油脂)를 떨어뜨리고, 그 손가락에 헤나(henna)[56]를 두껍게 치덕치덕 바른다. 유지를 제거하고 나면 유지가 있던 곳에 옅은 색의 반점들(가능하다면 규칙적으로)이 남게 되는데, 이때 다른 피부 부위는 헤나 때문에 갈색 물이 든다. 그들은 신부에게 17장의 의복을 입히는데, 이때 비단과 모슬린(muslin)[57]을 번갈아가며 입힌다. 그리고 나서 망토로 이들 모두를 덮고, 융단으로 망토를, 그리고 모든 장식을 덮는다.[58] 플린더스 페트리(Flinders Petrie)는 '인종의 취향'과 관련된 어떤 원리가 존재함을 깨달아야만 한다고 주장한다. "이는 언어와 마찬가지로, 각각의 국민들에 귀속되며, 언어와 다를 바 없이 하나의 인종에서 다른 인종에게 차용될 수 있지만, 언어보다 변화나 긴 쇠퇴의 기간을 더 잘 살아남는다.'[59] 여기에서 제시한 사례들은 아름다움의 이상이 만들어질 때 간혹 신체의 변형을 요구하는 경우도 있다는 사실을 보여준다. 사람들은 유행이 인정하는 모습에 도달하려는 노력의 일환으로 이마를 납작하게 만들고, 입술을 크게 하며, 귀를 아래로 늘어뜨리고, 두개골을 원뿔 모양으로 만들며, 코를 납작하게 만든다. 유행의 배후에는 사람들이 따르고자 하는 아름다움의 이상이 자리 잡고 있다. 이러한 이상은 사람들에 의해 선택된 형태의 우월성으로, 유행이 지향하는 바라고 생각해야 할 것이다.

---

[55] Ratzel, *Völkerkunde*, II, 570.
[56] (옮긴이 주) 갈색 물감. 이를 짙게 만들어 머리 염색을 하거나 몸에 문신을 그린다.
[57] (옮긴이 주) 표백하지 않은 흰색 직물로, 면사를 촘촘하게 짜서 만들었다.
[58] Pommerol, *Une Femme chez les Sahariennes*, 243.
[59] *Reports of the Smithsonian Institute*, 1895, 594.

190. 드레스 이외의 것들의 유행

이하에서 살펴보게 되겠지만, 유행은 드레스 이외의 많은 것에 지배력을 행사한다. 미개인에게 유행은 가정용품, 무기, 카누, 보트, 도구 등의 모습을 좌우한다. 15세기와 16세기에는 여성의 서 있는 모습 혹은 자세에 관한 유행이 있었다. 이러한 모습에서는 아랫배가 앞으로 나와 있었다. 이는 그림이나 초상화에서 흔히 살펴볼 수 있다.[60] 그 모습은 우아하지도 않고, 별다른 의미도 없다. 베네치아 사람들은 사치를 일삼고 천박했으며, 질투가 심하고, 여성을 좀처럼 믿지 않았다. 또한 그들은 쾌락과 유행을 좋아했다. 16세기 말엽 메르체리아(Merceria)의 한 점주(店主)는 예수 승천일에 파리에서 새로이 유행되는 옷을 실물 크기의 인형에 입혀서 보여주는 관습을 채택했다.[61] 이 시대의 베네치아 여성들은 나막신, 즉 밑에 블록이 깔린 구두를 신었다. 이러한 블록의 높이는 어떤 경우에는 2피트나 됐다. 여성들은 양쪽에서 지탱해주는 여종 없이는 걸을 수 없었다.[62] 이리아르트(Yriarte)는 이러한 나막신의 탄생이 남편들의 지모(智謀)와 관련이 있다고 생각한다. 한 대사(大使)가 공화정 총독과 고문들과의 대화에서 일반적인 구두가 훨씬 편하지 않은지 물었더니, 한 고문이 '너무 편합니다!! 아주 아주 편해요!'라고 답했다. 프랑스 집정부(French Directory)[63] 시대 드미 테름(demi-terme)[64]은 금방 엄마가 될 것처럼 보이려는 여성들이 착용한 틀의 이름이었다.[65] 30년 전

---

[60] *Umschau*, IV, 789.
[61] Yriarte, *La Vie d'un Patricien de Venise*, 58
[62] 위의 책, 53.
[63] (옮긴이 주) 1795년부터 프랑스를 통치한 5인 구성 위원회.
[64] (옮긴이 주) 임신 5개월 즈음에 입는 임신복.

'푸프(pouf)'는 드레스의 엉덩이 측면을 넓히기 위해 착용됐다. 앞으로 몸을 구부리는 '그리스풍의 굽힘(Grecian bend)'은 걸을 때와 일어설 때 취하는 자세였다. 이후 부산한 유행의 변화가 이어졌다. 나중에는 드레스를 몸의 곡선에 밀착시켰다. 그 누구도 드레스를 그와 같이 바꾸면 인간의 모습이 나아지리라고 생각지 못했다. 어떤 유행도 흉한 효과를 초래할 목적으로 채택되지는 않는다. 여기서 이야기하는 바의 핵심은 여성들이 다른 어떤 이유 때문이 아니라 그 효과를 의식하지 않으면서 모든 사람이 입었다는 이유 때문에 특정한 모습의 드레스를 입었다는 사실이다.

에라스뮈스(Erasmus)의 프란체스코회 수사에 관한 대화 형식의 글에서 어떤 인물은 다음과 같이 말하고 있다. "드레스에 관한 모든 일은 관습, 그리고 널리 퍼져있는 견해에 좌우된다고 생각한다." 그는 유죄 판결 후 간통을 범한 남성들이 그 공간에 있을 때는 은밀한 부위를 절대로 드러내서는 안 되는, 이름이 알려지지 않은 어떤 공간을 언급하면서 다음과 같이 말한다. "관습으로 인해 이것이 모든 처벌 중에서 가장 중대한 처벌이 되었다." 그런데 "사실 이 처벌은 너무나 우스꽝스러워 실행되기가 어려웠다."라고 말했다. 유행은 머리의 형태, 그리고 신체 변형의 형태를 지배해 왔다. 유행은 어떤 동물, 혹은 어떤 특별한 종의 동물이 애완동물로 적합한지를 결정했다. 유행은 음악과 문학을 지배한다. 이에 따라 작곡가와 시인, 소설가가 널리 사랑을 받기도, 잊히기도 한다. 중세의 문학에서는 우화(寓話)가 높은 평가를 받아 매우 흔히 사용됐다. 작가들은 반복해서 전쟁과 전투를 서술했으며, 자연에 대해서는 그다지 주목하지 않았다. 실제로 자연 배경, 지리, 그리고 기상

---

[65] Du Camp, *Paris*, VI, 388.

상황은 마치 무대 위 풍경처럼 인습적인 것으로 간주되어 어떤 흥미도, 중요함도 없는 것으로 여겨졌다. 하지만 오늘날의 사람들은 현실과 자연의 세세한 문제들에 관심을 보여주는데, 이는 중세와 대비되는, 유달리 눈에 띄는 특징이다.

191. 잡다한 유행

건축 또한 유행의 지배를 받는다. 17세기와 18세기의 영국에서는 영국풍 르네상스 양식과 고딕 양식이 세련되지 못한 것으로 간주되었고, 팔라디오(palladian)[66] 양식이 칭송을 받았다. 프랑스는 로코코(rococo)[67] 양식과 망사르(Mansard)[68] 양식을 선호했다. 오늘날에는 영국풍 르네상스 양식과 고딕 양식이 또다시 사랑을 받고 있고, 팔라디오 양식은 인기가 없는 것으로 파악되고 있다. 회화나 조각도 그 기준과 방식에서 유행의 변화를 거친다. 문학도 마찬가지다. 시와 소설은 유행의 단계를 따라간다. 성공한 소설은 모방되고, 그 시대의 유행을 만들어낸다. 영웅의 유형이나 이상적인 품성은 유행에 따라 변한다. '당위로서의 인물'의 유

---

[66] (옮긴이 주) 팔라디오 양식(Palladian)은 15세기에 활약한 건축가 안드레아 팔라디오(Andrea Palladio, 1508~1580)의 건축물들에서 시작되었다. 팔라디오 양식의 건물은 베네토 지방 전역에 분포되어 있으며, 영국과 유럽 전역 그리고 북아메리카까지 확산되어 건축 예술의 발달에 큰 영향을 끼쳤다.
[67] (옮긴이 주) 18세기 프랑스의 건축, 실내 가구 디자인 영역에서 유행한 양식. 우아하고 여성적인 아름다움으로 대변되는 이 양식의 특징은 부드러운 곡선이 디자인 구성의 주조를 이루고 있다.
[68] (옮긴이 주) 망사르라는 이름은 프랑스의 건축가 망사르(François Mansart, 1598~1666)가 고안한 것에 유래를 두고 있다. 바로크 양식과 프랑스 전통 건축을 조화시킨 독자적 양식.

형은 유행에 따라 변하고, 그 유형은 젊은이들을 교육할 때 커다란 선택압으로 작용한다. 교육 방법은 유행을 뒤쫓는다. 어느 순간 교수법의 유행이 발생하고, 이러한 방법이 매우 강조되면서 옹호되고, 유행하다가 쇠퇴하고, 결국 사라져 버린다. 서 있는 자세, 걷는 법, 앉는 법, 몸짓, 언어(은어, 감탄사), 발음, 음조, 억양, 말의 악센트에도 유행이 있으며, 악수, 춤, 먹고 마시는 방법, 존경을 나타내는 방식, 방문 예절, 음식, 식사 시간, 그리고 태도와 거동에 관한 유행도 있다. 코담배를 피울 때도 사람들은 세련된 것으로 간주되는 태도와 몸짓을 익힌다. 유행은 특정 시기에 어떤 유형의 여성미가 선호되는지를 결정한다. 예컨대 통통한 여성을 선호하는지, 마른 여성을 선호하는지, 금발인지, 흑갈색인지, 큰 체형인지 작은 체형인지, 붉은 머리의 여성을 선호하는지, 검은 머리의 여성을 선호하는지 등을 결정하는 것이다. 유행에 관심을 갖고 따르기에는 너무 현명했던 '우리 조상들의 순박했던 시대'는 언제였을까? 이는 분명 고대 이집트 왕 이전일 것이며, 빙하시대 이전일지도 모른다. 크리소스토무스(Chrysostom)[69]는 초기의 교도들에게 극장에서 습득한 몸짓, 그리고 걷는 방식에 관한 버릇과 매너에 반대하는 설교를 했다. 문학이 존재한 이래, 모럴리스트들은 유행을 풍자해 왔다. 골튼(Galton)은 누구나 증명할 수 있는 바를 파악할 수 있었는데, 즉 그는 오랜 초상화 속 얼굴들이 '다른 사람과 대체할 수 있는 하나의 우월한 얼굴형이라는 움직일 수 없는 증거'를 보여준다는 사실을 깨달았던 것이다. "만약 풍자가를 믿을 수 있다면 금세기(19세기) 초 영국의 남녀는 분명 남달리 비만했을 것이다."[70] 이러한 현상을 살펴볼 수 있는 것

---

[69] (옮긴이 주) 콘스탄티노플의 총대주교. 4세기의 대표적인 그리스 교부(教父). 당대 최고의 설교자.
[70] Galton, *Inquiries into Human Faculty*, 6, 8.

은 어쩌면 회화의 유행에 일정 정도 따른 것일지도 모른다. 초상화가들이 자신들이 그리는 모든 인물의 모습을 그 시대의 '훌륭한 용모'라는 기준에 맞추어 왜곡시켰을 수도 있는 것이다. 하지만 이러한 가능성보다는 실제로 변이가 작동했을 개연성이 더 크다. 편평경골(扁平脛骨, platycnemism)[71]과 구멍 낸 주두(肘頭)[72]가 한동안 집단들에서 널리 퍼진다. 이어서 이들은 쇠락의 길을 걷는다. 한편 마치 자연 속에 유행이 있기라도 하듯 질병에도 유행이 있다. 이는 우리가 논하고 있는 주제의 범위를 넘어선다. 하지만 육종 식물과 동물, 그리고 어쩌면 인간의 변이 발생과 쇠퇴는 유행 또한 유사한 실험 활동일 수 있음을 시사한다. 이는 그 유용성이 선택(selection)에 좌우되는, 반은 변덕스럽고 반은 진지한 활동이다. 만약 사람들이 오직 합리적인 결정에 따라 새로움을 추구한다면, 드레스의 모습은 변화가 자발적으로 암시를 불러일으키는 현재와는 매우 다를 것이다. 현재의 드레스 형태는 (사람들이 유행 때문에 받아들이게 된 변이들은 차치하고라도) 지난 2000년의 모든 유행의 결과다.

192. 유행에 의한 변형은 모두 합리성을 결하고 있다

유행이 편의에 도움이 되리라는 보장은 전혀 없다. 예컨대 두개골의 변형은 유해하지 않을지 몰라도 유용하지는 않다. 입술에 삽입한 덩이는 먹고 이야기하는 데 방해가 된다. 이는 사람들이 발화하는 방식을

---

[71] (옮긴이 주) 경골이 비정상적으로 넓고 평평한 상태.
[72] (옮긴이 주) 팔꿈치 관절 뒷부분에서 가장 튀어나온 부위.

바꾸어 놓으며, 침이 입안에 남아 있지 않고 새 나간다. 이러한 유행의 외부에 있는 사람들의 입장에서 볼 때, 이는 극단적으로 추하고, 역겨움을 자아낸다. 하지만 그 유행의 내부에 있는 사람들에게는 이것이 미의 표준이며, 위엄과 부족의 지위를 나타내는 징표다. 모든 유행은 과도해지는 경향이 있다. 왜냐하면 감각이 이러한 유행에 익숙해지게 되는데, 이러한 상황에서 구별된다는 느낌을 되찾으려면 과장이 필요하기 때문이다. 유행은 문명의 모든 단계에서 그 과도함이 빠르게 번져 나간다. 이러한 사실은 전체로부터 개인으로 전해지는 유행이 개인의 감각과 판단, 혹은 취향에 추가하는 바는 없지만, 그럼에도 개인이 이러한 유행을 따르지 않을 수 없다는 사실을 보여준다. 유행을 따르지 않는 사람은 세련되지 못하고 촌스러운 사람 취급을 받는다. 그런 사람은 다소 심하게 사람들의 배척을 받는다. 이는 그 사람이 고통받게 되어 있음을 의미할 뿐 아니라, 중요한 이익을 잃고 손해를 보게 될 것임을 의미한다.

193. 유행에 대한 풍자

40년 전까지만 해도 걸으면서 팔을 흔드는 여성은 심지가 곧은 여성으로 여겨졌다. 현재의 영국 여왕이 머리를 빗질하고 귀를 감추지 않는 유행을 도입했을 당시 젊었던 한 부인은 그러한 모습이 상스럽게 보였다고 말했다. 유행은 독재정치보다 강하다. 러시아의 니콜라이 1세는 늦은 시간까지 벌어지는 유흥에 반대하여 궁중의 무도회를 빨리 시작하라는 명령을 내렸다. 무도회를 빨리 끝내기 위함이었다. 11시가 될 때까지 그는 거의 혼자였고, 그는 자신의 개혁을 포기하지 않을 수 없었다.[73] 크리놀린(crinoline) 스커트의 유행이 정점에 이르렀을 당시 리치(Leech)는 『펀치(Punch)』에 '크리놀린 스커트가 부자연스럽고 터무니없는 발명이라고 생각하는, 단순하고 우아한 복장으로 파티에 나와 있는' 두 미혼 여성의 사진을 실었다. 그 당시 제삼자들은 엄청나게 경악했지만, 오늘날 이 여성들의 복장은 유행하고 있다. 뒤 모리에(Du Maurier)는 『펀치』에 가벼운 풍자 글을 실었다. 이는 한 어린 여아가 어머니에게 이브가 아기였던 카인을 처음 봤을 때 어떻게 카인이 못생기지 않았다는 사실을 알 수 있었는지를 묻는 글이었다. 이는 인습의 기원에 관한 핵심 문제를 매우 명민하게 찌르는 글이었다. 카인이 태어났을 당시에는 모든 아기가 예쁘다는 관습이 확립되어 있지 않았을 것이다.

194. 신념과 이상(理想)의 유행

무역, 은행업, 정치의 방책, 여행, 여관 경영, 서적 제작, 구경거리, 오락, 꽃꽂이, 수예, 탈것, 정원, 그리고 게임 등에도 유행이 있다. 논리와 추론 방식에도 유행이 있는 듯하다. 예컨대 한 시대에 설득력이 있다고 여겨진 논의들이 다른 시대에는 별다른 효과가 없는 경우가 있다(본서 227절 각주 189번). 수백 년 동안 서구에서는 '정의를 실현하려면 고문이 필요하다'는 주장을 설득력이 있는 것으로 받아들였다. 또 다른 시기에는 우화를 타당한 해석 방법으로서 사용하는 데 만족하는 경향이 뚜렷하게 나타났으며, 예술에서도 우화를 선호하는 현상이 나타났다. 철학의 모습은 유행에 따라 주기를 거친다. 심지어 수학과 과학의

---

[73] *Century Magazine*, XLII, 89.

방법과 개념들도 철학과 동일한 방식으로 주기를 거친다. 이러한 방식으로 주기적인 유행을 따라 반복 과정을 거치기 때문에 '방법론'은 영원한 생명력을 갖는다. 중세의 '실재론(realism)'[74]은 수백 년 동안 모든 사상을 지배했으며, 그 지배는 여전히 무너지지 않고 건재하다. 이는 오늘날 정치철학에서 유행하고 있다. 반면 유명론(nominalism)은 오늘날의 사유를 지배하는 철학이다. 스콜라주의(Scholasticism)[75]는 모든 지식인의 정신적 틀을 장악했다. 토마스 아퀴나스(Thomas Aquinas)는 인간이 알고 있는, 혹은 알 필요가 있는 모든 것을 종합하고 있다. 현대인은 그의 책 1쪽을 읽으면서도 집중력을 유지하기 힘들어한다. 심지어 사실(史實)을 파악하려는 목적에서 그의 책을 읽을 경우에도 마찬가지다. '플로지스톤(Phlogiston)'[76]과 '와동(渦動, vortices)'[77]과 같은 개념은 한때 유행했지만 지금은 잊혔다. 18세기의 이신론(理神論, deism)과 19세기의 이성주의(rationalism)는 이제 그 누구의 관심도 끌지 못한다. 18세기의 경제학자들은 임금 삭감을 위해, 그리고 이를 통해 국제 경쟁에서 이기기 위해 인구 증가를 지지하는 입장을 견지했다. 그들은 이러한 논의에 전혀

---

[74] (옮긴이 주) 전기 스콜라 철학 이래 보편의 문제는 항상 중요한 논쟁거리였다. 여기에서 말하는 보편이란 '개별적 사물'에 대한 것으로서, 예를 들면 "소크라테스는 인간이고 인간은 동물이다"라고 하면 소크라테스는 개별적 사물이고 인간(종), 동물(류) 등은 보편인 것이다. 전기 스콜라 철학에서는 "보편은 실재성을 가지고 개별적 사물에 앞서 존재한다"라는 실재론의 주장과 "보편은 단순한 명사(사고에 의한 추상의 산물)에 불과하고 다만 개별적 사물만이 실재한다"라는 유명론의 주장이 대립했다.

[75] (옮긴이 주) 기독교 신앙을 체계적으로 정리하고, 이를 이성(理性)을 통해 입증하고 이해하려 한 중세의 철학 체계.

[76] (옮긴이 주) 산소를 발견하기 전까지 연소할 때 방출된다고 알려졌던 가공의 물질.

[77] (옮긴이 주) 유체 속에서 팽이처럼 회전하는 부분으로, 소용돌이(swirl)라고도 한다.

양심의 가책을 느끼지 않았고, 의심도 품지 않았다. 수학적으로 입증할 수 있는 것을 제외하고는 모든 진리가 단지 그 시대의 기능에 지나지 않는다는 주장이 제기되는 것은 전혀 놀라운 일이 아니다. 지구의 인구가 과소하여 사람에 대한 경제적 목적의 수요가 있으면 민주주의를 채택하지 않을 수 없다. 하지만 이러한 상황이 영구적으로 지속될 수는 없다. 이에 따라 민주주의도 영원히 지속될 수는 없다. 이는 절대적이면서 '영원한' 진리를 담고 있지 않다. 민주주의가 받아들여지고 있는 상황에서는 그에 걸맞는 특정한 정치 개념과 책략 등이 유행한다. 그리고 어떤 도덕적 기준이 이들과 함께한다. 오늘날 생물이 진화되어 왔다는 생각은 최종적인 사실로 받아들여지고 있다. 자연 철학은 이로부터 이끌려 나온다. 이는 단지 유행에 지나지 않는가? 다시 말해 사상 전개의 한 국면에 지나지 않는가? 현재 소수의 사람을 제외한 모든 사람에게 널리 퍼져있다는 사실을 제외하고는 이러한 철학의 타당성을 보증해주는 것은 아무것도 없다. 그저 모두가 받아들이기 때문에 모두가 받아들이는 것이지, 이 외에는 이를 보증해줄 다른 아무런 이유도 없는 것이다. 편협한 철학들이 강의실, 동호인 모임, 소집단에서 유행하고 있다. 사실상 이러한 철학들은 명성을 얻음으로써 문화의, 혹은 다른 우월함의 상징 역할을 하는 무엇인가를 흉내 낸 것에 지나지 않는다. 몇몇 사람들은 그리스어를 알고 있어서, 자유사상가여서, 예의에 정통한 사람이어서, 예술 숭배를 고백하므로, 러스킨(Ruskin), 이스트레이크(Eastlake), 칼라일(Carlyle), 에머슨(Emerson), 브라우닝(Browning), 톨스토이(Tolstoi), 니체(Nietsche) 신봉자라서, 또한 이러한 사람들이 참되고 현명한 것으로 옹호한 생각이나 실천을 장려하고 있다는 측면에서 유명하다. 흔히 이러한 사상이나 예술의 유행은 작은 동료 집단에서 더욱 폭넓은 계층으로 전달되며, 이들이 모레스에 침투하여 한 시대에 영향을 미치기도 한다. 사람들이 마녀의 존재를 믿던 시절에 사람들이 그 존재를 믿었던 이유는 모든 사람이 그러한 존재를 믿었기 때문이다. 마녀의 존재를 더 이상 믿지 않게 된 것은 소수의 사람이 그러한 유행에 불을 붙였기 때문이며, 마녀의 존재를 믿는 것이 이제는 '계몽된' 태도가 아니게 되었기 때문이다.

195. 유행은 하찮은 것이 아니다. 논의를 통해 달라지지도 않는다

유행은 결코 하찮은 것이 아니다. 이는 집단이 개인을 지배하는 한 가지 방식에 해당하며, 유익한 만큼 상당히 유해한 경우도 흔하다. 유행은 논박의 대상이 아니다. 예컨대 우리가 특정 드레스의 유행을 어떤 공주나 여배우가 퍼뜨리기 시작했는지 말할 수 있는 경우가 있다. 또한 우리가 어떤 사상을 누가 확산시켰는지 아는 경우가 있다. 하지만 일반적으로 우리는 누가 드레스의 유행을 시작했는지 알지 못한다. 유행이 갖는 권위는 그러한 유행을 접하는 모두에게 무조건적이다. 그에 대한 제재는 비웃음거리가 되며 무력하다. 이에 반대하는 사람은 상처를 입게 된다. 그는 유행에 영향을 주지 못한다. 나이나 지위를 막론하고, 또한 크리놀린 스커트에 대한 의견이 어떠하든, 모든 여성은 이러한 스커트가 유행할 당시 크리놀린 스커트를 착용하지 않을 수 없었다. '사리에 맞는 여성 드레스'의 유행을 도입하려는 노력은 지금까지 성공한 사례가 없다. 유행을 따라가지 못하는 예술가, 소설가, 시인 혹은 어떤 유파의 극작가는 실패를 맛보고 사라지고 만다. 널리 퍼져있는 생각에 반대하는 사람의 목소리에 귀를 기울여줄 사람은 없다. 이렇게 보았을 때 유행은 일종의 선택 작용을 한다. 이 선택에서 흔히 유행에 성공했다고 해서 반드시 가치가 있는 것은 아니지만 선택은 가차없이 이루어진다. 비판의 기준은 유행에 의해 마련된다. 결과적으로 유행은 합리적인 결과를 산출하지 않는다. 초자연적인 존재에 대한 믿음에는 지켜야 할 한 가지 규칙이 있었다. 죽은 자에 대해서는 장점만을 이야기하라는 것이다. 이 규칙에는 망령이 화가 나서 복수를 하려고 찾아올지도 모른다는 두려움이 반영되어 있다. 이는 우리에게 전해져 피할 수 없는 규칙으로 자리 잡았다. 이렇게 보았을 때, 죽은 자에게 보내는 찬사는 상투적인 허언이다. 그 누구도 유행에서 이탈할 수는 없다. 오늘날에는 경쟁에서 약한 쪽 편을 들어야 한다는 원칙이 유행하고 있다. 하지만 이 원칙은 아무런 합당한 근거가 없다. 다만 강한 쪽이 잘못했으리라는 작은 개연성만이 있을 뿐이다. 터무니없긴 하지만 우리 모두가 토론할 때 초당파적인 입장을 견지하자는 요구가 오늘날 유행하고 있다. 물론 중요한 문제에 대한 이와 같은 설득력 있는 규칙들은 모레스로 전환된다. 하지만 이들은 어쨌거나 유행이다. 왜냐하면 이들은 임의적이고, 어떤 합리적인 근거도 없으며, 실험 대상이 될 수 없고, 모두가 이에 따르는 것 이외에는 아무런 제재도 이루어지지 않기 때문이다.

196. 더욱 멀리까지 미치는 유행의 영향

유행의 선택 효과는 그 비합리성에도 불구하고, 또한 이해 관심에 미칠 영향이 좋을지 나쁠지와 무관하게 인간의 지성에 반영된다. 이는 사회 내에서 나타나는 많은 이질적인 현상들을 설명한다. 유행은 모레스에 영향을 준다. 유행은 무언가를 알맞거나 그렇지 않게, 적절하거나 부적절하게 만들며, 유행이 충분히 길게 지속될 경우 단정함과 우선순

위 등에 대한 감각과 기준에 영향을 미친다. 은행업이나 무역업에서의 유행은 정직함의 기준, 혹은 속임과 도박의 정의(定義)에 영향을 미친다. 공공장소에서의 공연, 춤, 처벌, 그리고 처형은 얼마 지나지 않아 품위의 기준, 오락에서의 기호, 자애의 감정, 흥미와 매력에 대한 관점에 영향을 미친다. 유행 중인 논의 방법은 사람들에게 경박한 행위, 궤변, 경솔함을 익히는 훈련이 될 수 있으며, 그리하여 옳게 생각하고 추리하는 능력을 파괴할 수도 있다. 쉐르(Scherr)[78]에 따르면 도덕의 상실은 16세기의 라틴 국가들을 퇴락시킨 원인이었는데, 유행은 이러한 도덕의 상실을 독일로 이전시키는 수단으로 활용되었다. 유행은 오늘날 접촉과 전염에 의해 모든 문명제국에 퍼지고 있다. 이는 문헌을 매개로 확산되고 있다.

197. 은어와 무의미한 감탄사[79]

은어(slang)와 무의미한 감탄사(expletives)는 언어와 관련이 있는 유행이다. 무의미한 감탄사에는 간단한 감탄사부터 매우 강한 비속어에 이르기까지 다양한 층위가 있다. 무의미한 감탄사 중 다수는 오랜 옛날의

---

[78] *Deutsche Frauenwelt*, II, 65.
[79] (옮긴이 주) 감탄사에는 감정 감탄사와 의지 감탄사, 그리고 간투사가 있는데, 감정 감탄사와 의지 감탄사는 말하는 사람의 감정이나 의지를 나타낼 때 쓰는 말이고 간투사는 말하는 사람이 중간에 머뭇거릴 때 사용하는 말이다. 예를 들어 감정 감탄사로는 허허, 아이고, 후유, 아뿔싸 등이, 의지 감탄사에는 여보세요, 이봐, 그래, 응, 오냐, 아니오 등이, 간투사에는 어, 에, 음, 머, 그, 저 등이 있다. 그런데 여기에서 저자는 expletives를 이 모든 것을 포함하는 단어로 사용하고 있는 듯하다.

종교에서 질책, 탄원, 단언, 맹세, 저주 등을 나타내기 위해 활용된 관용적 표현이다. 이러한 감탄사들은 저주 혹은 축복에의 욕구, 초대 혹은 축출에의 욕구를 표현한다. 이들은 원래의 의미가 상실되는 곳에서는 감탄사로 전락하며, 그 전체적인 의미는 억양에서 발견된다. 이들의 사용은 국가의, 계층의, 집단의, 그리고 가족에서의 유행에 따라 흥망성쇠를 거치며, 개인의 습관에 지배력을 행사한다. 어떤 사람들이 경건한 언어를 사용할지, 교양 있는(아는 척하는) 말씨를 사용할지, 도박사들의 은어를 사용할지, 혹은 과도한 형용사나 어리석어 보이는 감탄사를 쓰는 말씨를 사용할지, 불경스러운 표현, 맹세, 그리고 신성한 것들을 남용하는 문구들을 사용할지 여부는 태생과 훈련에 좌우된다. 이러한 의미에서 보자면 각각의 방언(dialect)들[80]은 각각의 집단을 위한 언어이고, 그 집단의 모레스에 부합된다. 무의미한 감탄사를 내뱉는 상황을 설명하는 심리 이론이 있을 수 있다.[81] 하지만 은어와 마찬가지로, 무의미한 감탄사는 모든 언어의 목적인 '표현의 편의성'으로 설명할 수 있을 것이다. 관심을 끌면서 기억에 남을 만한 표현을 해야 할 경우가 있다. 무의미한 감탄사 중 강력한 것들은 반대자를 충격에 빠뜨린다. 이는 화자(話者)의 안전을 위협하는 상황에 대한 본능적인 반응이기도 하다. 정서의 측면에서 보자면 이는 일종의 배출구이며, 다른 위안이 가능하지 않을 때 이로부터 위안을 취할 수 있게 된다. 이 마지막 기능이 무의미한 감탄사가 사용되는 주요한 이유 중 하나다. 하지만 설령 이처럼 위안을 준다고 해도 이는 나쁜 습관이다. 왜냐하면 더욱더 강한 표현이 동일한 주관적 효과를 얻기 위해 필요하게 되기 때문이다. 오래

---

[80] (옮긴이 주) 특정 지역이나 집단 특유의 언어.
[81] Patrick in *Psychological Review*, VIII, 113.

된 표현은 그 힘을 잃는다. 은어(slang)는 신조어(造語)다. 이렇게 만들어진 말은 흔히 생생한 느낌을 전달하며 해학적이다. 하지만 이는 하찮고 천박하기도 하다. 선택의 과정은 계속 이어진다. 이들 중 일부는 거부당하고, 어떤 것은 사용되고 있는 언어에 편입된다. 무의미한 감탄사 또한 시간이 흐르면서 유행에서 멀어진다. 특정 효과를 얻기 위한 노력은 더욱더 끊임없이 과장되어야만 그 효과를 얻을 수 있다. 그로테스크하며 터무니없는 표현을 사용하는 것은 개인의 나쁜 버릇이 된다. 은어와 무의미한 감탄사는 발화나 쓰기에서 활용되는 명료하고 적절한 표현들의 힘을 파괴한다. 이들은 필연적으로 사고력에 영향을 미치게 된다. 은어는 언어에 활기를 불어넣는 새로운 조어다. 하지만 담배를 피우고 술을 마시는 유행과 마찬가지로, 은어와 무의미한 감탄사의 유행은 기껏해야 장난의 한 형태로, 아무런 필요 없이 탄생한, 사람들의 이익에 아무런 도움이 되지 않는 습관과 관습으로 평가되어야 한다. 이러한 언어는 사용자에게 하찮은 '자기' 만족을 줄 따름이며, 그 좋고 나쁜 결과는 모두 자기 자신에게 돌아갈 따름이다. 한 사회 속에서 이와 같은 유행이 확산된다면 이는 여러 이해 관심에 온당한 영향을 미치게 되고, 이에 따라 그 사회 모레스의 하나로 자리 잡게 된다. 이러한 유행이 사회적 제재에 의해 강제되는 경우는 오직 한정된 범위 내에서다. 이에 대해서는 개인적인 선택의 자유가 있다. 얼마만큼 저항이 이루어질 수 있는지는 독립적인 판단과 자기통제 능력에 좌우되며, 이를 통해 자립과 자기통제 능력이 길러진다. 이와 같은 방식으로 저항은 품성에 영향을 미친다. 집단들은 저항하는 사람들과 저항하지 않는 사람들의 사회 내에서 분기가 이루어지는데, 이로 인해 모레스(집단의 성격)가 영향을 받게 된다. 이 두 집단 사이의 생존 경쟁에서 선택 효과가 나타난다.

198. 허식, 일시적 유행, 그리고 일시적 유행어

어떤 생각이나 용례가 유행하여 특정 시기의 어떤 사회가 갖는 특징이 되면, 이는 앞서 언급한 바와 같이 진실된 유형에 도달하지 못하면서 그 외형을 과장하는 사람들의 영향을 받게 된다. 르네상스 시대의 인문주의는 박식한 척하는 태도, 필사본 수집에 대한 호사가적 관심을 이끌어냈으며, 학자들에게는 진정성이 있었지만 그들의 추종자들에게는 허세였던 스타일을 추종하고자 하는 열정을 이끌어냈다. 그 밖에 이교도 철학을 추종하는 척하는 태도, 그리고 기독교에서 멀어지는 척하는 태도 또한 나타났다. 16세기의 영국에서 미사여구를 선호한 사람들, 몰리에르(Molière) 시대의 재치 있고 세련된 부인들(précieuses), 18세기의 계몽주의자(illuminati)들은 기분에 따라 어떠한 종류의 행위를 과장하면서 허세를 부리는 집단의 한 사례다. 이처럼 사람들이 따름으로써 한동안 유행하는 허식(poses)이 있다. 한편 일시적 유행(fads)이 널리 확산되는 경우가 있다. 멋 부리기(dandyism), 운동 경기에 대한 정열(athleticism), 다양한 유형의 현학, 다양한 유형의 개혁, 사회 운동, 대의명분, 그리고 질문 등이 일시적으로 유행할 수 있는데, 이때 공통의 취향과 정서를 갖는 사람들로 이루어진 집단이 그 주변부로 몰려든다. 허식은 이들과 보조를 맞춘다. 허식은 긍정적인 평가가 이루어지는 품성 유형을 선택하는 사람들의 영향을 받기도 한다. 지난 2세기 동안 멋쟁이(dandy)는 그가 영향을 미친 다양한 유형의 허식, 그리고 의복에 상응하는 수많은 은어 이름을 가지고 있었다. 오늘날 멋쟁이는 전혀 다른 유형의 인간형인 운동선수에게 그 자리를 양보했다. 바이런식(式)(Byronic)[82]의 허식이

---

[82] (옮긴이 주) 바이런식 주인공은 겉으로는 무모하고 난폭하지만, 속으로는 따뜻

한 세대에 걸쳐 유행했다. 괴테의 베르테르도 허식을 촉발했다. 오늘날 이러한 허식은 모두 비웃음의 대상이 될 것이다. 사람들이 좋아하는 소설 속의 영웅들은 흔히 허식을 만들어냈다. 칼라일(Carlyle)은 문학적 허식('협잡꾼들에 대한 증오' 등의)을 촉발했다. 그와 러스킨(Ruskin)은 일부 위선적인 표현(cant)을 퍼뜨렸다. 이렇게 말하는 이유는 진지하면서 성실한 척하는 일시적 유행과 허식에는 모두 위선적인 표현이 분명 포함되어 있기 때문이다. 졸라, 다눈치오(D'Annunzio), 바그너, 입센, 고리키, 톨스토이, 주더만(Sudermann)은 우리 시대 공중의 마음에 암시를 작동시킨 사람들이다. 이들은 스스로 선택한 공감 모임에 몰려들어 어떤 인생관에 대한 예찬을 확산시키는 사람들의 호응을 얻는다. 어둠과 미개, 정념과 범죄, 사치와 육욕, 로맨스와 모험, 간음과 이혼, 자기도취와 냉소주의, 부정과 부패의 현실은 암시가 이루어지는 온상이 된다. 이는 감수성이 뛰어난 사람들이 조직을 만들고, 마음 맞는 사람들이 공감대를 형성하면서 함께 뭉치게 하는 배경이다. 문명 세계에서 널리 유행하고 있는 순수 문학(belles-lettres)은 이와 같은 감상적인 철학 분파들, 그리고 이들과 호응을 이루는 일시적 유행과 허식을 늘리며, 이들 분파에 적절한 위선적 표현을 제공하기도 하는 주체다. 이들은 능동적이면서 커다란 역할을 한다. 이와 같은 순수 문학의 영향은 문명 세계를 통틀어 널리 감지되고 있다. 주색에 빠진 사람, 시니컬한 이기주의자, 인도주의자의 벗들, 그 외 모든 사람이 사용하는 위선적인 표현들은 종교적 분파가 갖는 특징처럼 독특하다. 소집단들은 각각 독자적으로 선택을 하고 있지만, 이러한 선택은 소규모로 이루어진다. 이들 집단은 서로에

하고 열정적이며, 과거를 떠올릴 때면 알 수 없는 죄의식과 우울함에 사로잡히는 남자 주인공이다.

게 간섭하고 서로를 중화시키는데, 어떤 전반적인 경향이 이들 집단을 통해 모레스로 전달될 수 있다. 우리 시대가 누리는 경제적인 기회, 힘, 그리고 번영으로 미루어 보았을 때, 우리는 우리 시대에 대해 낙관적인 입장을 취할 수 있다. 위에서 언급한 저자는 모두 비관적이었다. 그들은 시대를 받아들임으로써 시대에 표면적으로 영향을 미치는 데 그쳤고, 시대의 도덕철학 발전에 지장을 초래했다. 그들은 시대의 기준과 규칙을 교란했으며, 그 취향을 타락시키기도 했다. 그들은 이류 작가들이 흉내의 대상으로 삼는 문헌을 통해 유행을 만들어냈다. 대개 이러한 작가들은 우리의 모레스로 전해져 내려온 금지의 강도를 완화시켰다. 그들은 암시를 통해 독립적인 품성(건전한 판단을 이용해 전통을 대체할 능력을 갖춘)을 함양하는 데에 도움을 주지 못하면서 그렇게 했다. 만약 대중에게 도달할 수 있도록 자신들의 작품을 희석했다면 그러한 작가들의 영향력은 더욱 컸을 것이다. 그러한 작품들이 현재 그러한 작가들이 활용하고 있는 저술 이상으로 심하게 부정적인 영향을 미칠 가능성은 거의 없다.

199. 사례

그리스 후기에는 호메로스를 배우는 것이 일종의 허세로 자리 잡았다. 디오 크리소스토무스(Dio Chrysostom)는 보리스테네스(Borysthenes)[83]에 있는 식민지를 방문했을 때의 일을 다음과 같이 전하고 있다. 그곳에서는 거의 모든 사람이 '일리아드(Iliad)'를 읽을 수 있고, 다른 무엇보다도

---

[83] (옮긴이 주) 드니프로의 옛 이름. 오늘날 우크라이나의 드네프르강 주변.

기꺼이 이에 귀를 기울였다.[84] 아테네인들, 특히 귀족 청년들은 스파르타의 매너와 풍습에 영향을 미쳤다. 멋쟁이들은 머리카락을 자르지 않고, 손을 씻지 않은 채 거리를 쏘다니며 주먹다짐을 했다. 그들은 마치 독일 학생들이 얼굴에 난 베인 상처를 자랑하듯 찢긴 귀를 자랑으로 삼았다.[85] 아우구스투스(Augustus)[86]의 여러 종교적, 사회적 개혁은 하나의 허식이었다. 이러한 개혁들은 진정성이 없었으며, 정치적 목적을 위해 채택되었다. 사람들은 스스로의 행동을 자신들에게 맞추지 않는 사람들을 비난했는데, 그 결과 "사회적 허위가 보편화"되었다.[87] 4세기와 5세기의 유복한 계층은 모두 고대의 문학과 철학을 모방하는 데 시간을 소모했다. 그들은 세네카와 플리니우스를 모방하려 하면서 책을 쓰고 편지를 썼으며, 영광스러운 시대의 사람들이 따랐다고 생각하는 삶의 방식을 따르려 했다.[88] 15세기의 프랑스인들은 비웃음의 대상이 되는 것을 매우 두려워했다. 이탈리아인들은 멍청해 보이는 것을 가장 두려워했다.[89] 15세기와 16세기에는 '주눅 든 기사(chevaliers transis)'들이 여름에는 모피를 두르고, 겨울에는 여름용 망토를 둘렀다. 그들은 "모든 것에 사랑이면 충분하다"는 것을 입증하고자 했다.[90] 16세기의 오래된 그림은 당시 눈을 가늘게 뜨고 보는 것이 겸손한 모습으로 간주되고 있었음을 보여주고 있다. 한 스페인인은 눈을 가늘게 뜨고 자신을 보는 것이 우정을 표현하는 것이라고 생각했다. 또한 입술을 꾹 다물고 입꼬

---

[84] *Orations*, XXXVI.
[85] Beloch, *Griechische Geschichte*, II, 29.
[86] (옮긴이 주) 로마 제국 제1대 황제.
[87] Boissier, *La Religion Romaine d'Auguste aux Antonins*, I, 211.
[88] Dill, *Last Century of the Western Empire*.
[89] Gregorovius, *Lucrezia Borgia*, 99.
[90] De Maulde la Clavière, *Les Femmes de la Renaissance*, 457.

리를 올리는 것이 성실함을 나타내는 징표로 여겨졌다.[91] 17세기 이탈리아의 시스비오(cicisbeo)[92]는 결혼한 여성을 섬기는 호위기사(cavalier servente)였다. 그러한 남성들은 방종하고 겉치레에 신경을 썼는데, 일반적으로 여성 같은 모습으로 묘사되고 있다.[93]

200. 영웅, 속죄양, 조롱의 대상, 풍자화

유행은 어느 시대의 어느 집단이 유달리 관심을 갖는 선호를 정한다. 대중은 영웅이 있어야 하지만, 이와 동시에 희생양과 조롱거리로 삼을 대상 또한 필요로 한다. 풍자화가 핵심을 놓쳐버리면 그러한 풍자화는 아무런 쓸모가 없어진다. 그 결정은 대중의 반응에 놓여 있다. 대중의 반응은 그러한 풍자화가 사태의 핵심을 건드리는지 여부를 보여준다. 풍자화가 사태의 핵심을 건드릴 경우, 이는 수많은 논의보다도 더욱 사태의 진실을 잘 드러내 보여준다. 대중은 매우 중요한 사회적 사실로 간주되는 한 가지 사건을 통해 어떤 확신을 갖게 되기도 한다. 1898년 오리건(Oregon) 호의 태평양 항해는 미국인들에게 지협을 뚫어 운하를 파야 한다는 확신을 주었다. 아마도 이러한 확신은 불합리한 추론의 결과였을 것이다. 하지만 어떤 논의가 이러한 확신을 넘어설 수는 없으며, 이와 같은 확신은 그에 뒤따르는 모든 재정과 관련된 결과와 여타의 결과들과 함께 행동을 지배할 것이다. 풍자나 경구, 혹은 풍자화는

---

[91] Erasmus, *Libellus Aureus de Civilitate Morum Puerilium*, I, i, 1.
[92] (옮긴이 주) 18세기 이탈리아에서 남편 있는 여자의 공공연한 애인을 일컫던 말.
[93] De Maulde, 470.

이와 같은 확신을 만들어내기에 충분하다.

201. 풍자화

어떤 수사방식(修辭方式)을 활용하는지가 매우 중요할 수가 있다. 예를 들어 풍자화(caricature)는 국가의 자만심에 일침을 가하는 경우가 흔하다. 이 경우 국가는 두려워하는 모습으로, '패배를 인정'하는 모습으로, 혹은 우스꽝스러운 모습으로 그려진다. 대개 집단의 자만심은 개인의 자만심에 비해 사람들에게 강력한 동인으로 작용하며, 이러한 자만심을 채우고자 하는 욕구는 어떤 이성에 의한 확신보다도 강력하다는 사실이 확인될 것이다.

202. 모레스와 일시적 유행 등의 관계

이처럼 사회에 널리 퍼져있는 허영, 욕구, 편견, 신념, 좋음과 싫음은 반대자들을 강제하며, 점점 더 강력한 대중현상이 된다. 이들은 이해관심에 영향을 미친다. 이어서 이들은 영향이라는 줄기로 개인을 휘감아 통제하고, 희생을 강요한다. 이들은 이 모든 것을 조합해서 삶과 역사를 구성하는 행위의 그물들을 짠다. 이들이 힘껏 일구어낸 선택은 어떤 것을 끌어들이고, 다른 것은 배제하면서 후대의 사회 조직에 일정한 영향을 미치게 된다. 그 영향은 품성에, 도덕적 기조에, 인생관에, 윤리 원리에, 그리고 지배적인 정서에 반응을 일으킨다. 이처럼 선택의 결과들은 모레스에 영향을 미치고, 모레스에 편입되기도 한다. 이들은 모두 이후 세대의 지식, 신념, 정책, 그리고 의무와 복리 규칙들의 얼개가 된다.

203. 이상

이상(理想)은 과학과 완전히 동떨어져 있다. 이는 사실과는 거의 혹은 전혀 관련이 없는 하나의 환영이다. 이상은 과학과 기술의 기능, 즉 사실을 다루는 힘든 과제에서 도망치려는 노력 속에서 형성되는 경우가 매우 흔하다. 이상에 도달하기 위한 방법은 존재하지 않는다. 이상을 입증하는 시금석 또한 존재하지 않는다. 이에 따라 이상에 관한 입증되거나 반증될 수 있는 명제를 만들어내기란 불가능하다. 때문에 우리는 적절한 경우들로 엄격하게 제한하여 이상을 활용해야 할 것이다. 이와 더불어 우리가 의식해야 할 점은 이상을 활용해 사회적 논의를 해보려는 시도를 진지하게 검토하고 있지 않다는 점이다. 이상과 모델(model)은 다음과 같은 점에서 다르다. 모델은 현실에서 이끌어내지만, 이끌어낸 범위가 현실을 벗어나지 않는다. 모델은 공인된 달성 방법과 실현 방법에 따른다. 한편 이상은 표준(standard)과도 다르다. 왜냐하면 표준은 실제적이어야 하기 때문이다.

204. 이상이 사용될 수 있는 경우

이상을 사용하기에 적절한 경우는 언제인가? 자신의 노력으로 이상을 실현하고자 하는 사람의 상상력에서 이상이 형성된다면, 그러한 이상은 유용할 수 있다. 왜냐하면 이 경우 이상과 행동 계획이 동일한 의식 내에서 형성되었으며, 이에 따라 이상의 결점이 줄어들거나 제거될 수 있기 때문이다. (a) 이상(理想)은 주로 암시를 통해 설득이 이루어지는 설교에서 유용하게 활용된다. 일부 제한된 경우에 설교자 혹은 교사는 젊은이들이 적절히 이해해서 채택할 경우, 그리고 부지런히 노력할 경우 이룰 수 있는 유형의 이상을 암시할 수 있다. 하지만 이러한 경우도 결국에 가서는 젊은이들의 스스로에 대한 교육 과정에 통합된다. (b) 이상은 스스로를 교육하는 데도 유용하다. 이 경우 이상은 서적으로부터, 흠모의 대상이 되는 사람으로부터 암시와 모방을 매개로, 혹은 자기 암시로부터 취해진다. 하지만 일반적으로 이상은 두 가지를 조합해 나온다. 자기 암시로부터 갖게 된 이상은 열정을 낳는다. 이상을 갖는 사람이 젊으면 이상의 공상적인 성격은 그리 중요하지 않다. 그는 의지를 통해 이를 이루려 노력하게 된다. 그는 끊임없이 이상과 자신의 경험을 비교하게 될 것이며, 마침내 이상이 현실이 되어 성실한 노력을 위한 계획에 녹아들게 될 것이다. (c) 허영심은 이상이 실현될 수 있다고 여겨지는, 이상을 사용하기 적절한 대상 영역을 확장시킨다. 허영심은 그 자체가 주관적인 애착인데, 그럼에도 이는 오직 사회 내에서만 일깨워진다. 때문에 허영심이 있는 사람은 상황을 상정하고, 무제한적으로 계획을 세우기 위해, 또한 자기 장식의 유형들을 고안해내고, 우월성과 차별성, 권력, 성공, 그리고 영광을 꿈꾸기 위해 상상력을 활용한다. 창안(creations)은 모두 환영(phantasms)이며, 목표는 모두 이상이다. 이러한 이상은 터무니없는 것이 아닐 수 있다. 허영심은 일반적으로 신체나 의복을 다루는 방법, 찬양의 대상이 되는 품성적 특성, 찬미의 대상이 되었거나 만족을 주고 칭찬의 대상이 된 행위 등을 더욱 높은 정도로 고양함으로써 이러한 이상을 만들어낸다. 이와 같은 이상의 전

영역은 집단 내에서 유행하는 취향이나 유행 기준이 암시하는 바에 크게 영향을 받는다. 하지만 자기 암시도 그 안에서 적극적인 역할을 한다. (d) 이상이 차지하는 비중은 결혼에서도 매우 크다. 결혼의 경우는 그 모든 단계에서 행복과 관련된 이상이 강력한 영향력을 발휘한다. 결혼이라는 경험은 일정 정도 즐겁지만, 일정 정도는 그 반대다. 이러한 경험은 반성을 촉발한다. 만약 이런저런 즐겁지 않은 지엽적인 문제를 개선할 수만 있다면 얼마나 축복일까! 이와 같은 바람 때문에 사람들은 이상적인 결혼 혹은 상상력에 의해 만들어진 결혼 개념을 그리게 된다. 오늘날에는 우리의 소설이 이러한 이상화에 영향을 주곤 한다. 남성들은 아내보다도 딸을 훨씬 열정적으로 보호하고자 하면서 사랑했다. 아버지의 사랑은 딸이 결혼하고 나서도 이어졌는데, 그 일환으로 아버지는 딸이 결혼 생활에서 해방되어 다른 결혼한 여자들이 인내해야 했던 고통과 걱정에서 벗어날 수 있도록 일부 규정을 확보하고자 했다. 이러한 규정들은 항상 이상의 인도를 받았다. 관련 변화를 최초로 깨달을 수 있었던 사람들은 사회의 거물이자 부자인 사람들이었다. 이후 이러한 변화가 유행, 관습, 그리고 모레스로 전달되었고, 결혼제도는 이들에 의해 완전해지고 다듬어졌다.

205. 미의 이상

위의 두 번째, 그리고 세 번째 항목에서 언급한 일정한 근거에 바탕을 둔 이상이 다수의 사람 혹은 모든 사람을 지배하게 되면, 그리고 이러한 이상이 유행의 영향을 받으면 대중현상이 된다. 집단은 여러 미(美)의 이상형을 채택한다. 미개인들은 이 중에서 육체적 미의 이상형을 채택한다(본서 189절). 이러한 유형이 어디에서 유래했는지는 아무도 모른다.[94] 사모아인 어머니는 갓난아기의 코를 낮게 만들기 위해 손가락으로 아기의 코를 누른다. 인디언 어머니는 갓난아기의 이마가 움푹 들어가게 하려고 이마에 나무판자를 올려둔다. 그들은 치아에 구멍을 뚫거나 이를 정해진 모양으로 만들며, 치아에 검게 색칠을 하기도 한다. 피부에는 색을 칠하거나 흉터를 남기거나 문신을 그린다. 처음에는 초자연적인 존재에 대한 믿음 때문에 신체를 변형시켰을 수가 있지만, 이후에는 다른 집단 사람들과의 차별성이 드러나는, 집단이 가지고 있는 자연스러운 신체적 특징이, 혹은 초자연적인 존재에 대한 믿음의 용례(goblinistic usage)가 탄생시킨 특징이 그 집단의 미의 기준으로 자리 잡는다. 이러한 특징들은 현재 행해지고 있는 신체의 변형에 의해 강조되고 과장된다. 이러한 변형의 목적은 신체적 아름다움을 이상적으로 완성하는 데 있다. 모든 의복 유행에도 동일한 원리가 개입된다. 이 밖의 경우에도 유행은 차별성과 우월성을 제공할, 혹은 복종을 강요할 완벽한 아름다움, 스타일, 우아함, 솜씨 등에 대한 부질없는, 그리고 불가능한 이상을 추구하고 있는 듯하다.

206. 이상적인 인간

집단의 이상이 될 수 있는 품성에는 여러 유형이 있을 수 있다. 구약성서에서 이상적인 유형의 인간은 모든 점에서 의식(儀式)의 기준에 따르는 '정의로운 사람'이다. 이슬람교도가 생각하는 이상적인 인간형은

---

[94] *Australian Association for the Advancement of Science*, 1892, 62; JAI, XIII, 280.

이슬람에 대한 '신앙심이 깊은' 사람이며, 이는 전지전능한 신에게 자기 자신을 맡기는 것을 말한다.[95] 마하바라타(Mahabharata)에서 말하는 완벽한 이상적인 인간 유형은 자신의 모든 것을 브라만(Brahman)에게 기꺼이 바치려 하는 사람이다. 브라만의 모습으로 위장한 시바(Siva) 신이 어느 영웅을 찾아갔다. 시바는 그 영웅에게 아들을 죽여서 시체를 먹을 수 있도록 준비해 달라고 요청했다. 영웅은 곧장 이 명령에 따랐다. 그 브라만은 영웅의 집에 불을 질렀으나 영웅은 불이 난 것에 신경을 쓰지 않고 아들의 시신 요리를 대접했다. 브라만은 그에게 이 요리를 먹으라고 명했다. 그는 이에 따르려 준비를 했으나 결국 이 시련을 피할 수 있었다. 그는 의기양양하게 시험을 견뎌낸 것이다. 그는 브라만의 시험에 모두 따르려 했다.[96] 이 시는 인격 혹은 품성이라는 측면에서 완벽한 여성의 유형인 사비트리(Savitri)[97]를 다루고 있기도 하다.[98] 그리스인들 또한 개인의 탁월성과 사회의 가치에 관한 다수의 기준을 가지고 있었는데, 이들 중 일정 정도는 그들의 모레스로 편입되었다. 이상형들은 고상하고 정제된 모습을 갖추고 있었다. 이들은 르네상스 이후 '인문주의' 교육을 받은 계급의 모레스에 영향을 미쳤다. 하지만 이러한 이상형들이 어떤 사회의 모레스에 진정한 의미에서 편입된 경우는 결코 없었다. '올보스(Olbos)'는 우아함, 풍부함, 고급스러움, 관대함을 갖춘 부유층을 의미했는데, 이러한 부유층이 탐욕스럽거나 거만하지 않으면 금권정치가와 반대되는 사람들로 간주되었다. '아르테(Arete)'는 역량,

---

[95] Pischon, *Der Einfluss des Islam auf das Leben seiner Bekenner*, 1.
[96] *Das Freie Wort*, II, 312.
[97] (옮긴이 주) 사비트리는 인도의 설화 속에 나오는 공주로, 지혜와 학문의 여신인 사라스바티의 다른 이름이다.
[98] Holzmann, *Indische Sagen*, I, 247.

능력, 그리고 실천 능력, 즉 실행할 능력을 의미했다. '아이도스(Aidos)'는 '다소 건방진 태도'와 반대되는 개념이었다. '소포로시네(Sophorosyne)'는 절제, 자제를 뜻했다. '칼로카가티(Kalokagathie)'는 경제적, 미적, 도덕적 선의 관념을 하나의 개념에 융합해 놓은 단어였다.[99] '엘레우테로스(eleutheros)'를 가진 사람들은 모두 칭찬받아 마땅한 자질을 갖춘 신사였다.[100] 그리스인들은 고귀한 이야기를 하면서도 막상 품위가 매우 낮을 수 있음을 몸소 보여주었다. 그들의 이상은 문학 속에 있었지 모레스 안에는 없었다. "그들의 성향, 의지, 그리고 운명은 밀접하게 연결되어 있었고, 그들의 쇠퇴는 그들이 살아온 사회 및 정치적 삶의 결과였다."[101] 6세기 및 7세기의 이상적인 인간은 종교적인 인간을 의미했다. 즉 수행자나 수도승이 이상적인 인간상이었던 것이다. 어떤 경우에도 이상적인 인간은 금욕주의자였다. 샤를마뉴(Charlemagne) 시대에는 선호되는 유형의 인간이 바뀌었다. 전사와 기사가 이상적인 인간으로 자리 잡았으며, 이의 당연한 결과로 기사도를 받아들였다. 새로운 시가(詩歌)가 번창하여 새로운 이상을 발달시키고 확산시켰다. 중세 사회에는 엄격하게 규정된 이상으로서의 이상형 인간이 존재했다. '밀트'(milte)는 관용적인 가슴과 정신을 의미했다. 12세기와 13세기의 영주에게 고귀한 욕구란 자신의 모든 소유물을 가신들과 나누는 것을 말했다. 이는 영주에 대한 가신들의 헌신을 불러일으키는 욕구였다.[102] 음유시인들은 자신들에게 주어진 선물을 아낌없이 다시 내놓는 사람을 이상적인 인간이라 생각했다. '메이즈'(Maze)는 주덕(主德)이었다. 이는 모든 행동과

---

[99] Burckhardt, *Griechische Kulturgeschichte*, I, 171; II, 365.
[100] Becker-Hermann, *Charikles*, III, 318.
[101] Burckhardt, II, 365.
[102] Uhlhand, *Dichtung und Sage*, 232.

감정 표현의 한계를 준수하는 것을 의미했으며, 과도함과 낭비의 반대를 의미했다.[103] 교회는 독단적으로 정해 놓은 교회 덕의 이상을 찬양하도록 가르쳤다. 그들이 이상으로 삼은 바는 금욕적인 것들이었다. 이러한 이상은 4세기와 5세기의 신부들에서 유래된 것으로 보이지만, 사실상 이들은 일반 대중의 모레스에 완전히 편입되어 있던 이상들이 차용되어 채택된 이상들의 사례다. 그 시대는 선과 품성에 관한 금욕적인 기준을 받아들였던 것이다. 성직 계층과 세속인 계층의 행위와 의무 기준은 달랐다. 완전한 기준에 따라 생활하는 것은 전자의 임무였다. 그럼에도 모든 계층은 이러한 기준들을 타당한 것으로 받아들였고, 세속인도 가끔, 혹은 세속 생활이 허용하는 범위 내에서 이에 따랐다. 튀링겐(Thuringia)[104]의 성 엘리자베타(Elizabeth)는 기혼녀의 이상인 듯이 보인다. 하지만 그녀의 덕망 높음이 자신의 다른 의무들과 충돌했고, 심지어 그녀가 살아있던 당대마저도 그녀에 대한 판단에 확신을 갖지 못하는 듯했다. '그녀가 혹평을 받았다'는 사실은 그녀의 품성, 그리고 그녀가 살았던 시대와 밀접한 관련이 있다.[105] 모든 사람은 금욕과 자기절제를 하는 사람들을 찬양했다. 당대의 이상적인 유형의 인간은 기사다움과 성직자다움을 갖춘 사람이었다. 이러한 기준은 모두 고도로 가다듬어졌다. 기사(騎士) 풍의 인간은 샤를마뉴 시대에 발달하기 시작해 십자군 시대까지 이어졌다. 이러한 풍의 인간은 기괴하고 터무니없는 요소들을 포함하고 있었다. 십자군 이야기는 이러한 풍의 인간에 대한 비판을 담고 있다고 할 수 있다. 기사는 허황된 인간이었다. 이들이 개별적

---

[103] Weinhold, *Die Deutschen Frauen in dem Mittelalter*, I, 162.
[104] (옮긴이 주) 중부 독일의 지역. 15세기 이후 많은 공작령(公爵領)으로 분할되었으며, 바이마르 공화제 시대에 공화국이 되었다.
[105] Michael, *Geschichte des Deutschen Volkes*, II, 209~214.

인 용맹스러운 행동을 해낼 수는 있었다. 하지만 이들은 계획을 세워 목적을 향해 끊임없이 추진해 나가지 못하는 인간, 타인과 협력하는 일을 하지 못하고, 타인에게 규율을 강제하거나 이러한 규율에 스스로 굴복하는 인간이었다. 기사와 성인(聖人)은 수백 년 동안 선택에 지배력을 행사한 이상형 인간이었다.

207. 표준형 인간

있어야 할 모습으로서의 인간의 이상을 '보통사람' 중에서 찾아내야 하는가? 아니면 우리 문화 최고의 산물로서의 인간에서 찾아내야 하는가? 이 문제는 어떤 사회이건 매우 중요하다. 이러한 질문에는 '그 사회의 구성원들 간에 그 사회가 산출하고자 하는 이상형의 인간형에 대한 의견에 불일치가 있는 것이 아닌가?'라는 질문도 포함되어 있다. 상위 계층 대중인, 근면하면서 교육을 받은 고소득의 성실한 사람들이 생각하는 가장 이상적인 가족생활이라는 것이 있다. 아이들은 항상 부모와 함께 생활하고, 부모는 아이들이 태어나서부터 성장할 때까지 끊임없이 아이들의 건강, 매너, 도덕에 주의를 기울인다. 한 계층으로서의 이러한 계층은 커다란 희생 없이 필요한 것을 손에 넣을 수단을 확보하고 있다. 그럼에도 이들 계층의 부모들은 아이들 교육을 위해 커다란 희생을 겪는다. 중요한 것은 그들이 교육을 높게 평가하며, 교육을 시킨다는 사실이다. 사회는 교육기관을 늘리기도 하며, 이것이 훌륭한 일임을 확신한다. 교회와 훌륭한 문헌은 모두 끊임없이 그 시대의 모레스의 기준에 맞는 훌륭한 매너와 도덕을 사람들에게 주입한다. 그 안에는 가족과 학교에서, 독학을 할 때, 문학과 예술에서 높은 평가를 받는 대상들, 그리고 사람들이 따르고자 분투해야 할 일련의 대상들이 포함된다. 이들로 인해 우리 문명 최고의 산물로서의 인간형이 탄생한다. 그런데 이때 돌연 보통사람들이 모든 철학자 이상으로 현명하다는 이야기가 나오게 된다. 거리를 걷고 있는 사람이 우리 운명의 결정권자인 동시에 표준인이라는 것이다. '수양(修養)'은 평가절하되고, 비웃음의 대상이 된다. 이러한 생각은 상당히 널리 퍼져있다. 이는 중요한 질문을 불러일으킨다. 우리가 아이들을 교육으로 망치고 있는 것은 아닌가? 정치권력이 아이들을 망치고 있는 것이 아닌가? 공공의 영향력이 아이들을 무능하게 만들고 있는 것은 아닌가? 다음의 이야기는 이러한 질문과 관련이 있다. 한 미국인 어머니가 아들을 옥스퍼드에 보내야 할지를 묻자, 영국의 정치가는 "왜 옥스퍼드에 보내려고 하시나요? 워싱턴에 보내세요. 거기서 아드님은 민주주의를 배울 것입니다. 이는 아드님이 반드시 알아야 하는 것입니다."라고 답했다. 분명 우리는 아이들을 대학에 보내면서 아이를 망치고 있는 것이 아닌지, 차라리 태머니 홀(Tammany Hall)[106]에 보내야 하는 것은 아닌지를 판단할 수 있어야 한다. 어느 쪽을 옹호하건, 사람들은 자신의 입장을 옹호하기 위한 엄청난 양의 공허한 문구들, 그리고 거짓이지만 부풀려진 수사를 활용한다.

208. 사고하는 것은 누구인가?

'집단이 생각한다'는 시대마다 제시되는 문구로, 위대한 철학 광신자

---

[106] (옮긴이 주) 19세기에서 20세기 초까지 뉴욕에서 강력한 영향력을 행사했던 부정과 부패의 온상이었던 정치 조직.

들의 관심을 끌 만한 문구다. 어떤 시대든 오직 사회의 엘리트들만이 사유하고, 세상의 사유는 의견 충돌의 압박과 긴장 속에서 그들에 의해 마음에서 마음으로 여러 관념들이 이식됨으로써 계승된다. 만약 집단이 생각한다면, 사고하는 것엔 비용이 들지 않겠지만 사실상 수천 명의 사람이 그 어떤 문제를 해결하고자 생각하고 정력을 쏟아붓는다는 사실을 고려한다면 사고 행위는 각고의 노력이 필요하고, 그러한 노력 후에도 해결책을 찾는 사람은 한 사람뿐일 수도 있기 때문에 그 비용은 상당하다. 일단 해결책을 찾으면 일보 전진한 것이고, 이후 이 과정이 다시 시작된다. 일단 이처럼 해결책이 발견되고 나면, 이는 널리 알려지고 이해되어야 한다. 이때 우리의 모든 모레스는 이에 따르게 될 것이다.

209. 신사

오늘날 영어를 사용하는 사회에서 '신사'란 있어야 할 모습의 남성을 지칭하는 말이다. 신사의 유형은 고정되어 있지 않으며, 정의도 확립되지 않다. 이는 공동의, 그리고 사회의 이상이다. 신사들이란 즐겁고 순탄한 사회관계에 가장 도움이 되는 행위 규칙과 기준을 선택한 사회 내의 집단을 일컫는다. 이렇게 보았을 때, 이와 같은 유형의 사람들에게는 매너가 불가결한 요소다. 신사는 사회관계에 가장 도움이 되는 행위 규칙과 기준에 따르도록 교육받아 온 사람이며, 그가 이러한 특징(cachet)을 갖추고 있는지의 여부는 신사 집단이 그를 수용하는지의 여부에 따라 확인이 가능하다. 소설은 신사에 관한 이상을 발전시켜 전달한다. 동호회는 그러한 이상을 심판하는 모임이다. 신사에 관한 이상은 모레스와 더불어 변하는 유동적인 개념이다. 오늘날의 독자들은 그리스 문학에는 신사라고 말할 수 있는 사람들의 사례가 별로 나오지 않는다고 생각한다. 에우리피데스(Euripides)의 『엘렉트라(Electra)』[107]에 나오는 오레스테스(Orestes)는 인간에게 가치 있는 것은 무엇인가에 대한 토론을 시작한다. 그는 그것이 부 혹은 빈곤이 아니며, 전쟁에서의 용기도 아니라고 말한다. 이렇게 이야기하고 나서 그는 질문에 답하길 주저하면서 이 문제를 건들지 않고 가만히 두는 편이 나을 것이라고 말한다. 엘렉트라와 결혼한 농부는 분명 신사답게 행동한다. 그 또한 오레스테스나 필라데스(Pylades)를 거론하면서, 만약 이들이 실제로 겉모습에 부합되게 고귀하다면, 많은 운임을 받는 것 못지않게 소량의 운임을 받으면서도 만족할 것이라고 이야기한다. 1세기 전에 신사로 간주되었던 사람은 오늘날 더는 신사로 간주되지 않을 것이다. 1세기 전 사회의 사람들은 오늘날의 신사들의 매너가 투박하다고 생각할 것이다. 우리 시대는 신사들이 작위적인 매너를 갖춘 것을 좋아하지 않는 반면, 운동에 능한 것은 좋아한다. '신사'는 늘 임의로 정의가 내려지곤 한다. 오늘날의 신사는 스포츠나 게임 능력을 반드시 갖추어야 하는 듯하다. 우리가 살아가는 사회에서 '신사'라는 사회적 유형을 선택하려는 힘은 뚜렷하게 확인된다. 한때 노블레스 오블리주(noblesse oblige)의 감정은 귀족에게 행사되는 강제력을 일컫는 이름으로, 이때의 강제력은 그가 속해 있는 계층의 규약에 의해 행사되는 것이었다. 이제 그와 같은 고정 계층은 사라졌고, 신사는 단지 비공식적인 계층의 용례와 취향을 기준

---

[107] (옮긴이 주) 소포클레스의 희곡. 집필 연대는 대략 기원전 412년경으로 추정되며, 희곡의 주인공인 엘렉트라는 오이디푸스와 자주 대비된다. 미케네의 왕 아가멤논과 클리타임네스트라 사이에서 태어난 딸인 엘렉트라는 아버지를 살해한 어머니 클리타임네스트라에게 극단적인 혐오와 증오를 드러내며, 결국 어머니를 죽여 아버지의 원수를 갚는다.

으로 정의되고 있는데, 이렇게 보았을 때 노블레스 오블리주는 어떤 유형의 사회적 우월함이건 그에 수반되는, 여론에 의해 규정되고 제재가 이루어지는 의무를 지칭하는 용어라 할 것이다.

210. 금기에 의해 제시되는 사회의 기준

표준적인 사회적 유형은 오직 사회적 제재만으로 이루어진 금기로 정의되는데, 이러한 사실을 파악하는 것은 매우 중요할 수 있다. '~를 해서는 안 된다'는 노블레스 오블리주의 측면은 '~를 해야 한다'는 측면보다 중요하다. 신사에게는 신사가 아닌 사람들에 비해 속박이 많다. 18세기의 신사는 닭싸움이나 현상금이 걸린 권투시합을 후원했으며, 자신의 사회적 계급을 상실하지 않으면서 술에 취하거나 도박을 하거나 거짓을 말하거나 아내를 기만할 수 있었다. 오늘날의 신사에게 이 모든 것은 노블레스 오블리주의 명목으로 금지되어 있으며, 이러한 금지로 인해 자신이 정치나 사업의 영역에서 할 수 있는 일이 사실상 없다는 점을 잘 알고 있다. 사회는 자신이 내린 범죄에 대한 정의, 그리고 채택하고 있는 형법을 통해 개인을 적극적으로 선택한다. 금기는 법으로 전환되고, 실제 형벌에 의해 강제된다.

211. 범죄

범죄의 종류와 수는 국가의 능동적인 조치에 의해 결정된다. 때문에 한 국가에서 어떤 것이 범죄로 간주되는지를 살펴보면 지배 권력이 저지하려는 바가 무엇인지를 확인할 수 있다. 많은 경우 어떤 것을 범죄로 간주하는 데는 전적으로 왕이나 지배계층의 이기심이 동기로 작용했으며, 이러한 동기는 이들의 허영심을 더욱 강화하고자 하는 욕구의 지배를 받았다. 로마의 판례에 따르면 노예를 때리는 행위, 황제의 조형물 근처에서 의복을 벗는 행위, 그리고 황제가 조각된 동전을 공중화장실이나 사창가에 가지고 가는 행위는 범죄에 해당했다.[108] 크시필리누스(Xiphilin)는 디오 카시우스(Dio Cassius)[109]의 역사 초록에서 도미티아누스(Domitian) 통치 시절에 황제상(像) 옆에서 옷을 벗은 한 여성을 사형에 처했다는 이야기를 들려주고 있다.[110] 모레스 내에서 무엇을 막아야 하는가에 대한 생각은 매우 쉽게 바뀌었으며, 임의적이었다. 유베날리스(Juvenal)는 비록 야간이었지만, 재직 중에 자신의 마차를 운전한 한 집정관을 비난했다.[111] 세네카(Seneca)는 포도주에 눈(雪)을 집어넣는다는 한심스러운 사치에 충격을 받았다.[112] 플리니우스(Pliny) 또한 금반지를 끼는 관행이 유행하는 데 충격을 금치 못했다.[113] 레키(Lecky)는 이러한 경우들을 인용한 후, 교회 신부들이 가발 쓴 여성들을 비난하는 것에 대해 언급하고 있다. 오랫동안 여성들의 페이스 페인팅은 잘못으로 여겨져 왔다. 모든 시대의 도덕 교사들은 이를 계속해서 맹렬히 비난해왔다. 아주 최근에는 성직자들이 교회에서 보닛(bonnet)을 쓰지 않는다고 여성

---

[108] Suetonius, *Tiberius*, 58.
[109] (옮긴이 주) 로마 제국 시기의 역사가이자 정치가. 22년에 걸쳐 집필한 전 80권의 『로마사(Romaika)』는 로마 공화제 말기와 제정(帝政) 초기를 아는 데 중요한 저술이다.
[110] Xiphilin, *The History of Dio Cassius abridged* (trans. by Dr. Manning, II), 83; *Xiphilin's Epitome*, 1551년 출간.
[111] *Satires*, VIII, 146.
[112] *Naturales Quaestiones*, IV, 13; Ep., 78.
[113] *Naturalis Historia*, XXXIII, 4.

들을 비난했다. 이처럼 비난한 이유는 사도 바울(Paul)이 "무릇 여자로서 머리에 쓴 것을 벗고 기도나 예언을 하는 자는 그 머리를 욕되게 하는 것이니 이는 머리를 민 것과 다름이 없음이라."라고 말했기 때문이다.[114] 이들은 실제 범죄 사례에 해당하지는 않지만, 추정 상의 악덕이나 종교적 죄의 사례로 간주되었다. 사치금지법과 관련해서는 유행을 범죄로 간주했던 입법 사례들이 있다. 18세기에는 매춘업소, 술집, 도박장 등을 제재하는 법령이 거의 없었다. 우리 시대에는 럼주(rum) 판매가 범죄에 해당하지만, 이를 마시는 것은 범죄가 아니다. 한편 최근까지도 상업상의 거래, 그리고 금전상의 이익을 얻으려 돈을 빌려주는 것은 윤리적, 경제적 신념에 어긋난다고 하여 제약을 받아 왔다. 이 때문에 이들은 시대에 걸맞지 않게 범죄로 간주되어 왔다. 이단이나 마법(sorcery)[115]을 행하는 것은 한때 큰 범죄였다. 요술을 행하는 것과 고리대금업은 혐오 범죄에 해당했다.

212. 형법

최초의 법 집행에서는 오직 한 가지 방식의 금기 위반을 다루는 처벌 방식만이 존재했던 듯하고, 종교상의 죄와 법률상의 죄가 일치했다. 여기서 한 가지 방식의 처벌이란 사형을 뜻했다. 이를 이어 단지 형식만이 바뀐 것이긴 하지만 추방이 죽음을 대신하기도 했다. 여기서 형식만이

---

[114] N. Y. Times, 1903년 8월 18일 자. (본서의 483절 참조.)
[115] (옮긴이 주) 사람이 타인에 해를 끼치려고 의식적으로 주술을 거는 것. 예를 들어 어떤 사람에게 해를 끼치기 위해 그 사람의 손톱 깎은 것을 사용하면 이를 요술을 행했다고 말한다.

바뀌었다고 말하는 이유는 추방된 자가 혼자서는 생존할 수 없었기 때문이다. 양자는 모두 매우 간단한 유형에 해당하는 선택이었다. 여기에서 사회는 그저 규칙 위반자를 그 사회에서 축출해 냄으로써 선택을 했다. 이것이 사형, 추방, 혹은 투옥과 같은 모든 처벌의 근본적인 의미다. 이러한 처벌은 범죄자를 사회에서 영구히, 혹은 한동안 제거한다. 다른 처벌에는 원래 복수라는 커다란 요소가 포함되어 있었다. 복수는 범죄로 해악을 입은 사람을 만족시키고, 다른 사람들이 동일한 범죄를 저지르지 못하게 하는 데 활용되는, 커다란 힘을 가진 주요 욕구였다. 이렇게 보자면 법 집행은 어떠한 행위와 인품을 선택해 보존해야 하는지, 혹은 더 이상 보존하지 않아야 하는지에 관한 사회의 판단을 드러내 보여주고 있다고 할 것이다. 모든 현대 국가는 특정 행위들을 범죄화하는 과정에서 권력을 남용했다. 그리고 처벌 동기는 완전히 잊혀, 그 동기가 무엇인지에 대해 논쟁을 벌이기까지 한다. 지배 집단은 힘을 행사하여 자신들의 이익에 도움이 되도록 사태를 범죄화한다. 예컨대 보호정책주의자는 상품 수입을 범죄로 간주한다. 정부 또한 재정상의 이익을 더욱 늘리기 위해 동일한 입장을 견지한다. 정부는 다른 국가에서 이주해오건, 다른 나라로 이주해가건 이주 자체를 범죄로 간주하며, 심지어 충분히 무게가 나가는 훌륭한 화폐라고 해도 이를 주조하는 경우, 편지나 소포를 가져가 버리는 경우 등을 범죄로 간주한다. 영국에서는 철도 규정을 어기는 것이 범죄에 해당한다. 일부 경우에는 이발소 규정 위반을 범죄로 만들어 이를 강제한다. 일반적으로 위생상의 규칙은 이와 같은 방식으로 강제된다. 위생과 관련해서는 공공장소에서 침을 뱉는 행위가 하나의 범죄로 간주되게 되었다. 형법이 매우 구체적이면서 명확한 금지 형식을 띠게 되면 당대의 모레스를 표현하게 된다. 그런데 모레스를 한층 더 분명하게 표현하는 것은 이의 집행 방식일지도 모른다. 사람들에게 두려움을 주는 처벌이 그에 비례하는 억제 효과를 발휘하지 못한다는 사실은 오늘날 진리로 받아들여지고 있다. 우리의 모레스는 자백을 강요하기 위해 사람들에게 고통을 주는 것을 허용하지 않으며, 어둡고 지긋지긋한 감옥에 사람들을 홀로 감금하는 것을, 우리의 감옥을 악덕과 고뇌의 소굴, 혹은 범죄 수련장이 되도록 내버려두는 것을 허용하지 않는다. 그럼에도 처벌을 통한 선택 효과는 우리가 지향하고 있는 것처럼 보인다. 비록 매우 현명한 방식은 아니지만 말이다.

213. 대중이 나타내는 공포와 희망 현상

열광(mania)과 망상(delusion)은 정신 현상이지만, 사회적인 것이기도 하다. 이들은 마음의 병이지만, 전염병이기도 하다. 이들이 전염되긴 해도 콜레라처럼 전염되는 것은 아니다. 그럼에도 다른 사람들과의 접촉이 이러한 마음의 병에는 매우 중요하다. 열광과 망상은 대중현상이다.[116] 모두가 공통적으로 어떤 커다란 희망(살해한 자의 목을 가져감으로써 얻을 수 있는, 혹은 자신의 아이들을 희생시켜 신을 달램으로써 얻을 수 있는 선(善))을 갖거나, 혹은 커다란 공포(가뭄, 흉작, 고난)를 느끼게 되면, 사람들은 그 희망을 실현할, 혹은 그 공포의 대상이 되는 재난을 피할 수단을 실현하기 위한 어떤 암시도 받아들인다. 대개 공동의 행동이 이루어지는 데서 준(準) 합리적인 이유 같은 것은 없다. 히스테리(hysteria),[117] 특히 여성과 아이의 히스테리는 그릇된 생각, 기만(여성

---

[116] Achelis, *Die Ekstase*, 113.
[117] (옮긴이 주) 정신적 원인에 의해 일어나는 신경증의 하나. 욕구 불만이 쌓여 지각 장애, 운동 마비, 경련 등을 일으키는데 심하면 실신과 기억 상실 등의 증상을

에게 단식을 시키는), 몽환의 경지, 요술 등에 관한 열광을 만들어낸다. 중세 수도원에서는 그곳에 사는 사람 중 절반이 동시에 이러한 증상을 나타내는 경우도 있었다. 그러한 사람들은 신경쇠약과 초조함을 느꼈고, 이를 극복하고 구원을 얻기 위한 육체적인 행동을 나타내게 되었다. 한쪽이 다른 한쪽을 초조하게 만들고, 한쪽이 다른 한쪽을 압박하다 보면 결국 그 집단은 파국을 맞이했다.[118] 종교적인 열광은 무수한 열광과 망상을 만들어냈다. 중세의 기독교, 이슬람, 페르시아, 그리고 오늘날 러시아는 그 사례에 해당한다. 순교는 어떤 종교의 참됨 혹은 그 가치에 대해 입증하는 바가 아무것도 없다. 지금까지 순교자 없는 종파는 없었다. 순교는 비단 정통 기독교[119]뿐만 아니라 도나투스파(Donatists),[120][121] 마니교도, 그리고 가장 혐오의 대상이었던 다른 이교도에게서도 있어 왔다. 이들은 종교적 열광의 영향 아래, 심지어 고문을 당하면서도 순교했다. 아담파(Adamites)[122]의 신도들조차도 기꺼이 죽음을 선택한 순교자를 탄생시켰다.[123] 뉴잉글랜드 정착 초기의 퀘이커교

나타낸다.

[118] Regnard, *Sorcellerie*, 45.

[119] Lecky, *History of European Morals from Augustus to Charlemagne*, I, 391.

[120] (옮긴이 주) 311년 북아프리카에서 비롯된 기독교의 한 분파. 이 파만이 유일한 진정한 교회이므로 정통파의 교직(教職)에 의해 이루어진 세례식이나 안수식은 무효라고 주장한다.

[121] Gibbon, Chap. XXI.

[122] (옮긴이 주) 초대 그리스도인들은 몬타누스파, 마니교도 등 이단 종파들에 이와 같은 이름을 붙였는데, 1421년에 보헤미아의 다보르파라는 교파의 영구적인 호칭이 되었다. 이 파에 속하는 사람들은 자기들의 모임을 낙원이라고 했다. 이들은 약탈을 일삼았으며, 야간 무도회에서 야만적인 행위를 했다고 알려져 있다. 이들은 모두 옷을 벗고 생활하면서 인간 본연의 상태로 돌아갈 것을 주장했으며, 지하실에서 예배를 드리고 일반인과의 교제를 회피했다.

[123] Lea, *A History of the Inquisition of the Middle Ages*, II, 518

도(Quakers)들은 나름의 방식의 순교를 독려하기도 했다.

214. 열광, 망상

열광, 대중적인 망상, 집단 환각, 자신을 산 제물로 바치는 일 등의 현상은 한 집단 내에서 정신적인 전염이 일어날 가능성을 보여준다. 이들은 수많은 사람에게 동시적으로 영향을 미치는 희망이나 두려움의 반응이다. 대개 이러한 현상은 사회적 재해 혹은 인생을 살아가면서 겪게 되는 여러 고난 때문에 나타난다. 고통을 느끼는 사람들은 자신들이 희생양으로 선택되었다고 생각하면서, 누가 자신들에게 이를 행했으며, 그 이유는 무엇인지를 묻는다. 사람들은 대개 자연재해를 자기본위의 기준으로 해석한다. 예컨대 그들은 이러한 재해를 지진이나 토네이도에 의한 파괴 때문에 겪게 되었다고 해석하지 않고, 이해할 수 없는 것, 예를 들면 일식에 대한 순전한 공포를 바탕으로 이를 해석한다.[124] 순례나 십자군 원정은 열광이나 망상을 보여주는 사례다. 십자군을 따름으로써 얻을 수 있는 고상한 가치의 관념 속에는 망상이라는 요소가 포함되어 있었다. 열광과 망상은 어린이 십자군의 경우에 그랬듯, 철저하게 유행의 산물인 경우가 매우 흔하다. 그 당시 아이들은 십자군에 전염되어 있었는데, 그들은 자신들이 무엇을 하는지, 혹은 왜 하는지도 모르고 자기 파멸의 길로 돌진했다. 흔히 열광은 채찍질 고행자(flagellants)[125]의 경우에 그렇듯, 제시된 관념(특히 종교적인 관념)으로

---

[124] Friedmann, *Wahnideen im Völkerleben*, 224.
[125] (옮긴이 주) 스스로 채찍질하며 고행을 했던 중세의 광신자들.

부터 논리적 추론의 결과로 나타난다. 사람들은 인생의 고난을 겪으면서 이러한 추론에 이끌린다. 그리고 이와 같은 추론이 이루어진다는 사실은 과도하게 신경이 흥분되어 있다는 증거가 된다. 중세의 무도광(dancing mania)[126]은 더욱 완전히 흥분했다. 중세의 사신(邪神)에 대한 믿음(demonism)과 사신 연구(demonology)는 이와 같은 추론이 이루어지는 자양분이었다. 이들로 인해 요술(witchcraft)에 대한 열광까지도 나타났다. 교회가 가르친 사신(邪神)에 대한 관념 때문에 널리 유행하는 추론이 나타나게 되었고, 교회는 이를 취하여 독단적인 형태로 바꾸어 놓았으며, 이를 대중에게 되돌려주었다. 마법(sorcery), 이단, 요술에 대한 관념은 이와 같은 방식으로 발전을 이루었다.

215. 중세 사회의 기괴한 대중현상

중세 사회에서 기괴한 사회현상이 발달하게 된 데는 깊고 강력한 인류학적 이유가 있었을 것임이 분명하다. 6세기에서 10세기 사이에 라틴 세계는 처음 성립할 때의 여러 구성요소들로 해체되면서 허물어졌다. 이처럼 사회가 와해됨으로써 전수되어온 모레스가 그 통제력과 억제력을 상실하면서 폐지되었고, 사회는 잔혹한 야만적인 힘, 즉 물리적인 힘의 통제에 내맡겨졌다. 동일한 시기에 라틴 세계는 야만인 무리들을 흡수했다. 그들은 낮은 문명 단계, 즉 유목민 전사의 단계를 여전히

---

[126] (옮긴이 주) 14세기에서 17세기까지 유럽 대륙에서 처음 나타난 사회현상으로, 한 무리의 사람들이 갑작스럽게 불규칙한 춤을 추는데, 경우에 따라서는 한 번에 수천 명이 춤을 추기도 했다. 이러한 증세는 남녀노소를 가리지 않고 나타났으며, 탈진해 쓰러질 때까지 계속 춤을 추었다.

벗어나지 못했으며, 로마 문화의 잔재에 동화되지 않으면서도 그 잔재를 받아들여 생활을 영위했다. 기독교 교회는 사람들이 내세에 관한, 그리고 이승과 내세와의 관계에 관한 지독한 미신을 갖게 하는 데 기여했다. 그 결과가 메로빙거(Merovingian)[127]와 카롤링거(Carlovingian)[128] 왕조의 역사였다. 정념, 관능, 잔혹함, 미신에 사로잡힌 무지, 그리고 공포가 이 시대의 특징을 이루고 있었다. 당시 서유럽은 인구가 넘쳐났고, 십자군 전쟁이 자비롭게도 그 수를 줄이는 데 도움이 되었다고 한다.[129] 이러한 사실들은 중세 초기에 나타난 대규모의 대중현상을 설명해줄 수 있을지도 모른다. 그 당시 모든 정서는 과도한 경향이 있었다. 사람들은 강력한 영향력을 행사하는 집단 본능 아래 있었으며, 이는 그들을 집단 행위로 몰아갔다. 사람들은 매우 짧은 간격으로 하나의 커다란 정념 혹은 열광적인 충동에서 다른 것으로 옮겨 다녔다. 간혹 증오와 복수의 정념이 극단적인 마성(魔性)으로 드러나기도 했다. 당시에는 사람들이 상상할 수 있는 것이라면 그 무엇도 과도하다는 비난을 받지 않은 듯하다(클레멘스 5세, 요한 22세). 그레고리오(Gregory) 9세는 혼신을 다해, 그리고 우리가 이해할 수 없는 깊은 원한을 품고서 이단들과 황제를 추적했다. 빈곤은 고귀한 덕과 탁월한 가치로 추앙되었다.[130] 이는 금욕적 어리석음의 정점(頂點)이었는데, 이렇게 말하는 이유는 빈곤이란 그저 결핍일 따름이며, 그다음 단계로 자살 예찬이 이어질 것이기 때문이다. 탁발 수도원은 적의를 가지고 서로 싸움을 벌였다. 각각의

---

[127] (옮긴이 주) 프랑크 왕국 전기(前期)의 왕조(481~751). 메로빙거라는 명칭은 프랑크족의 한 파(派)인 살리 족의 부족장 메로비스의 이름에서 유래한다.
[128] (옮긴이 주) 프랑크족 카롤링 가문이 세운 프랑크 왕국의 둘째 왕조. 751년에 피핀이 메로빙거 왕조를 무너뜨리고 세웠다.
[129] Kugler, *Kreuzzüge*, 7.
[130] Michael, *Geschichte des Deutschen Volkes*, II, 80.

의견 차이는 절멸로 향하는 전쟁을 불러일으켰다. 시민들 간의 경쟁은 사용되는 수단이라는 측면에서, 그리고 성공의 환호나 패배에 대한 처벌이라는 측면에서 지나칠 정도로 흉포하게 이루어졌다. 이들 사이에는 규율이라는 것이 없었다. 개인적인 정념에 제한을 가할 수 있는 어떠한 권위도, 교의도 없었다. 생명은 하찮은 것으로 간주되었다. 교수대와 무덤은 사용되지 않는 날이 없었다. 가장 눈에 띄는 발명품은 고문 도구였다. 남성이건 여성이건 하찮은 이유로 화형을 당했다. 사람들은 처벌을 매개로 고통을 즐겁게 구경하는 법을 배웠다. 고문은 마치 우리가 증언을 채택하듯 쉽사리 가해졌다. 이 모든 것과 함께한 것은 의례의 효력에 대한, 그리고 위대한 저세상에 대한 깊은 믿음이었다. 사람들은 이승에 있으면서 저승을 곧바로 이해할 수 있다고 생각했다. 모든 모레스는 이와 같은 신념과 실천의 특징에 맞게 조정되었다. 이러한 현상은 모두 대중에게서 영향을 받은 것이다. 교회는 파도 위의 나뭇조각처럼 표류했다. 교회는 십자군 원정이 대중의 이해 관심에 미치는 깊이를 확인할 수 있을 때까지 이러한 원정을 망설였다. 교회는 이를 확인하고 나서야 비로소 십자군 원정을 '신의 의지'라고 선언했다. 이러한 선언은 사회적 권위가 승인한다는 명분을 내세우면서 사실상 대중의 생각을 대중에게 전달한 것이다. 대중은 교리를 적용해보려는 욕구를 충족시킬 방안으로 조례와 장치들을 마련해줄 것을 요구했다. 이에 따라 사죄권과 구원이라는 보물이 제공되었다. 사람들의 영혼은 '그 시대의 거친 정념'과 '행위에 대한 교회의 통제' 사이의 갈등으로 갈라졌다. 그들은 신의 분노와 다가올 지옥을 두려워했는데, 이를 해소할 방안을 마련해준 것은 의례와 성례(聖禮) 제도다. 채찍질 고행자들은 교회의 승인을 받지 못한 자들로, 교회의 밖에서 나타난, 펄펄 끓어오르는 대중적인 정념의 한 현상이었다. 이러한 운동을 시작한 것은 회개와 신의 분노에 대해 설교를 한 파도바의 안토니오(Antony of Padua, 1231년 선종)다. 흐느껴 울고, 기도하고, 자기 자신을 꾸짖고 책망하는, 반라 상태의 참회자 행렬이 모든 기독교 국가의 마을 도로에 나타났다. "거의 모든 적(敵)이 서로 친구가 되었다. 고리대금업자와 도둑은 옳지 못한 방법으로 얻은 물품을 서둘러 원래의 상태로 되돌려 놓았고, 다른 악인들은 고백했으며, 허영심과의 인연을 끊었다. 감옥의 문이 열렸고, 죄수들은 해방되었다. 종교적 망명을 떠난 사람들은 마을로 되돌아올 수 있었다. 남성과 여성은 마치 전능한 신이 하늘에서 불을 떨어뜨려 자신들을 태워버릴까 두려워하기라도 하듯이, 연민의 정이 담긴 일과 성스러운 일을 수행했다."[131] 이는 매우 대중적인 운동이었다. 이러한 운동은 1349년에 발생한 흑사병과 연결되어 다시 한번 일어난다. 채찍질 고행자들에게는 33일 반나절에 걸쳐 모든 죄를 씻어내기 위한 매질이 이루어졌다. 이는 이단적인 행동이었으며, 때문에 그들은 박해를 받았다. 그들의 이론은 교회 제도를 벗어나서 교회의 참회에 대한 교리를 철저하게 통속화해 놓은 것이었다. 이 운동은 간헐적으로 재차 등장했다. 무도광은 1373년 엑스라샤펠(Aix-la-Chapelle)[132]에서 시작되어 수년간 계속 출현했다.[133] 이는 커다란 재난, 사회적 곤궁, 그리고 이들에 대한 미신적 해석으로 괴로워하는 사람들이 높은 긴장감을 해소하기 위해 만들어놓은 배출구였다. 간단히 말해 이 시대는 기괴한 현상, 과도한 정념, 불합리한 행동으로 점철된 시대였다.

---

[131] Michael, *Geschichte des Deutschen Volkes*, II, 255~258.
[132] (옮긴이 주) 독일·벨기에·네덜란드 국경 근방의 도시인 아헨(Aachen)의 프랑스어명.
[133] Lea, *A History of the Inquisition of the Middle Ages*, II, 381, 393.

216. 중세의 집단적 움직임

"중세의 대중이 끓어오르는 감정을 주체하지 못했던 이러한 현상을, 그리고 이것이 미치는 힘을 충분히 평가하려면 인간이 전염성 있는 감정과 정열에 빠지기 쉽다는 점을 염두에 두어야 한다. 더욱 냉정해진 오늘날에도 우리는 이러한 현상에 대해 아는 바가 별로 없다. 어떤 하찮은 힘이 어떤 운동의 계기가 될 수 있는데, 가장 현명한 사람도 이를 설명하지 못할 수 있고, 가장 권능 있는 사람도 이를 막지 못할 수 있다. 십자군 운동(1208년 알비파(Albigenses)에 대항하는)을 옹호하는 설교가 이루어지는 기간 동안 독일의 마을이나 촌락에는 벌거벗고 거리나 도로를 묵묵히 뛰어다니는, 십자군에 참여하려는 종교적 열정을 주체할 수 없는 여성들로 가득했다. 이 시대의 정신병적 징후를 더욱 잘 드러내 보여주는 것은 어린이 십자군이었다. 이로 인해 수천의 가정이 황폐화되었다. 자발적인 충동에 추동된 아이들 집단이 수많은 지역에서 동시적으로, 지도자도 안내자도 없이 성지(聖地)를 찾아 나섰다. 그들에게 목적을 물었을 때 그들의 유일한 대답은 예루살렘에 가는 것이었다. 부모들은 아이들을 막으려 했지만 아무 소용이 없었다. 그들은 탈출하여 사라져버렸다. 결국 집으로 되돌아온 소수의 아이는 자신들의 이성을 잃게 한 압도적인 정념의 원인이 무엇이었는지를 설명하지 못했다. 우리는 신뢰도가 떨어지는 다른 행동의 분출도 결코 간과해서는 안 된다. 이러한 행동은 면죄부와 전리품을 얻고자 했던 십자군에게는 수치를, 그리고 십자군의 영예가 제공하는 면책권을 얻으려던 십자군에게는 저열함을 안겨주었다."[134] "이와 같은 운동들의 중대성과 영향력을

---

[134] Lea, *A History of the Inquisition of the Middle Ages*, I, 147.

충분히 이해하고자 한다면, 우리는 정서가 움직이기 쉬운, 그리고 전염적인 감정에 쉽게 휘둘리는 인간 집단의 특징을 적절히 파악해야 한다. 프란체스코회 소속 레겐스부르크의 베르톨드(Franciscan Berthold of Ratisbon)가 6만 군중에게 빈번하게 설교했다는 이야기를 듣고 있노라면 우리는 이처럼 대중에게 쉽게 다가갈 수 있는 사람들의 손에 깃든 힘을 여실히 확인하게 된다. 대중은 쉽게 동요되고, 자신들의 운명인 비천한 삶에서 벗어나기 위한 맹목적인 열망으로 가득 차 있다. 잠들어 있는 영혼이 어떻게 일깨워질 수 있는지는 15세기 중반 유럽의 한 지역에서 다음 지역으로 휩쓸고 간 계속되는 흥분의 파도를 통해 확인할 수 있다. 교육받지 못한, 침묵으로 일관한 사람들이 자신들이 영위하는 가망 없는 모진 고난의 삶이 복음서가 약속한, 실현되어야 할 모든 것이었는지를 묻기 시작했다. 교회는 사실상 내부적인 개혁을 이루려는 노력을 전혀 기울이지 않았다. 교회는 여전히 탐욕적이었고, 방종했으며, 무엇인가에 대한 이상한 욕망을 가지고 있었다. 그들은 정확히 무엇이 사람들의 마음을 사로잡기 시작했고, 역병처럼 마을에서 마을로, 땅에서 땅으로 퍼지고 있었는지를 정확히 깨닫지 못했다."[135] 여기서 우리가 확인하게 되는 것은 집단적 움직임의 힘, 그리고 지식이나 목적 없이 군중 속에서 행동하려는 충동이다. 사람들에게 현재 널리 확산되는 운동에 참여하고 있다는 느낌, 혹은 '유행 속'에 있다는 단순한 느낌은 하나의 즐거움이다. 운동의 범위가 광범위하고 관여하는 사람의 수가 많으면, 사람들은 그 안에 있다는 사실에 어떤 생동감을 느낀다. 사람들을 열광하게 만드는 관념의 형식과 겉모습이 사실은 그렇지 않다 해도 위대하거나 신성하거나 고귀하게 느껴질 경우, 이는 사신(邪神)과 같은 힘을 갖게

---

[135] Lea, *A History of the Inquisition of the Middle Ages*, I, 268.

되며, 이로 인해 믿기 어려운 일들이 일어날 수 있다. 이와 관련된 잘 알려진 사례는 1861년 남부와 북부 양 지역 모두에서 발발한 남북전쟁이다. 양측의 의견 차이는 너무 컸고, 모두가 당대에 유행하던 대세에 휩쓸렸다.

217. 탁발 수도회

탁발 수도회(The mendicant orders)는 13세기의 가장 뿌리 깊은 대중적인 믿음, 그리고 당대의 최고의 기준에 부합하고자 하는 갈망에 부응해서 생겨났다. 아시시의 프란체스코(Francis of Assisi, 1226년 선종)[136]는 재산 소유가 옳지 못하다는 생각, 혹은 이를 포기하는 일이 적어도 칭찬받아야 한다는 생각을 받아들이면서, 예수와 그의 제자들이 모든 재산을 거부하고, 탁발로 생활했다고 주장했다. 5세기에도 디모테오파(Timotheists)가 이와 같은 생각을 견지했으나 이단 취급을 받았다.[137] 프란체스코에게는 빈곤이란 재산을 조금만 갖는다는 뜻이 아니었다. 그는 모든 재산을 절대적으로 부정했다. 하지만 이는 그저 허세일 수밖에 없었다. 그는 다른 사람들의 재산을 부당하지 않다고 여기며 사용해야 했다. 이렇게 보자면 그는 그저 생산 노동만을 거부할 수 있었다고 해야 할 것이다. 그 시대의 종교는 단순성, 겸손함, 자기부정 그리고 '세상'으로부터의 은둔을 특히 복음주의적(evangelical)[138] 덕목들로 숭배하는 경향이 널리

---

[136] (옮긴이 주) 최초로 프란체스코회로 알려진 수도사들의 수도회를 세운 수도사. 성인으로 추앙받음.
[137] Lea, *Sacerdotal Celibacy*, 377.
[138] (옮긴이 주) 성서에 기록되어 있는 예수의 복음을 중시하고 실천할 것을 주장하

유행했다. 이러한 덕목들을 요약하는 것으로 파악되었던 단어는 '빈곤' 이다. 많은 사람들은 프란체스코를 이러한 유형의 종교적 영웅으로 인정했다. 그런데 로마 교회의 궁정에서는 이러한 덕목들이 전혀 발견되지 않았다. 1216년 알비파[139](Albigenses)에 반대하는 열정적인 설교자였던 자크 드 비트리(Jacques de Vitry)가 이탈리아를 거쳐 팔레스타인으로 건너갔다. 그는 일기를 남겼는데,[140] 그는 로마 교황의 궁정에서는 모든 사람이 세속적인 일, 왕이나 왕권에 관한 일, 다툼과 소송을 하느라 바쁘고, 이에 따라 정신적인 문제들에 대해 이야기하는 것은 거의 불가능했다고 말하면서, 이러한 모습을 보고 느꼈던 슬픔을 일기에 기록하고 있다. 그는 원시 기독교를 부활하려 했고, 영혼을 구제하려 했던, 그리하여 '짖지 않는 개들'인 고위 성직자를 욕보였던 프란체스코회의 수사(Franciscan)들을 크게 칭찬했다. 키우시(Chiusi)의 백작은 프란체스코에게 은둔과 명상을 위해 라 베르나(La Verna) 산을 하사했다. 이때 그 산을 점령하고 있던 도적이나 짐승을 몰아내고 산을 손에 넣기 위해 무장한 남성들이 필요했다.[141] 카마이클(Carmichael)은 이때 프란체스코가 치욕을 당했다고 믿는데, 그는 이에 대해 상세히 설명하고 있다. 이어져 내려오는 이야기 속의 프란체스코는 당대의 사람들이 흔히 가지고 있던 생각에서 창출된, 전설적인 인간이다.[142] 역사상의 인물로서의 프란체스코는 환상을 좇는 사람이었다. 도미니코(Dominic)는 종교적인 열정이 넘

는 주의.

[139] (옮긴이 주) 12~13세기 프랑스 알비(Albi) 지방에서 일어난 일종의 반로마교회파 교단.

[140] *Nouveaux Mémoires de l'Académie Royale des Sciences, Lettres, et Beaux Arts de Belgique*, XXIII, 30.

[141] Carmichael, *In Tuscany*, 224.

[142] *Fioretti de Francisco*를 보라.

치는 사람이었다. 그는 모든 이단자를 설교 혹은 다른 방법으로 개종시키고자 했다.

218. 다른 탁발 수도회

드 비트리(De Vitry)는 롬바르드(Lombardy)[143]에서 후밀리아티(Humiliati)[144]를 찾아냈다. 그들은 프란체스코와 같은 생각으로 살아가는 사람들이었다. 아우구스티누스를 추종하는 은둔자들은 1256년에, 카르멜파(Carmelites)는 1245년에, 그리고 세르비트(Servites)[145] 혹은 마리아의 종(Servants of Mary)은 1275년경에 창설되었다.[146] 이들은 모두 탁발 수도회로, 당대의 사람들이 빈곤에 대해 어떻게 생각했는지를 드러내 보여주고 있다. 이는 일종의 열광이었으며, 그 특징은 『장미 이야기(Romaunt de la Rose)』에 매우 잘 표현되어 있다. 어쩌면 프란체스코는 수도회를 창설할 생각을 하지 않았을지도 모른다. 그는 그저 몇몇 친구와 함께 특정한 방식으로 살아가길 바랐다. 수도회가 자발적으로, 그리고 매우 빠른 속도로 확산되었다는 사실은 사실상 수도회가 대중의 기호에 부합되었음을 입증하고 있는 것이다. 프란체스코는 꿈을 꾸는 열렬한 신자이긴 해도, 정치가나 조직가는 전혀 아니었다. 자신의 신앙고백에서 그는 다

---

[143] (옮긴이 주) 알프스산맥과 접한 이탈리아 북서부에 위치하는 주.
[144] (옮긴이 주) '가난한 이들'로 번역되는 이탈리아에서 비롯된 수도회. 처음에는 교회의 개혁과 청빈 운동을 전개했으나, 점점 가톨릭교회에서 멀어지게 됨으로써 결국 이단 선고를 받았다.
[145] (옮긴이 주) 성모 마리아에게 헌신하는 수도회. 1233년 피렌체(Florence)에 설립된 탁발 수도회로, 성모 마리아에 대한 신앙을 강조했다.
[146] Michael, *Geschichte des Deutschen Volkes*, II, 97.

음과 같이 말한다. "주님이 나에게 형제를 돌보게 하고 난 후, 누구도 내가 무엇을 해야 하는지 보여주지 않았다. 하지만 가장 높은 곳에 계신 분은 나에게 성스러운 복음의 방식에 따라 살아야 한다고 계시하셨다." 그는 살아가면서 쿠리아(curia)[147]의 방해를 받거나 이에 복속되지 않았으나, 수도회 사람들은 그의 이상(理想)을 그대로 유지하지 못했다. 훗날 교황 그레고리오(Gregory) 9세가 된 사람은 프란체스코를 도와 수도회의 체제를 구축했고, 이를 통해 수도회가 실천적인 효율성을 가질 수 있도록 했다. 다시 말해 수도회에서 열정을 끄집어내어 수도회를 실천을 지향하는 방향으로 이끌어가고자 했던 것이다.[148] 13세기의 교황들은 수도회를 승인했다. 수도회의 명령 원칙 속에는 그 당시 교회의 모습, 그리고 상식에 대한 적개심이 담겨 있었다. 교회 당국은 그들의 명령 원칙을 현실에서 활용하려 했는데, 그러면서도 이러한 원칙이 플로루스(Florus) 이단의 것이 아닌가 의심했다. 결국 수도회는 수도자의 생활방식을 따르는 '콘벤투알(conventuals)', 그리고 창시자의 교의와 법칙을 고집하는 '스피리투알(spirituals)'로 분열되었다. 이 중 후자는 '준수하는 사람들(observantines)'(1368)과 '회상하는 사람들(recollects)'(1487)로 이어졌다.[149] 두 분파는 서로를 싫어했고 모든 상황에서 다툼을 벌였다. 1275년 스피리투알은 이단으로 간주되었고, 이들 수도회 수사들은 사슬에 묶여 투옥되었으며, 성사(聖事)가 금지되었다.[150] 요한 22세는 그들의 교의를 이단이라 비난했다. 이러한 비난으로 인해 '준수하는 사람들'은 다른 이단 교파와 다를 바 없는 위치에 놓이게 되었다. 그들은 반항하면서 이단

---

[147] (옮긴이 주) 고대 로마의 행정 구분.
[148] Goetz, in *Historisches Vierteljahrschrift*, VI, 19.
[149] Lea, *A History of the Inquisition of the Middle Ages*, III, 172, 179.
[150] Lea, *A History of the Inquisition of the Middle Ages*, III, 33.

이 되던가, 아니면 자신들이 진리와 지혜의 총계라 여기는 모든 견해를 포기해야 했다. 일반적으로 그들은 이단들과 다를 바 없이 자신들의 생각을 고수했다.[151] '준수하는 사람들'의 영웅 중 한 명은 베르나르 델리시외(Bernard Delicieux, 1320년 선종)였다. 그는 이단 심문에 과감히 저항한 유일한 사람으로 널리 알려져 있다. 그는 두 번의 고문을 당했고, 쇠사슬에 매인 채 빵과 물만을 받으며 수감생활을 하라는 판결을 받았다. 그는 이러한 처벌을 받고서 몇 달 만에 죽고 말았다.[152] 탁발 수사들에게는 찬미의 일환으로 거액의 돈이 제공되었다. 그 후 그들은 탐욕과 세속적인 이기주의자들로 악명이 높아졌다.[153] 일찍이 1257년 수도회 장(長) 보나벤투라(Bonaventura)는 이러한 과오를 나무랐다.[154] "이탈리아의 풍자화 화가들은 성 프란체스코와 성 도미니코라는 두 위대한 수도사를 그리면서 악의가 담긴 증오를 표현했는데, 물론 이러한 증오가 정통파의 이익을 도모하는 교황 보안관으로서의 두 사람에 대한 해묵은 원한에 기인한 것일 수도 있다. 하지만 화가들이 풍자하고자 했던 핵심은 위선과 부도덕함을 뒤섞어 놓은 듯한 그들의 모습이었다. 이러한 모습은 모든 사회 계층 사람들이 그들을 증오한 요인이었다."[155] "일반적으로 우리가 보기에 프란체스코회 수사들은 도미니코회 수사들보다 훨씬 정통성을 결여한 듯하다. 그들은 정규가 아닌, 교회에서 벗어난 대중 운동에서 출발했으며, 계율에 관한 위계질서 관념을 거의 따르지 않는다." "성 프란체스코 추종자 중에는 계속해서 열혈분자들이 포함되어 있었

---

[151] 위의 책, 51, 59.
[152] Haureau, *Bernard Delicieux*, 142.
[153] Lea, *A History of the Inquisition of the Middle Ages*, III, 34.
[154] 위의 책, 29.
[155] Symonds, *Renaissance*, I, 394.

다. 그들은 프란체스코 수도원의 개혁이 마땅히 이끌어냈어야 할 모든 결과를 산출한 것은 아니라고 주장했으며, 그러한 개혁이 교황보다도, 그리고 로마에서 만들어낸 율법보다도 우위에 있다고 주장했다. 또한 그들은 거룩한 프란체스코의 출현은 새로운 기독교와 새로운 예수의 도래 그 이상도 그 이하도 아니라고 주장했다. 그 밖에 그들은 자신들의 개혁이 모든 점에서 최초의 기독교와 다를 바 없으나, 빈곤을 지향한다는 점에서 더욱 훌륭하다고 주장하기도 했다. 이렇게 보자면 성 프란체스코의 3번째 수도회(the third order of St. Francis), 베긴회(Beghards), 롤라드파(Lollards), 비속(Bisocs), 프라티첼리(Fraticelli), 스피리투알 형제회(Spiritual Brethren), 후밀리아티(Humiliati), 그리고 리용의 빈자들(Poor Men of Lyons)[발도파(Waldenses)] 등에 의한 후대의 민주적인 공동 생산 운동은 모두 카타리파(Katharism), 요아킴주의(Joachimism), 그리고 영원한 복음(eternal gospel)의 오랜 감화력의 영향을 받아 출발했을 것이다. 이들은 국가에 의해, 그리고 도미니코회의 감옥에서 형장의 이슬로 사라졌다."[156]

219. 빈곤과 극빈에 대한 대중의 열광

탁발 수도회의 강점은 대중성에 있었다. 그들은 교회를 대신해 재차 대중의 존경을 얻어냈다. 하지만 그들은 결국 종교재판관이 되어버렸고, 자신들의 이익을 위해 권력을 남용하는 주체가 되어버렸는데, 이로 인해 많은 불평을 샀다. 탁발 수도회의 역사는 대중과 통치자 사이의 상호작용 과정을, 그리고 대중 모레스 속에서 탄생했지만 사적인 이익

---

[156] Renan, *Averroes*, 259 이하.

을 위해 남용된 제도의 추이를 적절히 보여주고 있다. 탁발 수도회는 교황 절대주의를 호위하는 군대가 되어 버렸다. 로마가톨릭 저술가들은 교황이 세계를 황제의 폭정에서 구했다고 말한다. 하지만 실은 교황과 황제가 지배권을 놓고 싸움을 벌였고, 대중이 교황에게 지배권을 부여한 것이다. 우리는 교황이 이를 가지고 무엇을 했는지 알고 있다. 이것이 바로 역사다. 만약 교황이 아니라 황제가 지배권을 갖게 되었다면, 그들이 이러한 권력을 어떻게 활용했을지는 단지 추측해볼 따름이다. 그들 또한 교황과 다를 바 없이 권력을 크게 남용했으리라는 것은 충분히 추측할 수 있다. 하지만 추측을 통해 생각해보는 역사는 별다른 의미가 없다.

220. 망상

널리 퍼져있는 망상 중에서 가장 놀라운, 그리고 반복해서 재현되는 것으로 들 수 있는 사례는 몰래, 사적으로 모이지 않을 수 없는 새로운, 그리고 경멸의 대상이 되는 종파가 음탕하고 혐오스러운 유희를 즐긴다는 생각이다. 초기 기독교 또한 이러한 의식을 치른다는 혐의를 받았다. 그런데 막상 그들도 의견을 달리하는 교파들을 동일한 방식으로 의심했다.[157] 마니교도(Manichæans), 발도파(Waldenses), 위그노(Huguenots), 청교도(Puritans), 루치페르주의자(Luciferans), 자유로운 영혼의 형제회(Brothers of the Free Spirit), 그리고 이단 교파의 목록에 포함되어 있는 모든 교파는 이와 같은 혐의를 받았다. 리(Lea)는 이단 심문에 관한 자신의 역사서에

---

[157] Lecky, *History of European Morals from Augustus to Charlemagne*, I, 414, 417

서 이러한 혐의를 받은 12번 이상의 사례를 언급하고 있는데, 이들 중 일부는 진실이었다. 오늘날 로마가톨릭은 프리메이슨(freemasons)[158]에 대해 동일한 의혹을 제기하고 있다.[159] 동유럽의 농부들은 유대인들이 혐오스러운 의식을 비밀스럽게 행하고 있다고 믿고 있다. 비밀 교파가 자신들의 교파가 아닌 사람들, 특히 갓난아기의 피를 불길한 의식에 사용한다는 생각은 비밀 의식에 대한 널리 알려진 관념의 한 형태에 지나지 않는다. 이와 같은 비난은 비밀 교파들이 크게 확산될 것을 막기 위해 고안되었다고 일컬어지기도 한다. 하지만 이와 같은 비난이 가해진 것은 그들이 모임을 비밀리에 가졌기 때문일 가능성이 훨씬 크다. 현재 중국의 기독교 신자는 이러한 비난을 받고 있다.[160] 올바르지 못한 행동을 하는 것을 보았다는 그와 같은 이야기에는 항상 동일한 설명 – 남편이 아내의 모임에 따라가 참여했고, 그러한 행동을 보았다 – 이 포함되어 있다.[161]

221. 열광에는 암시가 필요하다

열광과 망상은 항상 어떤 외부에서 전해지는 암시가 필요하다는 측

---

[158] (옮긴이 주) 16세기 말에서 17세기 초 인도주의, 박애주의를 지향하는 친목단체로 생겨났으며, 18세기 인권과 사회개선을 추구하는 엘리트들의 사교클럽으로 발전하면서 정치, 문화, 과학 분야 등 각계 유명인사와 개신교 신자들이 대거 가입했다. 프리메이슨은 기독교 조직은 아니지만 도덕성과 박애정신 및 준법을 강조하는 등 종교적 요소를 포함시켰기 때문에 로마가톨릭으로부터 탄압을 받게 되어 비밀 단체의 성격을 띠게 되었다.

[159] Hansen, *Zauberwahn, Inquisition und Hexenprocess im Mittelalter*, etc., 227.

[160] *N. Y. Times*, 1898년 1월 9일 자.

[161] Lea, *A History of the Inquisition of the Middle Ages*, II, 373.

면에서 유행 혹은 일시적인 유행과 유사하다. 그러한 출처가 어디인지를 찾기란 흔히 불가능하다. 강력한 대중적인 믿음, 예를 들어 사탄이나 사신(邪神)에 대한 믿음은 우리의 자아에 닥쳐오는 모든 불행에 대한 책임을 일부 타인들에게 돌리는 일반적인 경향이 만들어지는 토양이 된다. 이어서 혐의자에게 잔혹한 행동을 가하는 경향이 정신병을 유발하며, 동일한 정신 이상 하에 놓인 다른 사람들과의 협력이 이루어짐으로써 열광이 만들어지게 된다.[162] 이러한 현상은 전염병의 성격을 띤 신경병, 즉 대략 히스테리라는 범주 하의 정신병의 발달과 더불어 온 자기 암시 혹은 고정 관념으로 설명할 수 있다. 여기서 '전염성'이라는 용어는 오직 비유적으로만 사용되고 있다. "정신병은 오직 구체적인 체질적 경향, 그리고 일반적으로 유전적 성향을 바탕으로 해서만 발생한다. 따라서 이는 전염병처럼 퍼질 수 없다. 마치 당뇨병이나 통풍이 전염병처럼 퍼지지 않듯 말이다."[163] 전염병적 요소가 나타나게 되는 것은 히스테리적 모방 때문이다. 이와 유사하게, 4세기 중반 아프리카 도나투스파(Donatists)의 일부인 서컴셀리온(Circumcellions)[164]들이 그랬듯이, 모방을 통해 열광에 기인한 전염병적 자살이 일어나기도 한다.[165] 이와 맥을 같이하는 것으로는 순교에 대한 열광이 있었다. 이를 막는 데는 교회 당국의 개입이 필요했다.[166] 요세푸스(Josephus)[167]는 갈릴리의 유다

---

[162] Friedmann, *Wahnideen im Völkerleben*, 207.
[163] 위의 책, 209.
[164] (옮긴이 주) 4세기 초에서 중반까지 활동했던 이교도 극단주의자들. 아프리카 산지의 한 종족인 베르베르인으로 이루어진 이들은 처음에는 사회적 불만을 치유하는 데 관심을 가졌으나 이내 도나투스파와 연결되었다. 재산과 노예제를 비판하고, 자유연애, 빚 청산, 노예 해방을 옹호했다. 순교를 높이 평가했으며, 순교자들을 특히 중시했다.
[165] Gibbon, Chap. XXI.
[166] Lecky, *History of European Morals from Augustus to Charlemagne*, I, 391.

(Judas of Galilee)¹⁶⁸를 추종하는 갈릴리인들(Galileans)이 죽음에 집착하지 않는 사람들로 널리 알려져 있다고 말하고 있다. 흔히 수도원은 무시무시한 히스테리가 전염되는 소굴이었다. 널리 받아들여지는 종교적 관념이 이를 위한 비옥한 토양이 되었다. 사신(邪神)이 드는 것은 일종의 비범함으로 간주되었고, 허영심이 들어와 작동을 했다.¹⁶⁹ 자기 암시가 이루어지고 있는지의 여부는 사신(邪神)이 '들린' 사람들에게 전형적인, 혹은 전형적으로 여겨지는 행위에서 확인할 수 있었다. 금욕적인 관행들로 인해 사람들은 쉽게 히스테리에 전염되었다. 이와 같은 소인(素因)은 종교적 황홀경, 기적, 불가사의한 믿음, 그리고 널리 유행하는 미신을 매개로 배양되기도 했다. 사람들이 히스테리에 전염되는 상황에서는 오래되고 익숙한 이야기가 기억과 뒤섞여 거의 모든 사람이 경험했을 법한 사실처럼 존재하게 된다. 이에 따라 사람들은 자신들이 들은 것을 마치 경험한 것인 양 생각하게 된다. 지식과 경험이 없는 사람들은 증거 없이, 오랫동안 굳건하게 견지되어온 개념들에 대해 강한 확신을 갖기도 한다. 그들은 자신들의 확신이 확고하다고 말하며, 이러한 자기 확신을 아무 입증 없이 동일한 신념을 받아들이라는 근거로 타인들에게 제시한다. 다른 사람이 볼 수 있는 의례 행위나 금욕의 계율, 기도나 노래를 하는 행위와 이에 대한 열중, 향의 향기 등은 입증 없이, 혹은 입증과 상반되게 이러한 신념의 확산에 도움을 준다. 쉽게 암시를 받는 경향에 호소하는 이러한 방법은 연극에서 흔히 활용된다. 오늘날 특정 경향을 지닌 소설들도 동일한 방식으로 암시를 일으킨다. 암시를

---

¹⁶⁷ *Antiquities of the Jews*, XVIII, 1.
¹⁶⁸ (옮긴이 주) 유대인 지도자로, 기원전 6년 유대 지방에서 로마의 국세조사에 대한 저항 운동을 이끌었던 인물이다.
¹⁶⁹ Regnard, *Sorcellerie*, etc.

선호하는 또 다른 분야는 사회학적 신조 분야다. 이러한 분야는 이상(理想)을 앞세워 나아가는 과정을 선호한다. 하지만 위에서 살펴본 바와 같이(본서 203절, 204절) 이상은 공상적이고, 대중현상이 되어버리면 열광으로 쉽게 변질된다. 마리아 숭배(Mariolatry), 가까워지는 세상의 종말, 성령의 도래는 반복해서 열광의 대상이 되는 주제다. 이는 특히 과도한 금욕적 계율 때문에 혼란스러워진 마음에 더욱 그러하다. 이와 같은 정신 이상의 모든 사례에서 우리는 한 사회 대중의 마음이 숙려와 비판적 조사, 혹은 건전한 추론의 중요성을 염두에 두고 움직이지 않을 것이라는 결론에 도달한다. 오늘날의 대중은 오랜 암시의 방법들을 매개로 작동되는 민주주의에 대한 신비적 태도를 견지하고 있으며, 정치적으로는 공상적 이상주의를 받아들이고 있다. 증권거래소도 암시가 이루어질 가능성을 보여주고 있다. 우리가 해야 할 일은 진실을 인식하고, 이를 고수하는 것이지만 대중이 도입하고자 하는 환상도 적절히 이해할 필요가 있다. 하지만 주변 군중의 의견을 거슬러 개인의 의견을 고수할 수 있는 사람은 극히 예외적인 사람들뿐이다.

222. 개인에게 미치는 군중의 힘

이렇게 보았을 때 열광과 환상은 유행, 일시적 유행, 그리고 겉치레와 마찬가지로 개인을 지배한다. 군중의 힘은 부단히 개인에게 영향을 미친다. 대중의 의견이 진실한지 또는 정의로운지는 그다지 중요하지 않다. 열광과 환상이 선택을 작동시키기도 하지만, 항상 동일한 방법으로 작동시키는 것은 아니며, 우리가 정의할 수 있는 어떤 방법으로 작동시키는 것도 아니다. 다른 이단들과 마찬가지로 열광에 저항하는 자는 짓밟힐 수 있다. 하지만 의견을 달리하여 승리를 거두는 경우도 있다. 무사히 열광을 벗어나게 된다면, 그는 훗날 모든 사람이 그 어리석음을 알게 되었을 때 승리를 거머쥐게 될 것이다.

223. 고통을 주는 방법을 통한 훈육

만약 무엇을 하게 하려거나, 무엇인가를 하지 못하게 하려는 사람이 타인에 비해 더 강하면, 그는 고통을 가하여 어떤 행동을 하거나 하지 못하게 할 수 있다. 이는 사실상 고통을 주는 것이 제재 방법이자 억제력인 자연을 모방하는 데 지나지 않는다. 가족과 학교에서 이루어지는 훈육은 항상 이처럼 고통을 인위적으로 활용하는 데 의존해 왔다. 인위적으로 고통을 주는 방법은 힘 또는 강제력을 활용하는 가장 원초적인 경우에 해당함이 분명하다. 이처럼 고통을 활용하는 방법은 인간 본성의 가장 원초적인 정념이라 할 수 있는 복수와 직접적으로 관련이 된다. 처벌은 억제하고자 하는 행위에 고통스러운 결과를 부여하거나 더 하는데, 이러한 점을 감안해 보았을 때 처벌은 복수를 목표로 한다 할 것이다. 처벌은 그 결과로 반성을 이끌어내고, 처벌 대상의 행동을 포기하게 만들 수 있다는 바람으로 이루어진다. 처벌은 수감(즉 사회로부터 일시적인 추방)이 될 수 있고, 벌금을 부과하거나 채찍을 가하는 것일 수 있으며, 그 밖에 다른 고통을 가하는 처분일 수 있다. 처벌의 의미는 그것이 신체에 가하는 고통이건, 다른 유쾌하지 못한 경험을 하게 하는 것이건 동일하다. 오늘날 우리는 처벌할 때 육체적인 고통을 주는 것에 대한 현대의 관념을 받아들이게 되었다. 하지만 우리가 고통을 주는 것에 대한 근본적인 생각과 동기에서 멀리 이탈할 수는 없다.

과거에는 사적인 처벌에서, 그리고 일상적인 처벌에서 상대를 강제로 순응시키기 위해 육체적인 고통을 주는 방법이 활용되었다. 이러한 방법은 사회에 널리 퍼져있는 모레스와 의견을 달리할 수 없게 하려고 사용되기도 했다. 신체에 가해지는 조치는 보이콧이나 반대를 표명하는 이런저런 방법, 그리고 좋지 못한 평가를 내리는 등의 방법과는 다르다. 신체에 가해지는 조치는 순응을 이끌어내는 방법이긴 하되, 적극적이며, 신체에 영향을 가한다는 측면에서 다르다. 이때 선택은 적극적인 방식으로 이루어지며, 외부로부터의, 신체적인 제재를 통해 이루어진다.

224. 중세 교회는 사회선택의 기능을 담당했다

중세 교회가 사회선택의 기능을 담당한 조직이었음은 주지의 사실이다. 교회가 당대의 모레스를 만들었기 때문에 이와 같은 강력한 힘을 지니고 있었던 것은 결코 아니다. 교회는 당대의 모레스에서 생겨났다. 교회는 그 이전 천 년이라는 시간을 거치면서 내세에 대한 환상, 그리고 현세와 내세의 관계에 대한 교의 등을 만들어내는 데 기여했다. 이러한 교의는 시민들의 힘이 쇠하면서 곤궁해진 시대의 모든 삶의 경험과 뒤섞여 10세기와 11세기의 모레스를 창출해냈다. 그 당시 위대한 교의는 모두 열광이나 망상의 형태를 취했다. 기독교 시대의 초기 몇 세기 동안 '가톨릭'은 개별적인 그리스도 교회와 대비되는 전체로서의 기독교계를 의미했다. 때문에 '모든 그리스도 교회'와 '보편 교회'[170]

---

[170] (옮긴이 주) 전 세계 로마가톨릭교회의 총칭.

(universal church)'는 동일한 개념이었다. 그러나 전 세계의 교회는 사도들에 의해 그 토대가 마련되었다고 여겨졌고, 따라서 전체로서의 기독교계 내에서 발견되는 교회 중에서 사도들이 건립한 것으로 간주되는 교회만이 참된 교회일 수 있었다. 이와 같이 하여 '가톨릭'이라는 단어는 중요한 결과를 내포하고 있는 말이 되었고, 독단적이고 정치적인 언외 함축을 갖게 되었다.[171] 11세기에 모든 기독교계는 포학행위, 압제와 투쟁이 만연한 시민 집단으로 분열되었다. 교회가 평화협정의 이념으로 '보편성'을 부활시켰다는 사실은 신기할 것 없는 일이었다. 그들은 인류의 복리를 위해 기독교 왕국을 하나의 평화로운 집단으로 통합하고자 했고, 이를 위한 수단으로 이와 같은 이념을 활용하고자 했다(본서 14절). 이는 원대한 생각이었다. 만약 기독교 교회가 법을 통해 보장되는 자유라는 형식을 매개로 이를 실현하고자 노력했다면 세계의 역사는 달라졌을 것이다. 하지만 교회는 모두가 로마의 주교에게 복종해야 한다는 의미로 '보편성'이라는 용어를 사용했으며, 이러한 구상을 실현하기 위해 모든 수단을 동원했다. 교회는 종교재판이나 여타 방법으로 이러한 생각에 따르길 강제하려 했고, 자신들과 의견을 달리하는 모든 사람에 대해서는 사회적 선택을 실천했다. 11세기의 클뤼니[172] (Cluny) 성직자들은 이와 같은 '높은 곳에 있는 교회' 노선에 형식을 부여했고, 이를 성직자들이 학문과 신앙을 숭배하게 하려는 합리적인 노력과 결합시켰다. 그들은 이를 자신들의 교회 정책을 성공으로 이끄는 데 필요한 단계로 생각했다. 당대의 상황과 지배 관념은 이러한 노력에 '교회를 군주정체화하는 투쟁'이라는 형식을 부여했다. 그런데 13세기

---

[171] Harnack, *Dogmengeschichte* (3rd ed.), I, 319.
[172] (옮긴이 주) 프랑스 동부, 리용 북쪽의 도시. 베네딕트회 수도원이 있다.

에 이르러 이러한 군주국가는 제국(帝國)과 충돌하게 되었다. 제국은 기독교계를 지배하려는 열망을 가지고 있는 또 다른 국가였다. 이미 로마의 교황권은 피통치자의 도덕적 지지를 잃어가고 있었다. 성직자는 세속적이고 거만하며, 폭정을 행한다는 이유로 비판을 받았으며, 성직자들에 대한 왕조 국가들의 적대감이 대중문학 작품에 표현되기도 했다. 발터 폰 데어 포겔바이데(Walter von der Vogelweide)는 성직자 계급 제도를 신랄하게 비판했다 하여 종교개혁의 선구자로 간주된다.[173] 하지만 우리가 크게 주목해야 할 사실은 비록 저술가들이 대중적인 언어를 사용하고, 공통의 체험에 호소하고 있음에도 그들 때문에 일반 대중이 더 이상 성직자에게 충성을 바치지 않으려 했던 것은 아니며, 교회 당국 또한 이러한 사람들의 비판에 관심을 기울였던 것은 아니라는 점이다. 기적극(miracle plays)과 도덕극(moral plays)은 당대의 취향에 매우 잘 맞아떨어졌다. 이들은 상스럽다는 점 외에 비종교적이며 불경스럽기도 했다. 그런데도 성직자들은 이를 감내했다.[174] 교회 당국은 '신앙'이 문제가 될 때만 움직였다. 이에 따라 '신앙'은 커다란 중요성을 갖는 특수한 의미를 획득했다. 신앙은 그 의미가 정의되지 않았으면서도 감정과 의무의 영역으로 드높여졌고, 파토스(pathos)에 둘러싸였다(본서 178절). 얼마 지나지 않아 이는 교황의 권위에 대한 순종을 의미하게 되었다. 이처럼 11세기와 12세기의 상황, 그리고 신앙과 감정의 추세는 성직자 계급의 손에 사회 통제의 힘을 모아줬다. 왜냐하면 마땅히 이러한 힘을 행사할 다른 기관이 없었기 때문이다. 클뤼니(Cluny) 프로그램[175]은 모든

---

[173] Jastrow and Winter, *Deutsche Geschichte im Zeitalter der Hohenstaufen*, II, 241.
[174] Scherr, *Deutsche Kultur- und Sittengeschichte*, 183.
[175] (옮긴이 주) 수도원과 교회의 본연의 모습을 찾고, 예술을 장려하며, 가난한 사람들을 돌보는 데 초점을 맞춘 중세 수도회의 개혁 운동. 교황권의 타락에 대한

사람이 원하는 방향으로 나아가고자 하는 교회 내 개혁 프로그램이었다. 이 프로그램은 공동의 의지와 목적이라는 기치 아래 모든 '선량한 사람들'을 끌어모았다. 이상(理想)과 수단이 선택되고, 이를 옹호하는 사람들은 사회 내의 선택 받은 계층이 되었다. 이들은 이와 같은 운동이 쇠퇴하여 결국 실패로 귀결된 후에도 꽤 오랫동안 존속했다. 하지만 선량한 사람, 혹은 선량한 사람이 되고자 하는 사람은 모두 교회와 뜻이 일치해야 한다는 관념은 후대로 이어졌다.

225. 중세의 교회

십자군 전쟁에서 교회는 인류를 지배하려는 또 다른 야심만만한 집단인 이슬람과의 전쟁에 돌입했다. 교회가 신자들을 십자군에서 훈련시켰고, 이런 방법으로 그 힘을 확고히 다졌다는 것은 확실하다. 이와 같은 십자군이 대중성을 띠고 있었고, 커다란 집단으로서의 기독교도들의 희망을 실현한 것에 지나지 않았다는 것도 확실하다. 이렇게 보자면, 중세 교회를 탄생시킨 것은 대중이었다. 교회는 사실상 사적인 이익을 추구하는 집합체로서의 공동 조직과 성직자 계급 제도를 갖추고 있었다. 그 안에서 야심, 탐욕, 권력욕이 일깨워졌다. 그 당시의 교회는 타산적이며 세속적이며, 추잡하며 비인간적이었다. 왜냐하면 그 시대의 모레스가 그러했기 때문이다. 어떻게 교회가 그 시대와 다를 수 있겠는가? 도대체 성직자들이 그 시대의 인간이 아니라는 영감이나 해명

반작용으로 일어난 클뤼니 수도원의 개혁 운동은 수도원 내부에서 일어난 최초의 커다란 개혁 운동이었다.

을 교회는 어디서 찾아낼 수 있을까? 그 시대 사람들은 교회가 결코 사회보다 낫지 않았다는 증언을 기록으로 남겼다.[176] 12세기 말부터는 교회 내의 악덕과 남용에 대한 도덕적인 분개가 영감을 준 개인 혹은 교파가 연이어 탄생했다. 위클리프(Wycliffe)는 합리적인 근거를 제시하면서 화체설(化體說, transubstantiation)[177]을 부정했는데, 사실상 그의 작업은 모두 교회 계급제의 남용, 그리고 그러한 남용을 가능하게 한 원칙들에 대한 비판에 초점이 맞춰져 있었다. 교회가 어떤 시대의 모레스에 비해 나은 위치에 있었던 적은 결코 없었다. 지금까지의 탐구를 종합해보았을 때, 우리는 영감을 주거나 사람들을 이끄는 주체가 교회가 아니라, 옳음에 대해 의견을 달리하는 개조(開祖)들, 모레스의 커다란 변동(기사도, 여성의 서비스, 도시의 성장, 예술, 그리고 발명에서의), 이해 관심이 만들어낸 계기, 그리고 여행(십자군, 순례), 상업, 기술, 금전, 신용대출, 탄약, 인쇄 출판 등이 만들어낸 습속에서의 변동 등이 그러한 주체라는 입장에 도달하게 된다.

226. 성직자의 독신 생활

교회는 시대의 흐름을 타고 사회적인 힘을 계속 유지하고자 했고, 이를 성직자의 이익을 위해 사용하고자 했다. 당시의 모레스에는 금욕

---

[176] Mayer, *Oesterreich*, I, 156.
[177] (옮긴이 주) 미사의 성찬 전례 때 빵과 포도주가 예수 그리스도의 거룩한 몸과 피로 변화되는 신앙의 신비. 성찬(聖餐)에 관한 해석으로, 성찬 시 빵과 포도주가 사제의 축복이나 혹은 다른 어떤 방도에 의해 그리스도의 몸과 피의 실체로 변한다는 교리. 트리엔트 공의회(1551년)에서 교의로 선포된 이래 로마가톨릭의 공식적인 입장으로 자리 잡고 있다.

주의적 경향이 포함되어 있었다. 모든 사람은 그에 따라 생활하건 하지 않건, 가치와 성스러움에 대한 금욕적인 기준을 올바르고 정당한 것으로 받아들였다. 성직자의 독신 생활은 금욕주의의 한 사례였다. 모든 사람은 이것이 교회의 역사에서 비롯되었을 뿐, 결코 성서에 기반한 것도, 본원적인 것도 아님을 알고 있었다. 그 시대의 관념 속에는 올바름에 단계가 있으며, 여기에는 전문적인 종교인이 아닌 사람들에 비해 종교인이 높은 단계에서 생활해야 한다는 생각이 포함되어 있었다. 코린토 신자들에게 보낸 첫째 서간(Corinthians)의 7장에 교시된 바와 같이, 성욕(性)을 자제하는 일은 성욕을 충족시키는 것에 비해 단계가 높은 올바름이었다. 그런데 이러한 관념은 이교도와 무종교인들 또한 가지고 있었다. 카디스(Gades, Cadiz)의 멜카르트(Melkart) 신전"[178]의 사제들은 반드시 독신이어야 했다.[179] 힌두스탄(Hindostan)에서는 독신이 우월하다는 것이 매우 역사가 오랜 종교적 관념이다. 토다스족(Todas)에게도 독신 승려가 있다.[180] "모든 사람에게 결혼의 의무를 지킬 것을 요구하고, 그러면서 위대한 성스러움의 조건으로, 또한 비범한 종교적인 가치와 영향을 획득하는 방법으로 독신을 예찬하는 것은 힌두교가 갖는 모순 중 하나다."[181] "시바파(Saivas)[182]의 금욕주의 종파는 모두 독신자로 구성되어 있다."[183] 샹(Shang)(동경 98도, 북위 36도)[184]의 라마교도에게는 결혼이 허용되나 티베트에서는 그렇지 않다.[185] 3세기의 기독교에서는 성직

---

[178] (옮긴이 주) 페니키아의 도시 틸스의 수호신을 모시는 신전.
[179] Pietschmann, *Die Phönizier*, 223 note.
[180] Hopkins, *The Religions of India*, 537.
[181] Monier-Williams, *Brahmanism and Hinduism*, 55.
[182] (옮긴이 주) 시바를 최고신으로 믿는 종파 및 그 신자.
[183] Wilkins, *Modern Hinduism*, 90.
[184] (옮긴이 주) 중국 산시성 남동부에 있는 상현의 주도.

자가 더 높은 기준에 부합해야 한다는 생각이 지배적이었다. 이것이 독신으로 사는 가장 단순한, 그러면서도 최고의 이유였다. 힐데브란트(Hildebrand) 이전의 600년 동안 독신은 기독교 교회가 견지한 완벽함의 기준이었다. 11세기에 독신주의가 어떤 정책을 시행하려는 동기 혹은 성직자의 야심과 뒤섞였건, 독신주의는 교의와 실천을 조화시키려 한다는 장점이 있었다.

227. 대중은 성직자가 독신이길 원했다

우리는 교회 성원 중에서 대중이 성직자의 독신 생활을 요구했으며, 이러한 요구의 직접적인 기원을 기독교 모레스에서 찾을 수 있다는 사실에 주목할 필요가 있다. 4세기에는 이러한 교의가 성찬중시주의(sacramentarianism)에서 유래되었다. 이 시기에 미사에서의 '성체 성사'와 '결혼'이 본래적으로, 또한 필연적으로 조화를 이루지 못한다는 관념이 정착되었다. 또한 "4세기에는 사람들이 성직자의 결혼이 죄에 해당한다는 원칙을 받아들였다. 그럼에도 성직자의 결혼은 통상적으로 축하를 받았고, 그것도 대단히 열린 마음으로 축하를 받았다."[186] 이러한 사실은 성직자의 결혼이 당시의 교회의 의견과 경향에 부합되지 않았음을 의미한다. 성직특권주의(sacerdotalism)는 5세기에 이르러서야 승리를 거두었다. "투쟁이 이루어지는 과정을 통틀어 교황의 통치를 가장 효율적으로 뒷받침해주는 사람들은 대중 속에 있었다." 설교자들은 대중에

---

[185] Rockhill, *Through Mongolia and Tibet*, 135.
[186] Lecky, *History of European Morals from Augustus to Charlemagne*, II, 329.

게 성스럽게 살아가길 권고했고, 사람들은 이를 성직자에게 요구했으며, 폭동이나 군중의 폭력을 통해 이를 강제했다. "권력자들이 사람들의 열정을 교묘하게 자극하고 유도할 때 얼마나 강력한 도구가 될 수 있는지를 보여주는"[187] 사례들이 여럿 인용되는데, 이러한 사례는 대중의 경향이나 사고방식을 우리에게 보여주기도 한다. 여기에서는 모든 금욕주의의 기저가 되는 근본 관념이 작동하고 있었다. 즉 덕에는 단계가 있으며, 인간은 선보다 더 나은 존재가 될 수 있으며, 악보다 더 나쁜 존재가 될 수 있다는 관념이 작동하고 있었던 것이다. 680년 콘스탄티노플 공의회는 성직자의 결혼에 반대하는 새로운 규칙을 만들었다. 왜냐하면 오래된 규칙이 무시되고 망각되었기 때문이다. "성직자의 결혼을 수치라고 여기는 사람들의 복리를 위해서"는 이러한 규칙을 만들 때 동기로 언급되었던 것이었다. 이 시대를 가늠하는 지표는 어떤 경향과 교의의 과도함이었다. 아마도 지식인들은 이러한 교의가 단지 형이상학적 진리일 따름이라는 입장을 견지했을 것이다. 하지만 대중은 이를 실천 규칙으로 전환했다. 이러한 규칙의 확립에 대중이 관여했다는 것은 매우 중요한 사실이다. 리(Lea)는 대중이 성직자들에게 조종당하고 있었다고 생각한다.[188] 종교가 부활한 11세기에는 성직자의 결혼이 일반적으로 "이단적이며 불명예스러운 것으로 여겨졌다." 이러한 결혼에 대한 변호는 이루어지지 않았다.[189] 독신 생활이 성서에서 요구한 것이 아니며, 본원적인 것도 아니었다는 것은 논의의 여지가 없는 사실이었다.[190] 당시에는 "주교 이하 모든 서열의 성직자가 부끄러워하거나 숨

---

[187] Lea, *Sacerdotal Celibacy*, 81.
[188] 위의 책.
[189] *Sacerdotal Celibacy*, 250, 252.
[190] *Canon Law*, can. XIII, dist. lvi.; Aquinas, *Summa Theologiae*, II, 2, qu. 186,

기지 않고 공공연하게 결혼을 했고, 속인들처럼 아내와 함께 살았으며, 아이들에 대한 양육이 충분히 이루어질 수 있도록 이와 관련한 내용을 유서에 명시해 놓기도 했다. … 이러한 방종함이 라틴 기독교 국가 전체에 두루 퍼져 나갔다. 성직자의 결혼은 어디서든 매우 흔했기 때문에 법률에 저촉된다고 처벌받는 경우가 없었으며, 비난받는 일도 없었다."[191] "다미아니(Damiani)는 개혁이 산출할 수 있는 세속적인 장점에 대해서는 생각조차 하지 못했던 것으로 보인다. 그는 그저 '기독교 사제들은 구원의 길이 놓여 있는 엄격한 순수성으로 스스로를 장식해야 한다'는 입장을 고수하는 것을 양심의 문제로만 생각했다. 결과적으로 그는 자신이 무수히 이어지는 논의에서 활용하고 있는 주장들에서 독신 강요의 주요 동기가 되고 있는 실질적인 이유를 다루지 않고 있다. 그의 주요 믿음을 뒷받침했던 가정은 예수가 처녀에게서 태어났고, 이에 따라 예수가 오직 처녀들에게서 시중을 받고, 성체 또한 처녀들만이 다루어야 한다는 것이었다."[192] 이러한 생각은 15세기의 교의를 대중적인 형태로 재차 취한 것이었지만, 그럼에도 이러한 생각이 성직자가 얼마만큼 순수한지에 따라 성사(聖事)의 타당성이나 은혜가 좌우된다는 태도를 취하는 이단(異端)의 서곡이 되었음은 분명하다. 힐데브란트[193](Hildebrand)는 1077년 캉브레(Cambrai)[194]에서 한 남성이 이단이라는 이유

4항 3절.
[191] Lea, *Sacerdotal Celibacy*, 187.
[192] 위의 책, 213. 이는 훌륭한 논증 개념이 바뀐 좋은 사례다(본서 194절 참조).
[193] (옮긴이 주) 그레고리오 7세(1020?~1085)의 속명. 1073년~1085년까지 로마 교황으로 재위했음. 한때 클뤼니 수도원에 있었기 때문에 수도원의 개혁 운동에 많은 영향을 받았다. 1059년에 추기경이 되어 교회 성직자의 기강 확립을 위해 노력했다.
[194] (옮긴이 주) 북부 프랑스의 도시.

로 화형에 처해졌음에도 독신 생활에 대한 열정을 주체할 수가 없어 이와 같은 이단적 사고에 빠져들었다.[195] 힐데브란트는 자신의 개혁을 수행하기 위해 시 당국에 성직자를 지배할 권한을 부여하기도 했다.[196] 12세기 중반 '개혁'은 남성의 저항을 우려해 여성(아내들)에게로 향했다. 로마에서는 여성들이 노예가 되어 라테라노(Lateran)의 교회로 이송되었다. 모든 주교는 교회의 이익을 위해 여성들을 붙잡아 놓으라는 명을 받았다.[197] 1095년 라테라노 공의회는 종교 서약에 비해 결혼 성사가 효력이 없다고 선언했다. 비록 이와 반대되는 입장이 교회의 교의였지만 말이다.[198] 이처럼 대중의 모레스에서 탄생한 것들이 공식화된 교의와 추론으로 성장했다. 13세기에 이르러 성직자의 결혼은 중단되었지만, 첩을 두는 풍습은 여전히 남아 있었다. 첩을 두는 것은 합법이었지만 첩은 본처보다 서열이 낮았으며, 그들의 존재는 "쿨라기움(cullagium)"으로 알려진 요금을 냄으로써 묵인되었다.[199] "니콜라오(Nicholas)와 그레고리오(Gregory)의 노력에도 로마 성직자의 결혼은 좀처럼 종지부가 찍히지 않았다. 이 시기 로마 성직자의 도덕성은 기독교 국가의 불명예가 되었다."[200] "그러한 여성들(성직자의 첩들)은 성직자에 준하는 지위를 부여받게 되었으며, 이러한 지위에 수반되는, 매우 중요한 것으로 여겨지는 면책권을 누리게 되었다."[201] 거슨(Gerson, 1363~1429)은 처녀성과 독신을 칭송했다. 하지만 그는 "이들이 미치는

---

[195] 위의 책, 244, 249.
[196] 위의 책, 235.
[197] 위의 책, 198.
[198] 위의 책, 326; *Canon Law*, Gratian's Com. on can. I, dist. xxvii.
[199] Lea, *Sacerdotal Celibacy*, 271.
[200] 위의 책, 356.
[201] 위의 책, 350.

실질적인 해악을 보고 느끼게 되었고, 이에 대한 대책으로 첩을 두는 풍습을 권하는 데 조금도 주저함이 없었다." 그에 따르면 "첩을 두는 풍습은 파렴치한 것이지만, 더욱 파렴치한 문제의 발생을 막는 데 도움이 된다." 여러 분교구[202]에서는 새로운 교구 사제에게 첩을 두라고 제안하는 것이 관습으로 자리 잡았다.[203] "이는 400년이라는 세월을 거치면서 이루어진 대중적 의견의 전환이었다."[204] "역설적으로 보일 수 있겠지만, 교회의 근본 방침들에 따르면 결혼이 옳다고 생각하고 결혼한 사람에 비해 그른 것임을 알면서도 부도덕한 행동을 한 사람의 죄가 훨씬 가볍다는 결론에 도달할 수밖에 없었다."[205] 교황의 영지(領地)였을 때의 아비뇽은 섹스 허가증과 악덕이 널리 퍼져있었다. 1251년 휴고(Hugo) 추기경이 극히 뻔뻔스러운 견유주의[206]적 연설을 했다고 전해지는데, 여기서 그는 교황 궁정에서 8년간 거주한 경험이 미친 영향에 대해서 묘사하고 있다. 그 도시는 14세기의 기독교 국가 중에서 가장 사악했으며, 특히 가장 방종했다.[207] 최초로 여성이 바티칸에서 열린 제례에 참석한 시기는 1488년 인노켄티우스(Innocent) 8세의 딸 테오도리나(Teodorina)가 결혼식을 올릴 때였다고 전해진다. 이때 남녀가 동석한 자리에서 희극이 상연되었다.[208]

---

[202] (옮긴이 주) 큰 교구(parish)를 나눈 한 구역.
[203] 위의 책, 355.
[204] 위의 책, 416.
[205] 위의 책, 209.
[206] (옮긴이 주) 인간이 인위적으로 제정한 사회의 관습, 전통, 도덕, 법률, 제도 등을 부정하고, 본성에 따라 자연스럽게 생활할 것을 옹호하는 태도나 입장.
[207] 위의 책, 356 이하.
[208] D'Ancona, *Le Origini del Teatro in Italia*, II, 73.

228. 아벨라르두스

교회의 관점에서 보면 결혼한 성직자는 자신의 소명이라는 기준에서 벗어난 것이다. 힐데브란트의 교령이 발표된 시대적 상황은 위인들이 최고의 모습을 보여주는 상황과 유사했다. 즉 이러한 교령은 모레스가 격변을 거치는 과정의 정점에서 발표되었던 것이다. 이는 대중의 의지와 희망에 부합되었다. 어떤 시대이건 행동을 이끌어내는 것은 복잡한 동기지만, 중세에는 사람들이 남에게 보이기 위해 훌륭한 동기를 유지했고, 나쁜 동기가 통제되었다. 성직자는 트리엔트(Trent) 공의회 이후까지도 축첩을 포기하지 않았으며, 법률을 무시하면서 첩을 두는 관행을 유지하기 위해서는(법과 관행의 간극은 벌금을 물림으로써 좁아졌다) 특별한 윤리와 궤변이 필요했다. 아벨라르두스(1079~1142)의 사례는 어떤 비극이 초래되었는지를 적절히 보여준다. 그는 남다른 이성과 상식을 갖추었음을 자부했고, 실제로도 어느 정도 그러했다. 그는 당대의 철학에 회의적이었다. 그는 허영심이 강하면서 나약한 야심가였다. 그는 자신이 아는 매우 아름다운 여성을 선택하여 사랑을 얻어냈다. 그는 이 사랑을 이용해 그녀에게 자신의 첩이 되어 달라고 요구했고, 이렇게 함으로써 자신의 출세에 방해가 되지 않았으면 한다고 그녀를 설득했다.[209] 엘로이즈(Heloise)[210]를 대하는 아벨라르두스의 태도는 한 여성이 성직자의 첩이 될 수는 있지만, 비난을 감수하지 않고서는 아내가 될

---

[209] Deutsch, *Abelard*, 44, 106, 111.
[210] (옮긴이 주) 12세기 파라클레 대수도원의 수녀원장을 지냈으며 아벨라르두스의 제자이자 연인이었다. 아벨라르두스와 엘로이즈 사이에 오간 편지들은 그 당시의 시대상과 사상을 적절히 반영하고 있다는 점 외에도 문학적인 가치가 높다는 평가를 받고 있다.

수 없음을 예시한다. 이는 교회의 지배 아래에서 살아가는 사람들이 느끼게 되는 절망을 엿볼 수 있게 한다.[211] 이처럼 교회는 먼저 인생관과 종교의 교의를 대중에게 제시했고, 대중은 이를 자신들의 모레스와 연결하여 사회적 힘이라는 선물로 만들어 교회로 되돌려 보냈다. 이를 선물로 받은 교회는 모레스를 정식화하고, 권력을 적절히 활용할 수 있는 규율 체계를 창출하여 제도화했으며, 그러면서 이를 영속적인 것으로 만들어버렸다. 이렇게 되어버리자 모레스는 종교와 그 권위, 그리고 이러한 종교가 가르치는 윤리에 반발했다. 한 로마가톨릭 저술가는 중세를 연구하면 다음과 같은 사실을 확인하게 될 것이라고 말한다. "우리는 교회 내에서 사람과 사람뿐만 아니라 국가와 당파를 전문적으로 중재하는 사람을, 통치자와 피통치자를 공정하게 중재하는 사람을, 입헌적 자유를 일관성 있게 옹호하는 사람을, 출생의 불평등을 줄여주는 사람을, 학문을 전파하는 사심 없고 근면한 사람을, 습관과 매너를 세련되게 만드는 사람을, 국가의 부, 건강, 지성에 대한 선의의 보호자를, 그리고 공적 및 사적인 도덕에 대한 두려움 없는 검열관을 찾아보게 될 것이다."[212] 이들은 실로 교회가 채워주었어야 할 기능이었으며, 이에 대해 성직자들은 간혹 어떤 입장을 내세우기도 했다. 교회는 다른 면에서 자신의 커다란 이익에 위협이 되지 않는다면 이러한 이해 관심을 충족하기 위해 분명 무엇인가를 했다. 하지만 중세를 연구하는 편견 없는 학자 중에서 중세 교회가 진리와 정의라는 측면에서 했던 작업을 이처럼 요약할 수 있다고 확신하는 사람은 없을 것이다. 교회가 일관성 있게 노력한 한 가지는 교황의 권위를 확립하는 일이었다. 교회가 저지

---

[211] Hausrath, *Abelard*, 28, 32.
[212] Hall, *Elizabethan Age*, 103.

른 최대의 범죄는 지식과 문명의 적(敵)인 반계몽주의적 태도를 견지했다는 점이다. 그 무엇도 이를 얼버무리거나 상쇄할 수는 없다.

229. 영국 교회와 그 모레스

그럼에도 교회는 서기 1000년부터 사회선택의 기능을 발휘하는 하나의 기관이었으며, 이러한 선택과 관련된 유형의 일을 암시하고 관리함으로써 주어진 과업을 추진했음이 분명하다. 교회는 이와 같은 작업을 함으로써 막대한 영향력을 발휘했고, 이는 우리가 물려받은 문명으로 계승되어 내려왔다. 현재 우리에게 주어진 대부분의 과제는 교회가 도입한 요소를 축출하기 위한 이성에 바탕을 둔 노력과 관련된다. 어떤 측면에서 보았을 때, 영국에서의 독신 사제의 역사는 이러한 모레스를 매우 잘 예시해주고 있다. 16세기 교회의 규칙과 용례는 '성직자는 결혼할 수 없다'는 생각을 대중이 가지고 있는 뿌리 깊은 편견이라고 가르쳤다. 크랜머(Cranmer)는 시찰을 명하면서 "결혼한 성직자를 경멸하는 자가 있는지, 그리고 성직자가 결혼함으로써 성찬이나 그 밖의 성례를 손으로 받을 수 없게 되었는지"를 조사하게 했다.[213] 성직자 결혼과 관련된 편견은 매우 완만하게 힘을 상실해 갔지만 결국 그 힘을 잃게 되었으며, 대중은 성직자의 결혼을 옳으면서도 필요한 것이라고 판단하게 되었다. 19세기에는 여우를 사냥하는 성직자, 그리고 겸임 성직자를 비난하는 분위기가 고조되었다. 이는 개혁을 불러일으켰고, 이로 인해 그러한 성직자들이 사라지게 되었다.

---

[213] Hall, *Elizabethan Age*, 103.

230. 성직자 독신제에 대한 선택

성직자 독신제가 없었다면 교회 조직이 봉건화되었을 것이며, 성직자에게 주는 급여도 세습되었을 것이다. 성직자에게 결혼이 허락되었다면, 그들의 아이들은 급여를 세습하고, 성직자 아이들끼리 결혼했을 것이다. 또한 성직자 특권 계급이 존재했을 것이다.[214] 그 밖에 제도로서의 교회가 크게 달라졌을 것이다. 성직자 독신제가 없었을 경우에 나타났을 결과를 상상하기란 어렵다. 만약 힐데브란트(Hildebrand)나 여타 11세기의 지도자들이 성직자 독신제가 초래할 결과를 미리 알고 있었다면, 그들의 입장에서 보았을 때 이를 확립하는 일은 정치가들이 수완을 발휘해야 할 문제였을 것이다. 성직자 독신제는 성직자들, 그리고 중세 교회를 지지하던 모든 사람의 모레스를 바꾸어 놓았다. 이에 따라 남유럽의 라틴인들은 결혼한 성직자 이야기를 들으면 불쾌감을 감추지 못하게 되었다. 그럼에도 사제의 내연의 처는 악녀로 간주되었지만 사회가 꺼릴 대상은 아니었다. 그 이후 사제가 내연의 처를 두는 관행에 대한 항의와 저항은 잦아들었으며, 16세기 이래 성직자의 독신 생활은 로마 교회의 한 특징으로 자리 잡게 되었다. 아마도 가톨릭 신자라면 모두 성직자 독신제를 당연한 것으로 받아들일 것이다. 이렇게 된 것은 사회선택의 커다란 승리다.

231. 교회가 어떻게 선택 기능을 작동시켰는가

교회는 사회적 힘을 행사하고 통제를 가하는 거대한 위계질서 조직

---

[214] 위의 책, 150.

이었다. 이는 로마 제국의 강력한 통합 방식을 일부 이어받았다. 17세기에 프라 파올로 사르피(Fra Paolo Sarpi)는 교회에 대해 다음과 같이 말했다. "로마는 교황의 권력이 움츠러들 변화, 혹은 교황청이 국가들에서 걷어 들이는 혜택을 조금이라도 잃을 수 있는 변화를 싫어하며, 이러한 변화가 일어나지 않길 바란다. 하지만 교황청의 이익이 늘어나거나, 국가의 권위가 움츠려들고 교황청의 권위가 상승하게 되는 새로운 무엇은 혐오의 대상이 되지 않고 선호된다. 우리는 매일 이를 목도하고 있다."[215] 교회는 모든 치하와 승진의 대상을, 또한 사람들이 선망하는 모든 보상 방법을 결정했다. 교회가 군주적, 독재적 경향을 갖는 방향으로 나아가는 것은 교회에 활기를 불어넣을 여러 목적을 달성하는 데 적합한 방법이었다. 교회가 사회에 널리 퍼져있는 신념과 욕구를 충족시켜줄 조직으로서 적합하다는 사실은 의심의 여지가 없었다. 교회는 군사적인 것을 제외하고는 시대의 모든 재능을 자신에게로 끌어들였다. 수백 년에 걸쳐 교회는 의견을 달리하는 모든 사람을 굴복시켰고, 모든 비판자를 침묵시켰다. 교회의 책략은 모두 선택 기능을 작동시키기 위해 짜여 있었다. 교회는 가장 큰 상(賞)을 하사하고, 가장 무시무시한 벌칙을 내렸다. 교회가 택한 방법은 모두 적극적이고 실재적이었다. 교회는 권위와 폭정, 그리고 벌칙과 압제를 통해 이룰 수 있는 것은 무엇이든 성취하기도 했다. 오늘날의 사례 중 교회와 가장 유사한 집단은 정당이다. 정당은 사회를 통제하기 위한 조직이다. 그들은 상과 벌칙을 부과하고, 의견을 달리하는 사람들을 강제한다. 15세기 교황권의 역사는 19세기의 태머니 홀의 역사를 상기시켜 준다. 태머니파가 힘을 가질 수 있었던 것은 그들이 민주주의 체제에서 살아가는 현대 대도시

---

[215] *Della Inquisizione di Venezia*, Opere IV, 51.

사람들의 기호와 필요에 부합되었기 때문이다. 태머니파가 선거에서 승리했을 때 사람들은 이들의 손에 도시가 장악되었고, 이들이 이와 같은 장악력을 이용하여 이익을 얻게 될 것이라는 이야기를 했다. 레오 10세[216]는 교황으로 선출되자 "하느님이 우리에게 교황권을 주셨습니다. 이제 이를 누립시다."라는 말을 했다.[217]

232. 모레스와 도덕, 사회의 규약(code)

모레스는 모든 사람에게 '당위'에 대한 관념을 제시한다. 여기에는 '실천이 이루어져야 할' 당위에 대한 관념도 포함된다. 이처럼 모레스에 실천이 이루어져야 할 당위에 대한 관념이 포함되는 이유는 삶의 여정 속에서 모두가 협력해서 실천해야 비로소 당위가 실현될 수 있기 때문이다. 모레스 안에는 소유권, 품위, 정절, 친절함, 질서, 의무, 올바른 것, 권리, 규율, 존경, 숭상, 협력, 친교, 특히 기준선의 위치에 따라 선악의 구분이 이루어지는 모든 것에 대한 관념들이 존재한다. 모레스는 어떤 것을 특정 집단 혹은 특정 시대의 입장에서 바르고 좋은 것인 양 보이게 만들 수 있다. 하지만 다른 집단이나 시대의 입장에서 보았을 때는 그 모레스가 인간이 가지고 있는 온갖 본능을 거스르는 듯이 보인다. 13세기 사람들은 이단자들에게 이와 같은 느낌을 가지고 있었다. 이에 따라 이단 심문자들은 아무 거리낌 없이 자신들의 일을 처리했는데, 이는 오늘날의 사람들이 방울뱀을 근절시키고자 하면서 자신

---

[216] (옮긴이 주) 재위 기간 1513년~1521년의 교황.
[217] Symonds, *Renaissance*, I, 372.

들이 하는 일이 전혀 잘못이라고 생각하지 않는 것과 다를 바 없었다. 16세기 사람들은 마녀에 대해 이와 같은 태도를 취했다. 마녀 박해자들은 자신들이 신과 인간의 적에 맞서 싸우고 있다고 생각했다. 물론 이단 심문자와 마녀 박해자는 이단자나 마녀에 대한 관념을 계속 발달시켰다. 그들은 이러한 관념들을 과장했고, 이를 발전된 형태로 모레스에 되돌려주었다. 이로 인해 사람들의 마음속에 공포와 증오의 불씨가 지펴졌는데, 이는 다음 단계에 이르러 훨씬 잔인하면서도 공상적인 동기로 발전했다. 이것이 특정 시대를 살아가는 사람들의 행동, 그리고 모레스 간의 상호작용 방식이다. 어떤 시대의 세계관은 모레스에서 형성된, 그리고 모레스 자체에 포함되어 있는 지배 관념에서 형성된 정신적 지평(mental horizon)이 반영된 것 외에 아무것도 아니다. 오늘날 모레스가 교의들에 의해서 창출되었다는 생각이 받아들여지고 있는 이유는 이러한 상호작용 방식이 이리저리 요동을 친다는 사실을 제대로 인식하지 못하고 있기 때문이다. 하지만 어떤 시대의 '도덕'이란 당대에 행해지고 있는 바, 그리고 그 시대의 모레스가 요구하는 바가 서로 조화를 이룬 것 이상일 수가 없다. 그 전체는 모레스에 의해 형성된 지평의 한계 내에서, 특수한 것과 일반적인 것 사이의 관계 속에서 자체적으로 돌아가고 있다. 전체를 불변의 원리에 바탕을 둔, 진리와 옳음에 관한 절대적인 철학 체계로 환원시키는 어떤 외부의 관점을 획득하려는 시도는 모두 망상에 사로잡힌 태도다. 새로운 요소가 도입되는 경우는 과학과 기술을 통해 자연을 새롭게 정복했을 때로 한정된다. 생활 조건을, 그리고 사회 구성원의 이해 관심을 변화시키는 일은 이와 같은 새로운 정복의 몫이다. 다음 단계로 새로운 조건과 이해 관심에 적응함으로써 모레스가 변한다. 그 다음 철학과 윤리가 뒤를 이어 모레스의 변화를 설명하고 정당화하려 한다. 대개 이들 분야는 자신들이 변화를 일으킨 장본인이라고 주장하기 위해 모레스의 변화를 좇아간다. 하지만 철학과 윤리는 '모레스의 여러 부분'과 '사고의 지평선' 사이에 새로운 방위선들을 긋는 데 그칠 따름이다. 철학과 윤리는 이러한 지평선을 벗어나지 못하며, 모레스에서 연역된 것이다. 사고의 지평은 지식에 의해 더욱 확장될 수 있으나, 한 시대의 입장에서 보자면 이는 다른 시대와 마찬가지로 단지 모레스에서 일반화한 것일 따름이며, 항상 비현실적이다. 이는 단지 사고의 산물일 따름인 것이다. 도덕철학자들은 주변 형세를 살피기 위해 이 지평선 위의 지점들을 선택하는데, 그들은 자신들의 일반화가 그 일반화가 도출되어 나온 특정 관습에 의해 정당화되었을 때 자신들의 이론 체계가 어느 정도의 권위를 획득했다고 생각한다. 적은 보수를 받거나 아예 받지 않으면서도 선택된 목표를 위해 끈질기게, 그리고 끊임없이 애써 분투하는 이단 심문자와 마녀 박해자의 사례들은 한 축에 배치된 모레스와 다른 한 축에 배치된 철학, 윤리, 그리고 종교 사이의 관계를 적절히 보여주고 있다(본서 9장, 14장, 15장을 볼 것).

233. 모레스 내에서의 정설, 다른 의견에 대한 대응 방식, 고문을 통한 선택 작용

대중이 항상 사람들에게 모레스에 대한 순응을 강제한다는 점은 이미 살펴본 바와 같다(본서 100절). 원시 문명에서는 금기의 권위가 절대적이다. 이러한 문명에서는 사람들이 개인적으로 판단할 권리가 없다. 탈당자, 배교자, 탈주자, 반항자, 반역자, 그리고 이단자는 모두 비난, 증오, 추방, 그리고 죽음에 처해지는, 의견을 달리하는 여러 유형의 사람들이다. 높은 문명의 단계에서는 모레스에 대한 순응을 강제하는 대중의 기질이 사회적 힘으로 자리 잡는데, 이러한 기질은 시민 간의 협정, 종교의 계율, 문학, 교육, 그리고 철학 등과 결합된다. 대중은 자신들이 관심을 갖는 것에 대해서는 결코 양보하지 않는다. 그들은 그저 믿는 바를 믿고, 이것이 수용되어 좋은 평판을 얻길 바란다. 그 사례로는 정당에 대한 열정, 일반에게 수용되는 정치철학에 대한 열정 등을 들 수 있다. 반대자에 대한 처벌 중 죽음보다 낮은 수위의 처벌로는 사회에서의 추방이 있다. 그다음으로는 신체에 가하는 고통과 벌칙, 즉 고문이 있다. 고문은 사형과 더불어 활용되기도 한다. 다시 말해 고문을 통해 살해 방법을 가능한 한 고통스럽게 고안해 놓기도 한다는 것이다. 이처럼 고문을 활용하는 것은 사람들이 특별히 혐오하는 유형의 행동을 제지하고자 하는 것이 그 동기다. 우리는 위에서 인용한 사례들(본서 211절)을 다루는 형법을 바탕으로, 그리고 함무라비 법전과 다른 오랜 율법을 바탕으로 근친상간, 그리고 그 외 다른 매우 혐오스러운 범죄를 저지른 사람들을 화형에 처했음을 확인할 수 있다. 처음에 이러한 극단적인 형벌은 대중을 만족시키기 위해 고안된다. 통치자가 엄격함과 잔인함을 보이면 그는 대중의 인기를 확실하게 얻게 된다. 통치자의 행위는 정당하다고 간주될 것이다. 오늘날의 대중은 누군가가 매우 섬뜩한 것으로 여겨지는 범죄를 저질렀다면, 무서운 벌을 받는 것이 당연하다고 생각하고, 또한 그렇게 말하는 경향이 있다. 이는 야수적인 복수심을 분출하는 주요한 방법이다. 무서운 벌에 관한 전례들이 확립되면, 통치자들은 동일한 방법을 자신들에게, 혹은 자신의 권위에 대해 불복하는 경우에도 활용한다. 오늘날 고문과 잔인한 형벌은 또 다른 국면으로 접어들었다. 이들은 원래 대중에 의해 고안되었거나 대중에게 호소하기 위해서 고안된 형벌이었다. 오늘날 이들은 권위를 과시하고 징벌을 하기 위한 수단이 되어버렸다. 고문의 역사는 고통에 대한 지식, 그리고 이를 야기하기 위한 장치를 마련하기 위한 역사로, 오랜 기간에 걸쳐 발달이 이루어졌다. 고문은 권력을 가진 사람들이 임의로 사용할 수 있는 수단으로 자리 잡는다. 도미니코회의 이자른(Izam)은 알비파(Albigenses)를 무찌른 승리의 시가(詩歌)에서 자신을 그들 중 한 명과 논쟁을 하는 모습으로 그리고 있는데, 여기서 이자른은 그에게 다음과 같이 말하고 있다. "우리가 믿듯이 믿어라. 그렇지 않으면 너를 화형에 처할 것이다."[218] 이는 승리한 입장의 목소리인데, 이는 의견을 달리하는 자들에게 뜻을 같이할 것을 강제하는 것이다. 이와 같은 방식으로 체계적이고 합법적인 고문은 획일화를 이루는 원동력이 되었고, 독창성과 독립적인 암시를 억압하는 선택 기능을 수행하기 위한 도구로 작동하게 된다. 이는 힘을 가지고 있는 측이 활용할 수 있는 도구다. 다른 모든 정책 시스템과 마찬가지로, 사람들이 고문에 익숙해져 버리면, 이것이 상상에 미치는 효과가 소멸하고, 그 효과는 오직 이를 강화하는 방법을 통해서만 회복될 수 있다. 이러한 이유로 우리는 고문 방법이 오랫동안 활용되어온 곳에서 이러한 고문이 믿을 수 없을 정도의 공포심을 주는 단계로 발전하는 모습을 확인할 수 있다.

234. 화형

고대 사회에서 화형은 종교적으로 꺼려지는 어떤 행위가 범죄에 포함되어 있거나 정치적으로 용납될 수 없는 범죄에 한해서 시행되었다.

---

[218] Lenient, *La Satire en France au Moyen Age*, 41.

함무라비 법전에는 술판을 벌인 신전 노예, 술을 마시기 위해 이러한 술판에 낀 자를 화형에 처하라고 쓰여 있다.[219] 또한 친모와 근친상간을 범한 자,[220] 친모, 그리고 그녀의 딸과 동시에 결혼한 자도 같은 형벌에 처하라고 되어 있다.[221] 레위기 20장 14절에는 어떤 남성이 친모와 그 딸과 동시에 결혼하면 화형에 처하라고 되어 있고, 레위기 1장 9절에는 성직자의 딸이 매춘부가 되면 화형에 처하라고 적혀 있다. 기원전 7세기 말, 이집트 나파타(Napata) 소재 아몬(Amon) 신전에서 봉직한 일부 성직자 가족들이 개혁을 이루기 위해 제물의 살을 조리하지 않고 먹는 관습을 도입했다. 그들은 이단이라는 이유로 화형에 처해졌다.[222] 기원전 5년 헤로데(Herod) 1세[223]가 죽었다는 소문을 듣고 일부 유대인들이 사원 문 앞의 로마가 세운 독수리상을 허물어뜨렸다. 헤로데 왕은 이들 중 42명을 화형에 처했다.[224] 칼리굴라는 한 아텔라 소극(atellan)[225] 작가가 황제를 풍자했다며 투기장에서 그를 화형에 처했다.[226] 콘스탄티누스 황제는 노예 남성이 자유민 여성과 성관계를 가지면 그 남성을 화형에 처할 것을 명했다.[227] 고대 및 고전 시대에 화형은 가장 혐오스러운 죄인을, 그리고 법에 크게 저촉되는 흔치 않은 범죄를 저지른 자를 가장 고통스럽게 사형시킬 방안으로 마련되었다. 콘스탄티누스의 또 다

---

[219] Winckler, *Die Gesetze Hammurabis*, 19.
[220] 위의 책, 26.
[221] Müller, *Hammurabi*, 131.
[222] Maspero, *Peuples de l'Orient*, III, 666.
[223] (옮긴이 주) 기원전 73년경~기원전 4년에 걸쳐 생존한 유대인 왕인 헤로데(Herod) 대왕을 칭함.
[224] *Jewish Encyclopedia*, VI, "Herod I" 항목.
[225] (옮긴이 주) 로마의 익살스럽고 우습게 꾸민 연극.
[226] Suetonius, *Caligula*, 27.
[227] 테오도시우스 법전 IX, 9.

른 법에서는 유대인, 그리고 하늘을 숭배하는 사람들이 그들의 교파에서 가톨릭 신앙으로 개종한 사람에게 돌을 던지면 화형에 처할 것을 명하고 있다.[228] 테오도시우스 법전에도 노예가 자기 주인을 대역죄 이외의 다른 범죄를 저질렀다는 이유로 고발하면, 그를 조사 없이, 살아 있는 채로 화형에 처한다고 되어 있다.[229] 이처럼 화형은 경멸의 대상이 되는 계층이나 인종의 사람들이 범죄를 저지를 경우 활용되는 형벌로 자리 잡게 되었다.

235. 북미 식민지에서의 화형

매사추세츠, 뉴저지, 뉴욕, 사우스캐롤라이나, 버지니아 식민지법에는 흑인을 화형할 것을 명하고 있다. 이러한 법에서 우리는 '제재를 가하고자 할 때는 무거운 형벌이 유용하다'는 생각을 재차 확인할 수 있다. 오늘날의 행형학자(行刑學者)[230]는 이러한 생각이 옳다고 믿지 않는다. 하지만 대중은 그렇게 믿고 있다. 최근 대중은 사형(私刑, lynching)이라는 방법을 취함으로써 이러한 생각을 고수하고 있음을 보여준 바 있다. 10년 전의 사람들은 미국인 군중이 사람을 화형에 처하는 것이 불가능하다고 여겼을지 모르나, 그 당시에도 화형에 처한 경우가 여러 번 있었다.[231]

---

[228] 유스티니아누스 법전 I, 9.
[229] 테오도시우스 법전 VI, 2.
[230] (옮긴이 주) 형 집행에 관하여 연구하는 학문. 행형의 제도, 교도소의 조직, 관리, 수형자의 지위, 보안 처분, 피석방자의 보호, 복권 따위와 행형 개혁의 문제 등을 연구한다.
[231] 1899년 군사법원이 한 독일 관리에게 사형선고를 내렸다. 이와 같은 선고가 내

236. 한 사람이 받는 벌에 대한 집단의 연대 책임

미개 사회에서는 대대로 내려오던 선조들의 방식에서 벗어난 사람은 누구든 선조의 망령을 화나게 한 것으로 여겨졌다. 더 나아가 사람들은 선조의 보복 때문에 그가 속해 있는 집단 전체에 화가 미치게 된다고 생각했다. 이러한 생각은 오늘날에 이르기까지 널리 퍼져있다. 이는 집단 내의 대다수의 사람들과 의견을 달리하는 사람에 대한 복수심을 촉발했으며, 나머지 모든 사람이 뭉쳐 공동의 이익을 도모하는 차원에서 그를 적대시했다. 특히 그 집단에 어떤 불행이 닥치면, 집단 구성원들은 금기를 깬 사람에게 등을 돌렸다. 이와 같은 방식으로 망령에 대한 믿음은 반대자를 싫어하게 만드는 다른 이유들과 결합하게 되었고, 그 집단에 명확한 방향과 동기를 제공했다. 로마 "공화정 시대에는 어떤 부정, 혹은 부주의가 신의 노여움을 사서 기근, 역병, 가뭄이 나타나게 되었는지를 확인하고자 성스러운 의식이 행해졌는데, 이는 그 원인을 밝히기 위한 조사였다. 의식이 행해질 때 처녀들이 사형에 처해진 사례가 두 건 기록되어 있는데, 그 이유는 사람들이 나라에 재앙이 발생한 것은 그들이 정숙하지 못했기 때문이라고 믿었기 때문이다."[232] 로마법의 문구 중에서 중세에 흔히 인용된 것이 있는데, "성스러운 종교를 거스르는 행동은 모두에게 해가 된다"가 그것이다.[233] 헤일(Hale)[234]은 이

려진 이유는 그가 혼혈인 부하를 심하게 고문을 가하면서 살해했기 때문이다. 황제는 15년 징역으로 형량을 줄여주었고, 1902년 5월 죄수의 일반 사면을 허용했다. – *Associated Press*, 1899년 12월 24일 자; *N. Y. Times*, 1903년 5월 24일 자.

[232] Lecky, *History of European Morals from Augustus to Charlemagne*, I, 407.
[233] 유스티니아누스 법전 I, 5, 4절.
[234] *Iroquois Book of Rites*, 97.

로쿼이족(Iroquois)이 행한 고문을 설명하면서, 이러한 고문은 인디언들이 일부 유형의 전투 방식을 매우 혐오스럽게 생각했고, 이를 더 이상 활용할 수 없게 하려고 행해졌다고 말하고 있다. 고문은 항상 허영심을 채워준다. 고문을 가하는 사람은 권력을 쥐고 있다. 적을 복종시키고 약탈하고 고문하는 것은 커다란 재밋거리다. 피에 대한 갈망은 일단 한 번 촉발되면 무시무시한 악마로 돌변한다. 17세기 초, 고귀한 신분이었던 헝가리의 한 부인은 30 내지 40명의 여종을 고문해서 죽음에 이르게 했다. 그녀는 엄한 벌을 주는 데서 출발해서 마침내 상대가 고통스러워하고 유혈이 낭자한 모습을 보고자 하는 악마 같은 정념을 발달시켰다.[235] 가장 무시무시한 고문과 박해는 다른 요소들, 예컨대 종교, 야심, 성, 허영심, 피에 대한 갈망과 반대자에 대한 혐오가 결합해 발달했다. 이의 증거로는 중세의 이단 심문을 들 수 있다. 어떤 현상이 고도의 문명사회에서 나타난다면 이를 단순하거나 획일적인 현상이라 생각해서는 안 된다. 실제로 기독교인들이 일치를 강요하기 위해 가한 박해의 동기에는 여러 가지가 뒤섞여 있다. 이는 기독교의 일부 중심 원리에 정면으로 위배되었는데, 그럼에도 신약성서 속에는 박해를 정당화하기 위해 사용된 구절들이 포함되어 있다.[236]

237. 고대국가에서 이루어진 고문

이집트인들은 사실을 밝혀내기 위해 행하는 모든 일상적인 조사에서

---

[235] Elsberg, *Elizabeth Bathory*.
[236] 코린토 신자들에게 보낸 첫째 서간 5장 1절; 티모테오에게 보낸 첫째 서간 1장 20절; 갈라티아 신자들에게 보낸 서간 1장 8절.

고문을 활용했다.[237] 고대 그리스인도 고문을 사용했다. 이는 페리클레스 시대에 아테네 궁정에서 관행적으로 활용되었다. 고발된 사람은 "자신에게 불리한 증거를 뒤집으려 할 때"[238] 자신의 노예를 넘겨 고문을 받게 했다. 플루타르코스[239]는 니키아스(Nicias)가 시칠리아에서 패했다는 사실을 들은 이발사가 치안판사들에게 달려가 고한 이야기를 전하고 있다. 치안판사들은 그가 잘못된 소문을 퍼뜨리고 다니면서 문제를 일으켰다며 그 이야기가 확인될 때까지 고문했다. 필로타스(Philotas)는 알렉산더 살해 음모를 꾸민 혐의를 받았다. 그는 고문을 당했고, 결국 바라던 증거가 나왔다.[240] 에우세비우스[241](Eusebius)는 네르바(Nerva) 치하에서의 박해를 서술하면서, 예루살렘의 주교이자 당시 120세였던 시미온(Simeon)이 며칠 동안 고문당한 후 십자가에 못 박혔다는 이야기를 들려주고 있다. 고문은 유프라테스 계곡의 국가에서 유달리 발달했다. 아시리아의 묘비에는 왕들이 자신의 손으로 가한 무서운 고문의 내용이 쓰여 있는 경우가 있다. 불구로 만들고, 피부를 벗기고, 말뚝을 박고, 장님으로 만들고, 뜨거운 재 속에서 질식시키는 등의 고문이 페르시아에서는 일상화되어 있었다. 이러한 고문 방법은 터키인들에게 전해졌다. 남유럽 혹은 현대 페르시아에서 가해진 고문과 죽음의 이야기를 살펴보면 우리는 이러한 민족들이 다른 방면에서 보여준 것을 훨씬 뛰어넘는 고문 지식, 그리고 창의적인 고문 기술을 발달시켰음을 확인할 수 있다. 사람들은 종교적인 경멸을 표시하기 위해, 세습된 원한에 대

---

[237] Maspero, *Peuples de l'Orient*, II, 539.
[238] Mahaffy, *Social Life in Greece*, 226.
[239] Nicias, *ad fin.*
[240] Quintus Curtius Rufus, *De Rebus Gestis Alexandri*, VI, 11.
[241] *The Ecclesiastical History*, III.

한 복수를 하기 위해, 그리고 정치적, 군사적 반목 등의 이유로 고문을 가했다.

238. 로마 제국에서 이루어진 고문

로마 황제들은 초자연적인 힘이 자신을 습격할지 모른다는 두려움을 느끼면서 살아갔다. 많은 사람은 황제가 언제 죽을지에 대해 커다란 관심을 가지고 있었다. 그들이 점성술이나 마법 등의 도구를 사용해 그 답을 찾아내려 했음에는 의심의 여지가 없다. 그런데 황제와 그 지지자들의 입장에서 보았을 때, 이는 사실상 황제가 죽었으면 하는 바람을 보여주고 있는 듯했다. 이에 따라 이러한 문제에 대한 사람들의 관심은 반역으로 해석되었다. '이교도의 신을 숭배하는 것은 곧 사신(邪神)을 숭배하는 것'이라는 생각의 발달에 도움을 준 것은 기독교인들이었다. 그들은 모든 이교도 신을 사신(邪神)으로 간주했다. 기독교인들이 사회에서 힘을 얻으면서 이러한 생각은 널리 퍼졌고, 일반 대중들 사이에서 '이교도 신 숭배가 곧 사신(神) 숭배'라는 입장이 대대적으로 부활했다. 반역죄를 다루는 율리우스에 헌정된 법(lex Julia de Majestate)에 따라 반역죄로 고발된 사람들에게는 고문을 할 수 있었으며, 반역의 정의는 점차 크게 확대되었다. 티베리우스와 네로 시대에는 고문이 과도하게 사용되었다. 4세기에는 황제들이 기독교도가 되고 나서 마법의 힘에 의해 병에 걸리게 되지 않을까 두려워했다. 그들은 자신들을 미워하던 사람들이 이전에 이교도의 신이었던 사신(邪神)의 힘을 빌려 그렇게 하지 않을까 노심초사했다. 당시 로마 세계는 미신이 크게 유행했는데, 이로 인해 마법을 행하는 것과 반역이 동일시되었고, 이러한 경향이 강화되었다.[242] 385년 황제 막시무스(Maximus)가 트리어(Treves)[243]에서 마니교도 프리스킬리아누스(Priscillian)와 여섯 명의 그 신봉자를 고문하고 화형에 처했는데, 이는 기독교 교회가 이교도를 대상으로 시행한 최초의 극형인 듯하다. 이러한 처형은 기독교도에게 진정한 공포심을 불러일으켰다. 이에 대한 책임이 있었던 두 명의 주교 중 한 명은 직위 해제를 당했으며, 다른 한 명은 사직했다.[244] 579년 힐페리히(Chilperic)[245] 왕은 불충(不忠)한 행동을 이유로 성직자를 고문에 처했다. 580년경 힐페리히 왕은 하녀와 결혼했는데, 그의 어떤 행동이 가족 문제와 정치 문제를 야기했다. 그의 두 아이의 죽음을 둘러싼 문제였다. 힐페리히 왕은 배다른 형제의 이익을 위해 아이들을 살해한 혐의로 한 여성을 고문하게 했다. 그녀는 죄를 자백했다가 혐의를 부인했는데, 결국 화형당했다. 3년 뒤 왕비의 또 다른 아이가 죽었다. 이때 여러 여성이 마법으로 아이를 죽게 만들었다는 이유로 고문을 당했고, 화형에 처해지거나 바퀴에 묶여 팔다리가 꺾이는 형벌에 처해졌다.[246] 866년 교황 니콜라오(Nicholas) 1세는 고문이 야만적이라는 이유로 이에 반대 의사를 표명했다. 위(僞) 이시도로 교령집(pseudo-Isidorian Decretals)도 고문에 대해 동일한 입장을 취하고 있다. 암흑시대의 정통파 기독교는 고문에 대해 실제로 이와 같은 입장을 받아들이고 있었다.

---

[242] Gibbon, Chap. XVII; Hansen, *Zauberwahn, Inquisition und Hexenprocess im Mittelalter*, etc., 108.
[243] (옮긴이 주) 독일 서부, 라인란트팔츠 서부의 도시.
[244] Heyer, *Priesterschaft und Inquisition*, 16~18; Lea, *A History of the Inquisition of the Middle Ages*, I, Chap. V.
[245] (옮긴이 주) 독일 메로빙거 왕조의 왕. 부왕의 뒤를 이어 프랑크왕국을 물려받아 이복형제들과 분할 통치를 했음. 악정을 펼친 것으로 알려져 있다.
[246] Hansen, *Zauberwahn, Inquisition und Hexenprocess im Mittelalter*, 110, 113.

239.

이상의 내용이 중세까지 이어져 내려온 고문의 소사(小史)였다. 고문은 사실상 11세기에 와서 로마의 반역법을 신에 대한 반역으로 구성하여 이교도에게 적용한 것이라 할 수 있다.247 하지만 가장 중요한 것은 최초로 이교도를 화형시키기로 결정한 주체가 대중이라는 사실이다. 교회가 이교도 박해를 시작하기 훨씬 이전부터 폭도들은 이교도들을 사형(私刑)에 처하고 있었다(더 자세한 내용은 본서 253절을 볼 것).248

240. 유대교와 기독교의 보편성, 누가 누구를 박해하는가?

유대인들은 자신들의 신만이 참된 신이라는 입장을 견지했다. 다른 국가들의 신은 허영 즉, 무효한 대상이었다. 그들은 자신들의 종교만이 진실한 종교라고 생각했다. 그들이 그리스 로마의 세계에서 이러한 주장을 내세운 것은 예수가 탄생했을 즈음이었는데, 이로 인해 극도의 증오와 학대를 받게 되었다. 종교사적으로 보면 이는 종교적 신념의 진보를 보여주는 하나의 위대한 사건으로 간주된다. 기독교는 이들의 생각을 이어받아 자신들의 종교에 활용했다. 사람들은 기독교가 절대적으로, 그리고 유일하게 참된 종교 체계라고 언제나 이야기해 왔다. 다른 모든 종교는 기독교의 영역을 침범한 침략자다. 이교에 대한 정의는 이러한 태도에서 탄생하게 된 것이다. 이교의 신앙에서는 "사색이

---

247 Lea, *A History of the Inquisition of the Middle Ages*, I, 421.
248 위의 책, 308.

제약을 받지 않았다. 이러한 신앙은 잘못된 의견을 반드시 죄로 간주하지도 않았다."[249] 일단 이와 같은 생각이 받아들여지자 수많은 연역과 추론이 이루어졌고, 마치 수많은 관습에 이전까지 형태가 부여된 적이 없기라도 했던 것처럼, 그러한 관습에 형식이 부여되었다. 이러한 생각이 서로 경쟁 중인 교파들이나 철학 교의들로부터 신앙에 관한 규약을 선별해 내는 데 미치는 영향, 그리고 논쟁 방법에 미친 영향은 명백했다. 이러한 영향은 4세기와 5세기에 중요했다. 그리고 이러한 생각은 모든 사고를 지탱하는 하나의 자명한 원리로 자리 잡았다. 바로 이것이 기독교가 이교를 사악한 무리로, 또한 모든 이교도를 혐오스러운 자들로 파악하게 된 궁극적인 이유다. 기독교는 다른 종교에 대한 태도와 관련해서 이교의 철학을 능가하지 못했음이 분명하다. 기독교가 이교도에게서 경멸, 조소, 증오의 대상이 된 것은 기독교가 이교도에 적대적인 태도를 견지했고, 기존의 정치적 권위를 무시했기 때문이었다. 기독교도들에 대한 박해는 널리 퍼져있었다. 이러한 박해는 일반인들의 감정을 표현했는데, 대중 희극이나 즉흥적 대중극에서 더욱 지속적으로 표현되었다.[250] 네르바(Nerva)[251] 시대의 박해는 정치적인 성격보다는 대중적인 성격을 띠었다.[252] 그다음 세기에는 기독교도들이 이교를 사신(邪神)에 대한 믿음이라고 하면서 탄압했다. "대중이 모든 커다란 재해가 신들의 적(敵)이 존재함으로써 발생했다고 굳게 믿고 있었다는 사실은 그다지 놀라운 일이 아니다."[253] "안토니네(Antonines) 시대[254]의 역

---

[249] Lecky, *History of European Morals from Augustus to Charlemagne*, II, 190.
[250] Reich, *Der Mimus*, I, 90~96.
[251] (옮긴이 주) 로마의 황제(96~98). 5현제 중 일인.
[252] Lecky, *History of European Morals from Augustus to Charlemagne*, I, 437.
[253] 위의 책, 408.
[254] (옮긴이 주) 안토니네는 안토니누스 피우스 황제 계열의 7명의 로마 황제들을

사는 대중이 박해를 원하고 있었음을 계속 드러내 보여주고 있으며, 이는 통치자가 인간애를 발휘함으로써 억제되고 있었다."[255] 대체로 보았을 때, 3세기에 있었던 데시우스(Decian)[256]의 박해는 "커다란 재해로 야기된 대중의 광신적 행위" 때문에 일어난 것이었다. "그러한 재해는 소홀하게 대접받은 신들의 분노 탓에 발생한 것으로 여겨졌다."[257] "기록에 남아 있는 가장 무시무시한 고문 사례는 흔히 대중이 주체가 된 것이며, 투기장 등 대중이 보는 앞에서 이루어졌다."[258] 무시무시한 고문은 기독교도들을 이교도 신에게 희생시키려 하는 과정에서 이루어졌다. 대중은 기독교도들이 국가의 신들을 무시한 것에 대해 연대 책임을 느꼈기 때문에, 또한 사회의 복리가 전반적으로 쇠퇴했으며, 기독교도들이 국가를 은연중에 모욕했기 때문에 그들을 고문하려 했다. 4세기에는 기독교가 국교로 자리 잡았고, 이에 따라 기독교도들은 이교도를 박해하는 작업에 본격적으로 착수했다. '누구의 손에 박해할 권력이 주어지는가?'는 이 상황에서 제기되는 유일한 물음이었다. 오직 이러한 물음에 대한 답변이 이루어져야만 누가 누구를 박해할 수 있는가를 결정할 수 있다. 완전한 정통이 아닌 모든 종교에 대해 야만적인 증오를 표현하는 문헌들이 출간되었다. 여러 교파는 기회가 있을 때마다 서로에 대한 최대한의 폭력성과 잔인함을 보여주었다. 아마도 7세기와 8세기보다 "수족을 절단하는 처벌이나 극도의 고통을 지속적으로 오랫동

일컫는다. 안토니네 시대는 96~192년에 이르기까지의 황제 시대로, 여기에는 네르바, 트라야누스, 하드리아누스, 안토니누스 피우스, 루키우스 베루스, 마르쿠스 아우렐리우스, 코모두스가 포함된다.

[255] 위의 책, 436.
[256] (옮긴이 주) 재위 249~251의 로마 황제.
[257] 위의 책, 455.
[258] 위의 책, 466.

안 줌으로써 죽게 하는 형태의 처벌이 일반적으로 시행된 시기는 없었을 것이다."[259] "많은 사람이 귀나 코를 잘렸으며, 여러 날 동안 고문을 당하다가 결국 산 채로 화형을 당하거나 거열형(車裂刑)[260]에 처해졌다."[261] 9세기의 비잔틴[262]에서는 궁정 관료가 과부의 재산을 착복한 죄로 원형 광장에서 화형당했다. 원형 광장에서의 사형 집행은 관습으로 자리 잡았다.[263] 이러한 추세는 대중의 기호와 욕망에 따른 것이었다. 이는 대중에게 잔인성, 유혈 애호, 저급한 증오, 그리고 다른 저열한 정념을 통속적인 방식으로 충족하는 방법을 교육하는 과정이었다. 고문과 처형에 대한 모든 법률, 성직자들의 권고, 그리고 대중의 행위는 이단을 극단적인 공포와 혐오의 대상으로 삼고 있음을 드러내 보여주고 있다. 그런데 이단이란 무엇이었을까? 학식 있는 신학자가 아닌 이상 그 누구도 이단이 무엇인지 알지 못했고, 학식 있는 신학자 또한 드물었다. 이단이라는 단어의 모호함이 이에 대한 무지를 더욱 심각하게 만들었다. "교회는 끈질긴 생명력을 갖춘 이단자들이 어떤 용서나 변명도 허용되지 않는 범죄자라고 오랫동안 가르쳐 왔고, 이 때문에 심지어 가장 현명하고 순수한 사람들마저도 이 문제에 대해서는 추론의 힘을 모두 빼앗겨버린 듯했다."[264]

---

[259] 위의 책, II, 238.
[260] (옮긴이 주) 시체나 살아있는 상태에서 사지와 목을 오거(五車)에 따로따로 매달고 말을 달리게 하여 찢어서 토막을 내는 형벌.
[261] 위의 책
[262] (옮긴이 주) 현재의 터키 이스탄불.
[263] Reich, *Der Mimus*, I, 192.
[264] Lea, *A History of the Inquisition of the Middle Ages*, II, 493.

241. 죄인 판별법

이러한 초기 시대의 교의와 정서는 11세기와 12세기에 헤아릴 수 없을 정도의 수확을 일구어낸 씨앗이었다. 이 시기에 이르러 초기 시대의 교의와 정서가 재차 거론되었으며, 이것이 교부(敎父)들의 권위를 빌려 인용되곤 했다. 죄인 판별법이란 진실을 파악하기 위해 초월적인 권능을 갖는 자에게 질문을 하는 방법을 말한다. 질문은 언제나 단언적이다. 즉 어떤 사람이 유죄인지 무죄인지를 단도직입적으로 묻는 것이다. 이러한 질문이 불합리한 이유는 시험할 수 없는 제3의 가능성이 있음에도 이를 무시하기 때문이다. 즉 초월적인 권능이 전혀 답하지 않을 수도 있는 것이다. 중세 초기에는 죄인 판별법이 모든 시민 및 교회 재판에서 일상적으로 사용되었다. 하지만 경험이 그 오류를 입증했다. 암흑시대의 사람들은 비록 멍청하고 무지했지만, 아직 교의에 갇혀있는 상태가 아니었고, 이에 따라 후세 사람들보다 경험을 통해 더 잘 배울 수 있었다. 1212년 인노켄티우스 3세는 스트라스부르(Strasburg)의 주교가 이단에 대해 죄인 판별법을 사용하려 하자 그 사용을 금했다.[265] 1215년에 열린 라테라노(Lateran) 공의회는 성직자들의 죄인 판별법 관여를 금했다. 죄인 판별법이 금지된 후 로마법에서 고문을 도입했다는 주장은 아마도 사실일 것이다.[266]

242. 고문의 비합리성

---

[265] 위의 책, I, 306.
[266] 위의 책, 421.

고문은 죄인 판별법보다 더 비합리적이었다. 로마 당국자들은 고문의 잘못을 경고하는 문구를 기록해 두었다.[267] 고문은 정신력, 의지, 그리고 의식을 파괴한다. 희생자는 고통에서 벗어나려고, 혹은 빠르고 편안하게 죽음을 맞이하려고 모든 것에 동의해버리게 되는 시점에 이른다. 이렇게 보자면 고문을 통한 '자백'은 별다른 가치가 없다. 울피아누스(Ulpian)는 고문을 통한 자백에 대해 다음과 같이 말하고 있다. "이는 오래 가지 못하고, 위험하며, 사실을 그르친다."[268] 어떤 성전기사단원은 "만약 내가 더 고문당했다면 구세주를 살해했다고 자백했을 것이다"라고 말했다. 또 다른 단원은 자신이 성전기사단을 위해서는 어떠한 죽음도 맞이할 준비가 되어 있지만, 만약 자신에게 고문이 가해질 경우 어떤 내용이라도 자백했을 것이라고 말했다. 어쩌면 그가 주님의 어머니를 살해했다고 자백했을지도 모를 일이다.[269] 고문을 당하던 한 이단은 예수가 만약 이런 고문을 당했더라면 자신이 이단이라고 말했을 것이라고 소리쳤다.[270] 베르나르 델리시외(Bernard Delicieux)는 필리프(Philip)왕의 면전에서 만약 이단 심문 방법을 통해 베드로와 바울이 고문을 당했다면 그들 또한 자신들이 이단임을 자백했을 것이라고 밝혔다.[271] 마녀 박해를 반대한 예수회 수사 프리드리히 폰 스피(Frederick von Spee) 백작은 1631년 다음과 같이 말한 것으로 인용되고 있다. "저 불행한 사람들(요술을 사용했다고 고발당한)을 학대한 방식으로 교회의 수장들, 재판관, 혹은 나를 학대해보라. 누구든 저와 같은 고문을 당해 보라.

---

[267] Digest, XLVII, 18, espec. 23절.
[268] Digest, XLVII, 18, espec. 23절.
[269] Schotmüller, *Untergang der Templer*, 141, 311, 352.
[270] Flade, *Inquisitionsverfahren in Deutschland*, 84.
[271] Lea, *A History of the Inquisition of the Middle Ages*, II, 87.

우리는 모두 자신이 이단 마술사라고 밝히지 않을 수 없을 것이다."[272] 그는 "만약 교황을 고문대에 올릴 수 있다면, 교황이 이단 마술사임을 입증할 수 있을 것"이라고 자신만만하게 말하는 이단 심문관의 주장을 인용하고 있다.[273] 13세기의 "재판관들은 그 방법의 비밀스러움과 주관적인 요소 때문에 소송 절차가 실패할 것임을 적절히 깨닫고 있었다. 하지만 그들은 다른 방법으로는 범죄에 대처할 수 없었다."[274] 물론 이러한 사실은 선택된 몇몇 유형의 범죄가 오랫동안 지속되어온 다양한 암시를 매개로 부당하게 오명을 뒤집어쓰게 되었고, 결국 대중이 이러한 범죄들을 두렵게 생각하게 되었음을 의미한다. 이어서 이러한 범죄 혐의를 받는 모든 사람을 제거해버리기 위해 법 집행 기구가 활용되었다. 이러한 처벌 과정이 혐오스럽다는 반대에 직면하게 되면, 혐오스러운 범죄에는 그러한 과정이 필요하다는 주장을 통해 반박이 이루어졌다. 이와 같은 공방전을 매개로, 어떤 과도한 잔혹 행위도 가해질 수 있는 특별한 분위기 속에서 이해 관심에 대한 상당한 정도의 탄압이 가해졌다. 사회선택은 모든 반대자를 죽이는 방법을 통해 이루어졌다.

243. 로마법의 이단 심문 소송 절차

로마의 형사 소송 절차는 어느 정도 이단 심문 과정과 유사했다.[275] 공화국 후반에 이르러서는 피해를 입은 것이 확실한 비공개 고발인이

---

[272] Scherr, *Deutsche Kultur- und Sittengeschichte*, 383.
[273] Janssen, *Geschichte des Deutschen Volkes*, VIII, 541.
[274] Hansen, *Zauberwahn, Inquisition und Hexenprocess im Mittelalter*, 110.
[275] Mommsen, *Römische Strafrecht*, 349.

기소를 하고 공소를 유지했다. 그러나 치안판사는 죄에 대한 고발에 기초하여, 혹은 이단 심문과 같은 방법을 이용해 자체적으로 절차를 진행할 수 있었다. 로마 제국에서는 이와 같은 이단 심문 방법이 관습으로 정착되었다. 반역죄 형 집행은 이단 심문의 방식으로 이루어졌고, 로마 제국의 마지막에 가서는 마술사나 이단자가 공공의 적으로서 반역자와 다를 바 없는 처우를 받았다. 시민들 중에서 이러한 범죄자를 비난하지 않는 시민은 없었다. 이러한 소송 절차는 교회법으로 편입되었는데, 이처럼 기독교 교회는 로마로부터 앞서 언급한 교의와 더불어 소송 절차 시스템도 아울러 계승하게 되었다.[276]

244. 이단 심문자로서의 주교

카롤링거 왕조 시대에는 이단자를 색출해내어 그들을 개종시키라는 지시가 주교에게 내려졌다. 그러나 주교들이 이 일에 대한 열정으로 두드러진 활약을 보인 경우는 거의 없었다. 소송 절차는 전언(傳言 = common report)을 바탕으로 활동을 시작하는 대배심원 절차와 다를 바 없었다. 1184년 루키우스(Lucius) 3세와 바르바로사(Barbarossa)는 함께 교서를 준비했다. 교서에는 주교의 임무를 재차 확인하는 내용, 그리고 소송 절차에 더욱 엄격한 방법을 적용하려는 시도가 포함되었다. 주교는 이단자, 비밀집회 결성자, 혹은 '일반적인 독실한 신자와 어떤 방식으로든 다르게 생활하는 사람'을 색출해내야 했다. 통제와 순응을 거부하

---

[276] Hansen, *Zauberwahn, Inquisition und Hexenprocess im Mittelalter*, etc., 100; Lea, *A History of the Inquisition of the Middle Ages*, I, 311.

는 사람들은 세속 재판에 내던져져 죄에 걸맞는 처벌을 받게 되어 있었다. 시의 모든 관리는 이단자를 억압하는 법을 강제적으로 시행할 것을 맹세하게 되어 있었다. 여기서 우리는 카롤링거 왕조 후기 종교재판소의 근본 취지를 확인할 수 있다. 하지만 막상 열심히 이단자를 규제하려는 집행관은 부족했다. 만약 사람들이 그 교서를 "엄격하게, 그리고 열정을 가지고 준수했다면, 이로 인해 교황이 아닌, 주교의 종교재판소가 확립되었을 것이다."

245. 이단에 대한 정의

앞서 인용한 이단에 대한 정의(定義)는 흔하지만 유일한 정의이기도 하다. 일반 대중보다 나은 개인은 마치 대중에 비해 못한 사람이라도 되듯 이단이라는 혐의를 받을 가능성이 컸다. "중세의 파격(破格) 중에서 금욕적인 덕목은 이단의 지표로 간주될 가능성이 컸다. 1220년경, 스파이어(Spire) 교구의 한 집사(clerk)가 금욕적인 생활을 하다가 결국 프란체스코회에 가입하게 되었다. 그런데 그가 이단으로 몰려 화형당할 뻔한다. 그의 설교 때문에 일부 여성들이 의복에 관한 허영을 포기하고 겸양된 행동을 하게 되었다는 이유 때문이다. 그는 콘라드(Conrad), 그리고 이후 힐데스하임(Hildesheim) 주교의 중재 덕분에 겨우 목숨을 건질 수 있었다. … 나는 1320년 파미에(Pamiers)[277]에서 나이든 가난한 여성이 단지 맹세를 하지 않는다는 이유만으로 이단이라는 무서운 선고를 받은 사례를 접한 적이 있다. 그녀는 신앙에 관한 모든 질문에 정통의

---

[277] (옮긴이 주) 남서 프랑스 미디피레네 아리에쥬(Ariège) 데파르트망에 있는 코뮌.

방식에 따라 답했다. 만약 복음서를 걸고 맹세를 했더라면 그녀는 목숨을 건질 수 있었을 것이다. 하지만 그녀는 자신의 영혼에 죄를 씌우길 거부했으며, 바로 이러한 이유로 그녀는 이단자라는 판결을 받았다."[278] "덕의 귀감으로 인정받는 이단들이 예수 그리스도의 이름으로 무자비하게 사형당했다. 반면 정통주의자들은 얼마 되지 않은 돈을 내고 예수 그리스도의 성스러운 이름으로 가장 수치스러운 범죄를 사면받게 되는 면죄부를 살 수 있었다."[279] 이단자는 주변의 대중과 차이가 있다는 것, 혹은 생활이나 대화라는 측면에서 차이가 있다는 것 외에 달리 정의할 수 없었다. 이는 특이한 언어, 복장, 관습을 의미할 수 있었으며, 매우 심하게 자신의 행위를 제한하는 것을 의미할 수도 있었다. 창백한 얼굴은 4세기부터 12세기까지 이단임을 나타내는 징표였다.[280] 13세기 프란체스코회의 수사들은 유별나게 정통적이었다. 그러나 그들은 예수와 그의 제자들이 재산을 전혀 소유하고 있지 않았다고 주장했고, 교황 요한(John) 22세는 그들의 주장에 이단이라는 낙인을 찍었는데, 그러자 그 수사들은 범죄자가 되었다. 시의 관료들은 그들을 화형에 처할 수밖에 없었다.[281] 사실 요한 22세도 '지복직관(至福直觀, beatific vision)'[282]에 대해서는 이단의 입장을 취하고 있었다. 그는 심판의 날이 올 때까지 죽은 자가 신이 임재하신 곳으로 들어갈 일은 없을 것으로 생각했다.[283] 프란체스코회의 수사들은 예수가 수난을 당할 때 흘린 피는 그 신성을 잃었고, 하느님의 말씀(Logos)에서 분리되어 지상에 남게 되었다는 입장

---

[278] Lea, *A History of the Inquisition of the Middle Ages*, I, 87.
[279] 위의 책, III, 641.
[280] 위의 책, I, 110, 371.
[281] 위의 책, 541.
[282] (옮긴이 주) 천국에서 인간의 눈으로 직접 하느님을 보는 지극한 행복의 상태.
[283] 위의 책, III, 454, 594.

을 견지했다. 이러한 관점은 이단적인 것이었다.[284] 도미니코회의 수사들은 토마스 아퀴나스와 더불어 무원죄 잉태설(immaculate conception)[285]을 견지한 이단이었다.[286] 이러한 문제들에 대해 논쟁을 벌이는, 모든 입장의 모든 사람은 시대 조류의 흐름에 따라 상대를 화형시키거나 화형당할 위험을 무릅쓰고 논쟁에 참여했다.

246. 알비파

쉽게 이해가 가지는 않지만 어떤 이유로 4세기 이후 마니교의 교리가 기독교 교회에 깊이 뿌리내렸다. 우리는 그들의 교리에 윤리적인 하자가 있다고 생각한다. 하지만 이러한 생각은 종교적 교의가 윤리와 관련이 없음을 보여줄 따름이다. 알비파(Albigenses)와 대립 관계에 있는 사람들은 알비파가 매우 높은 차원의 순수한 생활을 영위하고 있음을 인정했다.[287] 알비파는 자신들을 카타리(kathari), 혹은 퓨리턴(청교도)이라고 불렀다. 11세기에 대중의 광신적인 태도가 그들에 대한 박해를 불러일으켰다. 그들은 성직자 계급 제도와 가톨릭의 제도, 특히 교황의 독재정치에 적대적인 입장을 취했다. "교회는 심지어 경멸받는 종파에 속해 있던 사람들에 대해서마저도 강경 조치를 취할 때까지 놀라울 정도로 느릿느릿 움직였다. 교회는 익숙지 않은 임무를 수행해야 할지를

---

[284] 위의 책, II, 171.
[285] (옮긴이 주) 동정녀 마리아가 예수를 잉태한 순간부터는 아담의 죄(원죄)의 영향을 받지 않았다는 로마가톨릭 교리.
[286] 위의 책, III, 596.
[287] 위의 책, I, 101.

놓고 망설였다. 교회는 자비의 가르침과 모순되길 꺼렸는데, 대중의 광신적인 태도 때문에 앞으로 떠밀렸다. 1017년에 오를레앙에서 있었던 박해는 경건왕 로베르(King Robert, the Pious)[288]의 소행이었다. 그 직후 밀라노에서 있었던 화형은 대주교의 뜻을 거스르는 사람들이 집행했다. … 심지어 1144년까지도 리에주(Liège) 교회는 죄를 자백하고 유죄 판결을 받은 대다수의 청교도를 화형시키자고 날뛰는 군중에게서 그들을 보호하여 신의 자비로 살려준 것을 자축했다. … 1145년 열광에 휩싸인 대중은 교회 당국이 반대했음에도 청교도들을 붙잡아 화형에 처했다. 이 사형(私刑)은 중세에 이단자를 화형에 처한 최초의 사례다."[289] 이러한 사례들은 기독교 교회 안의 대중이 화형을 신과 교회와 모든 인간의 적(敵)에 대한 적절한 조치라고 생각했음을 보여주고 있다.

247. 대중 박해

13세기 초 인노켄티우스 3세(Innocent III)는 알비파 교도들을 반역자 및 이단자로 간주하고, 이들과의 전쟁을 시작했다. 모든 가톨릭교도는 그가 시작한 일에 찬성했으며, 알비파 교도들이 응당 치러야 할 대가를 치러야 한다고 생각했다. 시대는 참된 의미에서 종교적이진 않았으나 지나친 종교심(religiosity)이 충만해 있었다. 그리고 이러한 지나친 종교성이 전반적으로 알비파 교도와의 전쟁을 치름에 따라 최고조로 가열되어 가고 있었다. 성직자 계급제의 자부심, 야심, 오만함, 그리고 대중의

---

[288] (옮긴이 주) 프랑스의 로베르 2세(972~1031). 일명 경건왕 또는 현명왕 로베르로 불리기도 함.
[289] Lea, *A History of the Inquisition of the Middle Ages*, I, 218.

매우 저열한 탐욕과 약탈에 대한 관심이 알비파 교도와의 싸움에서 서로 제휴를 맺었다. 이렇게 보았을 때 리(Lea)의 다음과 같은 주장은 전적으로 타당하다. "종교재판소는 교회의 야심 또는 광신에 의해 임의로 만들어져 기독교 국가의 법체계에 강제로 편입된 제도가 아니었다. 오히려 이는 13세기에 작동하고 있던 여러 힘이 자연스럽게 – 거의 불가피하다고 말할 수 있을 것이다 – 진화한 결과물이었다. 그 누구도 현대 문명의 기초를 구축한, 시대를 관통하여 사람들의 심정과 영혼을 통제하고 있던 요소들을 상세히 고려하지 않고서는 그 발달 과정과 활동 결과를 정당하게 평가할 수 없다."[290] 그 시대 사람들의 마음속에는 "이단자를 화형시키는 것 외에는 다른 방법이 없다는 보편적인 합의가 있었다." 이는 모레스 성장의 자양분이 되는, 널리 퍼져있는 대중적인 관념 중의 하나였다. 이렇게 말하는 이유는 삶의 모든 영역에서 당대의 습속이 이러한 관념에 맞추어져 있었으며, 이것이 복리를 도모하는 규칙으로 간주되었기 때문이다. 처음에 툴루즈(Toulouse)의 법정은 알비파 교도들에 반대하는 기세를 의식하지 못하고 신민(臣民)인 알비파 교도들을 지켜주려 했으나, "그 시대의 공법의 입장에서 보았을 때 [툴루즈의 레몽(Raymond) 2세는] 심지어 선착(先着)자에 대한 자기방위권도 없는 법익 피박탈자였다. 왜냐하면 그의 자기 방위 자체가 그가 저지르는 범죄 중 하나로 간주되었기 때문이다. 그 시대의 대중 신앙이라는 입장에서 보았을 때 그는 이때도, 그리고 그 후에도 희망이 없는, 저주받은 자였다. 인간의 유대 속으로 되돌아갈 수 있는 허락을 받을 유일한 방법은, 다시 말해 구제받기 위한 유일한 희망은 교회와 화해하는 방법이었다. 하지만 이는 그가 가진 상속 재산의 절반을 축적하는 데 도움이

---

[290] 위의 책, III.

되었던, 터무니없는 금지령을 제거해야만 가능했다. 그는 구제받기 위해 반복해서 자신의 명예와 신민들을 희생하겠다고 제안했다. 하지만 그러한 제안은 모멸스럽게 거절당했다. … 결국 신앙의 자유를 획득하기 위한, 박해에 반대하는 관용을 얻기 위한 전쟁이 벌어졌고, 여기서 그는 패했다. 두 레몽[291]의 운명이 주는 경고 덕에 기독교계의 공론을 무시하면서 이단자를 무분별하게 동정하려는 모험을 감행하려는 군주는 나타나지 않았다."[292]

248.

보름스(Worms)의 한 연대기 편자는 1231년 라인강 상류에서 있었던 도르소(Dorso)의 활동을 인용하고 있다. 도르소는 다수의 농민 계층을 화형에 처했다. 이 연대기 편자는 다음과 같이 덧붙이고 있다. "이러한 사실로 미루어 보았을 때, 사람들은 이단 심문관에게 호의적이었고, 그들을 도와주었다. 그러한 이단자들은 죽어 마땅했기 때문에 사람들은 당연히 이단 심문관을 도운 것이다. 대중의 승인에 자신만만해진 사람들은 계속해서 소도시와 마을에서 사람들을 임의로 체포했다. 그러고는 뒷받침할 증거도 없이 재판관에게 '이 사람들은 이단자들입니다. 우리는 이들에게서 손을 떼겠습니다'라고 말했다. 이와 같이 하여 재판관들은 어쩔 수 없이 많은 사람을 화형에 처한 것이다. 이는 성서의 뜻에 따른 것이 아니었고, 그래서 성직자들은 어디서나 매우 곤혹스러워하

---

[291] (옮긴이 주) 툴루즈 백작 레몽 6세와 그 아들 레몽 7세를 말하는 듯하다.
[292] Lea, *A History of the Inquisition of the Middle Ages*, I, 207.

고 있었다. 하지만 대중이 편을 들어줌으로써 불공정한 재판관의 뜻은 어디서나 관철되었다." "이후 무자비하면서 능력 없는 재판관들은 사회적 명망이 높은 사람들의 도움 없이는 자신들의 행동을 이어갈 수 없음을 깨달았다. 그들은 부자들을 화형하고, 그들의 물건을 사회적 명망이 높은 사람들이 가져야 한다고 말하면서 그들을 자기편으로 끌어들였다." "이는 사회적 명망이 높은 사람들을 기쁘게 했고, 그들은 재판관들을 도왔다. 그들은 자신들이 사는 도시나 마을로 재판관들을 불러들였다." "사람들은 그렇게 하는 이유가 무엇인지를 물었다. 이에 대해 박해자들은 '죄 없는 사람 백 명을 화형하더라도 그 안에 포함된 죄인 한 명을 죽여야 한다'라고 답했다."[293]

249.

스페인 이슬람교도 왕조 내에서 철학자들에 대한 박해가 널리 퍼져 있었다는 것 또한 사실이었다. "최고의 교육을 받은 왕자들은 인기를 얻을 방법으로 개인적인 선호와는 무관하게 박해의 방향으로 자신을 몰아갔다."[294]

250. 박해에 대한 입장

대체로 유럽의 지배계층은 어떤 대가를 치러서라도 이단을 몰살해야

---

[293] Michael, *Geschichte des Deutschen Volkes*, II, 326.
[294] Renan, *Averroes*, 35.

한다고 생각했다. 하지만 공공연한 저항을 억압했음에도, 원하는 목표는 여전히 매우 요원한 듯했다. … 훈련된 전문가가 필요했다. 그러한 전문가는 범죄자를 색출하여 그 죄에 대한 자백을 강제로 받아내는 것이 유일한 임무였다. … 13세기의 일반 대중은 이단 심문소라는 조직이, 그리고 이러한 조직이 성 도미니코와 성 프란체스코 숭배자들에게 헌신한다는 사실이 시대의 요청에 의해, 그리고 가까이 있는 수단들로부터 극히 자연스럽게 혹은 불가피하게 발달한 것이라 생각했다.[295]

251. 세속의 권력자에게 부과된 의무

세속 권력은 그 시대정신이 부여한 직무를 받아들였다. 왕자의 입장에서 보았을 때, 로마의 눈 밖에 날 경우 국민들의 충성심을 잃을 우려가 있었다. 국민들과 함께 '기독교' 국가에 속하는 것, 즉 교회와 우호적인 관계를 유지하는 일은 매우 중요한 문제였다. "우리는 재차 반복되는 이와 같은 교회의 지배권을 확인하면서, 세속 권력이 자신의 의무를 조금이라도 거부하려 했다고 생각해서는 안 된다. 교회의 가르침은 그 전제를 의심하기에는 사람들에게 너무나도 강력한 인상을 주고 있었다. 이에 따라 유럽 모든 국가의 법률은 이미 앞에서 살펴본 대로, 화형을 이단에 대한 적절한 형벌로 정해 놓고 있었다. 심지어 이탈리아의 자유 공화국에서조차 내려진 선고를 맹목적으로 집행하는, 이단에 대한 판관으로서의 이단 심문소를 인정하고 있었다."[296]

---

[295] Lea, *A History of the Inquisition of the Middle Ages*, I, 537.
[296] 위의 책, 537.

252.

"이처럼 이단자를 산 채로 화형하는 관행은 실정법의 산물이 아니다. 이는 광범한 지역에서, 자발적으로 생겨난 것으로, 이를 입법자가 채택했다는 사실은 그가 대중의 관습을 깨닫고 있었음을 달리 표현한 것에 지나지 않았다."[297] "이단의 자백을 받아내는 일은 매우 중요한 일이 되었다. 이를 받아내기 위해서는 어떤 노력도 과도하다고 생각되지 않았으며, 어떤 수단도 심하다고 생각되지 않았다. 이단임을 자백시키는 일은 이단 심문 과정의 핵심이 되었으며, 검사성성(檢邪聖省, Holy Office)[298]에서 이루어지는 소송 절차의 기초를 만들었다는 이유뿐만 아니라, 다섯 세기 동안 유럽 대륙의 전체 사법체계에 미친 막대하고 한탄스러운 영향 때문에도 상세히 고찰할 가치가 있다."[299] 12세기 후반에는 관습의 도움을 받아 화형이 이단자에 대한 일상적인 형벌로 자리 잡았다. 모든 사람이 그 목적을 옳고 경건하다고 생각했다. 그리고 그 방법은 현명하고도 옳은 것으로 여겨졌다. 이에 따라 화형과 관련된 모든 과정은 직접적이고도 일관된 발전의 과정을 따라 앞으로 나아갔다.[300] 이는 1197년 아라곤(Aragon)[301]의 왕 페드로(Pedro) 2세의 법전에 최초로 실정법

---

[297] Lea, *A History of the Inquisition of the Middle Ages*, I, 222.
[298] (옮긴이 주) 교황청 초기 성성 중의 하나. 이단심문성성 혹은 성무, 감찰, 검열성성이라고도 한다. 12세기에 빈번히 출현하는 이단을 찾아내고 처벌하기 위해 감찰관(inquisitor)이라 불리는 위임 판사들이 탄생했다. 16세기에 또다시 이단이 널리 유행하자 바오로 3세는 1542년 감찰관 추기경 6명에게 이단을 제거하기 위한 대폭적인 권한을 부여했는데, 이것이 첫 성성의 기원이 되어 검사성성이 만들어졌다.
[299] 위의 책, 410.
[300] Hansen, *Zauberwahn, Inquisition und Hexenprocess im Mittelalter*, etc., 223.
[301] (옮긴이 주) 스페인 북동부 피레네산맥 남쪽에 위치한 가톨릭 왕국.

으로 공표되었다. 1224년 프리드리히(Frederick) 2세의 법률에서는 화형에 의한 사형 혹은 혀를 뽑는 것이 이단에 대한 형벌이었다. 1231년에는 시칠리아에서 화형이 확고하게 자리를 잡았으며, 1238년에는 화형이 신성로마제국의 이단을 다루는 법률로 자리 잡았다. 1270년, 루이 9세는 이를 프랑스의 법률에 포함했다.[302] "도미니코와 프란체스코, 보나벤투라와 토마스 아퀴나스, 인노켄티우스 3세와 성(聖) 루이(St. Louis)는 시대와 상관없이 여러 측면에서 자랑스럽게 여길 만한 인품의 소유자였으나, 에첼리노 다 로마노(Ezzelino da Romano)[303]가 그들의 적에게 인정사정없었듯이, 그들 또한 이단자를 용서하지 않았다. 이러한 사람들의 입장에서 보았을 때, 이단자들을 무자비하게 대하는 것은 이익을 얻고자 하는 욕구, 피에 대한 욕망, 의견에 대한 우월감, 혹은 악의적인 권력 행사가 아니라 일종의 의무감의 발로였다. 하지만 그들은 그저 13세기부터 17세기 사이의 여론을 대변하고 있었을 따름이었다."[304] 다시 말해 개인의 미덕은 사실상 그 시대 모레스가 제공하는 악덕에 지배당하고 있었던 것이다.

253. 교회와 대중의 역할

기독교 교회가 육체적인 고통, 다시 말해 사실상 살해를 통해 획일적

---

[302] Lea, *A History of the Inquisition of the Middle Ages*, I, 220; Hansen, *Zauberwahn, Inquisition und Hexenprocess im Mittelalter*, etc., 223.

[303] (옮긴이 주) 황제 프리드리히 2세와 긴밀한 동맹 관계를 유지한 이탈리아의 중세 영주. 베로나, 비센차 그리고 파도바를 거의 20년간 통치했다. 잔혹한 군주로 악명이 높았다.

[304] Lea, *A History of the Inquisition of the Middle Ages*, I, 234.

인 자백을 강제하는 조직이 되어간 과정의 여러 단계에 대해서는 꼼꼼히 주의를 기울일 필요가 있다. 대중이 박해를 요구하는 배경에는 어떤 경우에도 이전 시대 교회의 가르침, 그리고 혐오와 파괴에 대한 대중적이면서 거친 논리가 자리 잡고 있었다. 그 와중에 사형(私刑)과 더불어 돌발적인 박해가 대중의 행위로 표출된다. 이러한 상황에서 교회는 가르침과 지도 임무를 통해 대중의 과도한 열정을 억제하고, 광란을 적절히 지도했어야 했다. 하지만 교회는 그렇게 하지 않았다. 오히려 그들은 대중 운동을 이끌었고, 이를 장려했다. 이것이 교회가 저지른 가장 큰 범죄였다. 그럼에도 우리는 교회가 여론과 함께 행동했고, 대중과 문화 계층들에게 전폭적인 지지를 받았다는 사실을 적절히 이해할 필요가 있다. 오늘날 우리가 하찮은 범죄를 다루는 데 경범죄 즉결 심판소가 필요하다고 생각하듯이, 이단 심문소는 평이 나쁘지도 않았고, 반대할 대상도 아니었다. 이는 이단을 다루는 데 정당하고 필요한 수단이라고 여겨지고 있었다(본서 247절 참조). 하지만 박해의 체계는 과도한 지점에까지 나아갔다. 대중은 이를 비난했다. 대중은 어떤 책임도 지지 않으면서 기독교 당국에 등을 돌리고, 그들에게 온갖 비난을 퍼부었다.

254. 교회의 세력을 확대하기 위한 이기적인 목적의 권력 사용

이제 사태의 국면이 다음 단계로 접어들었다. 교회 당국은 교회와 사회를 이단에서 보호하는 일을 집행할 의무를 받아들였다. 대중은 이단이 모든 기독교 국가, 혹은 이러한 국가의 기원이 되는 소집단 전체에 하느님의 분노를 불러일으키리라고 생각했다.[305] 교회 당국은 교리를 정식화했고, 프로그램을 고안했으며, 행정 관리를 임명했다. 그들의 입장에서 보았을 때, 자신들에게 부과된 임무는 더욱 커다란 사회적 권력을 갖는다는 것을 의미했다. 그들은 세력 확대라는 이기적 목적을 이루기 위한 수단으로 이러한 권력을 활용했다. 이로 인해 먼저 유능한 재판관들이 소외되었고, 결국 대중이 소외되었다.

255. 이단 심문소, 서서히 형태를 갖추어 가다

이단 심문소는 13세기 전반을 거치면서 매우 서서히 그 형태를 갖추어갔다. "이 시기의 진행 과정을 살펴보면 이단 심문소의 원형(原型)적인 성격이 뚜렷하게 드러난다." 이단 심문소 탄생의 최초의 동기를 제공한 것은 탁발 수도회였다. 그들은 대중에게 숭배와 존경을 받고 있었다. 그레고리오 9세는 첫 번째 대교서(1233년)에서 도미니코회 수사들을 공식적인 이단 심문관으로 임명했는데, 이때 그는 주교들이 사법권을 침해당한 것에 대해 어떤 태도를 보일지 확신이 없었던 것 같다. "훈령의 성격을 보면 교황이 이러한 혁신을 통해 무엇을 이끌어내야 하는지에 대해 아무런 생각이 없었음이 드러난다." "이때까지만 해도 주교의 임무를 빼앗을 생각은 없었다." 사실상 탁발 수도회는 교황의 군대로서 기사단을 대체했다(후일 탁발 수도회가 예수회로 대체되었듯이). 그들은 교회를 교황에 복종하는 절대군주제로 재조직하는 데 많은 노력을 기울이기도 했다.[306] 1250년, 프리드리히 2세가 사망했다. 그는

---

[305] 리(Lea)는 대중이 이러한 생각을 했음을 인정하고 있지만 교양 있는 성직자들이 이를 인정했음을 부인하고 있다. 여기서 이는 중요한 논점이다(Lea, *A History of the Inquisition of the Middle Ages*, I, 237).

왕좌에 오른 최초의 현대인이었다. 그는 모든 기독교 국가를 전제군주적인 방법으로 통치하려 했다. 그는 이 방법을 아마도 이슬람교도에게서 배웠을 것이다. 만약 그가 성공했더라면 카를 5세나 펠리페 2세(Philip II)가 실시한 군주제를 300년이나 앞당겨 시행한 격이 되었을 것이다.[307] 그와 교황 중에 한쪽을 선택한 것은 그 시대의 모레스였다.[308] 프리드리히 2세의 궁정은 아랍 문화, 그리고 종교적 무관심의 중심지였다. 그곳에는 환관, 하렘,[309] 바그다드에서 온 점성술사, 아랍어 작품을 번역하기 위해 황제에게서 풍족한 연금을 받던 유대인들이 있었다. "대중의 신앙 속에서는 이 모든 것이 아스다롯(Ashtaroth)[310]과 바알제불(Beelzebub)[311]의 관계로 변질되었다."[312] 예전에 세 명의 위대한 사기꾼 – 모세, 예수, 그리고 무함마드 – 이 있었다는 말은 프리드리히가 한 것으로 여겨졌다. 그리고 그와 동시대에 살았던 사람들은 대개 그가 최초로 이러한 말을 했다고 믿었던 것 같다. 그가 유일하게 후대에 남긴 것은 자신이 만든 법률 규정이었는데, 그는 교황에게서 평화 유지의 임무를 허가받고, 이를 위한 방안으로 법률 규정을 만들었다. 이 법률 규정을 통해 모든

---

[306] Burckhardt, *Die Kultur der Renaissance in Italien*, 3.
[307] Jastrow and Winter, *Hohenstaufen*, II, 298.
[308] (옮긴이 주) 당대의 모레스는 교황과 프리드리히 2세 사이에서 교황을 따를 것을 요구했다.
[309] (옮긴이 주) 이슬람 국가의 귀인·부자들의 처첩이 기거하고 있는 거실.
[310] (옮긴이 주) 가나안 사람들이 섬기던 3대 여신 가운데 한 명. 원래는 셈족의 풍요의 여신으로 바빌로니아에서는 이슈타르, 그리스에서는 아프로디테라고 불렀다. 하지만 이 이교도의 신은 무섭고 잔혹한 존재로 변모했다. 4두(四頭) 전차를 탄 그녀는 전생의 모습 그대로 풍만한 여성의 육체를 가진 반면에 머리는 사자의 모습을 한 기묘한 우상신이다.
[311] (옮긴이 주) 지옥 왕국의 최고 군주로, 마왕 루시퍼와 동일시되기도 하는 대악마. 지옥의 지배권을 예수에게서 넘겨받았다고 한다.
[312] Renan, *Averroes*, 288.

시 당국자는 교회의 치안관과 교수형 집행자가 되었고, 반대자는 모두 그들에게 희생되었다.

256. 이단 심문소 설립에 관한 입법

1252년 인노켄티우스 4세는 "모든 시와 도시 국가 내에 박해를 체계적으로 가하기 위한, 사회 조직의 구성 부문으로서의 기구를 설립해야 한다."는 교서를 내렸다. 그는 증인 고문을 허락했다. "이러한 조항은 악몽 같은 터무니없는 계획이 아니었다. 이는 진지하고도 현실적인 입법이며, 정착된 정책을 효율적으로 추진하기 위해 신속하고도 신중하게 고안된 것이다. 이것이 별다른 저항 없이 수용되었다는 사실은 그 시대의 여론에 대한 귀중한 통찰력을 제공해준다." 20년 후에도 사람들이 이단 심문소를 "선선히, 널리 수용한 것은 아니었다"는 증거가 있다. "하지만 이를 거부한, 기록으로 남아 있는 사례는 소수에 불과한데, 이러한 사실은 사람들이 얼마만큼 이단 심문소에 거의 예외 없이 복속될 수밖에 없었는지를 보여주고 있다." 이 제도는 이탈리아에서 기세를 드높였지만 알프스산맥 반대편에서는 그렇지 않았다. "그럼에도 이단 심문소는 거의 필요하지 않았다. 그 이유는 공법과 지배계급의 보수적 경향으로 인해 '모든 계층의 시민이 가능한 모든 방식으로 심문관의 업무를 돕는 것을 자신들이 지켜야 할 가장 중대한 의무'로 인지하게 되었기 때문이다. 신앙심 깊은 군주들은 서둘러 신민들의 의무를 강제했다." "공정왕 필리프와 같은 대담한 군주가 국민들을 보호함으로써 신의 복수를 유발하려 하는 경우도 있었는데, 설령 그랬다고 해도 이것이 교회의 잘못은 아니었다."[313]

257. 지하 감옥

고문을 동반한 공개 처형, 음란한 보조물들, 비인간적인 스포츠, 공개적인 볼거리를 통해 피에 대한 갈망이 모레스 속으로 녹아 들어갔다. 민사 사건에서 찾아볼 수 있는 잔인함과 비인간적인 태도는 이단 심문소의 경우와 다를 바 없이 극렬했다. 어떤 혐의로 체포된 사람은 쥐나 해충이 들끓는 무시무시한 음습한 지하 감옥에, 일반적으로 쇠사슬에 묶인 채 수감되었다. 대개 투옥된 사람은 부자연스러운 모습으로 누워 있도록 강제되었다. 이는 그 당시 널리 확산되어 있던 법 집행 방침의 일부였다. 이는 피고인의 정신과 용기를 꺾어버릴 목적으로 기획되었다. 감금 생활은 고독했고, 피고인들은 상상을 뛰어넘을 정도의 고통과 굶주림 외에, 다양한 상황을 견뎌야만 했다. 모든 피고인은 고문당하기 8시간 혹은 10시간 전부터는 단식을 해야 한다는 규정이 있었다. 파리의 바스티유 감옥에는 바닥이 원뿔 모양이고, 그 뾰족한 끝부분이 아래를 향해 있어 앉을 수도, 누울 수도, 설 수도 없는 감옥이 있었다. 샤틀레(Châtelet)[314]에는 바닥에 언제나 물이 흥건해서 수감자가 서 있지 않으면 안 되는 감옥이 있었다.[315]

258. 황색 십자가

---

[313] Lea, *A History of the Inquisition of the Middle Ages*, I, 224, 309~313, 322, 327~330, 337~342.
[314] (옮긴이 주) 12세기부터 대혁명 때까지 국왕의 파리 관구 행정청과 법정으로 이용되면서 수도행정의 중추로 자리매김했으나 19세기 초에 파괴되었다.
[315] Lacroix, *Manners, Customs, and Dress during the Middle Ages and during the Renaissance Period*, I, 407; Flade, *Inquisitionsverfahren*, 86.

이단 심문소에서 집행되던 형벌 중에는 매우 놀라운 것이 하나 있다. 이는 15세기까지 대중이 얼마나 이단 심문소 편을 들었는지를 보여준다. 이단 판결을 받아 회개를 강요당한 사람들은 길이가 3스팬(span),[316] 폭이 2스팬이 되는 천으로 된 황색 십자가를 옷에 꿰매어 붙여야 했다. 이와 같은 방식으로 기독교 교도들의 헌신의 상징이 수치(羞恥)의 표시로 전환되었다.[317] 옷에 부착된 십자가 표시는 죄인임을 알려주고 있었다. 그러나 그것이 구체적으로 어떤 영향을 미칠 것인지는 서민 대중의 의중에 달려 있었다. 대중이 수치의 표시가 달린 사람들을 어떻게 대했을까? 대중은 그들을 배척했다. 이러한 십자가를 달고 있는 사람은 직업이나 배우자를 구할 수가 없었고, 인간관계를 맺을 수도 없었다. 실제로 그들은 삶의 중요한 요소인 다른 남성들이나 여성들과의 관계를 맺을 수가 없었다.[318] 사람들이 그들을 불쌍히 여기거나 동정했다면, 이는 성직자의 명령에 아랑곳하지 않고 착한 마음씨로 그렇게 한 것이었을 것이다. 실제로 십자가 표시는 불명예의 표시였으며, 공소(公訴)로 인해 이를 붙이고 있지 않을 수 없었던 것이다. "불행한 참회자는 만나는 모든 사람의 웃음거리와 놀림거리가 되었다. 그는 생계를 위해 노력해야 하는 모든 상황에서 매우 불리한 처지에 놓였다."[319] 이 형벌에 처해진 사람들이 느꼈던 부담의 무게는 분명 일반 대중이 십자가 표시를 단 사람들을 대하는 방식만이 설명할 수 있다. "이는 항상 매우 수치스러워해야 할 것으로 간주되었다." 1393년 아우크스부르크에서는 70금 굴덴(gulden)[320]을 지불하면 십자가 표시 부착을 피할 수 있었다.[321]

---

[316] (옮긴이 주) 1스팬(span)=23센티미터.
[317] Lea, *A History of the Inquisition of the Middle Ages*, I, 467.
[318] 위의 책, 470.
[319] 위의 책, 464, 467~470.

259. 재산 몰수

재산 몰수는 무서운 영향력을 발휘하는 또 하나의 형벌이었다. 어떤 사람이 이단으로 체포되면, 그 사람은 즉시 소유한 재산을 몰수당하고 그 재산 목록이 만들어졌다. 그의 가족은 길바닥에 내쫓겼다. 로마법에는 "교황과 왕이 이단 추적을 매혹적이며 이익이 되는 듯이 보이게 하는 무기를 꺼내 들었다."는 이야기가 나온다. "교회는 영적 위반에 대한 형벌로 유럽 법에 재산 몰수라는 처벌 방식을 들여놓은 장본인이다. 교회는 이에 대한 책임을 회피할 수 없다."[322] "이러한 처벌 하나만으로도 인간이 크게 비참해질 수 있다는 사실을 헤아리기란 어려울 것이다." "처음에는 속세의 군주들이 이단적인 신민들이 소유한 재산을 몰수하려면 강제 협박을 해야 했다. 하지만 이는 얼마 있지 않아 불필요해졌다. 과거의 역사를 살펴보았을 때, 동료의 불행으로 이익을 얻으려는 인간의 열망이 공공연하게 드러난 경우가 적지 않다. 그런데 이 중에서 이단 심문소 때문에 나타나게 된 폐허 상태를 탐식하려는 탐욕스러운 자들의 열망이 드러난 경우보다 통탄할 만한 상황은 많지 않았다." 이탈리아에서는 몰수된 재산이 교황의 명령에 따라 세 부분으로 분할되었다. 첫 번째 부분은 이단 심문 비용으로 사용하도록 이단 심문소로 보냈고, 두 번째 부분은 교황의 사실(私室)로, 그리고 나머지 부분은 시 당국에 보냈다. 훗날 시 당국은 대개 아무것도 얻지 못했다. 1335년경, 실바(Silva)의 한 프란체스코회 주교는 "이단 심문관을 맡고 있던 자신의 종교적 형제들이 검사성성이 사용할 용도로 축적해 놓은 기금

---

[320] (옮긴이 주) 금화에 대한 과거의 독일과 네덜란드 화폐명.
[321] Flade, *Inquisitionsverfahren*, 111.
[322] Lea, *A History of the Inquisition of the Middle Ages*, I, 501.

을 남용하고 있다고 비난했다 …… 이단 심문관들은 모든 기금을 독점했고, 이를 본인들을 위해 사용했으며, 본인들 임의로 친척들을 부자로 만들었다." "탐욕이 광신과 손을 잡았고, 이들 사이에서 이단 심문관들은 100년에 걸쳐 흉포하게, 가차없이 이단을 박해하는 동력을 끊임없이 제공했다. 이러한 박해는 결국 그 주요 목적을 달성했다." 재산 몰수는 일반 대중을 의중에 두지 않았으며, 사회 유력 인사들이 이단 심문소의 형 집행을 지지하는 동인으로 작용했다.[323] "견고하면서 지속적인 정책으로서의 박해는 결국 재산 몰수에 의존하게 되었다. 열광하는 불길을 계속해서 타오르게 할 연료를 보급한 것은 바로 재산 몰수였다. 재산 몰수가 제대로 이루어지지 않게 되자 신앙 수호를 위한 사업들은 안타깝게도 침체하고 말았다. 카타리파(katharism)[324]가 베르나르 기(Bernard Gui)[325]의 매우 성공적인 공격으로 사라졌을 때는 이단 심문이 전성기를 넘어서고 있었다. 비록 왕과 고위 성직자, 그리고 귀족들이 그 후 몇 년간 다투게 될 몰수 재산이 여전히 남아 있었지만, 그 이후 재산 몰수는 꾸준히 쇠락의 길을 걸었다."[326] "이단 심문관들은 이단을 개종시킬 때 순교를 권고하기보다는 재산을 몰수하고 친구의 배신을 유도하는 데 가장 열성과 노력을 기울였다. … 검사성성이 사람들을 괴롭힐 때 사용한, 가장 효과적이고도 실질적인 저주로서의 무기는 지하 감옥, 재산 몰수, 사프란색 십자가를 옷에 꿰매 붙이게 하여 굴욕적으로 참회

---

[323] Lea, *A History of the Inquisition of the Middle Ages*, I, 511~513, 519~521, 533.
[324] (옮긴이 주) 12세기에서 13세기까지 프랑스 남부의 알비와 툴루즈를 중심으로 생겨난 기독교 이단. 필리프 오귀스트 국왕 시대에 절정을 이루었다. 이들의 교리는 신과 사탄이라는 두 창조주를 구분하는 이원론과 영지주의를 바탕으로 하고 있었다.
[325] (옮긴이 주) 중세 후기 프랑스의 도미니코회 수사.
[326] 위의 책, 529.

하게 하는 것이었다. 그 밖에 일단 지배하에 두면 사람들의 마음과 혼을 무감각하게 만드는, 눈에 보이지 않는 감시 또한 그러한 무기에 해당했다."[327] 반대자들을 고문하고 강압하는 이러한 수단이 이단 심문소의 처형이나 다른 처형에 비해 반대자들을 제거하는 데 효과가 있었음은 분명하다. 이에 따라 15세기에는 복종하는 자, 혹은 위선적인 태도를 취하는 자에 대한 선택이 이루어졌다.

260. 이단 심문소의 활동

이단 심문소의 활동은 효과적이었다. 심문소는 계속해서 면밀한 기록을 남겼고, 이교도들을 3대에 걸쳐 추적했다.[328] 심문소는 오늘날의 고도로 발달한 경찰 시스템에 필적할 만한 기록 네트워크 조직으로 유럽을 뒤덮었다. "심문소는 생활이나 대화 속에서 보통의 신앙심 깊은 사람과 다른 분위기가 느껴지는 낯선 사람을 낱낱이 찾아내고자 했으며, 이에 대한 경계를 늦추지 않았다." "교황의 이단 심문소는 전지전능한 솜씨로 거의 어느 곳에서나 사람들을 체포했다." 이단 심문관에게는 재판관을 사법상 실수에서 구하는 데 필요했던 어떤 규칙도 필요하지 않았고,[329] 이단 심문관이 지침으로 삼는 규정집은 계략, 테러, 사기, 협박, 그리고 궤변과 변증법으로 피고인을 교란하는 기술들을 가르쳤다. 한편 이단 심문소는 자백을 얻어내지 못하는 경우에 대비해 새로운 죄를 고안해냈는데, 이단 혐의(suspicion of heresy)가 바로 그것이다. 이러한

---

[327] 위의 책, 551.
[328] Lea, *A History of the Inquisition of the Middle Ages*, I, 366.
[329] 위의 책, 405.

혐의를 받는 사람에는 '가벼운', '열렬한', 그리고 '지독한' 등의 세 층위가 있었다. 이단 심문소는 심지어 피고인을 죽이지 못하게 하려는 교황의 교서조차도 물리칠 수 있었다.[330] 이처럼 이단 심문소는 형법과 공조체제를 이루었다. 심문소는 열 세대에서 열두 세대에 이르는 기간 동안 기독교 국가의 사회에서 기독교에 복종하고 따르는 자를 선택하고 반대하는 자를 배제하는 역할을 수행했다.

261. 이단 심문소의 성공

이단 심문소가 그 목적을 달성한 것은 확실하다. 심문소는 적어도 외관상의 일치와 침묵을 강요했으며, 특히 대중에게 이를 강제했다. 중세의 이교 신앙은 "두 흐름으로 나누어 볼 수 있다. 하나는 '영원한 복음(eternal gospel)'이라고 불리는 종파로, 여기에는 신비주의적이고 공동체 생활을 하는 여러 교파가 포함된다. 이들은 피오레(Florus)의 요아킴(Joachim)이 창시했고, 12세기와 13세기에 퍼진 뒤, 독일 신비주의자들에 의해 14세기까지 계속 이어졌다. 또 다른 흐름은 세 명의 위대한 사기꾼(모세, 예수, 무함마드)이 있었다는, 신에 대한 모독에 요약되어 있다. 이들은 아랍에 대한 연구로 취하게 된, 신을 믿지 않는 유물론적 태도를 드러내 보여주며, 아베로에스(Averroes)의 이름 뒤에 슬그머니 숨어 있다."[331] 이 두 이단 종파 중 전자가 더 널리 퍼져있었고 또한 끈질겼다. 15세기의 대중 혹은 교황들이 이단 심문소와 관련한 자신들의 잘못

---

[330] 위의 책, 364~366, 405, 433, 493; II, 96.
[331] Renan, *Averroes*, 292.

된 소행을 조금이라도 깨달은 적이 있었다고 생각해서는 안 된다. 반대로 그 진행은 네 번째 단계로 이어지는데, 이 단계에서 대중은 이단 심문소 관리들의 야욕, 금전적인 무절제, 폭정의 작동 방식이 세속적인 필요를 만족시키도록 구성되어 있음을 목도하게 된다. 그 결과 그들은 이단 심문소에 등을 돌리면서 심문소를 비난하게 되며, 이를 없애버리려 하게 된다.

262. 시민 재판과 교회 재판에서의 고문(본서 237절 이하 참조)

이단 심문소는 활동 과정에서 기독교의 법 집행에, 그리고 모레스에 고문이라는 요소를 도입했다. 이 때문에 재판관들은 모두 타락했다. 그들은 고문 없이는 죄를 발견할 수도, 처벌할 수도 없다고 생각했으며, 이 관점이 18세기까지 유럽 대륙의 법 집행을 지배했다.[332] 리(Lea)는 가장 초기에 이루어진 합법적인 고문의 사례를 1228년 베로나의 법(Veronese Code)과 1231년 시칠리아의 헌법에서 찾아내고 있다. 이러한 헌법은 합리주의자였던 황제 프리드리히 2세의 업적이었는데, 고문은 "머뭇거리면서, 조금씩 활용되었다." 1252년 인노켄티우스 4세가 고문을 채택했으나, 이는 오직 세속 정부 당국만이 사용하도록 되어 있었다. 이는 성직자의 신성함을 지키기 위함이었다. 1256년 알렉산데르 4세는 "독특한 술책을 이용하여" 이단 심문관과 그 동료들에게 서로를 사면할 권한을 부여하고, 부정행위에 대한 특별사면을 허가했다. 이로 인해 그들은 절대적인 자유를 구가하게 되었고, 고문을 가하거나 감독할 수

---

[332] Lea, *A History of the Inquisition of the Middle Ages*, I, 560.

있게 되었다.³³³ 이 밖에 피의자가 피를 흘리지 않도록 하는 규칙, 예컨대 몸에 상처를 입혀선 안 된다는 규칙, 혹은 세속의 권력자에게 희생자를 인도할 때 극단적인 행위를 하지 않도록 요청하는(비록 그가 희생자를 화형에 처하지 않을 수 없었지만) 규칙 등과 같은 '겉치레'가 있었다. 이와 같은 시스템이 계속 작동함에 따라 그 방법은 세련되게 되었고, 전문가가 양성되었다. 가능하다면 기소된 사람은 어떻게든 유죄 판결을 받아야 했다. 고문을 당하는 사람은 영구적인 불구나 장애를 갖게 되었다. 조사 과정에서 신체에 이처럼 흔적이 남았음에도 무죄로 석방되어서는 안 되었고, 이에 따라 점점 더 무서운 방법이 필요해졌다. 그럼에도 박해자의 힘이 미치는 범위를 넘어서까지 피고인이 버티는 경우도 있었다.³³⁴ 1614년 밤베르크(Bamberg)³³⁵에서는 74살의 부인이 제3단계까지의 고문을 견뎌냈다. 그녀는 45분 후 '고문대' 위에서 죽음을 맞이했다. 판결에 따르면 그녀가 고문에 견딤으로써 불리한 '증거'를 딛고서 자신의 결백함을 입증했으며, 만약 계속 살아있었더라면 석방되었을 것이다. 판결문에는 그녀가 기독교식으로 매장되어야 하며, 이러한 판결을 입증하는 서류를 그녀의 남편과 아이들에게 전달해야 한다고 되어 있었다. 16세기와 17세기의 일부 재판관들은 고문에 대해 의구심을 가졌지만 '일부 경우에는' 필요하다는 입장에 대부분 동의하고 있었다. 이들은 극단론자가 되지 않으려 주의를 기울이던 개혁가였다. 우리는 1511년 라벤나의 피에트로(Peter of Ravenna)가 고문 폐지를 권고했다는 사실, 그리고 스페인인인 루이스 비베스(Louis Vivez)가 그보다

---

³³³ 위의 책, 421.
³³⁴ Janssen은 관련 사례들을 *Geschichte des Deutschen Volkes*, VIII, 629에서 제시하고 있다.
³³⁵ (옮긴이 주) 독일 바이에른 지방의 도시.

조금 후일에 동일한 입장을 견지했다는 사실을 알고 있다. 하지만 두 사람은 모두 관심을 끌지 못했다.[336] 1532년 카를 5세 법령집(Carolina)은 일반적으로 그 처벌 방식이 잔혹했지만, 고문은 사형 또는 종신형의 경우에, 그리고 강력한 범죄에 대한 증거가 채택된 경우에만 사용되도록 되어 있었다. 고문으로 얻은 자백은 죄가 확인되지 않으면 아무런 영향력도 없었다. 하지만 이러한 제한이 실제로는 지켜지지 않았다.[337] 전혀 죄를 저지르지 않은 사람들이 자백을 강요받으면서 고문과 잔인한 처형으로 고통받았는데, 이러한 사실은 나중에야 밝혀진 무수한 사례에 대한 기록에 남아 있다.[338]

263. 이루어진 선택

이처럼 의견이 다른 자들을 억압하고, 많은 사람이 기꺼이 인정하는 권위에 대한 복종을 강제하기 위한 수단과 책략은 언뜻 보기에 성공했다. 반대자들은 침묵해야 했다. 여기저기서 출현한 영웅 이외에는 그 누구도 감히 반대를 표명하려 하지 않을 만큼 다른 의견은 위험한 것으로 여겨졌다. 그리고 표면적으로는 모든 사람이 거의 예외 없이 교회의 계율에 따랐다. 모레스 또한 널리 위세를 떨치던 거대한 사회적 힘의 영향을 받았다. 교회 계율에 따르는 태도는 형식적이고 작위적이었는데, 이는 너무 잘 알려져 있어서 여기에 '맹목적 신앙'(implicita fides)이라

---

[336] Janssen, VIII, 467.
[337] Scherr, *Deutsche Kultur- und Sittengeschichte*, 624; Janssen, *Geschichte des Deutschen Volkes*, VIII, 467.
[338] Janssen, VIII, 467.

는 이름이 붙었으며, 이의 본질과 가치에 대한 논의가 이루어지기도 했다. 많은 사람이 마음속에 맹목적 신앙을 품고 있으면 모레스는 이로부터 중대한 영향을 받게 된다.[339] 정직한 사상가들과 독실한 신도들의 목숨을 빼앗았던 선택은 말 잘하는 위선자와 굽신거리는 겁쟁이 부류를 양산해냈다. 15세기에는 기독교 국가 전체가 교회의 복리 개념, 의무에 대한 명령, 그리고 교회 체계를 받아들이고 있었으며, 교회 체계가 규정하는 신성과 구제에 대한 의례적인 수단을 채택하고 있었다. 사실상 다른 어떤 시대도 이 정도로 사람들이 '좋은 일들'로 바빴던 시기는 없었다. 다시 말해 이 정도로 교회의 의례에 대해 크게 야단법석을 떤 적은 없었다는 것이다. 누구나 이단이 되지 않으려 조심했다. 그 와중에 중세 체계 전체가 허물어지고 있었으며, 당대의 발명이나 발견은 세상과 세상 속에서 받아들여지는 모든 관념이 틀렸음을 보여주고 있었다. 사회는 관능에 대한 엄청난 탐닉과 육욕에 사로잡혔고, 교회는 이러한 세상의 모습과 다를 바 없는 모습을 보여주는 독립적인 체계였다. 극장은 외설과 상스러움이 가득한 장소로 전락했고, 대중 설교 또한 크게 다를 것이 없었다.[340] 학식 있는 자들의 세계는 고전적인 이교 사상으로 되돌아가고 있었다. 교황은 바티칸에 자식을 두고 있었고, 그들을 바티칸에서 공식적으로 결혼시켰다. 식스투스 4세 치하에서는 로마의 고급 매춘부들이 1년에 2만 두카트(ducats)[341]나 되는 세금을 냈다. 고위 성직자는 사창가를 소유하고 있었다. 인노켄티우스 8세는 이와 같은 수치스러운 일을 막으려 했다. 1490년 교황 대리가 축첩 제

---

[339] Harnack, *Dogmengeschichte*, III, 453.
[340] Lenient, *La Satire en France au Moyen Age*, 309, 315.
[341] (옮긴이 주) 중세 후기에서 20세기에 이르기까지 무역 화폐로 사용되었던 금화나 은화.

도에 반대하는 칙령을 공표했으나, 모든 성직자에게 첩이 있었기 때문에 교황은 오히려 그에게 칙령을 취소할 것을 요구했다. 로마에는 사창이나 첩 외에도 6800명의 공창이 있었다. 첩은 벌금을 내는 조건으로 대부분 묵인되고 있었다.[342] 알렉산데르 6세 치하의 소송 절차는 무책임하게 세상을 지배하는 자들, 그리고 로마 황제와 같은 전제정치적 광기를 표출하던 자들에 의해 만들어진 방종의 극치에 지나지 않았다.[343] 교회는 세상을 통치하고자 하는 노력에 대한 반동으로 붕괴하고 말았다. 교회는 도덕적인 위선과 종교적인 협잡이라는 기독교도의 특징을 만들어냈는데, 이렇게 말하는 이유는 자신이 빠져 있는 성적인 타락을 의례적인 방법으로 상쇄하려는 사람은 도덕적으로 품성을 가장 심각하게 퇴락시킨 것인데도 오히려 교회가 이를 부추겼기 때문이다. 교회 체계는 행위를 규제하고 이익을 충족시킬 방편으로 궤변과 변증법적인 세련됨을 추가함으로써 모레스를 타락시켰다. 르네상스 시대 사람, 특히 이탈리아 사람들은 항상 정열적인 동기를 가지고 행동했으며, 매우 극단적인 데까지 이르렀다. 그들의 행위를 이끄는 유일한 동인은 하고 싶은 일에서 성공하는 것이었고, 이에 따라 그들은 대개 범죄의 중심인물이었다. 그럼에도 그들은 모두 교회의 의례와 계율에 따랐다.

264.

힘과 잔인함으로 의견을 달리하는 자들을 억압하는 것은 결코 작은

---

[342] Burchard, *Diarium*, II, 442.
[343] Burchard, III, 167, 227를 보라.

일이 아니다. 여러 나라로 이루어진 하나의 거대 집단에서는 이러한 억압에서 국지적 분화나 변용이 일어난다. 영국, 스페인, 베네치아에서 있었던 이러한 변용에 주목하면서 이야기를 마무리 짓는 것은 나름대로 의미가 있을 것이다.

265. 영국에서의 고문

영국 또는 스칸디나비아에는 고문 심문소가 존재했다고 말하기 힘들다. 프리드리히 2세의 법률은 여기서는 아무런 권위도 갖지 못했다. 1400년, 이단자 화형 법령(de heretico comburendo)을 통해 영국에 이단자 사형 제도가 도입되었다. 1414년에는 성직자와 일반인이 함께 구성한 법정이 이단자를 색출해 벌하기 위해 설치되었다. 이는 롤라드파(Lollardry)[344]를 억압하는 데 활용되었다. 이 법률은 에드워드 6세 치하에서 폐지되었는데, 메리 여왕(1세) 치하에서 부활했다. 그 후 이 법률은 엘리자베스 여왕이 주재한 첫 의회에서 1400년의 법령을 제외하고 재차 폐지되었다. 1400년의 법령은 1676년 찰스 2세가 로마가톨릭에게 이설에 대한 관용을 요청할 당시 폐지되었다. 이후 성직자의 법정은 성직자에게 벌칙을 주는 것에 그 임무가 한정되었다.[345] 고문은 영국에서 결코 합법화된 적이 없었다. 그럼에도 고문은 클레멘스 5세와 공정왕 필리프가 성전

---

[344] (옮긴이 주) 존 위클리프가 창시한 14세기 중반부터 영국의 종교개혁에 이르기까지 있었던 종교운동. 위클리프는 수년 동안 영국 대학가와 교계를 향해 초기 교회의 성서적인 가르침으로 돌아가야 한다고 강조했다. 그러나 교회는 그의 가르침이 이단적이며 잘못되었다고 정죄했다.
[345] Lea, *A History of the Inquisition of the Middle Ages*, I, 352.

기사단원에 불리한 증거를 찾아내고자 했을 당시 매우 극단적인 수준에 이르기까지 강행되었다. 상황이 이 지경에 이르자 교황은 영국의 에드워드 왕에게 아버지처럼 타이르는 편지를 썼다. 자신의 영지 내에서는 고문이라는 수단을 사용해서는 안 되었기 때문이다.[346] 고문 사례가 있었다는 사실은 의심의 여지가 없다. 성실청(星室廳) 법원(star chamber)[347]에는 이단 심문 소송 절차가 있었는데, 여기에서 고문대가 사용되었던 것으로 보인다. 16세기에 베네치아의 대사였던 바르바로(Barbaro)는 영국의 모레스에서 고문이 사용되지 않고 있음을 흥미로운 사실로 보고했다. 그가 밝힌 바에 따르면 영국인은 많은 경우 고문이 진실이 아닌 자백을 강요함으로써 "육체와 무고한 삶을 망가뜨린다고 생각하며, 여기서 더 나아가 무고한 사람을 벌하기보다는 죄인을 석방하는 편이 낫다고 생각한다."[348] 13세기부터는 수감자를 쇠사슬로 묶어두는 관행이 금지되었다. 다른 나라에서는 그렇게 하는 것이 일반적인 관행이었고, 수감자를 가장 불편한 자세로 묶어둘 방법이 고안되었다.[349] 1614년 피챔(Peacham)에 대한 고문은 성실청 법원에서 있었던 마지막 고문 사례였다.[350] 영국에서 있었던 이단에 대한 마지막 처형은 1696년, 에이켄헤드(Aikenhead)라는 이름의 18살 된 의학도에 대한 처형이었다.[351] 영국에서 가장 잔인한 처벌은 자백을 강요하기 위해 수감자를 '내리누르는' 것이었다. 이렇게

---

[346] 위의 책, III, 300; Schotmüller, *Untergang der Templer*, I, 388.
[347] (옮긴이 주) 영국의 제임스 1세와 찰스 1세 시절 유명했던 1641년 폐지된 형사법원. 배심원을 두지 않고 전횡을 일삼고 고문과 불공평한 심의를 하는 법원으로 악명이 높았다.
[348] *Venetian Ambassadors*, I, 11, 233.
[349] Lea, *A History of the Inquisition of the Middle Ages*, I, 488.
[350] Inderwick, *The King's Peace*, 172.
[351] Lea, *A History of the Inquisition of the Middle Ages*, I, 352.

한 이유는 자백하지 않으면 재판이 진행될 수 없었기 때문이었다. 이상의 사실로 미루어 보았을 때, 중세 교회의 억압 체계는 영국의 모레스에 영향을 미치지 못했다고 해야 할 것이다.

266. 스페인의 이단 심문소

스페인의 이단 심문소는 중세 교회 이단 심문소의 분파이자 그로부터 발전한 형태이다. 스페인에 이단 심문소가 최초로 세워진 것은 1238년 아라곤(Aragon)[352]과 나바라(Navarre)[353]에서다.[354] 14세기 후반 에이메리쿠스(Eymerich, 『종교재판관의 지침서(Directorium Inquisitorum)』의 저자)는 아라곤에서 유대인과 무어인을 대상으로 이단 심문을 했다. 1400년 카스티야(Castile)[355]에서도 이단 심문이 활발히 이루어졌지만, 이러한 심문이 영구적인 심문소 설립으로 이어지진 않았다.[356] 이사벨라(Isabella) 여왕 치하에서는 주교 멘도사(Mendoza)가 왕권 확립을 위해 국가 제도의 일부로 이단 심문소를 만들었다.[357] 왕이 이단 심문관을 지명했으며, 그들은 성직자일 필요가 없었다. 몰수된 '이단자'의 재산은 국가에 귀속되었다. 성직자들은 재판소의 심판을 벗어날 수 없었다. 교회는 오랫동안 이러

---

[352] (옮긴이 주) 중세 후기 유럽의 이베리아반도 북동부에 있었던 카스티야와 병립한 중세 에스파냐의 왕국.
[353] (옮긴이 주) 과거 스페인 북서부에 있었던 가톨릭 봉건국가.
[354] Hansen, *Zauberwahn, Inquisition und Hexenprocess im Mittelalter*, etc., 338.
[355] (옮긴이 주) 중세에 이베리아반도 북부의 부르고스를 중심으로 건립된 가톨릭 국가.
[356] 위의 책, 338.
[357] Lea, *The Inquisition of Spain*, 158.

한 이단 심문소를 승인하지 않았다. 왜냐하면 이는 그 시작 및 목적이 정치적이었고, 교회 조직 밖에서, 교회의 승인 없이 만들어진 것이었기 때문이다. 일반 대중도 이단 심문소에 반대했다. 교회와 일반 대중이 이처럼 연대함으로써 최고위층 귀족들이 이들에게 지지를 보내게 되었다.358 처벌은 "재산을 몰수당하는 것을 의미했다. 이로 인해 전 가족이 뿔뿔이 흩어지고, 궁핍에 내몰리게 되었다. 공개적으로 참회를 하게 되면 사회적인 불명예가 초래되고, 시민권과 명예가 상실되었으며, 교회의 감시라는 견디기 힘든 상황을 맞이하게 되고, 무거운 벌금까지 내야 했다. 조정이 이루어진 참회자는 죄인이 가출옥 허가로 석방되는 경우보다 더 지위가 낮은 상태로 사회로 되돌아갔다. 낙인은 죄인의 자손에게까지 끈질기게 붙어 다녔다. 그들의 이름은 예수와 국가에 대한 적으로 규정되어 눈에 확연히 들어오도록 교회의 벽에 선명히 새겨졌다."359 "스페인 총독이 나폴리와 밀라노에 스페인 이단 심문소를 설립하려 했을 때 반대한 사람들이 있었는데, 그들은 교황의 보호와 지지를 얻었다. 한편 새로운 모습으로 변모한 로마의 검사성성은 세비야(Seville)의 것보다 훨씬 무서움이 덜한 압제의 수단으로 탈바꿈했다."360 스페인의 이단 심문소는 계속해서 새로운 모습으로 변신을 함으로써 교황이나 황제의 통제를 벗어났고, '일정한 조직'을 갖추었다.361 "이단 심문소는 고대의 고트족 협의회와 흡사했다. 군주의 손아귀에 장악되어 있었던 이단 심문소는 반(半) 봉건 귀족들이 서로를 정복함으로써 야기된 수많은 예속을 종식시키는 무기였다. 이렇게 말하는 이유는 신앙 앞에 특권

---

358 Heyer, *Priesterschaft und Inquisition*, 42.
359 Symonds, *Catholic Reaction*, I, 185.
360 위의 책, 199.
361 위의 책, 179.

을 갖는 사람이 없고, 그 누구도 무시무시한 법정의 분노에서 몸을 피할 수 없었기 때문이다. 심문소는 소송에 매우 강력하게 개입했고, 그 임무에 대한 헌신이 도를 지나쳐 있었는데, 이는 교황 이상으로 가톨릭 교회의 특징을 반영하고 있는 모습이었다. 이로 인해 이베리아반도의 교회는 국가 교회의 성격을 갖추게 되었고, 왕이 교황으로서 그 꼭대기에, 이단 심문관은 최고위 성직자로 그의 옆에 있으면서 로마 교황의 권위를 침해하고, 그의 명령에 저항했다."[362] 우리는 스페인의 이단 심문소가 갖게 된 국가 제도 및 사회 기구로서의 독특한 성격을 결코 망각해서는 안 된다. 이는 교황의 이단 심문소와는 매우 달랐다. 피창조물은 창조자를 지배하기도 했다. 이렇게 말하는 이유는 이단 심문소가 자체의 제도적인 특성과 목적에 부합되는 방향으로 국가를 통제했기 때문이다. 이렇게 보았을 때, 스페인의 이단 심문소는 12세기 대중의 기호, 생각, 바람으로 시작된 운동이 통치자의 이기적인 목적을 위해 사용되고, 이것이 극단적으로 발달한 사례라 할 수 있을 것이다. 이는 모레스에서 탄생하여 모든 이해관계를 넘어서는 독립된 힘과 권위를 쟁취한, 실존했던 제도의 한 극단적 사례라 할 수 있다. 이는 스페인의 모레스에 매우 깊은 영향을 미쳤다. 하지만 이단 심문소가 커다란 사회 선택 효과를 발휘했던 것은 아니다.

267. 베네치아의 이단 심문소

베네치아 이단 심문소는 꽤 독특했다. 베네치아의 정치제도는 비밀

---

[362] Oliveira Martins, *Civilisação Iberica*, 268.

스럽고, 의심이 많았으며, 전제적이었다. 이는 외부의 어떠한 간섭도 허용하지 않으려 했다. 베네치아는 항상 교회 당국과 거리를 유지하는 척했다. 하지만 사실상 베네치아가 이러한 태도를 계속 지속할 수는 없었다. 베네치아의 이단 심문소는 이단 혹은 단지 해석상의 이단에 대한 통제를 넘어, 수많은 신민을 통제하는 데에도 성공했다.[363] 프라 파올로 사르피(Fra Paolo Sarpi)[364]는 성직자의 관여에 경계심을 표하는, 혹은 로마에서 제정된 칙령을 무효화한 베네치아의 법률을 수집했다. "당시의 공법의 기준으로 보았을 때 공화국의 입장은 용납할 수 없는 것이었다. 공화국은 독자적인 법률을 시행해서 모든 곳에서 배척당하는 계층에게 피난처를 제공했고, 교회만이 이런 끔찍한 악에 적절한 처방으로 여겨지는 유일한 해결책을 제시할 수 있는 주체라는 입장도 거부했다. 이렇게 보았을 때 공화국은 불가피한 문제에 대해서는 교회에 복종했지만, 그럼에도 그 자율성과 독립성을 유지하는 방식으로 복종을 했던 것이다."[365] 하지만 사실은 이와 다르다. "베네치아가 검사성성과 금서 목록 양쪽 모두와 관련해서 스스로가 내세우던 독립성을 유지할 정도로 강한 것은 전혀 아니었다."[366] 1573년, 파올로 베로네세(Paolo Veronese)는 현재 루브르 박물관이 소장하고 있는, 자신이 그린 최후의 만찬 그림을 설명하고 정당화하라는 요구를 검사성성으로부터 받았다. 그는 병사 한 사람, 그레이하운드, 그리고 다른 인물들을 그림 안에 그려 넣었었다. 이단 심문관들은 이들이 그림과 관련이 없고 부적절한 것이라 생각했다. 그는 3개월 이내에 그림을 고치라는 명령을 받았다.

---

[363] Symonds, *Catholic Reaction*, I, 205.
[364] Opere, IV, 7 이하.
[365] Lea, *A History of the Inquisition of the Middle Ages*, II, 250.
[366] Symonds, *Catholic Reaction*, I, 207.

그는 그레이하운드 대신 막달라 마리아를 그려 넣었다.[367] 교회 제도에 반항하려는 베네치아파 화가의 노력이 초래한 결과에 대해서는 확실하게 말할 수 없지만, 적어도 이러한 노력이 이탈리아에서 이루어졌다는 것은 중요한 역사적 사실이다.

268. 정치적, 개인적인 목적을 위한 이단 심문소 활용

이 시대가 종교에 편향되어 있었음에도, 군주와 파벌들은 신학적인 문제보다도 정치적인 권력에 더욱 관심을 가지고 있었다. 이단 심문소가 권력을 확립하자, 많은 성직자와 시민들은 이러한 기관을 개인 혹은 파벌의 목적을 위해 사용하려는 야욕을 드러냈다. 보니파키우스(Boniface) 8세는 회칙 우남 상크탐(Unam Sanctam)[368]에 혼신의 힘을 다해 교황의 최고권과 독립성에 관한 교리를 규정해 놓았다. 마니교도처럼 이원론을 믿는 자(이 경우 그는 이단이다)가 아니라면, 신이 교회에 부여한 권력에 저항하는 자는 사실상 신에게 반항하는 것이었다. 교황이 틀릴 경우, 오직 신만이 그를 심판할 수 있다. 세속의 사람들이 그의 죄에 대해 항소할 수는 없는 것이다. "우리는 구원받고자 하면 모두가

---

[367] Yriarte, *Patricien de Venise*, 162, 439.
[368] (옮긴이 주) 교황인 보니파키우스 8세(1294~1303)는 1302년에 프랑스의 왕 필리프 4세와의 논쟁 끝에 새로운 교서 '우남 상크탐(Unam Sanctam, 단 하나의 성스러움)'을 발표해 필리프 4세를 파문하려 했다. '우남 상크탐'은 속권에 대해 교권이 절대적으로 우월하다는 주장을 담고 있었다. 이 교서는 "오직 하나이며 거룩한 교회를"이란 첫마디로 시작하는데, 이 대칙서의 요지는 교회가 하나이며 거룩하며 이 교회 밖에서는 구원도 죄 사함도 없다는 것이다. 이 칙서에서 교황은 교회의 최고 통치자임을 강조했고, 교황을 배척함은 교회를 배척하는 것이라고 강조했다.

로마 주교를 따라야 한다고 말하고, 언명하고, 정의하며 선언한다." "얼마 있지 않아 사람들은 이단 고발이 정적(政敵)을 공격하는 유달리 쉽고도 효과적인 방법임을 깨닫게 되었다."[369] 요한(John) 22세는 비스콘티(Visconti)와 다투는 과정에서 이단의 죄를 날조했다. 이로 인해 비스콘티에 대한 여론이 악화되었고, 지지자들이 그를 멀리하게 됨으로써 결국 비스콘티는 무너졌다. 이단과 천벌이라는 말은 이곳저곳에서 그저 이익이 명하는 방식에 따라, 그리고 오직 표방하는 방침으로만 활용되었다.[370] 이는 의견을 달리하는 사람들에 대한 행동이 마지막 단계에서, 다시 말해 이기적인 목적을 위해 권력을 남용하는 단계에서 극단화한 경우에 해당한다. '이단자'는 파벌 간 다툼에서 어마어마한 힘을 행사해야 할 대상을 지칭하는 하나의 통칭이 되었다. 그리고 이단 심문소는 이러한 기관을 장악한 사람이라면 누구라도 적절히 활용할 수 있는 무기였다. 이러한 이유로 심문소는 수많은 파벌이 존재하고, 그 사이에서 다툼이 끊이지 않는 시대의 모레스에 영향력을 행사했다. 하지만 이 경우의 선택은 권력을 갖춘 자의 개인적인 적(敵)을 대상으로 이루어졌을 뿐, 이러한 선택이 사회 전반에 영향을 미친 것은 전혀 아니었다.

269. 살인을 통한 선택의 단계들

앞에서 우리는 중세에 교황의 지배 하에서 종교적인 제일성(齊一性)을 확립하기 위한 시도가 있었음을 이야기하면서 네 단계를 구별한 바

---

[369] Lea, *A History of the Inquisition of the Middle Ages*, III, 191~192, 238.
[370] 위의 책, 198. Fra Paolo Sarpi, *Della Inquisizione di Venezia*, Opere, IV, 24에서 수집된 사례.

있다. I. 교회가 정도를 벗어난 견해의 사악함을 고발하는 교리와 추정된 사실을 가르쳤다. II. 이러한 가르침을 받아들인 대중은 이를 바탕으로 추정을 했고, 의견을 달리하는 자들에 대한 적절한 처분이 무엇인지에 대한 생각을 이끌어냈다. 그들은 사형(私刑)을 가함으로써 이러한 생각을 실천과 연결시켰다. III. 대중 운동의 이와 같은 주도력을 사회지도자들이 받아들였으며, 교회는 계속하여 의견을 달리하는 자들을 증오할 것을, 그리고 그들을 철저하게 학대할 것을 가르쳤다. 교회는 의견을 달리하는 자들의 근절을 통해 사회 복리를 도모한다는 이론으로까지 박해의 지위를 고양했고, 대중의 관점, 사고방식을 교조(敎條)로 환원시켰으며, 살인을 통해 선택을 작동시켰다. IV. 이러한 생각과 관행이 대중에 의해 재차 천박해진다. 그 결과 다음 단계에서는 고문을 거치는 재판, 피비린내 나는 형벌 집행, 마지막으로 요술에 대한 박해가 가해진다. 요술에 대한 박해는 선택과는 관련이 없었다. 이에 대한 박해는 모레스가 어디까지 일탈할 수 있는지를 극명하게 보여주는 사례로 연구할 만한 가치가 있다. 그러나 이는 우리가 현재 다루는 주제의 범위를 벗어나 있다. 미개인들의 생활 속에서는 요술로 추정되는 행위를 하는 자를 매우 심하게 고문하고, 고통스럽게 죽게 하는 처벌을 가한다.[371] 하지만 이러한 유형의 처벌 방식은 라틴 기독교 세계 외의 그 어떤 위대한 종교에서도 발견된 적이 없다.

---

[371] Fritsch, *Die Eingeborenen Süd-Afrikas*, 99.

제6장 노예제

기원과 동기-노예제는 안정된 노동이 무엇인지를 알려주었다-집단에 의한 집단의 굴종-노예제와 일부다처제-일부 사람들의 타인에 대한 봉사, 자유와 평등, '노예'라는 단어에 대한 비유적인 사용-노예제의 민속지학적 사례-가족 노예제-북아메리카 미개인들의 노예제-남아메리카의 노예제-폴리네시아와 멜라네시아의 노예제-동인도의 노예제-아시아의 노예제-일본의 노예제-고도 문명사회의 노예제-유대인의 노예제-고대국가의 노예제-로마의 노예제-노예반란-후기 로마의 노예제, 내전 속의 노예들, 피보호자의 지위-농노 해방, 천부의 자유권-비문(碑文)을 통해 살펴본 노예제-산업계에서의 해방노예의 지위 상승-국가 내의 해방노예-노예제를 반대한 철학자들-산업 단체-노예에게 유리하게 바뀐 법-기독교와 노예제-콜로나투스-인구감소-로마의 노예제 요약-테라포이트-게르만 국가들의 노예제-아동 매매-노예제와 국가-유럽의 노예제, 중세의 이탈리아-프랑스의 노예제-이슬람의 노예제-이슬람의 노예제 재고-영국의 노예제-아메리카의 노예제-식민지의 노예제-노예들이 선호하는 노예제-노예제의 미래-노예제와 모레스, 그리고 윤리의 관계

270. 기원과 동기

노예제는 모레스에 대한 우리의 정의로는 설명할 수 없는 모레스 중의 하나다. 노예제는 습속에 기원을 둔 제도가 아니다. 여기서 습속이란 충족해 보려는 동일한 필요를 갖는, 그리고 개별 행동을 통해 가능한 한 최선을 다해 이러한 필요를 충족해 보려 하는 개인들의 무의식적인 실험에서 탄생한 것을 말한다. 노예제는 이보다는 공동체 외부의 구성원에 대한 반감, 아무런 대가 없이 어떤 것을 얻으려는 욕구, 허영심에서 유래한 지배욕, 그리고 노동에 대한 혐오 때문에 탄생한다. 사람들은 단순히 개인적인 편안함 혹은 즐거움을 충족하는 수단으로 "다른 사람의 육체적 힘을 사용하고자 했고, 이는 노예제 탄생의 기반이 되었다. 이러한 제도는 인간의 본성만큼이나 오래되었음이 분명하다."[1] "부족장과 국민 대표는 독재를 할 수 있는 엄청난 힘을 갖게 되는데, 이는 동물 무리의 우두머리가 갖는 유사한 힘을 크게 능가한다. 이러한 힘은 인간 사회에서만 볼 수 있는 예외적인 특징으로 평가될 수 있으며, 노예제가 탄생하는 강력한 유인(誘因)이 된다."[2] 철학적으로 따져 보았을 때, 일단 어떤 사람에 의한 다른 사람에 대한 지배가 확립되고 나면 다른 사람이 노동을 제공함으로써 누릴 수 있는 편안함이나 다른 좋은 것을 얻고자 하는 바람, 그리고 우연적으로 충족하고자 하는 허영심이 노예제 확립의 근본 원리로 자리 잡게 되는 듯하다. 하지만 집단 전체가 그러한 관습을 승인해야 하고, 또한 강제해야 한다. 그렇게 하지 않으면 그런 관습은 살아남을 수 없다. 역사적으로 보았을 때, 노예

---

[1] Maine, *Ancient Law*, 164.
[2] Galton, *Inquiries into Human Faculty*, 79.

는 '전쟁 포로'에서 비롯된 듯하다. 죽지 않고 살아남은 포로는 전쟁법에 따라 노예가 되어야 했다. 이러한 법은 패배자의 아내, 아이들 그리고 재산에 대한 승리자들의 임의적인 처분을 보장해주었다. 북미의 인디언들이 행한 바와 같이 승리자들은 패배자들을 고문하여 죽일 수 있었으며, 패배자들은 여성들의 도우미가 됨으로써 죽음을 면할 수 있었다. 이처럼 죽음을 면한 패배자들은 여성들을 도와야 했고, 여성들과 동급의 존재로 간주되었다. 이렇게 보자면 노예제는 그 기원을 따져볼 때 전쟁법을 인도적인 차원에서 개선해 놓은 것이었고, 사실상 여성의 지위를 하락시켰다. 노예제가 전쟁 포로를 죽이기보다는 노예로 삼는 것이 이익인 경제 시스템에서 시작했음은 분명해 보인다. 결과적으로 노예제는 노예제가 존재하는 곳이라면 어디에서건 사회의 모든 모레스에 영향을 주게 되었다. 이러한 제도는 대가를 치르지 않으면서 커다란 결실을 보장해주었다. 이하에서 우리는 노예제가 서비스를 약속했지만 결국 주인이 되어버린 끔찍한 악마였음을 깨닫게 될 것이다. 이는 앞으로 기술할 내용을 통해 확인할 수 있을 것이다. 일단 이러한 노예제가 습속으로 채택되자, 이는 모든 습속을 지배하면서 습속에 색조와 색깔을 입혔다. 바로 이것이 내가 여기서 노예제에 지면을 할애하는 이유다.

271. 노예제는 안정된 노동이 무엇인지를 알려주었다

노예제가 사람들에게 안정적인 노동이 무엇인지를 가르친 위대한 교사였다는 사실 또한 알아둘 필요가 있는 듯하다. 이러한 견해가 설득력을 발휘하려면 우리는 어떤 사람도 가급적 계속해서 고된 일을 하지 않으려 함을 염두에 두어야 한다. 패배자들은 이러한 노동을 하지 않을 수 없었고, 이에 종사해야 함을 배웠다. 그들은 사회 전체의 격상에 도움을 주었으며, 그들 역시 이러한 격상의 혜택을 누렸다.[3] 폰 괴첸(Von Götzen)은 이에 대한 일부 증거를 제시했다. 그는 짐꾼 무리와 모닥불 곁에 앉아서 저녁을 보냈을 때 짐꾼들이 차례로 들려준 삶에 대한 이야기를 전해주었다. "그들은 대부분 노예상에 의해 내륙에서 해안 지역으로 팔려 왔습니다. 그런데 현재 이들은 이런 노예 생활을 자랑스럽게 여길 뿐 아니라, 자신들이 이제 '원시적인' 사람이 아닌 '교양 있는' 사람에 속하게 된 사실도 자랑스럽게 여기고 있죠."[4] 이러한 관점에서 보면 노예제는 인류가 어떻게 산업 조직을 운영해야 하는지를 알려준 일종의 훈육 방식이라 할 것이다. 예를 들어 매우 힘들고 짜증 나는 과제들이 있다. 내집단 동료들끼리는 이러한 과제들을 서로에게 강요하는 경우가 전혀 없다. 그들은 전쟁을 통해 경쟁 관계에 있는 외집단 구성원들을 굴복시킨 후 그들에게 이러한 일을 맡기는 것을 현명한 정책인 동시에 악의 없는 재미로 생각한다. 오늘날의 기계가 등장하여 자연력을 활용할 수 있게 되기 전까지만 해도 여성들에게 곡식을 가는 일은 늘 고된 일이었다. 남자들에게는 노를 젓는 일이 이와 유사한 유형의 매우 고된 일이었다.[5] 그런데 노예제가 등장하면서 이러한 일을 다른 부류들, 심지어 내집단의 일부 부류의 계층까지도 맡게 되었다.

---

[3] Gumplowicz, *Sociologie und Politik*, 121.
[4] *Durch Afrika*, 207.
[5] 굼플로비치(Gumplowicz)(*Sociologie und politik*, 118)는 17세기의 저자를 인용하고 있는데, 그에 따르면 돈을 많이 주면 병사와 배의 선원을 구할 수는 있지만 쇠사슬에 묶여 매질을 당하는 등의 고초를 허용할 노 젓는 사람을 구할 수는 없다. 굼플로비치는 제대로 돛배를 제대로 항해하게 하려면 쇠사슬과 매질 등이 활용되어야 한다고 설명하고 있다.

이러한 부류 중 첫 번째가 '빚'과 관련된 사람들이다. 에비아족(Eveans)은 빚을 갚을 수 없는 채무자를 처형했다. 하지만 이는 극히 예외적인 경우다.[6] 빚을 진 사람들을 노예로 삼는 논리는 채무자가 다른 사람의 물건을 썼다면 이를 충당해야 한다는 것이다. 이에 따라 채무자는 사실상 채권자의 노예(이와 같은 표현을 쓰는지 여부를 떠나서)로 전락하게 된다. 채무자는 채권자를 위해 살아가고 일을 해야 한다. 노예제가 도입되는 또 다른 경우는 범죄와 관련이 있다. 범죄를 저지른 사람은 개인 혹은 구성원 전체(부족장)에게 대가를 돌려줄 의무를 지게 된다. 노예제 확장의 또 다른 경우는 아래에서 언급될 것이다. 다른 집단에 착취당하는 집단들의 사례는 무수히 많다. 착취를 당하는 집단은 전쟁에서 패하거나 쉽사리 착취를 당할 수 있었던 집단인데, 그들은 다른 집단의 지배를 받는, 열등하고 무시당하는 집단이다.

272. 집단에 의한 집단의 굴종

농사를 짓는 것은 평화로운 일이다. 그런데 누군가가 농사를 지을 경우 막상 유목민의 힘이 커지게 된다. 유목민의 농민 지배는 대개 집단에 의한 집단의 굴종이라는 경우에 해당한다. 유목민과 경작자 사이에는 실질적인 경제적 차이가 있는데, 이러한 차이로 인해 경멸과 증오가 만들어지게 된다.[7] 이스라엘 민족은 가나안 지역으로 들어올 때 유

---

[6] Ratzel, *Völkerkunde*, I, Introd., 83.
[7] (옮긴이 주) 정착민은 일정한 장소에서 터를 잡고 재산을 불리지만 유목민은 이리저리 돌아다니다 정착민의 재산을 갈취한다. 유목민의 입장에서는 비옥한 땅에서 농사를 지을 수 있으면 좋겠지만 이러한 땅은 예외 없이 다른 사람들이

목민이었고, 그들의 가나안인들과의 관계는 여기서 서술한 그런 관계다. 대장장이는 또 다른 집단에 의한 집단의 굴종 사례다. 대개 이들은 가장 이른 시기의 수공업자로 역사에 등장하지만 의혹과 의심의 대상이었다. 그들은 노예가 아니지만 부랑자 취급을 받았다. 침입 부족이 어떤 집단이나 지역을 정복했을 때, 대장장이는 흔히 침략자들의 지배 하에서 피지배인, 그리고 멸시당하는 계급으로 남아 있었다. 마사바족(Masarva)은 베추아나족(Betchuanas)과 부시먼족의 후손이다. 마사바족은 베추아나족과 마타벨레족(Matabele), 그리고 마룻세족(Marutse)의 땅에서 살았는데, 팔리지 않는다는 것만 제외하면 마사바족은 사실상 노예였다.[8] 바간다족(Vaganda)은 바후마족(Vahuma)의 지배하에 있다.[9] 바후마족은 힘이 강했음에도 문명은 뒤처진 종족이었기 때문에 별다른 주목을 받지 못했다. 폰 괴첸은 바후타족(Vahuta)에 대한 지배자로서의 바후마족을 만난 적도 있는데, 그들은 바후타족을 '우리에게 속한 자들(belongers)'이라고 불렀다.[10] 아랍인들은 보르쿠(Borku)[11] 지역의 흑인들을 지배했으며, 그들에게서 대추야자 열매를 뺏어갔다.[12] 같은 지역의 다른 곳에서는 유목민 집단이 동일한 정착 주민 집단을 지배했다.[13] 유목민들은 자신들이 통치에 적합한 사람들이라는 입장을 견지했다.[14] 희소

차지하고 있다. 이러한 상황에서 유목민은 척박한 토지에서 농사를 지으면서 굶주림에 허덕이기보다는 정착민을 습격해서 땅과 생산물을 빼앗는 것이 더 나을 수 있다.

[8] Holub, *Von der Capstadt ins Land der Maschukalumbe, 1883~1887*, I, 477; JAI, X, 9.
[9] Ratzel, I, 477, 481.
[10] *Durch Afrika*, 162.
[11] (옮긴이 주) 중앙아프리카의 한 지역으로 오늘날의 차드 북부에 위치한 주.
[12] Nachtigal, *Sahara und Sudan*, II, 110.
[13] 위의 책, 104.

스(Hyksos)[15]의 이집트 침략은 유목민이 경작인을 지배한 경우인데, 이는 한 문명인들이 다른 문명인들을 온갖 방법으로 멸시했던 한 사례다.[16] 유목민이 군사 귀족 지배층을 형성하면서 경작민과 결합하게 되면 강력한 국가를 형성하게 된다.[17] 사하라 지역의 투아레그족(Tuaregs)은 카우아족(Kauar) 주민들의 채소나 곡식 경작을 금하면서 소금을 사려고 수단에서 가져온 채소와 곡식을 그들에게 강매했다. 이때 카우아족은 소금을 미리 준비해 두고 있어야 했다.[18] 1350년 아카르나니아족(Akarnanians)은 곤궁에서 벗어나려고 자신들을 야만인에게 단체로 팔았다.[19] 마사이족은 또 다른 전사인 동시에 침입자 집단이다. 베롬부타족(Varombutta)은 마사이족을 위해 사냥과 경작을 한다.[20] 이와 유사하게 마코롤로족(Makololo)은 마카라카족(Makalaka)을 농노로 부린다. 하지만 마코롤로족은 마카라카족에게 엄격한 복종을 요구하지 않고, 마카라카족 또한 크게 예속되지 않는데, 이렇게 말하는 이유는 예속된 개인이 쉽게 도망칠 수 있기 때문이다.[21] 캘리포니아의 후파족(Hupa)은 그들의 이웃들을 유사한 방식으로 복종시켰고, 그들을 부족의 노예로 삼았다.[22] 누비아족과 반얌보족의 관계는 또 다른 사례다. 빅토리아의 서쪽에 거주하는

---

[14] 위의 책, I, 315.
[15] (옮긴이 주) 힉소스(Hyksos)는 '이민족 통치자'를 가리키는 고대 이집트어 '헤까 크세웨트(heqa khsewet)'에서 유래한 말로, 기원전 18세기 중엽에 대략 150년간 나일강 동부의 델타(Delta) 유역을 점령했던 셈족을 일컫는다.
[16] Ratzel, III, 91.
[17] 위의 책, 7.
[18] Rohlfs, *Petermann's Geographischen Mitteilungen*, Ergaenzungsheft, XXV, 23.
[19] Cantacuzene, *Romana Historia*, IV, 20.
[20] JAI, XXI, 380.
[21] Livingstone, *Travels in South Africa*, I, 204.
[22] *Reports of the Smithsonian Institute*, 1886, Part I, 207.

반얌보족(Vanyambo)²³은 대장장이로, 오랫동안 누비아족(Nubians)을 위해 일했다.²⁴ 60여 년 전 우베아(Uvea, 타이)의 하층 부족들이 지배 부족에게 반란을 일으켜 그들을 거의 몰살시켰는데, 이처럼 피지배 부족이 지배 부족에게 반란을 일으켰다는 사실은 우리에게 통쾌함을 선사한다.²⁵

273. 노예제와 일부다처제

이상의 사례들은 강한 집단이 약한 집단을 착취하려는 경향이 생존 경쟁 속의 인간의 본성 안에 자리 잡고 있음을 보여준다. 바꾸어 말하자면 초보 단계의 문명에서 노예제나 강제노동은 최적(最適) 집단²⁶의 생존을 가능케 하는 한 가지 방법이었다는 것이다. 하지만 개인들의 노예화가 생존을 위한 투쟁에서 동일한 결과를 낳는 것은 아니다. 한편 "우리는 일부다처제와 노예제가 아시아와 아프리카의 오랜 문명화된 종족에서 오랜 정치제도의 결속을 줄기차게 방해하고 있음을 확인할 수 있다. 줄루랜드(Zululand)와 같이 미개한 사회에서는 이러한 제도들이 그와 같은 결속이 이루어지는 것을 방해한다. 일부다처제와 노예제는 문명을 싹트지 못하게 하고, 그 성장을 방해하는데, 이로 인해 카피르(Kaffir) 부족은 계속해서 불안정하고 미개한 사회로 남아 있다."²⁷ 이러

---

[23] Stuhlmann, *Mit Emin Pascha ins Herz von Afrika*, 242.
[24] Ratzel, III, 143.
[25] *Australian Association for the Advancement of Science: Fourth Meeting, at Hobart, Tasmania*, 1892, 634.
[26] (옮긴이 주) 환경에 가장 잘 적응할 수 있는 집단.
[27] JAI, XII, 266.

한 제도들이 공통적으로 문명의 탄생과 성장을 방해한다는 생각은 참일 가능성이 매우 크다. 하지만 이들 두 제도는 여러 측면에서 서로 상충한다. 노예제는 노동에 대한 필요를 충족시킨다. 만약 노예제가 없었다면 노동에 대한 필요는 일부다처제가 탄생하는 원인으로 작용했을 것이다. 노예제가 존재하는 곳은 어디건 모레스들이 상호 일관성을 갖추는 방향으로 나아가는 뚜렷한 경향을 나타냄을 확인할 수 있다. 물론 여기서 일관성을 갖추려는 경향이란 모레스들이 어떤 하나 혹은 둘의 선도적인 모레스를 중심으로 몰려드는 것을 의미한다. 현재 아프리카는 이러한 상황을 보여주는 유력한 증거 사례다. 흑인 사회는 완력(腕力)이 주요 결정 요인으로 자리 잡고 있는 사회다. 수천 년 동안 흑인들은 서로를 노예로 만들었다. 과거에 다른 흑인들의 노예가 되어 본 적 없이 백인들의 노예가 된 흑인은 매우 소수였다. 1875년 니아사(Nyassa) 호수 주변에서 2만 명의 사람들, 주로 여성과 아이(남성 친척들이 살해된)가 노예로 끌려간 것으로 추정되었다. 이 지역은 노예무역의 어려움과 비용이 크게 확대되는 상황에 놓여 있었는데, 이에 따라 다른 부족을 굴복시켜 노예로 삼아 팔아넘기는 부족과 연합하지 않고서는 교역을 할 수가 없었다. 그 당시 아랍인들이 코끼리 사냥 경로를 열었고, 노예상들은 이러한 교통수단을 활용했다. 그들은 그 지역을 착취하기 위해 주둔지를 마련했고, 결국 주민들을 절멸시켰다.[28] 유럽인들은 '대체로 아랍인들은 노예제를 부정적으로 생각한다'는 느낌을 가지고 있는데, 융커(Junker)는 이러한 느낌이 크게 잘못되었다고 생각한다. "아프리카에는 세 명 중 두 명이 작당해서 나머지 한 명을 팔아넘길지도 모른다는 불안감 때문에 세 명이 함께 여행을 갈 수 없는 지역이 있다."[29]

---

[28] Ratzel, I, 404; III, 145 이하.

274. 일부 사람들의 타인에 대한 봉사, 자유와 평등, '노예'라는 단어의 비유적인 사용

그렇다면 우리는 일부 사람들이 다른 사람들에게 봉사해야 할 사회적 필요가 있다고 생각해야 하는가? 신약성서는 '기꺼이, 그리고 자발적으로 다른 사람들에게 편의를 제공하려는 것은 인간의 삶에서 가장 고귀한 의지이자 영광'이라고 가르친다. 어떤 사람의 힘이 다른 사람의 생존을 위한 투쟁에 사용된다면 삶의 투쟁에서 힘을 제공한 사람의 생존은 지장을 받게 된다. 사람들은 재능 있는 사람들에게 끊임없이 타인을 위해 기여하라고 강요한다. 그들은 발견을 하고, 발명품을 만들며, 전투를 명하고, 책을 쓰고, 예술 작품을 만들어낸다. 그 혜택과 즐거움은 모든 사람에게 돌아간다. 이처럼 자신의 삶을 기꺼이 인류의 복리에 도움이 되는 방향으로 조율하는 사람들이 있다. 그런데 서로가 서로를 위해 일하게 하려 할 때 가장 큰 문제는 어떻게 이를 사회적으로 조직할 것인가이다. 이는 쉽지 않은 일인데, 만약 사실이 그러하다면 모든 인간이 언제나 자유와 평등을 누려야 한다는 생각은 한낱 꿈에 불과한가? 여기에서 윤리적 개념들이 사회관계에 느닷없이 끼어든 건 분명하다. 그 결과 우리는 자유롭고 평등한 개인들이 기꺼이 서로를 돕는다고 배웠다. 하지만 이는 지나치게 이상주의적이어서 달성하기가 쉽지 않은 꿈이다. 그럼에도 이러한 꿈은 전쟁이 역사에서 긍정적인 역할을 했다는 사실을 들어 전쟁이 본질적으로 선(善)한 것이라고 보는 입장, 혹은 노예제도가 문명사에서 긍정적인 역할을 했다는 사실을 들어 노예제가 영원히 지속되어야 한다는 입장과는 차원이 다르다. 노예제 덕

---

[29] JAI, XXII, 103; Junker, *Reisen in Afrika, 1875~1886*, II, 462, 477.

분에 여성의 지위가 상승했고, 짐수레 끄는 동물을 기름으로써 노예의 지위가 상승했다. 이하에서 우리는 바람, 낙수, 증기가 무거운 짐을 짊어짐으로써 노예들이 자유를 얻었음을 확인하게 될 것이다. 오늘날 무거운 짐을 나르는 것은 증기다. 이제 막 전기가 무거운 짐을 수송하는 데 사용되고 있다. 증기와 전기는 궁극적으로 석탄을 의미하며, 지구에 있는 석탄의 양은 제한되어 있다. 석탄을 모두 사용하게 되면 노예제가 부활할 것인가? 한 가지는 확실하게 단언할 수 있다. 어떤 철학적인 교의도 노예제를 폐지할 수 없었는데, 마찬가지로 그 어떤 철학적 교의도 경제 여건이 변하여 재차 필요가 생기게 되면 노예제의 재도입을 막을 수 없을 것이다. 지난 200년 동안 증기 장치가 평생의 고된 노동을 대신해 줌으로써 인간은 과거의 열악한 환경과 부담에서 벗어났고, 철학자들이 견지하는 자유에 관한 일반적인 원칙은 더욱 커다란 신뢰를 획득하면서 널리 확산되었다. 그러나 이에 즈음해서 편안하고 만족스러운 시간을 보내야 한다고 배운 대중이 '임금 노예', '빚 노예', '집세 노예', '죄 노예', '전쟁 노예', '결혼 노예' 등을 거론하면서 또다시 불평을 늘어놓기 시작했다. 대중은 자신들이 좋아하지 않는 상태를 '노예'라고 부르면서 노예제가 존재해서는 안 된다는 입장을 천명했다. 사람들은 자신들의 경험 속에서 자유로운 인간이 여전히 임금, 집, 임대, 결혼 등의 계약 때문에 억압받고 있다는 느낌을 받고 있는 듯하다. 그들은 전쟁을 준비하고 범죄를 막는 데 드는 비용이 너무 과중하다고 생각하는 듯하기도 하다. 정치제도는 집단 전체를 포괄하여 삶의 부담을 재조정하고 분배해주며, 집단의 형태 또한 바꿔준다. 하지만 부담은 여전히 인간 삶의 조건 속에 남아 있다. 부담은 항상 존재하고 있었고, 정치제도는 절대로 이를 없앨 수 없다. 결론적으로 노예제를 '삶의 조건에 대한 인간의 종속'으로 이해한다면, 노예제는 절대로 폐지될 수 없을 것이다.

275. 노예제의 민속지학적 사례

토고(Togo)[30]에서는 남성 노예들이 참마를 재배하는 들판에서 일을 한다. 노예들은 각자 닭이 들어있는 바구니를 가지고 다닌다. 닭은 밭에서 애벌레와 벌레들을 먹으며 살아갈 것이다. 그 노예는 얼마 있지 않아 결혼한다. 그는 일주일 중 이틀을 자신을 위해 일한다. 나머지 4일은 다 큰 자식 중 한 명이 그를 대신할 수 있다. 그는 자신을 대신할 노예를 살 수도 있다. 이와 같은 방법으로 노예들은 흔히 부, 자유, 권력을 얻는다. 여성 노예는 일반 남성과 결혼하면 자유를 얻는다. 이러한 형태의 노예제는 단지 한 형태의 서비스 제공 방식일 따름이다. 이러한 노예들은 가족들과 살아가면서 가정 속에서 배려를 받으며 살아간다. 노예제 중에는 '채무 노예제'라는 것도 있는데, 이 제도에서는 온 가족이 한 구성원의 부채에 연대 책임을 지게 되어 있다.[31] 한편 클로제(Klose)는 노예들의 습격이 초래한 파멸을 서술하고 있다. "노예들이 습격할 때 살인과 방화는 통례(rule)였다. 거대한 마을들과 지역들이 황폐해졌고, 습격 때문에 인구가 감소했다." "천성적으로 흑인은 자발적으로 일을 하지 않으려 한다. 흑인은 일을 강요당하고 싶어 한다." 물신(物神) 사제(fetich priest)[32]는 그에게 무해한 음료를 주는데, 이를 제공받았다

---

[30] (옮긴이 주) 아프리카 서부 기니만 연안에 있는 나라.
[31] *Globus*, LXXXIII, 314.
[32] (옮긴이 주) 원시 사회에서 살펴볼 수 있는 초기 형태의 종교에서 자연물, 자연현상 숭배를 담당하는 사제.

는 사실은 그가 도망치려 할 때 치명적으로 작용한다.[33] 아프리카 카메룬 남부의 느굼바족(Ngumba)은 자신들의 집 근처 오두막에 노예들을 잡아둔다. 학대를 당한 노예는 주인을 떠날 수 있고, 다른 사람에게 보호를 요구할 수 있다. 돈을 갚을 능력이 없는 채무자는 그 빚을 모두 갚을 때까지 채권자의 노예가 되는데, 빚을 다 갚았다고 해방되는 것은 아니다. 한편 그는 자신의 아내나 딸을 이용해(볼모로 주고) 대신 빚을 갚을 수 있다.[34] 에웨(Ewe)어[35]를 사용하는 한 부족에서는 여성이 벌금형을 선고받았음에도 남편이 빚을 갚을 돈을 주지 않으면 그 여성은 자식을 팔거나 볼모로 보낸다. 대개 남편들은 자신에게 아내가 자식을 볼모로 보낼 때까지 빚을 갚아주지 않는데, 이를 통해 그들은 자식에 대한 완전한 지배권을 획득한다.[36] 그들의 노예는 범죄자나 채무자이며, 외국인 노예의 경우는 전쟁이나 납치의 희생양이다. 그들은 경멸당하지 않고 괜찮은 대우를 받으며, 영국의 농업 노동자만큼 힘들게 일을 하지 않아도 되고, 부와 명예를 획득하는 경우도 흔하다. 아마도 주인은 노예를 죽이지 않을 것이다.[37] 보르누(Bornu)[38]에서는 여성 노예들이 주인의 총애를 받으며, 상냥함으로 사랑을 받는다. 만약 자식이 있으면 그들은 확고한 지위를 점하게 된다. 왜냐하면 생각이 제대로 박힌 이슬람교도라면 오직 최악의 상황에 이르러서야 자식들의 어머니를 팔 것이기 때문이다.[39] 소말리족(Somal)[40]과 아파족(Afar)은 노예 거래를 거의 하

---

[33] Klose, *Togo*, 383.
[34] *Globus*, LXXXI, 334.
[35] (옮긴이 주) 가나・토고 및 베냉에 사는 흑인의 한 부족(部族)인 에웨족의 언어.
[36] Ellis, *Ewe-speaking Peoples*, 221.
[37] 위의 책, 218, 220.
[38] (옮긴이 주) 나이지리아 북동부의 주.
[39] Nachtigal, *Sahara und Sudan*, I, 684 이하.

제6장 / 노예제 | 169

지 않는 편이다. 그들은 여성과 파리아(pariah)⁴¹ 계층을 노예로 활용한다. 소말리족은 절대 소말리족의 노예가 되지 않으며, 전쟁 포로들도 노예로 전락하지 않는다. 갈라족(Galla) 사이에서도 채무자 노예는 존재하지 않는 듯하다. 하지만 범죄 노예는 확실하게 존재하고, 족장이 그들을 이용한다. 노예들을 잘 돌보는 것은 명예로운 일이다. 카파(Kaffa)에서는 노예들이 게으르고 가식적이다. 왜냐하면 주인들이 자신들을 일꾼으로 보지 않으며, 팔아버릴 자신의 아이들에게 관심을 갖는다는 사실을 잘 알고 있기 때문이다.⁴² 일반적으로 동아프리카에서는 주인이 노예의 목숨을 마음대로 할 수가 없고, 노예에게는 소유권이 있다. "빚을 진 (한 마을의) 촌장은 먼저 노예들을 팔고, 다음으로 자신의 누이들을, 다음으로 어머니, 그리고 마지막으로 자신의 자유인 아내들을 파는데, 이렇게 하고 나면 그에겐 아무것도 남지 않는다."⁴³ 스툴만(Stuhlmann)⁴⁴은 우간다의 노예들은 가족 성원처럼 잘 대접을 받는다고 말한다. 브루나쉬(Brunache)⁴⁵는 콩고 부족에 대해서도 동일하게 말한다. 그 이유는 그들이 백인과의 접촉으로 물들지 않았기 때문이다. 노예들을 모질게 대하지 않는 것은 아마도 아프리카 노예제의 특징으로 간주될 수 있을 것이다. 동아프리카의 바니카족(Vanika)은 유목민이다. 그들은 노예를 부릴 수 없고, 전쟁을 벌이는 경우는 오직 소들을 빼앗을 목적에 국한된다.⁴⁶

---

⁴⁰ (옮긴이 주) 동아프리카의 소말리 반도에 거주하는 민족 집단. 소말리아족의 과거 이름.
⁴¹ (옮긴이 주) 인도의 불가촉천민을 총칭하는 말이다. 이 말은 본래 가무, 유예를 세습업으로 하는 마드라스 지방의 파리아 카스트를 일컫는 말이었으나 후에 불가촉천민 전체를 가리키는 호칭으로 바뀌었다.
⁴² Paulitschke, *Ethnographie Nordost Afrikas*, I, 260; II, 139.
⁴³ JAI, XXII, 101.
⁴⁴ *Mit Emin Pascha*, 186.
⁴⁵ *Le Centre de l'Afrique*, 111.

부시먼은 자유를 사랑한다. 그들은 노예제에 예속되지 않는 낮은 계층의 사냥꾼이다. 그들은 자신들과 다른(지위가 높은) 삶의 토대가 되는, 소를 키우고 싶어 하지 않았다. 그들은 자신들이 훔치거나 가지고 달아날 수 없으므로 소들을 학살했다.[47] 뭉고 파크(Mungo Park)는 자유민 흑인들이 기근 때문에 노예로 전락한다고 기술하고 있다.[48] 아샨티(Ashanti)에서는 남녀가 덤불 속이나 야외에서 관계를 하다가 발견되면 발견한 사람의 노예가 되지만, 가족들이 그들을 구해줄 수 있다.[49] 아샨티의 노예제는 가정적이고 매우 온화하다. 노예는 주인의 딸과 결혼할 수 있고, 주인과 함께 논다. 그는 같은 접시의 음식을 함께 먹기도 한다.[50] 이와 같은 형태의 노예제는 절대 잔인하거나 가혹하지 않다. 채무 노예는 이보다 힘들게 생활한다. 왜냐하면 채무자가 서비스를 제공한다고 해서 이를 통해 빚이 탕감되는 것은 아니기 때문이다.[51] 알제리에서 노예제가 폐지되었을 때 주인들은 별다른 반응이 없었음에 반해, 노예들에게는 이것이 큰 슬픔이었다. 생존을 위한 힘든 경쟁에서 살아남지 못하면, 노예들은 원래 살던 곳에서 그 지역 사람들의 먹을거리로 전락할 것이다. 주인들은 이러한 사람들을 돌보는 것이 왜 잘못인지 의아해했다. 노예들은 식량과 옷가지, 또는 다른 것에 대한 지원과 인간적 유대가 없는 상태로 황야에서 살아가는 것을 자유 – 말 그대로 자유 – 라고[52] 생각했다.[53] 모든 유복한 가정에는 어린 흑인들이 있었다. 이 말을

---

[46] Ratzel, I, 449.
[47] 위의 책, 57.
[48] Pinkerton's *Collection of Voyages*, XVI, 885.
[49] Ellis, *Tshi-speaking Peoples*, 285.
[50] 위의 책, 290.
[51] Ellis, *Tshi-speaking Peoples*, 294.
[52] (옮긴이 주) 여기에서의 자유는 부정적인 의미, 즉 아무도 돌봐주지 않는 상황에

한 저자는 안주인이 젖을 주었다고 자신에게 귀띔해준 아이를 본 적이 있다.[54] 동부 보르네오에서는 백인이 임금을 주고 원주민을 고용할 수 없었다고 한다. 원주민들은 임금을 받고 일하는 것을 불명예스럽게 생각했다. 그러나 백인이 자신들을 산다면 그를 위해 기꺼이 일을 하고자 했다.[55] 위에서 언급한 아프리카 서해안의 노예제에 관한 내용이 사실이긴 해도, 주인이 생사를 좌우할 힘이 있으며, 그러한 힘을 종종 활용한다는 사실을 기억해 둘 필요가 있다. 범죄를 저질러 사형선고를 받게 되면, 그는 자신의 노예를 대신 처벌받게 할 수 있다.[56] 앙골라의 동부 지역에서는 여자가 분만 중에 사망하면 그녀의 남편이 장인, 장모에게 돈을 내야 한다. 돈을 내지 못하면 그는 그들의 노예가 된다.[57] 남부 아프리카 '홀럽(Holub)'의 가장 지독한 노예 사냥꾼은 흑인들이었다. 이들은 노예를 거느린 사람들로, 그 어떤 이슬람인들보다도 가혹하게 노예들을 대했다고 알려져 있다.[58] 이전에 한 카피르족 남성이 다이아몬드 광산에서 하루 3마르크를 받으며 일을 하고자 했다. 그는 소, 가사를 담당할 여자, 유럽산 의복, 소총을 살 수 있을 정도로 돈을 벌 때까지 일을 하고자 했다. 그렇게 하고 난 후 그는 집으로 돌아가 가정을 꾸렸다. 그러다가 그는 광산으로 되돌아와 일을 하곤 했는데, 이는 그가 돈을 벌어 자신과 죽을 때까지 함께할 아내들을 더 사기 위함이었다.[59]

서 홀로 고립된 채 위험 속에서 살아가는 것을 말한다.
[53] Pommerol, *Une Femme chez les Sahariennes*, 194; Junker, *Reisen in Afrika, 1875~1886*, III, 477도 참조.
[54] 위의 책, 201.
[55] Ling Roth, *Natives of Sarawak and British North Borneo*, II, 215.
[56] Kingsley, *Travels in West Africa*, 497; *West African Studies*, 479.
[57] Serpa Pinto, *Como eu atravassei Africa*, I, 116.
[58] *Von der Capstadt ins Land der Maschukalumbe, 1883~1887*, I, 536.

다른 부족들에 비해 강했던 호텐토트 부족들(Hottentot)은 자신이 속한 집단 내 일부 계층의 사람들, 혹은 산악 지역에 거주하는 다마라족(Damara)과 부시먼들을 노예로 삼았다. 비록 어떤 법도 '노예'를 규정하고 있지 않았음에도 말이다. 그들은 자신들의 출신 때문에 그런 취급을 받는다고 생각했다. 모든 서아프리카 부족은 부유층이 권력을 행사하여 빈곤층을 지배한다. 빈곤층은 무엇인가를 얻고자 하면서 일종의 피보호자로 부유층에 의존하여 살아간다. 학대, 심지어 살인이 일어나도 부유층은 법의 처벌을 받지 않는다.[60]

276. 가족 노예제

아프리카에서 살펴볼 수 있는 원시적 형태의 노예제를 바탕으로 우리는 확실하게 다음과 같이 일반화해서 말할 수 있다. 노예들이 가족 안에서 살아가면서 가족생활에 참여하고, 남성 성원들과 일, 종교, 놀이 등에서 자유롭게 어울리는 경우가 있다. 이는 매우 가벼운 형태의 노예제라 할 수 있는데, 이러한 제도 하에서는 노예가 힘들게 살아간다고 말할 수 없다.

277. 북아메리카 미개인들의 노예제

노예제는 버지니아 인디언들도 채택했다고 알려져 있다. "그들은 영

---

[59] *Zeitschrift für Ethnologie*, VI, 472.
[60] Fritsch, *Die Eingeborenen Süd-Afrikas*, 364.

토나 재화 때문이 아니라 여성이나 아이들을 얻을 목적으로 전쟁을 일으켰다. 그들은 획득한 여성들이나 아이들을 죽이지 않고 일을 시켰다."[61] 젊은 남성들과 노예들은 미시시피강 유역(流域)의 들판에서 일을 했다. 노예들에겐 지나친 노동이 부과되지 않았다.[62] 알곤킨족(Algonquins)은 포로 중 특히 여성과 아이들을 노예로 만들었다.[63] 일리노이족(Illinois)은 남부에서 노예를 취해 서부에 판매한 중개 상인으로 알려져 있다.[64] 위스콘신 부족들은 흔히 포니족(Pawnees), 오세이지족(Osages), 미주리족(Missouris), 그리고 맨던족(Mandans)들을 포로로 잡았다. 포니족이 그렇게 포로(노예)가 되면 가혹한 처우를 받았다.[65] 북아메리카의 만(灣) 지역에서는 노예제가 아주 오래전부터 일상화되어 있었다. 이 지역의 노예들은 다리 힘줄을 잘려 여섯 부족 연합(Six Nations)에서 도망치지 못했다.[66] 북아메리카 북서부 연안에서는 로키산맥 동쪽보다 노예제가 훨씬 발달해 있었다. 오리건주와 워싱턴에서는 노예제가 사회 정책과 서로 얽혀 있었다. 노예들은 인간이라는 범주에 포함되지 않았고, 재산으로 간주되면서 가혹한 처우를 받았다. 한 사람이 자신이 소유한 여섯 명의 노예를 죽이는 일은 그의 입장에서는 관대한 아량의 표시였다. 강한 부족은 주변의 약한 부족에게서 포로를 빼앗았다. 노예 무역은 알래스카에 이르기까지 모든 부족의 거래에서 중요한 부분을 차지하게 된다.[67] 1841년에는 북부 브리티시 컬럼비아(British Columbia)[68]

---

[61] *Reports of the Smithsonian Institute*, 1891, 524. 또한 Hostmann, *De Beschaving van Negers in Amerika*, I, Chap. IV도 참조.
[62] *Reports of the Smithsonian Institute*, 1891, 525.
[63] 위의 책, 520.
[64] 위의 책, 532.
[65] *Bureau of Ethnology*, XIV, 35.
[66] *Reports of the Smithsonian Institute*, 1891, 528.

에서 남부 알래스카에 이르는 지역에 사는 전체 인구 중 3분의 1이 "극단적으로 무력하고 비참한 모습의 노예"였다. 이처럼 엄청난 수의 노예는 침시아족(Tsimshian)이 중간 상인 역할을 하는 남부 인디언들과의 교역을 통해 공급되었다. 그들은 인접한 부족인 남부 인디언들에게 납치되거나 포로로 잡혀서 침시아족에게 팔렸는데, 침시아족은 모피를 얻기 위해 그들을 북부의 트링킷족(Thlinkit), 내륙의 티네(Tinne) 부족에게 팔았다. 노예들은 잡일을 가리지 않고 했고, 주인을 위해 물고기를 잡았으며, 전쟁을 매개로 자신들의 힘을 강화했다. 그들에게는 재산 소유나 결혼이 허락되지 않았다. 그리고 나이가 들어 쓸모가 없어지면 살해되었다. 주인들은 무한한 권력을 행사했다." 노예들은 주인의 명령이라면 어떤 범죄라도 저질러야만 했다. 그들은 일부 의식이 거행될 때 해방되기도 했지만 족장의 장례식이 거행될 때 살해되었으며, 이외에도 제단에 사용되는 희생양으로, 모욕이나 잘못에 대한 배상으로 살해당했다. 북부 지역의 인디언들은 매우 호전적이었는데, 이 때문에 좋은 노예가 되지 못했다. 반면 오리건의 플렛해드족(flatheads)은 유순하고 근면했다.[69] 치누크족(Chinook)은 집에서 가능한 한 먼 내륙까지 전쟁 포로를 매매하는 중개인 역할을 수행함으로써 그 지역에서 가장 부유한 부족이 되었다.[70] 트링킷족(Thlinkits) 노예들에게는 피어싱이 금지되었고, 남성 자유인은 여성 노예와의 성관계를 부끄럽게 여겼다.[71] "초기의 중앙아메리카인 중 전쟁에서 무공을 세운 노예들은 자유를 얻었고, 카풀

---

[67] 위의 책, 1887, Part II, 331.
[68] (옮긴이 주) 캐나다의 태평양 연안에 있는 주(州). 태평양 연안에서 로키산맥에 걸친 광대한 지역과 이에 인접한 섬들로 이루어져 있다.
[69] *Reports of the National Museum of the United States*, 1888, 252 이하.
[70] Strong, *Wakeenah*, 126.
[71] *Bureau of Ethnology*, III, 81.

리(capulli)[72] 혹은 집단의 일원으로 받아들여졌다."[73] 멕시코에는 세 유형의 노예가 있었는데, 범죄자, 전쟁 포로, 그리고 자발적으로 지원했거나 부모가 팔아넘긴 사람들이 그들이다. 일반적으로 범죄자를 잡은 사람들은 죄인들을 처형했으나 그들을 노예로 삼기도 했다. 자발적으로 노예가 된 사람들은 대개 도박을 할 돈을 마련하려고 그렇게 했다. 아즈카푸잘코(Azcapuzalco)에는 공공 노예 시장이 있었다. 이러한 시스템은 인도적인 것처럼 묘사되지만 노예들은 주인의 행동 탓에 축제나 장례식에서 목숨을 잃을 수 있었다.[74] "멕시코의 인디언들은 17세기 중반까지 사실상의 노예제를 유지했다."[75] 북부와 중앙아메리카 전역에서 노예제가 시행되었음은 분명하다. 하지만 노예제는 미시시피 유역보다 태평양 연안에서 더욱 크게 발달했다. 들소 서식지에서 육식을 한 사람들은 노예제를 채택할 기회가 비교적 많지 않았다.[76]

278. 남아메리카의 노예제

남아메리카에서 우리는 다른 부족의 보호를 받는 하나의 부족, 혹은 한 부족의 일부 구성원들에 대한 사례를 찾아볼 수 있다. 음바야족(Mbaya) 세 번째 계급의 일부 성원들이 그 사례로, 이들은 피보호자의

---

[72] (옮긴이 주) 과거 아스테카의 청소년 교육기관.
[73] Nadaillac, *Prehistoric America*, 313.
[74] Bancroft, *Native Races*, II, 217~223.
[75] Brinton, *Nagualism*, 28 note.
[76] Hamilton, *The Panis: An Historical Outline of Canadian Indian Slavery in the Eighteenth Century*, Toronto, 1897, new series, I, 19~27를 보라.

관계로 음바야족에 자발적으로 편입되었다. 그들은 노예가 되지 않은 채 군사적 임무를 맡았고, 가정이나 밭에서 일했으며, 이에 대한 보상으로 강하고 무서운 종족의 보호를 받았다.[77] 귀쿠르족(Guykurus)은 포로를 확보하고자 빈번하게 전쟁을 치렀는데, 포로가 된 사람들은 노예 상태를 벗어나지 못했다. "아마도 남아메리카 인디언 부족 중에서 그들처럼 노예 상태에 놓여 있음이 확연하게 드러나는 부족은 없을 것이다." 노예와 자유인은 서로 결혼하지 않았다. 이는 결혼을 모독하지 않기 위함이었다. 노예가 자유를 얻을 방법은 없었다.[78] 귀쿠르족은 파라과이의 계곡에 사는 부족 중 가장 강한 부족이다. 그들은 포르투갈인들이 카바예로스(Cavalleros)라 부르는 말을 사용하고 있었다.[79] 브라질 사람들은 인디언들을 노예로 삼지 않는 이상 국가의 개간은 불가능하다고 생각했다. 초기 법률과 포르투갈 왕의 명령에는 탐욕과 잔인함을 통제하려는 진지한 바람이 드러나 있는 듯하다. 1570년, 개인의 노예 포획은 금지되었으며, 공적으로 치러진 정당한 전쟁에서 사로잡힌 사람들만이 노예가 되었다. 그럼에도 리스본은 대규모 노예 시장으로 법적인 허가를 받았는데, 이에 따라 한 식민지(아프리카)에서 다른 식민지(아메리카)로 이송되는 노예는 리스본을 지나야만 했고, 이곳에 세금을 내야만 했다. 인디언은 주인이 없으면 오랜 관습을 버리지 못하고 계속 우상숭배를 이어갈 것이며, 이에 따라 그들에게 노예제가 필요하다는 순교자 베드로의 말이 인용되기도 한다. 하지만 노예제는 인디언을 말살했다. 다시 말해 그들이 노예제 덕에 노동자의 신분으로 지위가 상승한 것은

---

[77] Koch, *Die Guaikuru-Stämme, Globus*, LXXXI, 44.
[78] Koch(p. 45)는 그들이 자유를 얻으며 단란한 가정을 꾸린다고 말한다.
[79] Spix and Martius, *Reise in Brasilien*, II, 73; v. Martius, *Ethnographie und Sprachenkunde Amerikas zumal Brasiliens*, 71.

아니었던 것이다.[80] 19세기 전반에 야푸라(Yapura) 강[81] 유역에 살던 노예들은 일반적으로 매우 냉혹한 처우를 받았던 전쟁 포로였다.[82] 원주민들은 유럽인들이 도착하자마자 그들에게 전쟁 포로들을 팔기 시작했다. 원주민들은 특히 자단목(紫丹, rosewood)[83]을 원했고, 유럽인들은 인디언들을 노예로 삼아 아프리카로 데려갔다.[84] 보지아니(Boggiani)[85]는 파라과이강의 초원지대를 일컫는 차코(Chaco)에 사는 미개인들에 대해 다음과 같은 의견을 표명하고 있다. 더욱 문명화된 모레스를 지닌 사람들에게 노예제는 "말할 수 없을 정도의 이익"을 주며, "이러한 상황에서 노예제를 방해하는 것은 큰 실수를 하는 것이다." "그들을 야만의 상태에서 벗어날 수 있도록 강제하고, 지능을 일깨울 필요가 있다. 실질적이면서 효과적으로 지도를 받을 경우 그들은 결코 지능이 부족하지 않다." 브리지스(Bridges)[86]는 푸에고섬 사람은 그들의 생활방식 때문에 다른 사람의 보호를 받는 사람이 된다고 말한다. "부인이 없고 친척 역시 거의 없는 젊은 남성에게는 그를 위해 물고기를 잡아줄 수 있는 아내 혹은 아내들처럼 그를 보호할 수 있고 안락하게 살 수 있도록 도와주는 누군가가 있어야 한다."

---

[80] Varnhagen, *Historia Geral do Brazil*, I, 115, 178, 181, 269, 273.
[81] (옮긴이 주) 남아메리카의 강. 아마존의 지류인 푸투마요강과 나란히 흐르는 강이다.
[82] v. Martius, 72.
[83] (옮긴이 주) 남미, 아프리카, 스리랑카, 인도 남부 등 아열대 지역에서 자라는 활엽교목. 중국 황실에서 이 나무를 이용해 가구를 만들었다고 할 정도로 귀한 목재임.
[84] Varnhagen, *Historia Geral do Brazil*, I, 431; v. Martius, 131.
[85] *Caduvei*, I, 100.
[86] *A Voice for South America*, XIII, 201.

279. 폴리네시아와 멜라네시아의 노예제

폴리네시아, 멜라네시아, 동인도, 특히 동인도의 사회는 여전히 매우 낮은 생활 수준의 단계에 머물러 있다. 그들의 사회는 오래된, 그리고 모레스가 케케묵은 사회의 모습을 보여준다. 코드링턴(Cordrington)[87]은 "소위 노예제로 불릴 만한 제도는 존재하지 않는다. 사람 사냥 원정에서 잡힌 포로들은 상황에 따라 지배자들이 활용할 수 있다. 포로들은 자유와는 매우 거리가 먼 상황에서, 그들을 포획한 사람들과 함께 살아간다. 그럼에도 그들이 노예로 간주되거나 노예 활용의 목적으로 유지되는 것은 아니다."라고 말한다. 라첼(Ratzel)[88]은 "노예는 전쟁이나 빚 때문에 멜라네시아 전역에 널리 퍼져있었다."라고 말한다. 노예제는 어떤 경우에는 노예들에게 혹독했고, 어떤 경우에는 그렇지 않았다. 섬머빌(Somerville)은 이 지역에서는 "노예 주인이 사망해서 필요할 때처럼 노예가 반드시 필요한 모든 경우를 대비해서 일정 수의 노예가 유지되었다."라고 말한다. 그는 솔로몬(Solomon) 제도에 대해 언급하기도 한다.[89] 핀치(Finsch)가 멜라네시아인들에 대해 언급하는 바는 아마도 남양군도(南洋群島) 섬들에 사는 모든 주민에게까지 확장해서 적용할 수 있을 것이다.[90] 그들은 일할 필요가 없으므로 일을 하지 않으려 한다. 그들은 원하는 바가 얼마 되지 않는 것이다. 페일(Pfeil)은 독일령 멜라네시아인들에게 인류의 과업에 이바지하도록 일을 시키고자 했다. 이러한 목적은 역사상 노예제가 존속되어온 가장 커다란 이유 중의 하나로 꼽힌다.

---

[87] *Melanesians*, 346.
[88] *Völkerkunde*, II, 279.
[89] JAI, XXVI, 400.
[90] *Samoafahrten*, 170.

280. 동인도의 노예제

1774년 치타공(Chittagong)[91][92]의 수장(首長)은 영국 총독에게 편지를 보내 "자신의 관할 구역에서 노예제가 지속되는 이유는 의지할 친구가 없고, 마땅한 직업이 없는 가난한 사람들이 스스로 노예가 되길 바라기 때문"이라고 말했다. 노예와 그의 아내는 "자신의 품위를 떨어뜨리지 않고, 가족을 욕보이지 않기 위해" 주인과 그의 아내가 원하는 방식으로 자유민 하인이 수행하려 하지 않는 서비스를 제공해야 한다. 이러한 노예제를 폐지하면 주인들이 불만을 가지게 될 뿐만 아니라 노예제에 익숙해져 있는 노예들 또한 만족감을 느끼지 못할 것이다. "최근까지도 채무자 노예가 있는 구릉지대에는 이와 같은 보편적인 관습이 널리 퍼져있었다." 채무자는 빚을 전부 청산할 때까지 자신의 아이 중 한 명 혹은 여자 친척을 채권자에게 시종으로 보냈다. 볼모로 잡힌 사람들은 채권자의 가족처럼 대우받았고, 힘든 일을 하는 경우가 없었다. 그런데 영국인들이 개입함으로써 권세 있는 집안의 아내와 딸들이 갑자기 모든 집안일을 해야 하는 상황에 처하게 되었다. 결국 "채권자와 채무자는 서로에 대한 신뢰를 상실했다."[93] 이 구릉지대에는 혐오스러운, 사실상의 노예제가 존재한다. 이러한 제도는 현재 영국의 관할권에서 벗어나 독자적으로 살아가는 부족들만이 채택하고 있다. 이 노예제는 무력에 의해 시행되고 있다. 전쟁에서 무력에 의해 포로로 생포된 남자와 여자들은 한 주인에게서 다른 주인에게 팔려 다닌다. 이러한 관습이 탄생한 것은 이 부족들이 여자가 부족했기 때문이다."[94] 친(Chin) 구릉지

---

[91] Lewin, *Wild Races of Southeastern India*, 85.
[92] (옮긴이 주) 방글라데시 남동쪽에 있는 도시.
[93] Lewin, *Wild Races of Southeastern India*, 86.

대에는 전쟁 포로 노예, 범죄자와 채무자 노예, 자발적인 노예, 태생적 노예가 있다. 주인들은 노예들의 생사를 좌우지할 수 있었다. 그럼에도 노예들에 대한 대우는 좋았다. 친 구릉지대 사람들은 버마의 저지대를 급습했고, 몸값을 받아낼 포로들을 포획했다. 남성 노예는 여성 노예들과 동거했고, 애정을 가지고 자신들의 아이들을 양육했다. 아이들은 "신분이 부모와 다를 바 없이 낮았지만 그렇다고 반드시 불행한 것은 아니었다."[95] 실론(Ceylon)[96]에는 온갖 지위의 노예가 있었다. 가장 높은 지위의 노예는 수감되어 있거나 범죄를 저지른 왕자들이었다. 실론에서는 일부 사람들이 시장에서 노예를 사기도 하지만, 괜찮은 대우를 받으려 노예가 되기를 자처한 사람들을 받아들이기도 한다.[97] 한 말레이인이 노예 주인에게서 여러 명의 전쟁 포로를 사서 섬으로 데려간다. 그곳에서 그는 한 중국인에게 노예들이 섬에서 일하길 원하지만, 이주비용을 빚져 그렇게 할 수 없다고 말한다. 이때 그 중국인은 이주비용을 대신 내주고 노예들에게 도박을 할 돈을 포함해 외상으로 옷과 같은 생필품 등을 제공한다. 그런데 그들에게 제공되는 임금은 적고 이자는 많다. 그들은 절대로 빚을 갚을 수 없을 것이고, 다시는 자유를 얻지 못하게 될 것이다. 이런 방식으로 이루어지는 노예 매매 때문에 니아스(Nias)[98] 섬 북쪽의 인구가 감소했다.[99] 수마트라에서는 빚진 사람에게 돈을 갚을 것을 요구하는데 갚지 못하면, 혹은 빚진 사람이 죽었는데 빚을 청산할 만큼 충분한 재산을 남기지 않았다면 그의 자녀들이 반(半)

---

[94] 위의 책, 91.
[95] Carey and Tuck, *The Chin Hills*, I, 203 이하.
[96] (옮긴이 주) 오늘날의 스리랑카.
[97] Schmidt, *Ceylon*, 273.
[98] (옮긴이 주) 인도네시아 수마트라 서부 해안에 위치해 있는 섬.
[99] Raap in *Globus*, LXXXIII, 174.

노예 상태에 놓이게 되고 만다. 수마트라의 채무자 중에는 누군가에게 자신들이 서비스를 제공할 테니 빚을 갚아달라고 요구하는 경우도 있다. 주인이 정식으로 세 번에 걸쳐 빚을 갚을 것을 요구했음에도 갚지 못하면, 그들은 완전한 노예로 전락하게 된다. 말레이반도의 항구 마을에는 노예가 존재한다. 하지만 삶이 매우 단조로운 시골 지역에는 노예가 존재하지 않는다.[100] 기근에 시달리는 가난한 부모들은 쌀을 조금이라도 구하려고 자신의 아이들을 노예로 판다. 아이들, 특히 딸들은 가장의 재산에서 커다란 부분을 차지한다.[101] 보르네오섬의 마하캄(Mahakkam) 지역에 있는 코에테이(Koetei)에서는 잘 사는 사람들이 채무자를 인질로 잡아둔다. 인질의 처지는 노예보다는 낫다. 채무자들은 그런 처지에 만족하고 복종하는 듯하다. 사람 사냥 원정에서 사로잡힌 포로는 제물로 바쳐질 때까지 노예로 지낸다.[102] 다야크족의 권력자가 죽을 때 함께 제물로 바쳐진 사람의 영혼은 다른 세상에서도 그의 종이 된다. 이승에서 제물로 바쳐진 사람을 죽인 자는 살해된 영혼을 마음대로 다룰 수 있다. 명망 있는 사람이 숨을 거두면, 그와 채무관계로 얽혀있는 노예들은 마을 광장에서 고문을 받고 살해된다. 숨진 사람의 명예를 드높이기 위해서다.[103] 티모르라우트 제도(Timorlaut)[104]에서는 "노예제가 대규모로 시행되고 있다." 이곳에서는 절도범, 채무자 혹은 타인의 명예를 훼손하거나 비방한 자들이 피해자의 노예가 된다. 노예 매매는

---

[100] Marsden, *Sumatra*, 252.
[101] Wilken in *Bijdragen tot de Taal-Land-en Volkenkunde van Nederlandsch Indië*, XL, 175.
[102] Bock, *Reis in Borneo*, 9, 78, 94.
[103] 위의 책, 92.
[104] (옮긴이 주) 인도네시아의 말루쿠 제도 남부에 위치해 있는 여러 섬. 흔히 타님바르 제도(Tanimbar Islands)로 불린다.

섬들 간에도 활발히 이루어졌다.[105] 다야크해의 노예들은 섬사람들의 문화를 수용했고 만족했다. 그들은 주인에게 사랑을 받았고, 입양되기도 했다. 그들이 해방되어 자유로운 신분의 여인과 결혼하는 경우도 있었다. 시골 마을에서는 노예들과 주인들이 같은 음식을 함께 먹었다.[106] 빈곤과 채무 때문에 노예가 된 육지 다야크 노예들은 "마치 완전히 자유로운 듯 행복을 구가했고, 그들을 나쁘게 대할 생각을 전혀 하지 않는 주인과 더불어 자유를 누렸다."[107] 과거에는 남의 집에 불을 지른 사람이 불탄 집 주인의 노예가 되어야만 했다.[108] 티모르(Timor)[109]의 노예들은 자유에 대해서는 별다른 관심이 없는 듯이 보인다. 그들의 생계 수단은 불안정하다. 노예 중에는 개인이 아니라 왕국에 소속된 노예가 있는데, 왕은 그들을 마음대로 팔 수 없다.[110] 바리토(Barito) 계곡에서는 빚을 진 노예가 어떤 일이든 해야만 했다. 그는 태형, 혹은 빚에 더해진 벌금형에 처해지는데, 이는 관습을 어긴 정도, 혹은 훼손된 도구와 그릇의 가치에 따라 늘어나기도 한다. 그의 아이가 태어나고 한 달 후에는 그에게 빚 10굴덴(gulden)[111]이 추가되고, 아이가 일할 나이가 되면 교육비까지도 추가된다. 주인은 그를 망자(亡者)의 축제에서 살해하기도 했다. 주인은 새로운 부담금을 채무자에게 부과하여 그를 괴롭힐 수 있고, 빚을 계속 유지하거나 늘리기까지 할 수 있다.[112] 카팅안

---

[105] JAI, XIII, 15.
[106] Ling Roth, *Natives of Sarawak and British North Borneo*, II, 209.
[107] 위의 책, 209.
[108] 위의 책, 213.
[109] (옮긴이 주) 말레이 제도 남부 소순다 열도에 속하는 섬이다.
[110] JAI, XIII, 417.
[111] (옮긴이 주) 과거 독일과 네덜란드에서 금화를 일컫던 단위.
[112] Schwaner, *Borneo*, I, 205.

(Katingan)[113] 계곡에는 채무 노예가 존재하지 않는다. 왜냐하면 빚을 갚을 수 없는 채무자는 3년 후 씨종(hereditary slave)[114]이 되며, 그가 빚을 갚을 방법이 생겼다 해도 자유를 얻을 수 없기 때문이다.[115] 빚을 갚을 수단을 얻어 채무관계에서 벗어나고자 한다면, 그는 수수료와 세금, '가훈(家訓)'에서 정해놓은 관례적으로 치러야 할 요금 등을 내야만 한다. 그가 주인집을 떠나고 나서는 1년 혹은 2년 동안 돌아와서는 안 되고, 주인집에서 가져간 어떠한 것도 먹으면 안 된다. 이는 그의 독립을 입증하기 위함이다. 그 후 그는 해방의 기쁨을 누리는 잔치를 열고 마침내 자유인이 된다.[116] "노예제와 볼모제는 본질적으로 같다."[117] 다야크족은 자신들의 천국이 구름섬이라고 생각했는데, 그들에게는 위대한 존재의 딸들에 관한 신화가 있다. 위대한 존재는 4900여 개의 금실로 엮은 끈을 내려줘 인간들을 하산시키고자 했으나 인간들이 너무 서두른 나머지 대나무 숲과 등나무들이 있는 곳으로 가버리게 되었다. 신은 이 때문에 화가 나서 그들을 노예로 만들어버렸는데, 이 신화는 노예 계급의 등장을 설명한다. 이전에는 전쟁 포로나 벌금을 낼 수 없는 범죄자들도 노예가 되었다. 사람들은 빚 때문에 인질이 되었고, 낭비와 도박이 이러한 삶의 원인이 되었다. 한 사람이 빚 때문에 전당을 잡히면 그의 가족 모두는 그와 운명을 같이하게 된다. 가족이 모두 탐

---

[113] (옮긴이 주) 인도네시아 보르네오의 한 지역.
[114] (옮긴이 주) 대대로 전하여 내려가며 종노릇을 하는 사람. 이들은 돈으로 사서 얻은 종이 아니라 주인이 거느리고 있던 여종에게서 태어난 종을 가리킨다. 이 '씨종'은 자유를 누릴 수가 없고 주인의 영원한 소유가 된다.
[115] 위의 책, II, 149.
[116] Ling Roth, *Natives of Sarawak and British North Borneo*, CLXXXV; JAI, XXII, 32.
[117] Perelaer, *Dajaks*, 153.

욕스러운 주인을 만족시키기 위해 열심히 일해야 하는 것이다. 그에게는 수확이나 거래를 통해 얻은 이익의 겨우 10분의 1을 얻을 자격만이 주어진다. 자유인들은 볼모들을 경멸한다.[118] 윌켄(Wilken)[119]은 바탁족(Bataks)에 대해 말하면서 설령 노예라 해도 부지런하고 절약해서 산다면 언제든지 그 신분에서 벗어날 수 있다고 밝히고 있다. 도박과 사치, 간음 등으로 인해 채무 노예가 될 수 있는 여러 위험요소 외에도, 주의를 게을리하는 사람이 빠질 수 있는 함정으로서의 관습들도 존재한다. 예를 들어 일부 섬에서는 필요해질 때까지 녹말과 쌀을 숲에 놔둔다. 그런데 어떤 사람이 쌓아둔 녹말과 쌀 앞을 지나갈 경우, 그는 그 물건들에 깃든 혼령을 데려간 것으로 간주되며, 잡히면 그와 그의 가족 모두가 노예가 된다. 또 다른 예로 특정 장소에서 항상 낚시를 하던 사람이 죽으면 그 장소는 그의 영혼이 깃든 장소로 여겨져 금기시되는 경우가 있는데, 이 장소에서 낚시를 하는 사람은 누구든 그 가족의 노예가 된다. 마지막으로 애도를 표하는 장소에서 애도 관습을 어기는 사람도 역시 노예가 된다.[120] 중국에서는 윤리적 교의에 대한 교육이 이루어짐으로써 노예들이 무거운 부담을 지지 않았고, 그들에 대한 처우도 온화했다. 부모들이 자녀를 팔 수밖에 없는 경우는 가난 때문이었다.[121] 노예의 주인은 여성 노예들에게 남편을 마련해주어야 했고, 남편과 아내, 혹은 부모와 자식을 떨어뜨려 놓는 것이 법적으로 금지되었다.[122] 노예제는 법적으로 금지되어 있는 듯하지만 부모가 가난하면 묵인되고 있

---

[118] Perelaer, *Dajaks*, 155.
[119] *Volkenkunde*, 423.
[120] JAI, XVI, 142.
[121] Williams, *Middle Kingdom*, I, 413.
[122] 위의 책, 277.

다. 사내아이들은 한번 노예가 되면 계속 속박을 받고, 그들의 아이들도 노예가 된다. 하지만 이들에 대한 소유는 합법이 아니다. 여자아이들은 결혼을 하면 자유를 얻게 된다.[123]

281. 아시아의 노예제

아시아의 노예제에서는 노예의 운명이 주인의 뜻에 좌우된다. 하지만 이들의 모레스는 노예 주인이 자신의 힘을 신중하게 사용하도록 가르친다. 반드시 그런 것은 아니지만 대개 노예 주인은 노예를 실제로 신중하게 대한다. 니베디타(Nivedita)에 따르면,[124] 거대한 종교 체제의 지배를 받는 아시아의 노예제는 유럽과 미국에서 이해되는 방식대로의 노예제를 의미한 적이 결코 없었다. '노예'라는 단어가 유럽인들이 느꼈던 것과 같이 아시아인들의 의식에 어떠한 가책을 유발하지 못한 것은, 그들의 관습이 갖는 인간애적 특징(또는 여러 사례 유형에 적절한, 모레스 내의 가장 현명한 행위 방식에 대한 판단)이 초래한 흥미로운 결과다.

282. 일본의 노예제

일찍이 일본에서는 범죄를 저지른 사람이 그에 대한 처벌로 노예가

---

[123] Medhurst in *China Branch of the Royal Asiatic Society*, RAS, IV, 17.
[124] *Web of Indian Life*, 69.

되는 경우가 흔히 있었다. 빚을 갚을 수 없는 채무자들은 채권자들의 노예가 되었고, 도둑들은 그들이 훔친 물건 주인의 노예가 되었다. 일본에서는 기독교를 전파하려는 시도와 이에 대한 저항이 있었는데, 고문을 받아도 생각을 바꾸지 않은, 기독교로 개종한 다수의 사람은 노예가 되었다. 이는 사형의 대안이었다. 노예들에게는 누군가의 소유물임을 보여주는 표식이 새겨졌다. 초기에는 노예들이 소를 사고파는 것처럼 거래되었고, 주인들은 이들을 공물로 바치기도 했다. 이는 옛 기록에 줄곧 언급되는 관행이다. 그들에게는 남녀 간의 결합도 인정되지 않았다. "하지만 7세기에 이르러 개인이 소유했던 노예들이 국가의 재산임이 선언되었는데, 이때 장인(匠人), 혹은 유용한 생업에 종사하는 거의 모든 사람, 어쩌면 모든 사람이 해방되었다. 이후 대규모의 자유민 계층이 점차 나타났지만 오늘날까지도 일반인 중 다수는 노예와 다를 바 없는 상황에 머물러 있는 것으로 보인다."[125]

283. 고등 문명사회의 노예제

야만과 미개의 상황 속 인간들이 각자의 이익을 충족하려고 가능한 경우 서로를 활용했으며, 이것이 계기가 되어 노예제가 탄생했다는 주장은 어느 정도 개연성이 있어 보인다. 삶의 어려움이 노예제를 탄생시킨 것이다. '패배자에게 애도를!' 그리고 '전리품은 승리자의 것'. 이것이 전쟁의 법칙이었다. 부채 관계는 생존을 위한 투쟁에서 발생한 두 사람 사이의 사건에서, 혹은 돈과 상품 대여와 관련된 두 사람 사이에

---

[125] Hearn, *Japan*, 256, 258, 353.

서 만들어지는 관계였다. 모든 불행은 사실상 재원(돈과 물건) 부족 때문에 야기되는 것일지도 모르며, 이때 채무자는 상대에게 종속되고 예속되어버린다. 관습과 법을 거스르는 사람은 모두 벌금을 물었다. 행정 당국은 해야 할 일이 많았는데, 이를 충당하려면 벌금을 부과해야 했다. 채무자들은 미래의 노동 시간을 저당 잡혔으며, 채무자의 채권자에 대한 관계는 사적인 것이었다. 그가 채무자라는 사실은 그의 재산이 보호받지 못한다는 것을 의미했다. 함무라비 법전은 채무자가 아내와 자식을 볼모 노예로 제공할 수 있다고 규정하고 있지만 그 기간을 3년으로 제한했다. 볼모 노예가 된 4년째가 되는 해에 채권자들은 노예들을 풀어주어야 했다. 법은 볼모가 된 사람들을 잘 대우하도록 규정하고 있다. 볼모로 잡힌 노예가 팔리는 경우도 있었으나 아이가 있는 여종이라면 그렇게 할 수 없었다.[126] 도망친 노예를 돕거나 숨겨주는 행동은 사형에 처할 죄에 해당했다.[127] 그 밖에 칼데아인(Chaldean)[128]의 계약서가 다수 발견되었는데, 여기에는 채무자가 빚을 다 갚을 때까지 반드시 채권자를 위해 일하겠다는 내용이 담겨 있었다.[129] 바빌로니아인 노예들은 사유재산(peculium)을 모을 수 있었으며, 주인에게 재산세를 내고 자신의 재산을 이용하여 사업을 할 수 있었던 것처럼 보인다.[130]

---

[126] Winckler, *Die Gesetze Hammurabis*, 21.
[127] Winckler, *Die Gesetze Hammurabis*, 21.
[128] (옮긴이 주) 고대 오리엔트 세계에서 활약한 셈계 유목민 중 하나. 기원전 10세기 후반 내지 9세기 초반에서 기원전 6세기에 이르기까지 존재했던 셈어파의 국가. 그 후 이 국가와 국민은 바빌로니아에 흡수·동화되었다. 수도 바빌론은 '세계의 중심'으로 불리며 문화, 학문, 경제가 현저히 발전했다.
[129] Kohler und Peiser, *Aus dem Babylonischen Rechtsleben*, IV, 47. 또한 I, 1과 II, 6도 참조.
[130] 위의 책, I, 1.

284. 유대인의 노예제

유대법에는 법의 적용 범위가 3년이 아닌 6년이라는 것을 제외하곤 함무라비 법전과 비슷한 조항이 다수 포함되어 있었다. 채무자는 노예가 되지는 않았지만 희년(禧年, jubilee)[131]이 될 때까지 서비스를 제공해야 했다.[132] 열왕기 하 4장에서 과부는 엘리사(Elisha)에게 남편의 채권자가 찾아와 자신의 두 아들을 농노로 데려가려 한다고 말한다. 유배지에서 돌아온 일부 유대인 채권자들이 그들을 채무자 노예로 삼겠다고 협박을 하는 것이다. 느헤미야[133]는 유대인 채권자들에게 그러지 말라고 탄원을 한다.[134] 마태복음 18장 25절에는 남성이 돈을 낼 수 없으면 그는 아내와 자식들과 함께 팔려가게 된다고 적혀있다. 또한 누군가를 납치한 사람은 사형에 처해질 수 있었다.[135] 욥기 31장 15절에는 노예제를 거부해야 하는 궁극적인 종교-철학적 이유가 나온다. 거기에는 다음과 같이 적혀 있다. "나를 만든 조물주가 종 또한 만들지 않았는가?" '언약법전(Book of Covenants)'[136]의 모두(冒頭)에는 노예를 다루는 법적인 내용이 나온다.[137] 남성 노예와 그의 아내는 만약 자신들이 계속 노예로 남길 원치 않으면 종이 된 지 7년째 되는 해에 해방을 시켜줘야 했다. 한편

---

[131] (옮긴이 주) 희년(禧年, Year of Jubilee)이란 가톨릭교회가 25년마다 신자들에게 특별히 은혜를 베푸는 성스러운 해를 말한다.
[132] 레위기 25장 39절.
[133] (옮긴이 주) 기원전 5세기 유대인 지도자.
[134] 느헤미야 5장 5절.
[135] 출애굽기 21장 16절.
[136] (옮긴이 주) 언약법전이라는 말은 출애굽기 24장 7절에서 비롯되었다. 시내산 언약의 조건으로 제시된 율법들로, 이는 십계명(출 20:22~23:19)에 나오는 율법을 준수할 것을 조건으로 하여 맺어진 언약이다.
[137] 출애굽기 21장.

남성은 딸을 노예로 팔아버릴 수 있었다. 다시 말해 딸을 첩으로 팔아버릴 수 있었던 것이다. 원칙적으로 딸을 첩으로 팔아버리는 경우와 시집을 보내는 경우 사이에는 별다른 차이가 없었다. 신명기 15장 12절에는 여성 노예에게는 노예가 된 지 7년이 되는 해에 자유를 줄 것이며, 이처럼 자유인이 된 여성 노예들을 결코 빈손으로 내보내지 말라고 적혀 있다. 노예들은 전쟁 포로, 팔린 사람 혹은 범죄자였다.[138] 많은 경우 노예들의 형편은 그리 어렵지 않았다. 노예 주인들은 노예의 생사를 결정할 힘을 가지고 있지 않았다. 종이 재산을 축적할 수도 있었다.[139] 노예가 히브리인이라면, 그는 동포를 위해 만들어진, 주인에 대한 특별 규제의 보호를 받았다.[140]

285. 고대국가의 노예제

노예제는 고대국가 이전의 야만적이고 미개한 삶에서 유래해 위대한 두 고대국가로 계승되었다. 아리스토텔레스는 노예제를 연구하면서 이러한 제도가 존재하지 않은 시기를 찾을 수 없었다. 앞에서 우리는 노예제가 어떻게 비문명화된 사회의 주요 제도 중 하나가 되었고, 어떻게 각기 다른 형태와 수준으로 발전했는지를 살펴보았다. 위대한 두 고대국가, 특히 로마는 노예제를 기반으로 국가의 힘을 함양했다. 두 국가는 타인들에게 야기할 수 있는 고통에 대해, 혹은 타인들의 행복을 앗아가는 것에 대해 별로 개의치 않으면서 자신들의 이익을 취했다. 로마

---

[138] 출애굽기 22장 2절.
[139] 레위기 25장 49절; Buhl, *Die Socialen Verhältnisse der Israeliten*, 35, 106.
[140] 신명기 15장 12~18절; 출애굽기 21장 2절 이하.; 레위기 25장 39~46절.

는 인접 국가를 정복하는 과정을 거치면서 나라를 건립했다. 로마는 전쟁 포로를 노예로 부려 국력을 증진했고, 더 많은 나라를 정복했다. 이러한 과정은 그들이 아는 모든 나라 국민들을 노예로 만들 때까지 반복되었다. 페니키아인들은 아이들과 성인 남녀를 납치하는 상인이었다. 그들은 기회가 되면 납치된 사람들을 고향에서 멀리 떨어진 곳에 노예로 팔았다. 거래를 통해 부자가 된 이오니아[141]인들은 노예들을 사들였고, 노예들이 생산에 관한 모든 일을 하는 나라를 구축했다. 결국 그리스와 로마 두 나라는 생산직 노동을 업신여기게 되었다. 여행을 떠난 사람은 매우 쉽게 노예로 전락해버릴 수 있었고, 민주제가 시행되는 도시는 패배한 도시인들을 노예로 팔아버리고 이를 승인하는 데 전혀 거리낌이 없었다. 그렇게 하면서 모든 사람은 노예가 비천한 특징을 가졌다는 당대의 생각을 당연하게 받아들였고, 이러한 생각들은 반복해서 나타났다. 우리는 이와 같은 사실을 발견하고 깜짝 놀라지 않을 수 없다. 호메로스(Homer)는 노예의 영혼이 보통사람의 반쪽에 불과하다고 말했다.[142] 스크립토레스 에로티시(Scriptores Erotici)의 사랑 이야기에는 납치 사건이 자주 나온다. 움메우스(Eumæus)의 이야기 중 상당수는 분명 노예에 관한 내용일 것이다.[143] 물론 고전 작가들이 노예제의 비애를 종종 언급하기도 했다. 하지만 설령 그랬다 해도 그들이 노예들에게 연민을 보이는 경우는 드물었고, 연민을 보이는 경우는 매우 우연적일 따름이었다.[144] 만약 여행을 떠난 사람, 특히 상인이 자칫 노예가 되어

---

[141] (옮긴이 주) 소아시아 서부의 좁은 해안과 에게해 동부의 섬들로 이루어진 지역. 현 터키와 그리스의 일부에 해당하는 지역.
[142] *Odýsseia*, XVII, 322.
[143] 위의 책, XV, 403.
[144] Buchholz, *Homerische Realien*, II, 63.

버릴 위험성이 매우 컸다면, 모든 사람들이 노예가 될 유사한 위험에 직면해 있었고, 이에 따라 노예는 연민과 동정의 대상이 되어야 했던 것은 아닐까? 유명한 비극 작품은 흔히 노예제의 비애, 특히 왕자와 공주, 남녀 주인공의 명과 암을 그리고 있다. 에우리피데스의 헤카베(Hekuba)[145]에서 폴릭세나(Polyxena)[146]는 노예로 겪게 될 자신의 운명에 비통함을 금치 못한다. 그녀는 고약한 주인이 자신을 살 것이며, 자신은 비천한 노예에게 주어지는, 비참한 삶을 영위하는 아내가 되어 주인을 위해 빵을 반죽하고, 청소를 하며, 옷감을 짜야 할 것이라 생각한다. 그녀는 그렇게 살 바에는 차라리 아킬레우스의 무덤 위에서 죽는 편이 낫다고 생각한다. 그리스인들이 그녀를 죽이려 하자, 그녀는 자신의 몸에 손대지 말라고 요청한다. 그녀는 자신이 순순히 말을 들을 것이니, 자진해서 죽도록 내버려 둬 달라고 요구한다. "왕족인 내가 죽어서 노예로 불리는 것은 치욕이다." 『트로이의 여인들(Trojan Women)』[147]에서는 트로이의 여인들이 개별적으로 새로운 그리스 주인들에게 팔려갈 때 외치는 비명을 들을 수 있다. 이 희곡은 노예제의 비애로 가득하다. 아테네(Athens)에서는 노예들이 거동과 행동에서 커다란 자유를 누렸다. 그들은 매우 가난한 자유민처럼 옷을 입었다. 사람들은 단지 노예라는 이유로 다른 사람의 노예를 학대할 수 있다고 생각하지 않았다. 주인의

---

[145] (옮긴이 주) 헤카베는 트로이의 왕 프리아모스(Priamos)의 아내다. 에우리피데스의 비극, 『헤카베』와 『트로이아 여인들』에서 헤카베는 주인공으로 나온다.
[146] (옮긴이 주) 그리스 신화에 나오는 트로이의 마지막 왕 프리아모스와 왕비 헤카베의 딸이며 카산드라, 파리스와 헥토르의 누이동생이다.
[147] (옮긴이 주) 그리스의 극작가 에우리피데스(Euripides)가 지은 비극. 펠로폰네소스 전쟁이 치러지는 중에 만들어졌다. 연극이 처음 상연된 해인 기원전 415년, 아테네인들이 에게해 연안의 멜로스(Melos)의 섬들을 공격하여 주민들을 학살하고 복종시켰는데, 『트로이의 여인들』은 에우리피데스의 이 사건에 대한 우회적인 일련의 논평으로 여겨진다.

학대를 받으면, 노예는 사원으로 도피하여 주인에게 자신을 다른 사람에게 팔아 달라고 요청할 수 있었다. 노예들은 자신들이 알고 있는 어떤 거래도 할 수 있었으며, 주인에게 정해진 금액을 치르면 해방 증서를 살 수도 있었다. 그럼에도 그들의 행복은 또 다른 사람의 의지에 달려 있었다.[148] 법에 따르면 그들은 물건처럼 소유의 대상이었고, 누군가에게 제공되고, 임대되었으며, 팔리거나 상속될 수 있었다. 그들은 재산을 소유할 수 없었으며, 주인의 손아귀에서 벗어나 배타적 소유권이 보증되는 아내를 가질 수도 없었다. 노예들의 자식들은 주인의 소유물이었다. 플라톤은 어떤 사람들은 명령하고, 어떤 사람들은 시중을 드는 것이 자연의 섭리라고 생각했다.[149] 그는 노예의 영혼이 저열하고, 선을 행할 수 없으며, 신뢰할 만한 가치가 없다고 생각했다.[150] 아리스토텔레스는 제대로 정비된 모든 가정에는 생물과 무생물 도구가 필요하다고 생각했다. 생물 도구는 영혼을 소유하되 주인과는 다른 영혼을 지닌 노예다. 그들은 의지가 부족하다. 노예들은 주인의 의지에 좌우되는 팔다리와 같다. 그들에게는 복종이 미덕이다.[151] 아리스토텔레스에 따르면 자신이 살던 당시의 사람들 중에는 노예제가 폭력적이기 때문에 부당하며, 이것이 법에 의해 확립된 데 지나지 않는다고 주장하는 사람들이 있었다.[152]

---

[148] Beloch, *Griechische Geschichte*, I, 469.
[149] 플라톤, 『국가(Politeia)』 I, 309.
[150] 플라톤, 『법률(Nomoi)』 VI, 376.
[151] 플라톤, 『국가(Politeia)』 I, ii, 7; 『니코마코스 윤리학(*Ethica Nicomachea*)』 VIII, 10.
[152] 플라톤, 『국가(Politeia)』 I, 2.

286. 로마의 노예제

로마인들은 힘이 강대해짐에 따라 정복지를 확장해 나갔다. 그들은 알고 있는 모든 세계를 정복할 때까지 이 과정을 반복했다. 로마는 세계의 부가 모두 집결되는 중심지였다. 재화가 로마에서 거꾸로 흘러나가는 경우는 없었다. 로마에서 흘러나간 것은 통치 방식 - 평화, 질서, 그리고 안전 - 이었다. 한동안 속주(屬州)들은 비싼 가격에 재화를 구입해야 했지만 그럼에도 괜찮은 흥정을 할 수 있었을 것이다. 로마 초기에는 노예들이 집안일을 하는 데 활용되었는데, 가구당 소유한 노예의 수는 얼마 되지 않았다. 기원전 150년, 한 귀족이 그의 자식에게 남긴 노예의 수는 10명이었다. 그 후 크라수스(Crassus)는 500명 이상의 노예를 소유했고, 아우구스투스 시대의 클라우디우스(C. Caec. Claudius)는 4116명의 노예를 소유했다.[153] 로마 초기에는 아버지와 아들들이 함께 소작지를 경작했다. 노예들은 오직 더 많은 일손이 필요할 때만 활용되었다. 아들이 셋이면 이 셋이 노예 한 사람을 함께 쓰는 식으로 노예가 한 명씩 할당되었으며, 그들은 줄곧 일과 놀이를 함께 하며 살았다. 정복이 계속되면서 노예의 수가 늘어났고, 이들의 가격이 싸지면서 자유노동자가 사라졌다.[154] 기원전 177년, 전쟁이 끝난 후 그라쿠스(Tiberius Sempronius Gracchus)는 사르데냐[155]에서 수많은 사르데냐인을 팔았는데, 이로 인해 '사르데냐인처럼 싸다'는 말이 관용어가 되었다.[156] 그의 아들

---

[153] Drumann, *Arbeiter und Communisten*, 155.
[154] Bender, Rom, 150, 159.
[155] (옮긴이 주) 이탈리아 북서부에 있던 왕국이다. 사르데냐 왕국은 통일 이탈리아 왕국의 전신이다.
[156] Livy, XLI, 28, 8.

티베리우스는 에트루리아(Etruria)의 영토에 얼마 되지 않은 외국 태생 노예만이 살고 있다는 사실을 발견하고 농경 사업에 뛰어든 것으로 알려져 있다.[157] 뷔허(Bücher)[158]는 기원전 200년 전후에 노예로 전락한 사람들에 대한 다음과 같은 통계 자료를 제시했다. 타란툼(Tarentum) 정복 이후(기원전 209년) 30,000명, 기원전 207년 5400명, 기원전 200년 15,000명.[159] 나중까지도 로마 노예에게는 결혼이 허락되지 않았다. 노예는 계획된 바에 따라 가능한 한 최대한 일을 했고, 일하기에 너무 나이가 들면 팔리거나 살해당했다.[160] 이는 카토(Cato)[161]가 가르쳐준 정책이었다. 시장에는 항상 노예가 넘쳐났고 가격은 낮았다. 주인들은 노예들이 반란을 일으킬 힘과 시간을 가질 수 없도록 매우 고되게 일을 시켰는데, 이것이 주인들에게는 유리한 방책이었다. 역사상 이 시기 이상으로 노예가 인간으로 간주되지 않은 경우는 없었다. 노예는 법정에서 주인을 대신해서 고문당하기 십상이었다. 그들은 검투 행사에 넘겨져 서로 싸우거나 야생 짐승들과 싸움을 벌였다. 기원전 74년, 사력을 다해 싸우라는 명령을 받은 78명의 검투사가 다섯 부대를 무찌른 스파르타쿠스(Spartacus)[162]의 지휘 아래 반란을 일으켰다. 크라수스(Crassus)는 8개의 부대를 이끌고 스파르타쿠스에 대응했고, 트라키아(Thrace)[163]에

---

[157] Plutarch, *Tiberius Gracchus*, 8.
[158] *Die Aufstände der Unfreien Arbeiter*, 36.
[159] Livy, XXVII, 16; XXVIII, 9; XXXI, 21.
[160] *De Agri Cultura*, 2, 7; Plutarch, *Cato*, 5; Schmidt, *Société Civile dans le Monde Romain*, 93.
[161] (옮긴이 주) 로마의 장군이자 정치가(기원전 234년~기원전 149년).
[162] (옮긴이 주) 고대 로마 노예반란의 지도자로 기원전 73년 70여 명의 동료 노예와 함께 양성소를 탈출, 목자(牧者)·농노(農奴)·빈농(貧農)을 규합하여 반란을 일으켰다. 후에 그에 관한 갖가지 전설이 내려오고 있다.
[163] (옮긴이 주) 발칸반도의 남동쪽을 일컫는 지명.

있던 루쿨루스(Lucullus)[164]와 스페인에 있던 폼페이우스(Pompey)가 본국으로 소환되었다. 스파르타쿠스는 마지막 전투에서 갈기갈기 찢겨 죽임을 당했다. 크라수스는 6천 명의 죄수를 카푸아(Capua)[165]에서 로마로 향하는 길을 따라 세워놓은 십자가에 매달아 죽였다.[166]

287. 노예반란

우리는 수많은 반란과 이에 대한 가혹한 조치를 통해 로마의 노예제가 얼마나 혹독했는지를 알 수 있다. 기원전 499년 노예반란이 일어났고, 반란군들은 십자가에 매달려 죽임을 당했다. 이듬해에도 반란이 일어났다.[167] 반란은 요새를 장악하고 도시를 불태우는 것이 목적이었다.[168] 기원전 2세기 초 시칠리아는 노예들로 북적였다. 시칠리아의 노예는 주로 시리아인이었는데, 이들은 매우 강인했으며 참을성이 남달랐다. 이들은 '잠자는 시간 외에는 모두 일해라!'는 카토의 방침에 따라 생활했다. 기원전 196년 에트루리아[169]의 노예들이 반란을 일으켰으나

---

[164] (옮긴이 주) 고대 로마의 장군이자 정치가로 술라의 부하였으며 동방에서 미트라다테스 6세를 상대로 전승을 거두었다. 정계에서 은퇴한 뒤에는 향락적인 삶을 보냈다.
[165] (옮긴이 주) 현재 이름은 산타 마리아 카푸아 베테레(Santa Maria Capua Vetere). 이탈리아 중남부 캄파니아 지방, 나폴리의 북방 약 25km 내륙부에 있는 도시.
[166] Plutarch, *Crassus*, 9; Appianus, I, 120장.
[167] *Dionysus Halicarnessensis*, V, 51; X, 16; Livy, III, 15.
[168] Livy, IV, 45.
[169] (옮긴이 주) 고대 이탈리아의 지명으로 에트루리아인(人)이 세운 나라. 지금의 이탈리아 토스카나주에 해당하는데, 로마인은 이 지방 사람들을 투스키(Tusci)라 불렀고 그들이 살던 지방을 투스키아라 불렀기 때문에 오늘날 토스카나라는 지명이 생겼다.

가혹하게 진압당했다.[170] 104년에는 시칠리아 노예들이 반란을 일으켰으나 4년 후 진압되었고, 끝까지 남은 반란군들은 로마로 이송되어 짐승들과 싸움을 벌였다. 그들 중 일부는 원형경기장에서 자살하기도 했다.[171] 후기 로마 체제에서는 도시의 폭도들이 자신의 지역 지배권을 한 사람에게 맡겼는데, 이때 그는 수탈물의 일부로 그들에게 빵과 사냥물을 나눠 주었다. 프루멘타리(frumentaria)[172]는 세계 정복자, 즉 황제에게 항상, 고정적으로 제공되는 피고용인이었다. 그들은 이탈리아의 토지를 매우 잘 활용하여 목축을 했다. "이전에는 부지런한 소작농들의 기쁨과 만족 속에 번영했던 드넓은 황무지에서 지금은 토지에 대한 자유가 없는 목자(牧者)들이 고대 로마 원로원과 기사들의 거대한 가축 떼를 이끌고 있다."[173] 시칠리아의 지주들은 자신들의 양치기들이 원하는 것을 훔치도록 내버려두었는데, 이를 통해 그들은 양치기들이 약탈행위를 배울 수 있게 했다. 이의 가장 큰 피해자는 소시민이었다.[174] 디오도루스(Diodorus)의 역사서[175]에는 대규모 농장(라티푼디아) 소유자인 다모필로스(Damophilos)에 대한 이야기가 나온다. 어느 날 노예들이 다모필로스를 찾아와 의복을 제공해 달라고 간청했다. 이에 다모필로스는 "그렇다면 지금 나를 찾아온 노예들이 내 지역을 아무 제한 없이 통과했다는 말이 아닌가? 옷을 얻기 전에 통행료부터 내야 하는 것 아닌가?"라고 답하고, 노예들에게 매질을 하고선 다시 일터로 돌려보냈다. 노예들이

---

[170] 위의 책, XXXII, 36.
[171] Neumann, *Geschichte Roms während des Verfalls der Republik*, I, 382.
[172] (옮긴이 주) 로마 시대에 군에 밀을 실어 나르도록 로마에서 다른 주들로 보내진 장교.
[173] Bücher, *Die Aufstände der Unfreien Arbeiter*, 31.
[174] 위의 책, 45.
[175] XXXIV, frag. 2, 8~11.

겪는 고통은 섬을 가로지르는 두 개의 길이 서로 교차하고 있던 엔나 (Enna)에서 정점에 달한 것으로 보인다. 엔나는 해발 915m에 위치한 도시로, 중세에 이르기까지 거대한 요새였다.[176] 이곳에서 마법에 능한 시리아인이 이끄는 노예반란이 시작되었다. 노예들은 도시를 점령했고, 약탈과 살인을 일삼았다. 한 무리가 다모필로스 생포에 나섰다. 그들은 다모필로스와 그의 부인을 죽였지만 딸은 안전하게 친척들에게 보내줬다.[177] 섬에 평화는 10년 후에야 찾아왔다.

288. 후기 로마의 노예제, 내전 속의 노예들, 피보호자의 지위

기원전 2세기경에 이르기까지도 노예제는 인정머리 없고 잔인했지만 그럼에도 다른 한편으로는 노예를 가정의 성원으로 인정하는 측면이 엿보이기도 했다. 노예는 가족의 성원이었으며, 주인 혹은 그 자녀들과 친밀한 관계를 유지했다. 그들은 종교 생활을 함께 하기도 했으며, 그들의 묘비 또한 종교의 보호를 받을 수 있었다.[178] 기원전 2세기경, 로마는 날마다 영토를 확장해 나갔으며, 권력과 재산을 불려 나갔다. 도시의 파벌들은 전쟁에서 차지한 전리품을 얻으려 싸움을 벌였다. 그러면서 로마인들의 품성은 메마르고 무정하게 변했다. 이는 노예제의 형태에 영향을 미쳤다. 기원전 1세기경, 카르타고인, 그리스인, 그리고 로마인들은 잔인하고 배려 없는 노예 소유 시스템을 개발했다. 이로 인해 노예들은 증오와 원한을 품게 되었으며, 복수심을 불태우게 되었

---

[176] Bücher, 52.
[177] 위의 책, 56.
[178] Rossbach, *Die Römische Ehe*, 23; Plutarch, *Coriolanus* (*Lives of Illustrious Men*).

다. 그들은 악의에 차 있었고, 교활하며, 위선적이었다.[179] 시민전쟁 당시, 지도자들은 각기 노예들에게 도움을 구했다. 술라(Sulla)[180]는 10,000명의 노예를 해방해 도시의 세 부족 중 하나에 편입시켰다.[181] 로마인들은 칸나이(Cannæ)[182] 전투를 마친 후 8000명의 노예들을 무장시키면서 그들에게 선거권을 줬다.[183] 아이밀리우스 파울루스(Æmilius Paulus)는 15,000명의 에페이로스인(Epirotes)[184]을 팔았다. 마리우스(Marius)는 엑상프로방스(Aquæ Sextiæ)[185]에서 9,000명의 튜튼인(Teutons)[186]을, 베르켈라이(Vercellæ)[187]에서 6,000명의 킴브리아인(Cimbrians)[188]을 포로로 잡았다. 마리우스가 노예 해방을 제안했을 때 응한 포로는 오직 세 명뿐이었다.[189] 술라는 처벌 대상으로 이름이 포고된 자들의 노예 중 주인에 대한 불리

---

[179] Wallon, *L'Esclavage*, I, 406; II, 262.
[180] (옮긴이 주) 술라(Lucius Cornelius Sulla Felix, 기원전 138년~기원전 78년)는 로마의 장군이자 정치가로 독재관(獨裁官, 기원전 82년~기원전 79년)을 지냈다. 자신의 군대가 로마보다 자신에게 더 충성하도록 만들었고, 직접 로마 내부로 군대를 진격시켜 독재관의 자리에 올랐으며, 기원전 81년, 케사르가 등장하기 30년 전에 수천 명의 시민을 학살했다.
[181] Plutarch, *Sulla*, 9.
[182] (옮긴이 주) 이탈리아 남동부의 아풀리아주(Apúlia)의 고대 마을. 한니발이 로마 군대를 크게 무찔러 이긴 곳.
[183] Livy, XXII, 57.
[184] (옮긴이 주) 고대에 발칸 남서부에 있는 지방인 에페이로스의 퓌로스가 다스리던 나라의 국민.
[185] (옮긴이 주) 프랑스 동남부에 위치한 부슈뒤론주의 도시. 마르세유에서 북쪽으로 약 30km 떨어진 곳에 위치하고 있다.
[186] (옮긴이 주) 엘베강 북쪽에 살던 게르만 민족. 오늘날에는 독일인, 네덜란드인, 스칸디나비아인 등 북유럽에 사는 사람을 일컫는다.
[187] (옮긴이 주) 이탈리아의 피에몬테주에 있는 도시. 토리노에서 북동쪽으로 64km 떨어진 세시아 강변에 있다.
[188] (옮긴이 주) 바바리아(Bavaria)와 북동 이탈리아에 사는 게르만인들.
[189] Plutarch, *Marius*, 35.

한 증언을 하는 노예를 해방할 것을 약속했다. 그러자 한 명의 노예가 과연 그렇게 했고, 술라가 그를 해방했지만 이내 처형했다. 이처럼 노예들은 정치적 파벌과 지도자들의 장난거리였다. 로마인들이 정복한 모든 곳 사람들은 굽신거리는 기질을 갖게 되었다. 정복당한 지역의 사람들은 유사(類似) 노예 상태로 전락했다. 모든 사람은 인두세(head tax)[190]를 냈고, 이는 예속의 표시였다. 로마의 체제는 모든 사람이 처해 있는 상황을 예속의 상태로 바꾸어 놓았다. 후기의 한 로마 황제는 로마의 원로원 의원을 "토가(toga)[191]를 입은 노예들"이라고 불렀다. 황제 아래에서 모든 사람이 무(無)가 되어버리자, 정작 노예들이 이익을 얻었다. 그들이 처한 상황은 다른 로마인들에 비해 나빠지지 않았다.[192] 정복이 이루어지면서 모든 사람이 예속되었다. 자신을 큰 가문에 예속시키지 못한 사람은 파멸에 이르렀다. 이러한 이유로 자유인이 된 여성들은 거의 항상 나락에 빠졌다.[193] 예속은 게으른 사람들의 피난처가 되었다. "로마인들은 아무것도 거저 주지 않았다." 사회체제 밖의 사람은 모두 권세가의 지원을 구해야 했다. 권세가는 보호의 대가로 돈이나 서비스를 제공받았다. 보호 대상이 된 사람들은 완화된 노예의 지위에 놓였다.

---

[190] (옮긴이 주) 성(性)·신분·소득 등과 관계없이 성인이 된 사람에게 일률적으로 동액(一律同額)의 세금을 내게 하는 것.

[191] (옮긴이 주) 로마인들이 몸에 둘러 입었던 매우 긴 모직의 옷. 왼쪽 어깨 위와 팔에 걸치고, 오른쪽 팔은 자유롭게 그냥 두었다.

[192] Grupp, *Kulturgeschichte der Römischen Kaiserzeit*, I, 306.

[193] 위의 책, 271.

289. 노예 해방, 천부의 자유권

노예상들은 오늘날의 말 중개상을 크게 능가하는 속임수를 개발했다.[194] 주인은 노예를 해방함으로써 노예라는 가장 커다란 걱정거리를 덜게 되었고, 해방노예들(freedmen)[195]이 이행할 경우 주인이 이익을 얻을 수 있는 계약을 통해 해방노예들을 자신들에게 묶어두었다. 주인은 교활하게 이득을 취했다.[196] 타키투스(Tacitus)[197]는 당대의 로마인이 거의 모두 해방노예였다고 말한다. 만약 실제로 그러했다면 우리는 제국의 '국민'이 공화국의 국민과는 다르다는 사실을 파악할 수 있어야 한다. 로마인들은 교육받은 장인(匠人)을 노예로 얻으면 그 장인이 다른 여러 사람을 가르치게 했다. 외부인들이 더 이상 로마에 정복당해 노예가 되지 않은 시기에는 노예들이 서로 가르쳤다. 이렇게 되자 가르치는 일은 엉망이 되어 버렸다.[198] 이는 로마가 세상의 생산물과 문화를 소모해 버리는 또 다른 방법이었다. 노예에게 동정심을 나타내는 경우는 그것이 참이건 허구이건 인용할 만한 사례가 매우 적다. 트리말키오(Trimalchio)[199] 이야기에서 엔콜피우스(Encolpius)와 그의 친구들은 또 다른 노예가 목욕할 때 옷을 잃어버려 매를 맞아야 하는 노예를 용서해준다. 또 다른 사례에서는 아우구스투스(Augustus)가 참석한 저녁식사에서 한

---

[194] Dezobry, *Rome au Siècle d'Auguste*, I, 260.
[195] (옮긴이 주) 'freeman'은 노예가 아닌 자유인을, 'freedman'은 노예 신분에서 벗어난 해방노예를 뜻한다.
[196] Wallon, *L'Esclavage*, III, Chap. X.
[197] *Annals*, XIII, 26.
[198] Moreau-Christophe, *Droit à l'Oisiveté*, 257.
[199] (옮긴이 주) 기원후 1세기 로마 시대의 소설에 등장하는 인물. 노예에서 해방되어 사람들이 매우 혐오할 방법으로 부와 권력을 거머쥔 거만한 인물이다.

노예가 꽃병을 깼다. 그러자 주인은 수족관의 곰치(murenae)[200]에게 뛰어들라고 노예에게 명했다. 그 노예는 아우구스투스에게 더 쉽게 죽게 해달라고 간청했고, 아우구스투스는 노예의 부탁대로 하려 했지만 주인은 이를 거절했다. 그러자 아우구스투스는 노예를 사면해주고, 그 집 주인의 다른 꽃병들을 깨고 난 후 그것으로 수족관을 가득 채우라고 명령했다.[201] 네로 치하에서 페다니우스(Pedanius)가 살해되자 그가 소유했던 400명의 노예는 법에 따라 모두 사형선고를 받았다. 일반 대중은 이러한 선고에 항거했고, 결국 성공했는데, 이는 경우에 따라 대중 판결이 있었음을 보여준다.[202] "고대를 통틀어 노예제 폐지를 진지하게 고려한 것은 한 번만이 아니다."[203] 노예제는 모든 사회와 정치 질서의 바탕을 이루고 있었다. 사람들은 노예들을 두려워하면서 경멸했지만, 그럼에도 그들 없는 세상은 생각하지도 못했다. 우리도 우리를 위해 증기와 전기를 만들어내는 기계 없는 세상을 생각하지 못할 것이다. 노예들은 개별적으로 주인에게 도움을 주어 해방되었다. 해방의 순간 노예 주인은 치안판사 앞에서 다음과 같이 선언했다, "나는 이 사람이 공민으로서의 로마 시민(Quirites)과 다를 바 없이 자유를 누리도록 이 사람을 해방할 것입니다." 치안판사가 자신의 막대기로 노예의 머리를 건드리고, 주인이 귀싸대기를 때리고 나면 노예는 자유의 몸이 되었다.[204] 이 법은 "혐의가 있는 해방노예를 억류하고 있는 사람은 반드시 그를 재판받게 해야 한다는 인신보호(habeas corpus) 영장과 어느 정도 흡

---

[200] (옮긴이 주) 곰칫과의 바닷물고기. 몸의 길이가 60cm 정도이며, 날카로운 이가 발달한 탐식성 물고기다.
[201] Seneca, *De Ira*, III, 40.
[202] Tacitus, *Annals*, XIV, 42.
[203] Bücher, *Die Aufstände der Unfreien Arbeiter*, 17.
[204] Blair, *Slavery amongst the Romans*, 164.

사한" 영장에 관한 규정을 마련해 놓고 있다.[205] 로마의 변호사들은 산모가 해방된 시기에 임신 중이었음을 확인할 수 있다면, 법적 의제를 적용하여 산모가 해방된 그 시기에 아이가 태어났다고 추정하기도 했다.[206] 플로렌티누스(Florentinus)는 노예제를 "자연법이 아닌 국법으로 정한, 한 사람이 다른 사람의 지배하에 놓이게 되는 관습"이라고 정의했다.[207] 이와 비슷하게 울피아누스(Ulpian)도 "자연법의 관점에서 보자면 모든 인간은 평등하다"라고 말했다.[208]

290. 비문(碑文)을 통해 살펴본 노예제

"비문은 노예 생활의 밝은 면을 보여주는데, 이는 문학작품에서는 별로 부각되지 않는 측면이다." 비문은 노예 배우자 사이의 끈끈한 부부애, 노예와 주인 사이의 애정을 담은 사례들을 보여준다.[209] 1세기에는 속주들이 착취해서 획득한 재산이 낭비됨으로써, 상거래로 인한 산업상의 기회가 열리게 됨으로써, 그리고 안전이 확보됨으로써 자유에 기반한 산업이 크게 자극을 받게 된다. 비문은 당시 "세세한 부분에 대한 특화가 이루어지면서 숙련된 수공예가 크게 번창했음을 보여준다." 초기 제국 시대에는 최하층 자유민이 엄청나게 성장했는데, 이는 비문 연구가 밝혀낸 가장 인상적인 사회현상 중 하나다. 이 시기는 로

---

[205] 위의 책, 32.
[206] 위의 책, 48.
[207] *Digest*, I, 1, 4.
[208] 위의 책, L, 17, 32.
[209] Dill, *Roman Society from Nero to Marcus Aurelius*, 117.

마 사회가 전적으로 노예 노동에 의지해서 원하는 모든 것을 공급받던 시기를 지난 시점이다.[210] 딜(Dill)은 "비문 기록으로 판단해 보건대, 건전하고 건강한 삶을 영위하는 자유인(自由人)인 장인과 상인으로 이루어진 새로운 계층은 흔히 정직한 노동을 통해, 그리고 기술과 독립성에 대한 자부심을 가지고 있음으로써 그 권위를 진지하게 인정받았다"[211]고 생각한다. 노예는 오직 두려움과 육욕이라는 두 가지 동기로만 행동했다. 두 가지 동기 때문에 노예는 비겁하고, 움츠리고, 교활하고, 거짓된 행동을 하게 되었으며, 이와 동시에 좋은 음식과 음료에, 그리고 성적인 탐닉에 빠져들게 되었다. 노예는 다른 사람의 명령에 따름으로써 자신의 품성을 잃었고, 주인은 이를 매우 흡족해했다. 이와 같은 노예의 태도는 사회에 널리 퍼졌고, 해방노예들은 사회의 지적인 활동을 이끌었다. 이의 가장 강력한 징후는 팁 도덕(morality of tips)[212]이 널리 유행하는 데서 확인할 수 있는데, 이 팁 도덕은 선사(膳賜)의 형식을 취하고 있었다. 선물을 받는 것과 주는 것은 모두 불명예스러운 행동이 아니었다. 원로원 의원들은 황제에게 선물을 받았고, 황제를 포함해 모든 사람은 유산을 물려받을 것으로 기대했다. 이처럼 품성이 결여된 태도가 널리 퍼졌다.[213] 노예제로 인해 노예와 주인 모두가 부패하게 되었는데, 이는 노예제를 바탕으로 건립된 국가가 몰락하게 된 주된 요인이었다. 이는 주인과 노예 모두를 비겁하게 만들었다. "고대 노예들이 겪는 고통에 대한 사람들의 관심과 비교해보았을 때, 흑인 노예들의 비애는 대양에 떨어지는 물 한 방울처럼 하찮게 여겨졌다. 이렇게 이야기하는

---

[210] 위의 책, 251~252.
[211] Dill, *Roman Society from Nero to Marcus Aurelius*, 253.
[212] (옮긴이 주) 서비스에 대한 팁을 주는 도덕적 행위.
[213] Grupp, *Kulturgeschichte der Römischen Kaiserzeit*, I, 312~314.

이유는 고대의 노예들이 일반적으로 문명인에게 귀속되었음에 반해 흑인 노예들은 그렇지 않았기 때문이다."[214]

291. 산업계에서의 해방노예의 지위 상승

로마인은 생산 노동을 오랫동안 경멸해 왔는데, 해방노예는 이러한 노동을 그렇게 생각하지 않는 사람들이었다. 그들은 산업과 거래 분야를 장악했고, 부를 축적했다. "(서기 1세기와 2세기에는) 그들로 인해 온갖 비열한 거래가 득실거렸으며, 이 때문에 로마의 자존심이 모욕적일 만큼 손상을 받았다. 그들은 근면성, 통찰력, 위험을 불사하는 대담함을 갖춤으로써 원로원 의원급의 거대 자본가와 지주가 되었다."[215] "로마의 편견에 물들어 있던 평민(plebian)들은 국가의 곡식 지원이나 부유한 후원자들의 시주를 받고자 했는데, 그들은 우리 시대 사람들이 명예롭게 생각하지는 않아도 떳떳하다고 생각하는 직업을 경멸하면서 이에 등을 돌렸다."[216] "온갖 의문이 따랐음에도 불구하고, 해방노예의 부상(浮上)은 유익하면서도 위대한 혁명이라 할 수 있다. 유베날리스(Juvenal)가 해방노예의 지위 상승을 혐오한 근거로 제시한 이유는 대부분 오늘날의 관점에서 보았을 때 그들의 지위 상승을 가장 잘 정당화해 준다. 이는 노예들에게 미래에 대한 희망을 안겨줬다. 이로 인해 자유 산업 계층이 형성되었고, 이는 노예 소유주나 군인들이 지니고 있던 옹졸한 사회적 이상을 무너뜨리는 데 기여했다. 이로 인해 모든 지방

---

[214] 위의 책, 301.
[215] Dill, *Roman Society from Nero to Marcus Aurelius*, 100.
[216] 위의 책, 102.

자치 구역 내에 원기 왕성한 상인 계층이 뿌리를 내리게 되었다. 대개 그들은 훌륭하고 관대한 시민이었다. 무엇보다도 해방노예의 지위 상승은 인간이 존엄하다는 사실을 일깨워줬다."[217] 하지만 이러한 해방노예가 보기에 사회에는 오직 두 계층, 즉 "소수의 어마어마한 부유층과 거의 굶주리는 하층민만이 존재하는 것처럼 느껴졌다."[218]

292. 국가 내의 해방노예

모든 폭군에게는 충성을 다할 부하가 필요하다. 그리고 모든 전제정치의 역사는 폭군이 미천한 신분의 사람들 중에서 자신의 목적을 이루는 데 가장 적합한 사람들을 구한다는 사실을 보여준다. 폭군들은 귀족이나 다른 거물들에 대항하여 이런 부하들을 활용할 수 있었으며, 그들에게 절대 충성을 명할 수 있었다. 율리우스 케사르(Julius Caesar)는 자신의 해방노예 중 일부를 화폐 주조국 관료로 임명했다. 이러한 임명은 단순히 귀족 집안의 관례를 확장한 것일 따름이다. 황제는 개인 재산 관리를 위해 활용하듯 편지를 쓰는 일이나 제국의 재정 관리와 같은 국사(國事)에도 해방노예를 고용했다. "칼리굴라(Caligula), 클라우디우스(Claudius), 네로(Nero) 치하에서 황제 소속의 해방노예들은 매우 커다란 지배력을 획득했다. 칼리스투스(Callistus), 나르키수스(Narcissus), 팔라스(Pallas)는 고위 관직자의 지위에 올랐고, 클라우디우스 치하에서는 그들이 사실상 세상을 지배했다. 그들은 자신들의 힘을 남용함으로써, 그리

---

[217] Dill, *Roman Society from Nero to Marcus Aurelius*, 105.
[218] 위의 책, 102.

고 시민에게 제공되는 권리, 자리 혹은 사면과 관련한 거래를 이용하여 어마어마한 부를 축적했다."[219] 해방노예들이 선호하는 바와 이를 추구하는 방법 때문에 노예제가 사람들의 품성에 미치는 부정적인 효과가 또 다른 단계로 접어들었으며, 이는 노예제를 상속한 새로운 형태의 국가가 타락하는 요인으로 작용했다. "해방노예 계층의 여성들은 여러 세대에 걸쳐 자신들만의 방식으로 권력을 휘둘렀으며, 이는 어떤 경우 남성에 필적할 정도였다." 그들은 흔히 매우 매력적인 인격과 마음의 소유자였다. "그들의 몸가짐은 개인적인 매력과 교육의 영향, 그리고 사회적 지위가 불확실한 데 따른 결과였다. 이러한 여인들 중 일부는 커다란 해악을 끼쳤다. 루키우스 베르누스(Lucius Vernus)의 정부(情婦)인 판테아(Panthea)는 지금까지 살았던 여성 중 가장 아름다운 여성으로 잘 알려져 있다. 그녀의 목소리는 사랑스러웠고, 음악과 시를 좋아했으며, 고매한 인격의 소유자였다. 그녀는 "타고난 겸손함과 상냥함을 절대 잃지 않았다."[220] 1세기에는 일부 해방노예들이 원로원 의원 집안의 딸들과 결혼을 했다. 그들은 매우 능력 있는 사람이었다. 다른 그 어떤 사람들도 서기관의 세 가지 중요한 임무, 즉 항소, 청원, 그리고 보고 업무를 그들처럼 잘 처리하지 못했다. 흔히 이러한 사람들의 운명은 마치 아라비안나이트에 나오는 술탄의 부하들처럼 매우 극적이었다. 먼저 가정 내에서 노예의 지위가 크게 향상된다. 이어서 그가 신임을 받게 되고, 그 위치에서 자신의 능력을 입증하고 헌신한다. 그러다가 이 노예가 중요한 공직을 맡게 되고, 자신이 속한 권역의 지배자가 된다. 이전에는 이러한 유형의 사람들에게 사회적 지위가 주어지는 법이

---

[219] 위의 책, 106.
[220] Dill, *Roman Society from Nero to Marcus Aurelius*, 114~116.

없었다.²²¹ 그런데 2세기에 들어 그러한 체제가 변했고, 기병대원들 (knights)²²²이 중요한 행정 관료가 되기도 했다.

293. 노예제를 반대한 철학자들

최초로 노예제를 비난한 사람들은 1세기의 위대한 신(新)스토아주의자들이다. 그들은 이러한 비난을 통해 위대한 인도주의적 입장을 천명했다. 그들은 로마의 노예제에 대해 다음과 같이 진지하게 의문을 제기했다. "노예는 인간이 아닌가?" 만일 노예가 인간이라면 그는 불운의 희생양이거나 조상이 겪은 불행을 물려받은 사람들이다. 만약 노예가 이러한 처지 때문에 인류의 한 구성원으로서의 지위를 잃지 않았다면, 그는 연민의 대상이 되어 마땅히 도움을 받아야 한다. 이와 같은 입장에서 보았을 때 인도주의 철학이 어떤 임무를 짊어져야 할지는 너무나도 명백했으며, 구체적인 적용 대상이 누구여야 하는지도 분명했다. 디오 크리소스토무스(Dio Chrysostom)는 노예제가 주인들에게 미치는 효과, 즉 음탕, 무기력, 그리고 의존이라는 노예제의 부정적인 효과를 지적했다. 그는 개인의 신분과 인품 사이에 커다란 차이가 있을 수 있음을 지적했다. 예컨대 노예가 고귀할 수 있고, 자유민이 노예근성을 가질 수 있다는 것이다.²²³ 세네카(Seneca)는 특별히 자유, 친절, 그리고 박애를 다루는 이론 철학을 가르쳤다. 그는 공론(公論)의 변화를 대변했다. 플리니우스(Pliny)는 멋지고 당당한 신사가 갖추어야 할 모든 도덕적인 능력

---

²²¹ 위의 책, 112.
²²² (옮긴이 주) 고대 로마의 기병대원으로, 원로원 계급과 평민 사이의 신분이었다.
²²³ *Orations*, X, 13; XV, 5.

을 함양했다. 딜(Dill)은 그를 "이해심 많은 영국의 대지주"에 비했다. 비문(碑文)은 "그의 가정이 극히 드문 예외가 아니었음"을 보여주고 있다.[224] "그러한 노예는" 이처럼 특권과 기회가 주어졌기에 "쉽게 자유를 얻을 수 있었던 것이다." "신뢰받는 노예들은 대개 토지에서 얻게 된 수익을 나누는 실질적인 파트너였으며, 그렇지 않을 경우 보상으로 수수료를 받았다."[225] 플루타르코스(Plutarch)는 사람들을 대할 때 시종 온화하고 친절한 태도를 취했다. 이는 감정적인 대응도, 자극을 주는 대응도 아니었다. 신(新)스토아주의자들은 비밀 종파와 같은 특징을 가지고 있었다. 우리는 그들의 글이 수사적 표현 그 이상인지 알 수 없고, 그들이 실제로 자신들의 계율에 따라 행동했는지, 다른 사람들도 이에 따르길 바랐는지도 전혀 확신할 수 없다. 노예제는 사회 질서 안에서 하나의 현실이었고, 이에 따라 그 누구도 노예제 폐지를 생각할 수 없었으며, 정치적 수완의 범위 내에서 노예제 폐지를 제안할 수도 없었다.

294. 산업 단체

로마인들은 협회와 조직을 만드는 귀재였다. 공화국 시대의 장인들은 단체를 만들어 뭉치기 시작했다. 공화국의 마지막 세기에는 정치 지도자들이 이러한 조합에 대해 경계심을 나타내면서 금지했다. 케사르와 아우구스투스는 협회의 권리를 없앴다. 2세기에는 결성이 금지되어 있었음에도 조합들이 일부 존재했다. 예컨대 광부, 염제 노동자, 제

---

[224] Dill, *Roman Society from Nero to Marcus Aurelius*, 182.
[225] 위의 책, 117.

빵사, 그리고 뱃사공들의 조합이 이에 해당한다. 유스티니아누스 1세 시대에 이르기까지 모든 조합은 공공의 평화와 질서에 위협이 된다고 판단되어 면밀한 감시를 받았다. 그럼에도 조합은 시민법상에서 인가를 받아 자연인(natural persons)[226]과 같은 지위를 인정받았다.[227] 이들 조합의 양식은 널리 유행하게 되었다. "안토니네(Antonine) 시대[228]에는 장인과 상인들로 이루어진 자체적으로 결성한 단체가 거의 셀 수 없을 정도로 많았으며, 이는 심지어 그 시기가 밝혀지지 않은 기록에도 적혀 있다. 이들은 우리가 생각해볼 수 있는 거의 모든 산업을 대표했으며, 특별한 기술이나 사회 공공사업 분야를 대표하기도 했다."[229] "사람들은 같은 구역에서 살고, 자주 만난다는 것을 제외하고는 별다른 뚜렷한 이유 없이, 혹은 아주 사소하거나 엉뚱한 이유로 이와 같은 단체를 결성했다. 비문(碑文)에는 이러한 단체들의 내부 상황에 대해 일부 쓰여 있는데, 이에 따르면 그들의 주된 목적은 사회적 만족이었음이 분명하다."[230] "그럼에도 다수의 비문은 이와 같은 오랜 쾌락주의자들의 세계가 비록 불완전한 방식이긴 하지만 부드러운 자애와 형제애의 온상(溫床)이었다는 느낌을 준다."[231] 그들은 다수의 부유한 계층 사람을 명예 회원으로 두었다. 운동을 좋아하는 젊은이들뿐 아니라 떠돌이 상인들, 퇴역 군인들 또한 동일한 유형의 단체를 만들었다. 알렉산더 세베루스

---

[226] (옮긴이 주) 일반인을 법률 용어로 자연인이라고 한다.

[227] *Digest*, III, tit. 4, 1.

[228] (옮긴이 주) 안토니네는 안토니누스 피우스 황제 계열의 7명의 로마 황제들을 일컫는다. 안토니네 시대는 96~192년에 이르기까지의 황제 시대로, 여기에는 네르바, 트라야누스, 하드리아누스, 안토니누스 피우스, 루키우스 베루스, 마르쿠스 아우렐리우스, 코모두스가 포함된다.

[229] Dill, 265.

[230] 위의 책, 254, 266, 268.

[231] 위의 책, 271.

(Alexander Severus)는 모든 산업 단체를 정리하면서 이들에게 보호자(*defensores*)를 할당했다. 단체 내에서 그들은 모두 평등했다. 그래서 단체는 실질적으로 교육의 효과를 거두는 측면이 있었다. "하지만 이러한 사례들이 있었다고 해서 우리가 노예에 대한 잔혹한 멸시와 야만적 태도를 망각해서는 안 된다. 이러한 태도 때문에 노예는 여전히 피해자로 남아 있었으며, 수세대 동안 계속 노예로서 험한 꼴을 당해야 할 운명에 처해 있었다. 만약 이것이 사실이라면 '노예 혹은 가엾은 평민 형제들은 이론적인 측면에서 단체 내에서 평등했으며, 이에 따라 그들의 상황이 개선되었다'는 주장은 과장된 것일 수 있다."[232] 정치인들은 장인(匠人)들이 자신들의 조직을 이용해 정치에 개입할지 모른다는 두려움을 가지고 있었다. 4세기에는 국가가 조직을 동원하여 장인들을 노예 상태로 전락시키고, 그들에게 법으로 규정된 무거운 사회적 의무를 부과하려는 일이 벌어지기도 했다.

295. 노예에게 유리하게 바뀐 법

가정 혹은 사유지에서 태어난 노예들은 정복이 중단되어 노예 공급이 줄어들게 되자 노예 소유자와 더욱 유순한 관계를 유지하게 되었다. 노예들의 값어치는 올라갔고, 그들은 더욱 보살펴야 할 대상이 되었다. 카토의 오랜 계획은 효율성을 상실하게 되었다. 기원후 1세기에는 전쟁이 일상이 아니게 되었고, 그 중요성 또한 낮아졌으며, 삶과 동떨어진 일이 되면서 사람들의 모든 정서가 유순해졌다. 제국에서는 이전에

---

[232] Dill, 282.

가족이 담당했던, 그리고 가부권(家父權)의 일부였던 권력과 기능을 국가가 장악했다. 여성, 아이들, 그리고 노예들은 국가가 법을 만들어 그들에 대한 관할권을 갖고 난 후 해방되었다. 하드리아누스(Hadrian)는 노예의 삶과 죽음을 좌우할 권한을 주인에게서 박탈했다. 이후 안토니누스 피우스(Antoninus Pius)가 이를 공식화했고, 자기 소유의 노예를 죽인 자를 다른 사람 소유의 노예를 죽인 자와 동일한 형벌에 처하도록 했다.[233] 이러한 조치 덕에 모든 노예의 목숨은 국가로부터 보호를 받게 되었다. 네로 시대에는 노예의 불만에 귀를 기울이고, 그들을 학대하는 주인을 처벌할 재판관이 임명되었다. 도미티아누스(Domitian) 황제는 거세를 금했다. 하드리아누스(Hadrian) 황제는 주인이 노예를 팔아서 검투사가 되게 하는 것을 금했다. 이와 더불어 여성 노예들을 사창가에 팔아넘기는 권리도 폐기되었다.[234]

296. 기독교와 노예제

1853년 C. 슈미트(C. Schmidt)는 '로마의 시민 사회와 기독교에 의한 변형'이라는 주제의 논문을 출간했다. 여기에서 그는 첫 300년 동안의 기독교 세기에는 모든 모레스가 유연해졌는데, 기독교가 이러한 현상을 만들어냈다고 보는 것이 적절한 시각이라는 입장을 견지했다. 한편 레키(Lecky)는 다음과 같이 말한다. "기독교는 노예제를 뚜렷하게, 그리고 공식적으로 승인했다. 그 어떤 종교도 기독교 이상으로 양순함과

---

[233] *Institutes of Roman Law*, I, 8; *Digest*, I, 6, 2.
[234] Wallon, *L'Esclavage*, III, 51 이하.

수동적 복종의 습관을 고무하려 노력을 기울인 종교는 없었다."[235] 슈미트에 따르면 기독교는 노예제를 널리 시행되고 있는 제도로 간주해 이를 수용하고 받아들였으며, 이러한 제도가 계속 유지되는 것을 눈감아주었다. 만약 이것이 사실이라면 기독교는 시민 사회에 많은 영향력을 행사했다고 할 수 없다. 기독교가 행한 바는 노예에 대한 경멸, 그리고 노동에 대한 경멸의 감정을 상당 부분 중화한 것이었다. 기독교는 이를 의례를 통해 수행했다. 이렇게 말하는 이유는 교회에서는, 특히 성찬에는 모두가 의례에 함께, 그리고 동등하게 참여했기 때문이다. 예수가 모두를 위해 목숨을 바쳤다는 교의는 인간이 동일한 본질과 육체를 갖추고 있다는 철학적, 인도주의적 교의와 결합했고, 이로 인해 사람들은 노예제에 적대적인 마음을 갖게 되었다. 4세기에는 교회가 노예를 포함해 엄청난 소유물을 갖기 시작했는데, 이에 따라 교회가 재산 소유주의 관점을 받아들이게 되었다.[236] 마크로비우스(Macrobius, 400년경 활약)의 『사투르날리아(Saturnalia)』에서 프렉타투스(Prætextatus)는 오랜 노예제에 대한 신(新)스토아적 교의, 즉 세네카와 디오 크리소스토무스(Dio Chrysostom)의 교의를 재차 긍정하고 있다. 딜(Dill)[237]은 이러한 교의가 당대 최고의, 그리고 가장 사려 깊은 사람들의 확신을 표현한 것으로 간주한다. 히에로니무스, 아우구스티누스 혹은 크리소스토무스에게서는 이러한 입장이 발견되지 않는다. 그럼에도 교회는 노예 해방에 호의를 표현했고, 해방 의식(儀式)에 대한 책임을 맡았다. 해방된 사람들은 성직

---

[235] *History of European Morals from Augustus to Charlemagne*, II, 65.
[236] 무라토리(Muratori, *Dissertazioni sopra le Antichità Italiane*, XV)에 따르면 모든 성직자는 자신들의 재직 기간 중에 땅을 빌려주면서 소득이 줄어드는 것을 간과하지 않았다. 이러한 의무로 인해 땅을 빌리는 사람들은 노예와 같이 굴종하는 태도를 갖게 되었다.
[237] *Roman Society in the Last Century of Rome*, 161.

자 혹은 수도승이 되려 했는데, 교회는 이를 유달리 반겼다. 교회는 노예로 탄생한 것을 성직의 장애로 간주하지 않았는데, 여기에서 그들은 자신들의 교의를 가장 가까이 실현하게 된다. 교회의 모든 고해 규정 또한 유대(紐帶)와 자유를 동급으로 간주했다. 하지만 노예와 자유민의 결혼은 여전히 금지되었다. 콘스탄티누스는 자유 여성이 노예와 관계를 맺으면 그녀를 처형하고, 노예는 산 채로 불에 태울 것을 명했다.[238] 이교도의 법에서는 단지 여성을 노예로 좌천시킬 것만을 명했다. 사람들은 16세기 콘스탄티누스 치하에서 노예가 해방됨으로써 사설 구빈원과 병원이 만들어지게 되었다고 생각한다.[239] 도움이 필요한 수많은 사람이 난감한 상황에 처하게 되었기 때문이다. 바실리우스(Basil) 1세(886년선종)는 최초로 노예들의 교회법상 결혼을 허용하고, 이를 법제화했으나 당대의 편견이 이를 무용지물로 만들었다.[240] 십자가에 못 박히는 처벌이 폐지된 것은 노예 계층에게 남다른 가치가 있었다. 이러한 처벌이 폐지됨으로써 노예들에게는 이제 더 이상 특별하고 악명 높은 유형의 처벌이 존재하지 않게 되었다. 콘스탄티누스의 법은 노예 가족 성원들의 강제 해산을 금했다.[241] 이는 유스티니아누스 법 시대에 이르기까지 있었던 노예와 관련된 법의 변화 중에서 가장 중요한 것이었다. 레키는 유스티니아누스가 다른 무엇보다도 노예제와 관련해서 그보다 앞선 황제들이 했던 것 이상으로 법을 발전시켰다고 생각한다. 그의 법 개정으로 인해 다음과 같은 세 가지 변화가 이루어졌다. (1) 그는 이교도 법에서 계승되어온, 해방과 관련해서 남아 있던 모든 제한을 폐지했

---

[238] 테오도시우스 법전 IX, 9.
[239] Bodin, *Les Six livres de la République*, Book I, Chap. V.
[240] Lecky, *History of European Morals from Augustus to Charlemagne*, II, 64.
[241] 테오도시우스 법전 II, 25.

고, 이러한 폐지를 적극 독려했다. (2) 그는 해방노예(freedmen)를 중간 계층으로서의 노예 신분에서 제외했고, 이에 따라 오직 노예와 자유민 (free)만이 남게 되었으며, 원로원 의원은 자유를 얻은 여성, 즉 그가 이미 해방한 노예와 결혼할 수 있게 되었다. (3) 주인이 승낙하면 노예는 자유민 여성과 결혼할 수 있었고, 노예로 태어난 그녀의 아이들은 아버지가 해방되면 자유민이 되었다. 노예 여성을 강간하는 자는 자유민 여성을 강간하는 경우와 다를 바 없이 사형에 처해졌다.[242] 세비야의 이시도로(Isidore of Seville, 636년 선종)는 "의로운 신이 일부를 노예로, 일부를 귀족으로 만들면서 인간에게 생명을 할당했는데, 이에 따라 악행을 행할 노예의 자유는 통치자의 권위에 의해 제한될 수 있다."라고 말했다. 그럼에도 그는 모든 사람이 신 앞에 평등하며, 예수의 대속(代贖, redemption)[243]이 노예제의 원인이었던 원죄를 씻어냈다고 말하고 있다.[244]

297. 콜로나투스(colonate)[245]

제국 말기에 이르러 인구는 감소 추세에 있었고, 땅은 사용할 수 없게 되어 다시 황무지가 되어 가고 있었으며, 마을의 별 볼 일 없는 귀족

---

[242] Lecky, *History of European Morals from Augustus to Charlemagne*, II, 65.
[243] (옮긴이 주) 예수 그리스도가 십자가에서 피를 흘림으로써 대신 인류의 죄를 씻어 구원한 일.
[244] 테오도시우스 법전 II, 25.
[245] (옮긴이 주) 고대 로마 및 초기 봉건시대 법률 하에서의 소작인(*colonus*) 또는 농노(*serf*)의 지위·신분. 그들은 법적으로는 토지에 묶여 있었으나 매매의 대상은 아니었다. 이처럼 그들은 노예나 해방노예와는 달랐고, 신분상으로는 자유민에 속했으며 가족과 재산을 소유했으나 농지를 떠나는 일, 그리고 다른 신분의 사람들과의 통혼은 금지되었다.

들은 세금 때문에 빈곤해졌으며, 숙련공들은 국가가 이동을 금지했기에 도망가서 산적이 되었다. 또한 농부들은 콜론(colon)으로 전락했다. 제국의 체제는 황제가 모든 법 위에 군림하는 데 이르기까지 계속 앞으로 나아갔다. 원로원 의원들은 사실상 황제의 노예였으며, 속주는 황제의 전리품이었다. 이러한 상황에서 사회 전반의 시스템이 고착화되었다. 콜론(colons)이 무엇이며, 이들이 어떻게 탄생하게 되었는지에 대해서는 수없이 논의되어 왔다. 그들은 이동을 할 수 없게 된 농부였다. 우리는 4세기의 테오도시우스 법전에서 그들이 입법 조치의 대상임을 확인할 수 있다. 그들은 개인적으로는 자유롭지만(그들은 결혼을 할 수 있었고, 자신의 재산을 소유할 수 있었으며, 판매의 대상이 아니었다), 태어났을 때부터 농지에 묶여 있었고, 땅과 더불어 양도되었다. 그들은 영주의 땅을 경작했고, 곡식의 일부 혹은 돈을 냈다.[246] 마르카르트(Marquardt)는 이들이 로마 제국 내에서 땅을 할당받은 미개인들에게서 유래했다고 생각한다.[247] 하이스터베르크(Heisterbergk)[248]는 콜론이 세 가지 계층에서 유래했을 수 있다고, 즉 곤궁해진 자유민, 해방된 노예, 미개인 죄수에서 콜론이 유래했을 가능성이 있다고 생각하는데, 이 중에서 어떤 것이 옳은지 최종적으로 판단을 내리지 못하고 있다. 발롱(Wallon)[249]은 콜로나투스가 탄생한 것은 통치 방식 때문이라고 생각한다. 사회가 쇠퇴함에 따라 사람들은 소득을 얻기가 점점 더 힘들어졌으며, 국가는 재산이 조금이라도 있는 사람의 재산을 가져갈 통치 수단을 채택했다. 이러한 시스템을 채택함으로써 모든 사람이 궁핍해졌다. 시

---

[246] Marquardt, *Römische Staatsverwaltung*, II, 233.
[247] 위의 책, 234.
[248] *Entstehung des Colonats*, 11.
[249] *L'Esclavage*, III, 282.

스템을 유지하려면 모든 사람을 한곳에서 이동하지 못하게 할 필요가 있었으며, 모든 사람이 도망칠 수 없는 지위로서의 자신의 탄생 조건을 받아들이도록 강제할 필요가 있었다. 사람들은 곤궁에 빠짐으로써 콜로나투스가 되었다.[250] 해방된 노예들과 곤궁해진 농부들은 콜로나투스 계층에서 노예 상태로 서로 만나게 되었다. 농지 소유자들은 단지 국가를 위한 농부에 지나지 않았다. 공물은 국가가 마땅히 거두어들여야 할 것이었다. 노동자들은 조사 명부에 기재되었고, 국가를 위해 유지되었다. 콜로나투스는 세금에 대한 국가의 이해 관심 때문에 농지에 고정되게 되었다.[251] 유스티니아누스 법전에서는 '콜론'과 '노예'라는 단어가 호환적으로 사용되고 있다.

298. 인구 감소

제국 시대에 이탈리아의 인구가 줄어들었다는 사실은 충분히 입증된 바 있다. 베스파시아누스(Vespasian)는 사람들을 움브리아[252](Umbria)와 사비니[253](Sabine)의 영토에서 로마의 평야로 이주시켰다.[254] 마르쿠스 아우렐리우스는 이탈리아에 마르코마니족(Marcomanni)[255]을 정착시켰다.[256]

---

[250] 위의 책, 313.
[251] 위의 책, 308.
[252] (옮긴이 주) 고대 이탈리아 중부·북부 지방. 아펜니노 산맥의 산간지대와 그 주변의 테베레강 유역의 분지로 이루어져 있다. 유서 깊은 지역이지만 여러 지역과 국가가 이곳을 차지하면서 역사가 복잡해졌다.
[253] (옮긴이 주) 테베레강 동쪽 산악 지대에 살았던 고대 이탈리아의 부족. 종교적 관행과 신념으로 잘 알려져 있었으며, 여러 로마의 기관들이 그들에서 유래되었다고 알려져 있다.
[254] Suetonius, *Vespasian*, 1.

페르티낙스(Pertinax)는 경작을 하고자 하는 사람에게는 누구에게나 이탈리아 내의 영토와 속주를 제공했다.[257] 아우렐리아누스(Aurelian)는 땅이 누군가에게 점유될 수 있도록 노력을 기울였다.[258] 그는 미개인들을 토스카나(Tuscany)[259]에 정착시키려고 그곳에 보냈다.[260] 하지만 시간이 흐름에 따라 더욱더 많은 땅이 버려졌고, 로마 제국은 이주민들을 안정시키는 데 더욱 커다란 노력을 기울였다. 발렌티니아누스(Valentinian)는 포(Po) 구릉지대에 게르만 죄수들을 정착시켰다.[261] 호노리우스(Honorius)[262] 시대의 캄파니아(Campania)[263]에서는 50만 아르팡[264]의 땅이 황폐해지고 불모지가 되어 세금을 면제받았다. 3세기에는 아무도 가지려 하지 않는 땅에서 콜론이 도망을 치게 되면 모든 법적 기관이 총동원되어 추적이 이루어졌으며, 마치 죄인처럼 원래의 땅으로 회송되었다.[265] 콜론이 도망치는 이유는 국가가 그들의 주인인 큐리알들(curiales)[266]에게 부과한 세금을 큐리알들이 그들에게 부과했기 때문이다.[267] 부족한 것은 사람

---

[255] (옮긴이 주) 게르만족 연합으로, 다뉴브 북쪽, 오늘날의 보헤미아 근처의 지역에서 강력한 왕국을 건립하여 살았다.
[256] Julius Capitolinus, *Life of Marcus Aurelius*, 22.
[257] Herodianus, II, 4, 12절.
[258] 유스티니아누스 법전 XI, LVIII.
[259] (옮긴이 주) 이탈리아 중부에 있는 주로, 중심도시가 피렌체이다.
[260] Vopiscus, *Aurelian*, 48.
[261] Ammianus Marcellinus, XXVIII, 5.
[262] (옮긴이 주) 서(西)로마 제국의 황제(393~423). 아버지인 테오도시우스 1세가 죽은 뒤 로마 제국이 양분되었는데, 호노리우스는 동서로 양분된 로마 제국의 서쪽에 해당하는 서로마 제국을 통치했다.
[263] (옮긴이 주) 이탈리아 서남부의 남부 지중해에 접해있는 지역. 주도는 나폴리다.
[264] (옮긴이 주) 프랑스의 옛 지적(地積) 단위로 대략 1에이커에 해당한다.
[265] Moreau-Christophe, *Le Droit à l'Oisiveté*, 274.
[266] (옮긴이 주) 큐리아는 고대 이탈리아 각 도시의 참사(參事)회 또는 참사회 회의장을, 큐리알은 그 성원들을 뜻한다.

이었다. 로마 제국의 시스템은 삶을 고단하게 만듦으로써 사람이 희귀해졌다. 플리니우스(Pliny)는 라티푼디아(latifundia)가 이탈리아를 망가뜨렸다고 말했다. 오늘날 라티푼디아는 마치 어떤 의심의 여지가 없는 권위가 있었던 것처럼 흔히 인용된다. 하지만 이는 우리가 일상적으로 범하는 오류의 한 사례로, 원인과 결과를 혼동하는 것이다. 라티푼디아는 결과이자 징후였다. 하이스터베르크(Heisterbergk)[268]는 라티푼디아가 경제적 원인 때문이 아니라 허영과 허식 때문에 탄생하게 되었다고 생각한다. 소유주들은 땅을 수입원이라고 생각하지 않았다. 하이스터베르크는 풍부한 노동력과 야심 찬 문화의 모습을 한 매우 체계적인 시스템이 어떻게 한 국가를 파멸로 이끌 수 있었는지를 묻고 있다.[269] 로트베르투스(Rodbertus)[270]는 라티푼디아가 임대법의 영향으로 플리니우스(Pliny) 형제 시대의 위대한 시스템에서 하잘것없는 시스템으로 전락했다고 생각한다. 그가 생각하기에 이탈리아에는 제국이 출발할 때부터 정원 문화(garden culture)가 있었음이 분명하며, 콜로나투스는 변변치 못한 산업 시설이 갖추어진 커다란 사유지, 그리고 저당법을 매개로 탄생했다. 더 나아가 그는 콜론이 4세기에 이르기까지 노예였으며, 그들의 지위가 4세기에 있었던 입법에 의해 유연해졌다고 생각한다. 하이스터베르크는 콜로나투스가 옥수수 지역에서 시작되었으며, 4세기 초에는 사라질 상황에 놓였지만 4세기의 입법 때문에 계속 유지되었다고 생각한다. 그는 제도로서의 콜로나투스가 디오클레티아누스 이후 엄청나게 불어난 과세로 훼손되었다고 생각한다. 그리고 이 상황에서 콜론들을

---

[267] Rodbertus, *Hildebrands Zeitschrift*, II, 241.
[268] *Colonat*, 67.
[269] 위의 책, 63.
[270] *Hildebrands Zeitschrift*, 206.

토지에 묶어놓을 입법이 필요하게 되었던 것이다.[271]

299. 로마의 노예제 요약

크리소스토무스(Chrysostom)는 서기 400년경에 모든 계층이 행한 그릇된 행동들을 서술하고 있다.[272] 콜론들은 지나치게 무거운 짐을 지게 되었다. 그들은 세금을 내지 못하면 고문을 받았다. 콜론은 채찍질 당하고, 사슬에 묶인 채 감옥에 던져졌다. 그곳에서 그는 사람들에게서 잊혔다. 그의 아내와 아이들은 스스로를 부양하기 위해 비참한 상황에 놓이게 되었으며, 그들이 할 수 있는 범위 내에서 감옥에 들어간 그를 위해 무엇인가를 가져다주었다. 로마의 시스템은 나머지 모든 세계를 소모하고 나서 제 살을 갉아먹기 시작했다. 결국 로마 제국이 한 일은 한 유형의 노예를 다른 유형의 노예로 바꾸어 놓은 데 불과했다. 숙련공과 농부들은 제국의 노예가 되었다. 처음 도입될 때 노예제는 일종의 수단이었으며, 정복된 국가들을 거대 국가 조직의 일부로 편입할 때 활용되었다. 그런데 이 과정에서 제국이 부패하기 시작했다. 노예제는 검투사와 성매매 종사자들을 제공하게 되었다. 전성기의 로마에서는 노예제가 노예와 소유주 모두를 두렵게 만들었는데, 다른 어떤 곳에서도 이 시기처럼 이들을 두렵게 만든 경우를 살펴볼 수 없다. 노예제는 모레스를 통제하는 위치에 올랐다. 당대의 문명을 놓고 논쟁을 벌였던 자유민들은 노예제가 가족과 사적 이익에 미치는 영향에 불만을 표했

---

[271] *Colonat*, 143.
[272] *Homily on Matthew in LVIII*, 62; Migne, *Patrologia Graeca*, LVIII, 591.

다. 하지만 그들은 노예제 덕분에 이룰 수 있었던 일들을 다른 방식으로 이룰 방법을 제시하지 못했다. 결국 다른 모든 사회제도와 장치가 노예제에 순응해야 했다. 노예제는 모레스를 통제했고, 윤리를 규정했으며, 품성을 형성했다. 서로마 제국 마지막 세기에는 노예제에 반대하는 목소리가 들리지 않았다. 아마도 노예제가 불가피한 것으로, 그리고 삶의 필요악 중 한 가지로 받아들여진 듯하다. 노예제는 사회를 지배했다. 오랜 문명을 대표하는 존경받을 만한 사람이 드물어졌고, 사회와 시민의 덕은 사멸되었다.

300. 테라포이트

예수 전 마지막 세기의 고대 세계에서는 유대인들 간의 공동체 연합인 테라포이트(Therapeuts)[273]만이 노예제를 확실하게 거부했다. 그들은 각자가 독방에 살았던 금욕주의자였다. 우리는 필로 유데우스[274](Philo Judæus)의 『관조적인 삶(The Contemplative Life)』을 통해 예수 탄생 시기에 즈음한 그들에 대한 이야기를 최초로 듣게 된다. 그들은 노예를 소유하지 않았다. 그들은 노예제를 자연과 완전히 상반되는 제도로 간주했다. 그들에 따르면 자연은 모든 사람을 자연 상태에서 탄생시켰지만, 일부 사람의 탐욕 때문에 일부 사람이 타인의 지배를 받게 되었다.[275] 테라포

---

[273] (옮긴이 주) 고대의 이집트 유대인 수도 종파의 성원. 오늘날 이 단어는 '치료사'라는 뜻을 가지고 있다.
[274] (옮긴이 주) 고대 알렉산드리아의 유대인 철학자 필론을 말한다. 당시 알렉산드리아의 유대인 사회의 지도자였으며, 『구약성서』를 그리스 철학, 특히 플라톤의 사상을 원용하여 해석한 인물로 알려져 있다.
[275] Cook, *Fathers of Jesus*, II, 25.

이트에는 여성이 포함되어 있었는데, 그들은 각자의 작업을 했다. 테라포이트는 교환할 수 있는 제품을 생산하는 일에는 종사하지 않았다. 그들의 시스템은 기부 없이는 지속될 수가 없었다.[276] 부세(Bousset)[277]는 "설령 그들이 계속 존재했다 해도 그들은 절대로 제한적이고 일시적인 의미 이상을 지닐 수 없었을 것이다."라고 생각한다. 그들의 중심지는 마레아(Marea) 호수 주변 구릉지대에 있었다. 제7일에 있었던 그들의 회합 장소는 벽으로 나뉘어 있었다. 이는 3 내지 4큐빗(cubits)[278]의 높이로, 두 구역으로 나뉘어 있었으며, 한쪽은 여성에게, 나머지 한쪽은 남성에게 할당되었다. 그들은 음식과 음료 소비를 가능한 최대로 줄였다. 그들은 사흘 내지 나흘 동안 아무것도 먹지 않기도 했다. 그들은 49일째 되는 날 매우 소박한 향연을 벌였는데, 조악한 매트리스에 남녀가 따로 앉아 그러한 향연을 벌였다.[279]

301. 게르만 국가의 노예제

자연적인 상황이라고 일컬을 수 있는, 가장 원시적인 상황에 대한 의견에 따르면, 전쟁 포로는 승리한 측 신의 희생양으로 죽임을 당해야 했다. 전쟁 포로는 공개 처형이 이루어지기에 앞서 일정 기간 노역에

---

[276] Achelis, *Virgines Subintroductae*, 29~31.
[277] *Die Religion des Judenthums im neutestamentlichen Zeitalter*, 447.
[278] (옮긴이 주) 고대 서양 및 근동 지방에서 쓰이던 길이의 단위. 팔꿈치에서 가운뎃손가락 끝까지의 길이에 해당하며, 시대와 지역에 따라 그 길이가 조금씩 달랐다. 고대 이집트에서는 523.5mm, 고대 로마에서는 444.5mm, 고대 페르시아에서는 500mm를 1큐빗으로 사용했다.
[279] Cook, *Fathers of Jesus*, II, 18~28.

처해졌는데, 그가 제공하는 서비스의 편익이 알려지게 되었다. 승리한 측은 가장 넌더리 나고 불쾌한 노동에 활용하고자 전쟁 포로를 살려두었다. 이러한 과제를 수행하도록 전쟁 포로를 살려두면서 조롱하는 일은 사라지지 않았다. 로마 제국을 침략한 게르만인들에게 관심을 돌려보면, 우리는 이들의 원시적 야만성을 재차 확인할 수 있다. 스칸디나비아의 영웅시대를 살펴보면 우리는 웁살라(Upsala)[280]에서 거행되는 이교도 신을 추앙하는 엄숙한 향연을 목도하게 되는데, 여기에서도 노예들이 희생당한다. 그들은 절벽 혹은 땅에 나 있는 구멍 속으로 던져지거나, 고문을 당하고 나서 창공에 높이 매달리거나 등뼈가 부러지는 고문을 당했다.[281] 역사 이전 시기의 게르만인들은 비자유인들을 적절히 배려했다. "같은 무리의 사람들과, 같은 땅에서, 비자유인 젊은이들과 함께 성장한 훌륭한 가문 출신의 젊은이들은 비자유인들과 함께 먹고 마시고, 함께 즐거움과 슬픔을 나누었는데, 그들은 비자유인 동료들에게 야박하게 굴 수 없었다."[282] 스칸디나비아 리그르의 노래(Rigsmal)에서 영웅 리그르(Rigr)는 노래가 진행되면서 차례로, 어머니를 만나서는 귀족을, 할머니를 만나서는 자유민을, 증조할머니를 만나서는 노예를 탄생시켰다.[283] 리그르는 자유민과 노예를 태어나게 할 때는 남자와 아내 사이에서 잠을 잤지만 귀족이 태어나게 할 때는 그렇게 하지 않았다. 노예를 태어나게 할 때는 결혼식을 치르지 않았다. 세 계급의 음식, 거주지, 의복, 가구, 직업, 그리고 예법은 면밀하게 구분되었으며, 마치 인종적으로 다르기라도 하듯이 체격 또한 달랐다. 각각의 계급 아이들

---

[280] (옮긴이 주) 스웨덴 남동쪽에 위치한 도시.
[281] Estrup, *Skrifter*, I, 261.
[282] Weinhold, *Die Deutschen Frauen in dem Mittelalter*, I, 104.
[283] *Corpus Poeticum Boreale*, I, 235.

의 이름은 그 특징이 드러나는 별명이었다. 증조부는 고색창연한 의복을 착용했다. 증조할머니는 재로 구운, 겨와 섞은 납작하고 무거운 빵을 제공했다. 그녀는 스롤(Thrall)[284]을 낳았는데, 그는 까무잡잡했고, 손에 못이 박혀 있었으며, 구부러진 손가락 관절, 굵은 손가락, 못생긴 얼굴, 넓은 등, 긴 뒤꿈치의 소유자였다. 이 이야기에 등장하는 토들생키(Toddle-shankie) 또한 다리에 상처를 입고, 코가 부러진 채, 햇볕에 타서 왔고, 티오우(Theow)[285]라고 불렸다. 이들의 자식들의 이름은 남자아이의 경우 수티, 코허드, 크럼시, 클로드, 베스터드, 머드, 로그, 티커드, 레거드, 그레이 코트, 라우트, 그리고 스텀피였다. 반면 여자아이의 이름은 로기, 클로기 럼피(레기), 스넙 노시, 신터스, 본드 메이드, 우디(=페기), 테터 코티, 크레인 셰키 등이었다.[286] 이러한 이야기는 자연적 사실에 바탕을 두고 세 계층 혹은 계급이 형성되었음을 시사하는 듯하다. 게르만 사회에서 노예는 태어날 때부터 노예였을 수도 있고, 생계를 꾸려나가려 자신을 판 경우도 있었으며(모든 유형 중에서 빚쟁이, 전쟁 포로가 최악으로 평가된 노예였고, 여기에 난파선 조난자가 포함될 수도 있다), 자유민 여성이 노예 남성과 간음했을 때도 노예가 되었다.[287] 채무자는 채무를 이행하지 않으려 할 경우 법정에 섰고, 채권자는 채무자의 상하체 중 일부를 절단할 수 있었다.[288] 자유민은 심지어

---

[284] (옮긴이 주) 'thrall'은 노예를 뜻하는 단어인데, 스롤이라는 이름은 그가 노예 출신임을 드러내고 있다.

[285] (옮긴이 주) theow 역시 앵글로색슨 시대의 영국 노예를 뜻하는 단어로, 티오우 또한 이름을 통해 그가 노예 출신임을 보여주고 있다.

[286] (옮긴이 주) 이러한 이름들은 그 혹은 그녀의 출생 신분이 천함을 은연중 나타내고 있다. 예를 들어 수티(sooty)는 거무스름함을, 클로드(clod)는 시골뜨기 혹은 흙투성이를, 스넙 노시(snub-nosie)는 들창코를 의미하는데, 이는 그들의 신분이 낮음을 드러내고 있다.

[287] Rothe, *Nordens Staatsverfassung vor der Lehnszeit*, I, 35.

노예가 충성하다가 자신의 아내를 잃게 된 경우에도 옆에 묻히는 것을 허락하지 않으려 했다. 노예, 범죄인, 그리고 범법자들은 한쪽 구석에 홀로 불명예스럽게 묻혔다. 소가 없을 때 견인줄을 매고 쟁기를 끈 것은 노예들이다. 오플란(Oppland)[289]의 왕인 아이스텐(Eisten)은 언즈(Ernds)를 전멸시키기에 앞서 그곳 사람들에게 노예가 될 것인지 아니면 왕을 위한 개가 될 것인지 선택권을 주었다. 그들은 개를 선택했다.[290] 카누트(Canute) 왕의 여동생은 영국에서 가장 아름다운 여성과 남성 노예를 사서 덴마크로 보냈는데, 주로 매춘에 활용할 목적으로 그들을 그곳에 팔았다.[291] 여기서 우리는 또다시 사람들의 노예에 대한 매우 커다란 경멸감을 확인할 수 있다. 북유럽의 전설을 살펴보면 영웅들이 노예를 신뢰하여 이득을 얻는 경우가 많다. 그럼에도 스칸디나비아의 속담에는 "노예와의 우정을 신뢰하지 마라"[292]는 말이 있다. 북유럽의 전설에는 노예로 전락한 사람, 예를 들어 트리그브 올라프손(Trygve Olafson) 왕의 미망인 아스트리드(Astrid)와 같은 사람들의 이야기로 가득하다. 그녀는 에스토니아 노예 시장에서 한 상인에 의해 발견되어 구제되었다.[293] 노예는 죽음을 두려워하기 때문에 경멸당했고, 죽음이 임박하면 몸을 숨기고, 울먹이고, 간청하고, 흐느꼈고, 자신의 돼지를 내버려두라고, 좋은 음식을 달라고 요구하면서 슬퍼했으며, 살려만 준다면 어떤 천한 일도 마다하지 않겠다고 말했기 때문에 경멸당했다. 사람들은 영웅은

---

[288] 위의 책, 17.
[289] (옮긴이 주) 오플란은 노르웨이 남부에 위치한 주. 이 주의 중심도시는 릴레함메르다.
[290] 위의 책, 18.
[291] 위의 책, II, 266.
[292] Estrup, *Skrifter*, I, 263.
[293] *Heimskringla*, II, 77.

고난을 용감하게 인내하고, 웃으면서 죽음을 맞이한다고 생각했다.[294] 그들의 생각에 영웅의 아이와 노예의 아이가 태어났을 때 바뀌게 되면, 그 잘못은 아이들이 성장한 후 후자가 겁이 많음에 반해 전자는 매우 용감하다는 사실을 통해 확인되었다.[295] 영웅시대에는 정복자가 공주를 크베른(qvern)에서 일하게 할 수 있었다. 발할라(Valhalla)[296]의 영웅은 자신이 정복한 피정복자들을 위해 노예들을 일하게 했고, 피정복자들에게 족욕을 시켜주고, 불을 붙여주고, 개를 묶어주고, 말을 돌봐주고, 돼지를 먹이는 역할을 맡게 했다. 노예 여성들은 첩이 되었다. 그들은 크베른에서 일을 했고, 직물을 짰다. 그들이 사랑을 받으면 애완동물의 지위까지 격상되었다. 스칸디나비아인들은 침략한 땅에서 노예들을 획득했는데, 그들은 기독교인이 된 후에도 서로 침략하여 상대를 노예로 삼았다. 교회는 로마법 체제를 채택했는데, 특히 십일조 세금은 대중을 노예 상태로 몰아넣는 수단이 되었다.[297] 거지는 체포될 수 있었고 법정(Thing)에 서기도 했다. 친척들이 몸값을 치러주지 않으면 체포한 사람은 그들을 마음대로 할 수 있었다.[298] 마그누스 에릭손(Magnus Erikson)은 1333년 스웨덴, 노르웨이, 그리고 스코나(Skona)의 왕좌에 올랐다. 2년 후 그는 "앞으로 기독교인 부모에게서 태어난 아이는 그 누구도 노예가 되어선 안 되고 그렇게 불려서도 안 된다"고 포고했다.[299]

---

[294] *Corpus Poeticum Boreale*, I, 340.
[295] 위의 책, 361.
[296] (옮긴이 주) 북부 게르만 민족의 노르드 신화에서 에시르 신족이 사는 곳인 아스가르드에 위치한 거대한 저택으로, 오딘이 다스리고 있다.
[297] Wachsmuth, *Bauernkriege*, in Räumer, *Historisches Taschenbuch*, V.
[298] Gjessing, *Annaler for Nordisk Oldkyndighed*, 1862, 85 이하.
[299] Geijer, *Svenska Folkets Historia*, I, 206.

302. 아동 매매

중세에 이르러서도 게르만 국가에서는 한동안 남성이 기근 혹은 고난의 시기에 아내와 아이들을 노예로 팔아버리거나 다른 가족에 양자로 보내는 것이 적법한 관행으로 남아 있었다. 이후 이러한 남성의 권리는 폐지되었다.[300]

303. 노예제와 영토

중세에 노예제가 거의 채택되지 않은 이유는 탈주자를 일로 복귀시키거나 노예들에게 계속 일을 시키려면 아주 커다란 영토가 필요했기 때문이다. 그런데 봉건 영주들은 그런 커다란 영토가 없었기 때문에 자신들의 노예들을 복귀시킬 수 없었다. 봉건 영주들이 크지 않은 영토를 갖는 추세가 확장됨으로써 돌아갈 곳이 없어진 노예들의 생활은 더욱 궁색해졌다. 예컨대 러시아와 독일의 일부 지역의 상황이 그러했다.[301] 프랑크족이 채택한 "노예제는 다양한 양태를 나타냈다." 노예들은 인생의 흥망성쇠를 겪으면서 매우 극적으로 운이 달라질 수 있음을 보여주기도 했다. 프리만(Freeman)[302]이 언급하는 한 사례에서는 소년 왕이 통치를 했는데, 이전에 노예 여성이었던 어머니가 지위와 권위라는 측면에서 여왕으로 통치했으며, 권력은 실질적으로 한때 그녀의 주인

---

[300] Grimm, *Deutsche Rechtsalterthümer*, 461.
[301] Vinogradoff, *Vileinage*, 152.
[302] *Western Europe in the Eighth Century*, 11.

이었던 남성이 행사했다. "프랑크 왕국의 체제에서는 노예로 태어난 여왕이 강력한 법적인 제재력을 갖추고서 그 영향력을 발휘할 수 있었는데, 이는 노예 출신인 술탄의 어머니가 이슬람 법정에서 발휘한 영향력보다 강력했다." 프랑크족은 독특한 해방 의례를 치렀다. 영주는 자신의 노예가 손에 쥔 동전을 쳐서 땅에 떨어지게 했는데, 이 순간 노예는 자유를 얻게 되었다.[303] 미남왕 필리프 4세(Philippe le Bel)는 피스쿠스(Fiscus)의 이익을 위해 발루아(Valois)[304]의 농노를 해방했는데, 이때 그는 루이 르 위탱(Louis le Hutin)이 반복해서 언급한 일반 원칙을 천명했다. "일반적으로 말하자면 우리 주님의 형상에 따라 주조된 모든 인간은 자연권에 의해 자유롭게 되어야 한다. 이러한 원칙에 입각해 보았을 때, 프랑스에서는 그 어떤 사람도 농노가 되어서는 안 된다." 8~9세기에는 농노들이 자신들을 이슬람교도에게 팔아넘기는 유대인에게 팔려갔다. 몽펠리에(Montpelier)[305]는 사라센인과의 노예무역을 계속 이어갔다. 12세기에는 성직자들이 이러한 무역에 관여했고, 이러한 관행이 15세기까지 계속되었다고 일컬어진다.[306] 에르비(Hervis)의 기사 이야기(13세기의 출발에 관한)는 일부 군인들에게 납치된 한 소녀를 몸값을 치르고 해방한 한 젊은이의 이야기를 중심으로 전개되고 있다. 이야기 속에서 군인들은 그녀를 파리로 데려가 거기서 시장에 팔아버리자고 제안한다. 1571년 보르도 의회는 에티오피아인과 다른 노예들의 해방을 승인했는

---

[303] Grimm, *Deutsche Rechtsalterthümer*, 178.
[304] (옮긴이 주) 카페 왕조의 한 계열로 1328년에서 1589년까지 프랑스를 다스렸다. 직계 카페 왕조를 계승했고, 그 뒤 부르봉 왕조가 프랑스의 왕위를 이어받았다.
[305] (옮긴이 주) 프랑스에서 여덟 번째로 큰 도시. 프랑스 남부 랑그독 루시용의 중심도시다.
[306] Bourquelot, *Foires de Champagne (Acad. de Belles Lettres et d'Inscriptions)*, 1865, 307.

데, 그 이유는 "프랑스가 어떤 예속도 받아들일 수 없었기" 때문이었다. 그럼에도 남부 지역에는 모든 피부색과 국적의 사람들이 포함된 노예가 남아 있었다.[307] 비오(Biot)[308]에 따르면 중세에는 주로 해적들이 노예 무역에 관여했고, 이에 따라 노예 시장이 내륙이 아닌 해안에만 존재했다. 1171년의 알마(Armagh) 위원회는 아일랜드인의 영국인 노예 소유를 금했는데, 그러면서 영국인이 자신들의 아이를 아일랜드인에게 판 것에 대해 언급하고 있다.[309] 토마스 아퀴나스는 아리스토텔레스의 영향을 받아 노예제를 찬성하고 있다. 그는 아리스토텔레스와 마찬가지로 노예제가 자연 질서의 일부라는 입장을 견지한다.[310] 13세기 초 스페인에서는 무어인의 노예로 있는 기독교인 포로를 석방시키기 위한 모임이 창설되었다. 신앙심 깊은 사람들은 이 모임이 하는 일에 활용할 수 있도록 기부를 했다. 그러나 기독교인들은 납치된 사람들이 재차 석방될 수 있도록 그들을 무어인에게 팔았다. 1322년 발라돌리드(Valladolid) 위원회는 남성 매매 축출을 강행했다. 14세기 이집트에서는 베네치아인(Venetians)과 제노바인(Genoese)이 모든 국가의 젊은이들을 팔고 있었다.[311] 1454년 교황 니콜라오 5세는 사라센인들에 귀속되는 땅으로 알려진 서아프리카를 정복할 권리를 포르투갈에게 주었다. 그는 흑인들이 완전히 개종할 것이라는 희망을 표현하면서 포르투갈에 "그 땅에 사는 사람들을 영구적인 굴종 상태로 전락시킬" 권리를 부여했다. 1444년 마그리(Margry)는 포르투갈의 엔리케 왕자(Don Enrique)가 보는 앞에서

---

[307] D'Avenel, *Histoire Economique de la Propriété, des Salaires, des Denrées, et de tous les Prix en général, depuis l'an 1200 jusqu'en l'an 1800*, I, 186.
[308] *De l'Abolition de l'Esclavage ancien en Occident*, 264.
[309] Wilkins, *Concilia Magnae Britanniae et Hiberniae*, I, 471.
[310] *Opuscula Omnia*, XX, ii, 10.
[311] Heyd, *Levanthandel*, II, 442.

최초로 흑인들을 노예로 팔았다.³¹² 일찍이 1500년에 콜럼버스는 스페인 국왕에게 노예를 활용하여 히스파니올라의 광산을 개발할 것을 제안했다. 왕은 스페인에서 기독교인이 된 흑인들만을 히스파니올라로 데려갈 것을 포고했다. 1508년 스페인인들은 흑인들을 탄광으로 데려가 인도 노예들과 함께 일하게 했다. 1517년 카를 5세는 노예무역을 승인했다.³¹³ 기독교인 노예들은 17세기까지 스페인에 존재했으며, 어쩌면 18세기까지도 존재했을지 모른다. 흑인들과 무어인들을 포함하면, 우리는 아주 최근까지도 그곳에 노예제가 존재했다고 말할 수 있을 것이다.³¹⁴

304. 유럽의 노예제, 중세의 이탈리아

13세기 이탈리아에는 노예제가 존재했다. 전쟁, 해적 행위, 그리고 종교적 혐오 때문이었다. 설교 수사들은 모든 소유에 반대하는 설교를 함으로써 이러한 제도를 무너뜨리는 데 기여했고, 노예제는 이내 쇠퇴하기 시작했다.³¹⁵ 노예제에 대한 종교인들의 혐오는 클레멘스 5세(Clement V, 1314년 선종)의 법령에서 잘 예시되고 있다. 클레멘스 5세는 페라라(Ferrara)³¹⁶를 강탈했다는 이유로 베네치아인들을 파문하면서 그들이

---

³¹² *Les Navigations Françaises*, 19.
³¹³ Mason in *American Anthropologist*, IX, 197.
³¹⁴ Biot, *De l'Abolition de l'Esclavage ancien en Occident*, 422.
³¹⁵ 위의 책, 431.
³¹⁶ (옮긴이 주) 이탈리아 북부, 포(Po)강 어귀에 인접한 도시. 중세의 대학과 성당이 있다.

어디에서 잡히건 노예로 간주하라고 지시했다.[317] 피렌체에서는 1288년까지도 농노들을 팔아서 멀리 보내는 것을 금하는 법안이 통과되지 않았다. 이는 볼로냐에서는 이미 1256년에 통과되고 1283년에 개정된 법이었다. 이러한 법은 지방에서 귀족의 힘을 축소하기 위해 제정된 민주적인 법령인 듯이 보였다.[318] 노예 여성을 아기 엄마로 만든 남성은 그 소유주에게 손실에 대한 대가를 치러야 했다. 1392년의 한 계약에서는 이와 같은 상황에 놓인 남성이 돈을 빌린 것에 해당하는 빚이 있음을 명백히 하고 있다. 1539년 이러한 손실을 입힌 한 남성은 루카(Lucca) 법령에 따라 원래의 두 배에 해당하는 가격에 그녀를 사야 했고, 국가에 100리라(lire)의 벌금을 물어야 했다. 1415년 피렌체 법령은 기독교가 본질적으로 노예제를 반대하지 않는다는 입장을 분명히 했다.[319] 1450년 베네치아에서의 한 여성 매매 계약서에는 판매자가 무조건적이면서 완전한 전매권(purum et merum dominium)을 파는 것으로 명기되어 있다.[320] 이탈리아의 도시들은 16세기 중반까지 계속해서 노예무역을 보호했다.[321] 베네치아인과 제노바인은 공공의 혹은 총체적인 대재앙의 시기를 제외하고는 지속적으로 활발하게 노예 거래를 했다. 대재앙의 시기에는 신의 분노를 달래려 거래를 일시 중단했다.[322] 그들은 노예무역을 계속하지 않을 수 없었는데, 그 이유는 거대 상업 국가인 그들과 동양이 긴밀하게 연결되어 있었고, 그들이 그리스인 이교도를 증오했기 때문이다.[323] 베네치아에서는 다양한 쾌락을 얻고자 하는 욕구 때문에, 그

---

[317] Libri, *Sciences Mathématiques en Italie*, II, 509.
[318] 위의 책, 510.
[319] 위의 책, 515.
[320] 위의 책, 513.
[321] 위의 책, 511.
[322] Cibrario, *Della Politica Economia del Medio Evo*, III, 274.

리고 동양의 시장에서 아름다운 노예들을 쉽게 얻을 수 있는 기회 때문에 부부 생활이 침해를 받았다. 아주 오랜 옛날부터 법은 사람을 거래하는 상인들을 사형에 처했다. 하지만 이러한 법은 험악함 그 못지않게 실효성이 없었다. 이와 같은 무역은 16세기 말까지 계속 이어졌다. 국가기록보관소에는 12세기부터 16세기까지의 노예 계약서가 보관되어 있다. 사제들은 국가, 감독자, 의회가 존재함에도 이들 계약서의 공증인 역할을 했다. 노예는 모든 국가에서 레반트(Levant)[324]로 수송되었다. 여기에는 체르케스[325](Circassian)와 조지아[326](Georgian)의 12~14살 되는 소녀들이 포함되어 있었다. 노예들은 철저하게 판매자의 의지에 따라 양도되었다.[327] 비오(Biot)[328]는 17세기 중반까지 이탈리아에 노예제가 남아 있었다는 증거를 가지고 있다.

305. 프랑스의 노예제

1445년 아르마냑인들[329](Armagnacs)이 2명의 남성을 사로잡았는데, 그

---

[323] Biot, *De l'Abolition de l'Esclavage ancien en Occident*, 426.
[324] (옮긴이 주) 시리아·레바논·이스라엘 등이 위치한 동부 지중해 연안 지역을 일컫는 말. 특정 지역을 정확하게 가리키는 용어라기보다는 문화적, 역사적 배경을 지닌 지역을 아우르는 용어다.
[325] (옮긴이 주) 카프카스 산맥 북부의 흑해에 접해 있는 지역의 원주민.
[326] (옮긴이 주) 동유럽의 국가. 북쪽은 러시아, 남쪽은 터키와 아제르바이잔, 남동쪽은 아르메니아와 국경을 접하고 있다.
[327] Molmenti, *Venezia nella Vita Privata*, I, 280.
[328] *De l'Abolition de l'Esclavage ancien en Occident*, 441.
[329] (옮긴이 주) 프랑스 남서부, 피레네산맥의 아두르강과 가론강 사이에 있는 작은 언덕으로 이루어진 지역이다. 601년 아키텐 지방의 남서쪽에 세워졌다.

들은 자신들의 몸값을 치를 수가 없었다. 그러자 아르마냑인들은 그들을 스페인의 유대인에게 팔아넘기겠다고 위협했다.[330] 보댕(Bodin)[331]은 포로들을 죽이기보다는 노예로 삼는 것이 낫다는 입장을 취하고 있는데, 그럼에도 그의 논의는 온통 노예제에 반대하는 내용으로 채워져 있다. 그는 프랑스에 발을 들여놓은 노예들에게 미남왕 필리프 4세(Philippe le Bel)의 판결에 이어진 첨언을 바탕으로 자유를 부여하는 결정이 내려진 사례들을 거론하고 있다.

306. 이슬람의 노예제

서고트족[332](Visigothic) 주교들이 적절히 파악했던 바와 같이, 이슬람은 기독교보다 노예 해방에 더 우호적이었다. 무함마드는 자신의 노예들을 해방했고, 명령을 내려 모든 노예가 속전(贖錢)을 내어 해방될 권리를 갖도록 했다. 그는 노예를 해방하는 것이 훌륭한 처사라고 가르쳤고, 이것이 수많은 죄를 씻어줄 것이라고 말했다.[333] 자신의 마지막 설교에서 그는 다음과 같이 말했다. "이슬람교도는 다른 모든 이슬람교도의 형제다. 너희는 모두 형제다. 모두가 평등하다."[334] 이슬람 율법은 인간이 노예가 되는 경우는 오직 두 가지에 국한된다고 밝히고 있다. (1)

---

[330] Räumer, *Historisches Taschenbuch*, 2 ser., III, 111.
[331] *Les Six livres de la République*, Book I, Chap. V.
[332] (옮긴이 주) 민족 대이동 시대에 활약한 게르만의 한 부족으로, 유목 생활을 했던 고트족의 한 분파.
[333] Dozy, *Musulmans d'Espagne*, II, 43; *Koran*, IV, 94; V, 91; LVIII, 4.
[334] Hauri, *Islam*, 84.

태어났을 때부터 노예, (2) 전쟁으로 인한 노예. 채무자는 노예가 될 수 없었으며, 곤궁에 처한 부모가 자식을 팔 수도 없었다. 또한 어머니와 7세 미만의 자식을 이별시키는 방식으로 노예 매매가 이루어질 수도 없었다. 노예 여성은 첩이 될 수 있었지만 결혼을 할 수는 없었다. 하지만 노예 여성의 아이들은 적출(嫡出)로 인정받았고, 자유민이었다. 주인의 아이를 낳은 여성은 주인이 죽으면 자유를 얻었으며, 그가 살아 있는 동안 팔리거나 볼모로 잡힐 수 없었다. 그럼에도 노예들은 권리와 권력이라는 측면에서 자유민에 비해 여러모로 열등했다. 그들은 주인에게서 독립해서 재산권을 갖지 못했다. 그들은 소유주에 비해 엄격성을 결여한 형법의 지배하에 놓여 있었다. 유의해야 할 점은 이 모든 것이 '이슬람교도' 노예에 대한 이야기로 이해되어야 한다는 것이다.[335] 많은 경우 코란은 노예에게 친절할 것을 가르친다.[336] 노예들은 신의 은총으로 자유민들에게 주어진 재산이었다. 이슬람교도들은 노예제를 폐지한 처사가 이슬람이 기독교에게 승리를 거둔 것이라고 생각한다.[337] 이슬람을 믿지 않는 노예는 소유주의 의지를 거스를 권리가 전혀 보장되지 않았다. 8세기에 아스투리아스(Asturias)[338]의 농노들(serfs)이 자신들의 이슬람 영주들에 대항하여 집단으로 봉기했는데, 그 당시 그라나다(Grenada)[339]가 누리는 부와 명예에도 불구하고, 소작농들(peasants)은 영주들을 극도로 미워했다고 일컬어진다.[340] 압둘라흐만(Abdurrahman) 3

---

[335] Juynboll, *Mohammedaansche Wet volgens de leer der Sjafi-itische School*, 231.
[336] 코란 2장, 4장, 24장.
[337] Hauri, *Islam*, 155.
[338] (옮긴이 주) 3500년이 넘는 유구한 역사가 있는 이베리아반도의 작은 왕국.
[339] (옮긴이 주) 스페인 남부 안달루시아 자치 지방(autonomous community) 그라나다주의 주도(主都).
[340] Dozy, II, 25.

세[341]의 위대한 시대에는 노예가 매우 많았다. 영주들은 토지와 노예들을 소유했고, 술탄(sultan)[342]은 그들에게 "중요한 군사적, 시민적 임무를 부과했다. 술탄은 그들을 자신의 부하와 총신으로 만들기 위해 철저한 독재 정책을 시행했다. 이는 귀족들을 굴복시키기 위함이었다."[343] 노예들은 무장을 하기도 했다. 후기 로마인들은 소작인들을 군에 입대시켰다. 서고트족은 비록 영주들이 소작인들에 대한 사용권을 포기하지 않으려 했지만 그 사용권을 물려받았다. 마침내 농노의 절반이 징집되는 데 이르렀고, 이들이 군대에서 다수를 차지하게 되었다.[344] 슈바인푸르트(Schweinfurth)[345]는 "아프리카에서 이슬람이 지배력을 행사하는 곳이라면 그 어디든 사람을 자신의 수송 수단으로 활용하는 관행이 널리 퍼지는 경우는 절대 없을 듯하다."라고 말한다. "엄격한 이슬람교도는 사람을 수송 수단으로 이용하는 것을 사실상의 죄악으로 간주하는데, 거리낌 없이 억압을 일삼는 민족에게 이러한 정서가 있다는 것은 아주 진기한 일이다. 이슬람교도들이 교의를 부정하면서까지 흑인을 한 명의 인간으로 파악하지 않을 수는 없다. 그럼에도 그들이 추호도 흑인을 어떤 인간으로서의 권리를 가질 수 있는 존재로 생각하지 않음은 잘 알려진 사실이다." 일찍이 율법학자들은 이슬람교도 노예의 목숨이 이슬람교도 자유인의 목숨과 다를 바 없는 가치를 갖는다는 교의를 만들어놓았다. 하지만 이러한 교의가 실생활에서 실현되는 경우는 드물었으며, 후궁 내부에서 실현되는 경우는 전혀 없었다. 율법학자들은 노예

---

[341] (옮긴이 주) 891~962년에 걸쳐 사라센 제국을 통치했던 왕. 49년 동안 세계에서 가장 큰 왕국을 통치했다.
[342] (옮긴이 주) 이슬람 세계에서 세습 군주제 국가 혹은 지역의 군주를 일컫는 말.
[343] 위의 책, III, 61.
[344] 위의 책, II, 29.
[345] *The Heart of Africa*, I, 374.

주인이 노예를 살리고 죽일 권리가 없음을 공표했지만 그 권리는 사실상 인정되었다.[346] 7~9년 동안의 봉사를 마친 성인 노예를 해방한 것은 법이 아니라 관습이었다. 대부분의 이슬람 가족에서 노예는 가족 성원으로 융숭한 대접을 받았다. 노예의 아이들은 주인의 아이들과 다를 바 없는 교육을 받았다.[347] 피숑(Pischon)은 이슬람교도들이 노예제 없이는 생활을 영위할 수 없다고 말한다. 이슬람교도들에 따르면 자유민 여성은 하찮은 집안일을 해서는 안 되며, 어떤 여성도 자유민 남성에게 베일을 벗은 모습을 보여서는 안 된다.[348] 그런데 이러한 입장은 사실상 노예제가 없어서는 안 된다는 고대의 견해를 그대로 되풀이하고 있는 것이다(본서 285절). 설령 모든 여성이 자유민이라고 해도 그들 중 일부는 집안일을 했어야 했을 것이다. 현대 터키 남성은 자신의 집안에서 전제군주다. 그는 아내가 '입과 혀'를 가져서는 안 된다는 아내에 관한 격언을 머리에 담아두고 있다. 여아들은 이와 같은 아내가 되도록 교육받지 않는다. 그들은 집안에서 남편에 대항할 수 있는 지지 기반이 일부 마련되어 있다. 이에 따라 거의 모든 터키인 남성은 장인과 장모에 대한 혐오의 감정과 나쁜 느낌을 가슴에 품고 있으며, 그리하여 그들은 노예 첩들을 선호한다. 만약 이들이 예쁘거나 남성의 사랑을 받으면 그들의 친척들은 환영을 받는다. 귀족 부인들은 장래가 있어 보이는 7~8살 된 여아를 사서 훈련시키고, 이후 이들을 되팔았다.[349]

---

[346] Von Kremer, *Kulturgeschichte des Orients unter den Chalifen*, II, 128.
[347] Pischon, *Der Einfluss des Islam auf das Leben seiner Bekenner*, 25~29.
[348] 위의 책, 31.
[349] *Globus*, XXX, 127; Vambery, *Sittenbilder aus dem Morgenlande*, 25.

307. 이슬람의 노예제 재고

이슬람의 명령은 정의롭고 인도적인 듯한 느낌이 든다. 하지만 이슬람교도들이 이러한 명령을 이행하는 방식은 잔인하고 무자비하다. 이슬람교도들에게 노예는 사물이나 상품이 아니다. 노예는 인간으로서의 가치를 지닌 사람으로 처우 받을 권리가 있다. 어떤 남성이 노예를 첩으로 삼을 수는 있지만 매춘부로 팔아서는 안 된다. 만약 노예가 자신의 소유가 아니라면 자유민 남성은 그 노예와 결혼할 수 있다. 자유민 여성 또한 노예와 결혼할 수 있지만 자유민 남성과 동일한 제약을 받는다. 노예 여성이 주인의 아이를 가지면 그 아이는 자유고, 아이의 엄마는 팔리거나 누구에게 양도될 수 없다. 소유주가 죽으면 그녀는 자유가 된다. 노예 남성과 여성은 주인의 승낙을 얻어 결혼할 수 있다. 만약 그들이 처신을 잘했다면 이를 요구할 권리가 있었다. 노예 남성은 아내를 둘 이상 얻을 수 없다. 노예 주인의 입장에서 보았을 때 노예를 해방하는 일은 종교적이면서 가상한 행동이다.[350] "대체로 보았을 때, 우리는 고대인 중에서, 혹은 기독교인 중에서 이슬람교도 이상으로 노예들을 잘 처우한 자들은 없었음을 인정해야 할 것이다."[351] 주인에 의해 아기 엄마가 된 노예 여성에 대한 규정은 대부분의 기독교인을 부끄럽게 만드는 규정 중 하나다. 그럼에도 이슬람교도들에게는 성가신 법을 피해 갈 수많은 특별한 핑곗거리와 기술적 해석 방법이 있는데, 이에 따라 우리는 그들의 모레스가 실제로 법에 따르고 있는지 여부를 전혀 판단해볼 수가 없다. 이슬람교도가 이슬람교도를 노예로 전락시키는

---

[350] Hauri, *Islam*, 149.
[351] 위의 책, 150.

것은 법에 위배된다. 하지만 터키인들은 쿠르드족(Kurds)[352]과 다른 종족 여성을 강탈하며, 미개한 체르케스족(Tcherkess)[353]에게서 여성을 사기도 한다.[354]

308. 영국의 노예제

토마스 모어(Thomas More) 경[355]은 노예제가 노예들에게 주는 생활 속의 곤경을 일부 언급하고 있다. 노예들은 "온갖 힘든 일", "고된 일", 그리고 "저급한 일"을 해야 했다. 그들은 빚을 지거나 파혼한 죄가 있는 사람들이었다.[356] 가르니에(Garnier)는 1547년의 법(에드워드 6세 연감 I, 3장)을 인용하고 있는데, 여기에서는 빌런(Vilein)[357]을 노예로 언급하고 있다. "이 시기를 한참 지난 후에는 노예 해방을 언급하는 사례들을 확인할 수 있으며, 피츠허버트(Fitzherbert)와 같은 박애주의 작가는 노예제의 실현 가능성, 그리고 이것이 실질적으로 존재한다는 사실이 법과 종교 양쪽 모두의 불명예라고 생각하면서 애통해한다."[358]

---

[352] (옮긴이 주) 러시아 남부, 카프카스 산맥 북서쪽에서 유래한 민족. 체르케스라는 말은 주변의 투르크족이나 러시아인들이 그들을 부르던 이름으로, 자신들은 바닷가의 고지에 사는 사람이란 뜻의 아드가(Адыгэ, Adyghe)인이라고 불렀다.
[353] (옮긴이 주) 터키·이라크·이란에 걸친 쿠르디스탄 지역이 주요 거주지인 종족. 본래 아리아 계통의 종족으로, 전통적인 종족제 사회를 이루어 생활한다.
[354] 위의 책, 153.
[355] *Utopia*, II, 53.
[356] *Utopia*, II, 132, 144, 147.
[357] (옮긴이 주) 라틴어 villanus(농업 노동자)에서 유래된 단어. 중세에 농민은 지독한 가난과 기근으로 엄청난 고통을 받았는데, 이로 인해 일부 농민들이 살인과 약탈 등을 저지르는 일이 발생했다. vilein은 그 이후 범죄 행위자를 의미하게 되었다.

309. 아메리카의 노예제

앵글로아메리카의 식민지에는 담배 혹은 인디고(indigo)[359] 플랜테이션 시스템이 구축되어 있지 않았다. 이곳에서 노예제가 유지되는 가장 커다란 이유는 소유주가 노예가 일했으면 하는 장소에 그를 붙들어 놓길 바라기 때문이었다. 뉴잉글랜드에서는 흑인 노예들이 소유주, 그리고 그의 아들과 친밀한 관계를 유지하며 살았다. 코네티컷에서는 노예가 주인 가족과 함께 식사할 수 있었으며, "흰 손(hand)만큼 자유롭게 접시 안으로 검은 발(hoof)이 들어갔다."[360] 이러한 식민지에서는 1650년 법에 따라 채권자가 채무자에게 서비스를 제공하는 방식으로 채무 이행을 요구할 수 있었으며, 채권자는 자신이 응당 받아야 할 서비스를 영국인에게 팔 수 있었다. 법은 19세기까지 그 효력을 계속 유지했다.[361]

310. 식민지의 노예제

프랑스는 1802년 5월 20일 법을 통해 노예무역을 재개했다. 보나파르트(Buonaparte)가 입법부에 이 법안을 상정한 이유는 "프랑스가 상업적으로 번영하게 되었고, 이에 따라 국가의 생산물인 포도주와 곡물을 안틸레스(Antilles)로 보내 흑인들이 어느 정도 소비하게 할 필요가 있기

---

[358] *Annals of the British peasantry*, 71.
[359] (옮긴이 주) 높이 2m 정도까지 자라는 낙엽 반관목(灌木)이다. 쪽에서 염료를 취한다.
[360] Madam Knight's *Journey from Boston to New York in 1704*.
[361] Hildreth, *History of the United States*, I, 372.

때문이었다. 만약 이들 흑인이 자유를 얻으면 카사바를 밀보다 선호할 것이며, 사탕수수즙을 우리의 포도주보다 좋아하게 될 것이다. 이런 점을 감안한다면 우리는 그들을 노예로 삼지 않을 수 없다."[362]

311. 노예들이 선호하는 노예제

지금까지의 논의로 보았을 때, 한 사람의 근육과 신경을 또 다른 사람의 의지에 복속시키는 일은 인간이 사회 조직을 최초로 만들어냈을 때부터 오늘날에 이르기까지 모든 민족의 모레스 내에 존재하고 있었던 것처럼 보인다. 오늘날 제도로서의 노예제는 미개한 사회와 반(半)문명 속에서만 존재한다. 영국령 북보르네오에서는 노예제가 전통으로 자리 잡고 있다. 어떤 노예라도 4파운드면 해방이 되는데, "대부분의 경우 그들은 가정의 일상적인 성원으로 성장했으며, 자신의 집을 떠날 마음이 전혀 없다. 고약한 처우를 받는 경우는 극히 드물다."[363] 노예제가 노예들에게 이익이 되는 문명 단계 속에서 살아가고 있는 다수의 아프리카인들은 사실상 노예제에 대한 순전히 감정적인 반감 때문에 마음이 움직였다(본서 275절). 슈바인푸르트(Schweinfurth)는 우리에게 수단인 이야기를 들려주는데, 그에 따르면 이들 중 상당수는 흔히 "자발적으로 자신을 누비아족(Nubians)[364]에게 맡기며, 자기 소유의 무명 셔츠와 총을 갖게 된 것에 크게 기뻐한다. 그들은 자신의 황량한 고향에서

---

[362] Fauriel, *Last Days of the Consulate*, 31.
[363] Cator, *Head-hunters*, 198.
[364] (옮긴이 주) 이집트 남부의 나일강 유역과 수단 북부에 위치한 지역. 누비아 지역의 대부분은 수단 영토에 있으며, 1/4 정도만 이집트에 속해 있다.

생산되는 먹을거리에 비해 세리바스(seribas)에서 더 훌륭한 먹을거리를 구할 수 있으리라는 희망에 매혹되어 기꺼이 스스로 노예가 된다. 니암 니암(Niam-niam) 영토의 특정 지역에서는 이처럼 간단하게 유혹하는 것만으로도 수많은 추종자와 노예를 모으기에 충분하다."[365] 계속해서 그는 아프리카에서 수수 곡물을 가는 방식이 어떻게 여성을 계속 노예 상태에 머물게 하는지를 보여준다. 여성들은 작은 돌멩이를 이용해 커다란 돌 위에 곡물을 올려놓고 빻는데, 한 여성이 하루에 남성 대여섯이 먹기에 충분한 양을 가는 노동을 한다. 앞에서(본서 275절) 필자는 알제리와 사하라 사람들에게 노예제를 폐지해야 한다는 이야기가 얼마나 부정적으로 들리는지 언급한 바 있다. 깁슨(Gibson)에 따르면 서아프리카에서는 "사람들이 자발적인, 그리고 세습적인 노예제를 지속하자는 말에 찬성할 것이다."[366] 이 지역에서는 "노예 남성이 자신의 재산을 소유할 수 있었다. 만약 그가 분별 있는 훌륭한 사람이라면 상속을 받을 수도 있었다." 그는 논의와 교섭에 참여할 수 있었으며, 혹사당하는 것에 대항하여 자신을 보호할 수 있었다. 오늘날 이곳 사람들은 더는 노예를 사거나 팔지 않는다. 하지만 빚을 졌을 때의 '볼모'는 존재하며, 그는 자유롭지 못하다.[367] 아프리카에서 노예무역이 성공적으로 수행되려면 노예들이 전쟁 포로이거나 다른 흑인들에게 습격당해 사로잡힌 포로여야 했다. 이로 인해 극도로 난폭하고 잔인한 영토 유린이 이어졌다. 이러한 문제와는 별개로 미개인들이 자신들이 선택한 방식대로 대륙을 점유하고 활용하도록 내버려두어야 하는지, 아니면 그들이 대륙을 활용해 세계적인 과업을 수행하도록 문명인과의 협력을 강제해야

---

[365] *The Heart of Africa*, II, 421.
[366] *New Series American Anthropologist*, VI, 563.
[367] Nassau, *Fetishism in West Africa*, 14 이하.

하는지에 대한 의문이 제기될 수 있다. 후자의 입장이 옳다고 생각하는 다수의 사람은 '지금까지 노예 소유주가 될 정도로 충분히 훌륭하거나 고귀한 사람이 발견되지 않았다'는 사실에 얽매여 있다. 반면 노예 자신의 바람과 무관하게 그를 무조건 내쫓아야 한다고 명령하는 인도주의적 입장은 분명 어리석음을 면할 길이 없다.

312. 노예제의 미래

18세기 서구 유럽에서는 노예제를 반대하는 도덕적 반란이 일어났다. 노예제를 옹호하는 어떤 구실과 변명도 훌륭하다고 인정받지 못했다. 영국인들이 서인도 제도(諸島)에서 노예를 사서 금전적 손실을 감수했음에도, 서인도 제도는 경제적 쇠락과 비문명화에 허덕이는 섬으로 되돌아갔다. 문명 세계의 관념과 계율들이 아이티(Hayti)[368]에 미친 해악을 확인해본다면, 문명 세계는 자신들이 견지하는 철학에 의구심을 품지 않을 수 없을 것이다. 그럼에도 노예제에 반대하는 입장은 널리 확산되고 있다. 노예제는 이제 채택할 수 없는 제도로 여겨지고 있으며, 사회적, 정치적으로 사악하며, 이에 따라 설령 이득을 얻을 수 있다고 해도, 이러한 이득을 얻기 위해 활용해서는 안 되는 제도로 간주되고 있다. 이는 모레스의 역사에서 소위 도덕적 동기가 통제권을 장악하게 된 유일한 경우다. 이러한 동기가 계속 통제력을 계속 발휘할지는 미지수다. 게르만인들은 식민지를 통치하면서 인도주의와 18세기의 사회철학을 조롱하고 있다. 그들은 모든 사람이 세상에서 자신의 몫을 해야

---

[368] (옮긴이 주) 서인도 제도의 섬. 철자는 옛 프랑스식.

하며, 이에 따라 현대의 대규모 산업 및 상업 조직으로 편입되어야 한다는 교의에 경도되어 있다. 그들은 자신들의 섬에서 일을 할 노동자를 구하고 있으며, 그들을 케케묵은 방식으로 바라보는 경향이 있다. 남아프리카와 미국의 남부 주들은 위생 문제와 경찰의 단속 문제가 발생하면서 새로운 어려움에 직면하고 있다. 자유민들이 평화, 질서, 그리고 건강을 임의로 위협해도 되는가? 또한 하등한, 그리고 버려진 문명이 고도의 문명을 임의로 위협해도 되는 것이며, 그들에게 그렇게 할 자유가 부여되었는가? 19세기의 인도주의는 조정한 것이 아무것도 없다. 두 인종과 두 문명 간의 접촉은 어떤 교의에 의해 조정될 수가 없다. 교조적인 일반론, 그리고 정서를 앞세운 일반론을 통해서는 문제들이 조정되지 않으며, 그렇게 될 수도 없다는 증거가 매일 속속들이 드러나고 있다. 정서의 경우, 그러한 정서를 이해하지 못하고 그에 반응하지 않는 사람에게 그러한 정서를 행동 원칙으로 제시하면 우스워지지 않을까? 일반적으로 서부 사하라 전역의 노예들은 소유주와 자신들과의 관계가 그릇되었고, 이를 파기해야 한다는 이야기를 들으면, 마치 우리 아이들이 아버지와 자신들과의 관계가 잘못되었고, 이를 파기해야 한다는 이야기를 들었을 경우와 다를 바 없이 대경실색한다.

313. 노예제와 모레스, 그리고 윤리의 관계

노예제는 탐욕과 허식에서 탄생한 만큼 사람들의 기본 동기에 부합되었고, 곧바로 이기심, 그리고 여타의 근본적인 악습과 뒤얽히게 되었다. 이렇게 보았을 때, 노예제는 모레스를 점진적으로 탄생시키고 주조한 원인이 아니다. 이는 습속과 모레스가 산출한 윤리적 결과물 또한 아니다. 이는 한 사회의 특성을 드러낸다. 노예제는 다른 모든 것을 지배하는 이해 관심(interest)으로 자리 잡는다. 이러한 사실은 로마 노예제(본서 288절을 볼 것)의 역사에서 극명하게 드러난다. 여기에서는 습속, 모레스, 품성, 그리고 윤리 간의 마땅히 있어야 할 연결이 단절되어 있다. 애초부터 노예제는 저열하고 잔인한 동기에서 만들어졌다. 후일 노예제를 일종의 물려받은 유산(遺産)으로 받아들이면서도, 이로 인해 타락하지 않았던 품격이 높은 사람들이 많이 생겨난다. 하지만 이해 관심과 모레스 간에 응당 있어야 할 사회적 연결은 끊어진다. 이러한 연결이 끊어졌다는 사실은 유감스러운 일이다. 도덕적인(모레스에 귀속되는) 혹은 윤리적인 것은 모두 전후 관계, 그리고 연결이라는 맥락 밖으로 내던져진다. 대개 삶을 지배하는 것은 이해 관심이다. 그런데 윤리적 일반화가 교조적 권위를 갖게 되면서 삶의 규칙으로 자리 잡는 것은 바람직하지 못하다. 윤리적 일반화는 모호하고 느슨하다. 이러한 일반화는 느슨한 사상가를 만족시키는데, 이것이 어떤 사회에서 한창 유행을 타고 수많은 사람의 사랑을 받게 되면 유감스러운 일이 발생하게 된다. 이해 관심은 교조적이지 않으면서, 타당성이 인정되는 윤리 원리의 견제를 받아 검증이 이루어지면서 지배력을 행사해야 한다. 그런데 노예제는 모든 제약과 교정을 확실하게 무너뜨리는 이해 관심이다. 그 결과 노예제는 습속을 관장하는 주인이 되어 사람들의 생활 방침을 지배한다. 문명의 입장에서 보자면 이는 뜻하지 않은 위험이다. 노예제는 존재한다고 해서 특별할 것이 없고, 성공을 이룬 제도인 듯이 보인다. 하지만 이러한 제도는 마침내 드러날 수많은 형태의 악덕을 포함하고 있음이 분명하다. 기독교인과는 전적으로 다른 방식이지만 이슬람교도들은 노예제의 저주 때문에 고통을 받았다. 이러한 저주는 기존의 다른 커다란 사회악과 뒤얽혀 있다. 이슬람 사회에서는 노예제가 일부다처제와 결합했다. 어떤 경우이건 노예제는 모레스에 근본적으로 영향을 미치는 제도다. 하지만 노예제가 모레스에 미치는 영향은 정상적인 것이 아니며, 번영을 지향하는 문명의 발전에 미치는 것과는 전혀 다른 유형의 영향임을 명심해야 한다.

제7장 낙태, 유아살해, 노인살해

몸이 튼튼한 사람들의 부담-노인들의 장점과 단점, 그들에 대한 존경과 경멸의 모레스-낙태와 유아살해-부모와 아이의 관계-인구 정책-아이들에 대한 부담 혹은 아이들이 주는 이익-아이들과 결부된 개인과 집단의 이해관심-민속지학에서의 낙태-낙태 금지-민속지학에서의 유아살해-유아살해에 대한 반감-낙태와 유아살해의 윤리-낙태와 유아살해에 관한 기독교의 모레스-노인에 대한 존경 혹은 경멸의 모레스-민속지학에서의 노인-노인살해-민속지학에서의 노인살해-문명인이 직면하는 예외적인 긴급사태-유아살해와 노인살해 관습이 어떻게 변했는가

314. 몸이 튼튼한 사람들의 부담

성인들은 한 사회 내에서 신체가 건장하고 유능한 사람들로, 인생의 전성기를 구가하고 있는 사람들이다. 이들은 모든 사회적 부담을 짊어져야 하며, 여기에는 자신을 돌보기에 너무 나이가 어리거나 많은 사람에 대한 부담이 포함된다. 인간 사회 역사의 매우 이른 시기에는 사람들이 아이를 낳고 양육하는 것을 부담이라 생각했고, 인구가 지나치게 많을 경우 이것이 사람들에게 해악을 미친다고 생각했다. 그들은 이를 일종의 사실로 간주했고, 부지불식간에 성인들을 보호하는 정책을 채택했다. 아이 양육과 인구 과잉은 고통을 야기했는데, 이를 회피하고자 결의된 행동들은 매우 즉흥적이었을 뿐만 아니라 매우 빈약한 근거에서 채택되었다. 전쟁과 역병이 인구를 계속 감소시켜 심지어 아이들까지도 이웃 집단과의 전쟁에 동원되어야 할 상황에 처하게 되지 않는 이상 낙태와 유아살해는 사회를 보호했다. 어떤 사회는 남성에 대한 수요가 있기 마련인데, 현 상황에서의 남성의 수가 이러한 수요에 얼마만큼 부합되는지가 사람들이 살아가는 삶의 조건 중의 하나로 자리 잡게 되었다. 이러한 삶의 조건은 끊임없는 변화 속에 놓여 있으며, 이것이 야기할 수 있는 문제에 대해서는 신속하고도 엄격한 방식으로 현명한 행동을 촉구하는 제재가 가해진다.

315. 노인들의 장점과 단점, 그들에 대한 존경과 경멸의 모레스

나이가 들 때까지 살아있는 사람들은 집단이 갖는 모든 지혜의 수탁

자 자리에 오르며, 일반적으로 권력과 권위의 소유자로 자리매김한다. 하지만 그들은 육체가 쇠약해져 있고, 그들이 가지고 있던 기술도, 행동도 그 효율성을 상실한다. 이윽고 그들은 한창 활동을 하는 집단 성원들의 짐이 된다. "어떤 사람이 나이가 들고 약해지면 그는 야만인들이 나름대로 생각하는 존경받을 권리를 상실하게 된다. 이 상황에서 그를 보호하는 것은 사람들이 미신을 믿음으로써 갖게 되는 두려움이다. 사람들은 그가 얼마 있지 않아 죽게 될 텐데, 죽고 나면 그의 망령이 자신에게 복수를 할 수 있다고 생각하는 것이다."[1] 이는 바꾸어 말하자면 모레스가 개입하여 사람들에게 노인에 대한 공경의 의무를 주입시킬 수 있다는 말이다. 이로 인해 사람들은 노인들이 죽어야 한다는 생각을 다른 방향으로 바꾸게 된다. 이상의 논의로 미루어 보았을 때 우리는 노인에 관한 두 가지 상이한 입장의 모레스가 있다고 생각해볼 수 있다. (a) 관습에 따라 노인을 무조건 존경의 대상으로 삼는 모레스 (b) 짐이 되는 사람들이 스스로 혹은 친척의 힘을 빌려 제거되어야 한다는 입장의 모레스. 일반적으로 낙태, 유아살해, 그리고 노인살해가 시행되는 이유는 개인의 직접적인 이기심 때문이다. 그럼에도 여기에는 사회 복리라는 차원에서 요구되는 바가 무엇인지에 대한 판단의 요소가 다수 포함되어 있다. 낙태, 유아살해, 노인살해라는 세 가지 행동 유형을 옳고 적절한 것으로 받아들이는 어떤 집단의 관습에는 이러한 세 가지 행동이 복리에 기여하며, 대개 필요하기도 하다는 판단이 포함되어 있다.

---

[1] Lippert, *Kulturgeschichte der Menschheit*, I, 229.

316. 낙태와 유아살해

낙태와 유아살해는 동일한 특징과 목표를 가지고 있는 두 가지 관습이다. 전자는 아이의 출산을 막는 것이며, 후자는 아이의 양육을 막는 관습이다. 이들은 개별 동기를 가진 사람들의, 개별 행위를 모아놓은 집합체로서의 습속이다. 이렇게 말하는 이유는 어떤 개인은 집단 내에 이에 관한 관습이 없어도 이러한 행동을 할 것이기 때문이다. 하지만 많은 사람이 이러한 행동을 하게 되면, 그리고 오랜 기간에 걸쳐 그러한 행동을 하면 그 특징이 바뀐다. 이때 이들은 더 이상 고통에 저항하는 개인의 행동이 아니게 된다. 이러한 행동은 사람들이 균일한 경험을 하고, 이러한 경험에 대해 균일하게 반응한다(무엇이 편리한 행동인지에 대한 판단 방식에서, 그리고 방침의 기저를 이루는 동기와 관련해서)는 사실을 입증해주고 있다. 또한 이러한 행동은 자라나는 세대에게 제시되고, 훈육이 이루어진다. 낙태와 유아살해는 시간이 흐름에 따라 집단의 복리에 반향을 일으킨다. 현재 우리가 생각하고 있듯이, 이러한 관행은 집단 성원의 수와 그 특징에 영향을 미친다.[2] 비록 집단의 경험이 강제하여 이러한 관행을 금기로 만든 집단을 찾아볼 수 없지만 말이다.

317. 부모와 아이의 관계

아이들은 부모들의 생존을 위한 투쟁에 부담을 더한다. 부모의 아이에 대한 관계는 일종의 희생이다. 아이들과 부모의 이익은 상충한다.

---

[2] 고대 인도는 예외일 수 있다.

보상이 있거나 있으리라는 사실은 양자 간의 주요 관계에 영향을 미치지 않는다. 만약 커다란 정열의 지배하에 놓여 있지 않았다면 출산은 그것이 담고 있는 부담 때문에 중단되었으리라고 생각해볼 수 있다. 낙태와 유아살해는 특히 흥미롭다. 왜냐하면 이들이 문명사의 매우 이른 시기부터 아이들에 대한 부담이 무거웠고, 이를 부모가 회피하려 했음을 보여주고 있기 때문이며, 이와 더불어 이들이 인구 정책이 탄생한 맥락을 보여주고 있기 때문이다. 여기서 인구 정책은 어떤 사회가 실리를 도모하기 위해 채택할 수 있는 편의주의 프로그램 중 가장 중요한 것 중의 하나다.

318. 인구 정책

당면한 시점에서는 가장 문명화된 국가가 인구를 늘려야 할지, 아니면 제한해야 할지를 알지 못한다. 또한 국내로의 이민을 촉진해야 할지를 알지 못하며, 외국으로의 이민이 재앙일지 축복일지를 알지 못한다. 그 밖에 독신 혹은 결혼한 사람들에게 세금을 부과해야 할지를 알지 못한다. 이러한 질문들에 대해서는 마치 생활 조건의 차이와 독립적으로 확실한 답변을 확보할 수 있을 것처럼 논의가 이루어진다. 프랑스에서는 인구 제한이 모레스로 편입되었고, 이를 이룬 것은 국민이었다. 이러한 편입의 직접적인 동기가 되었던 것은 그들의 생활 수준이었다. 뉴잉글랜드에서도 마찬가지였는데, 어쩌면 그 영향력이 더 컸을지도 모른다. 많은 사람이 이러한 모레스에 반대한다. 이러한 모레스가 사회의 약화와 쇠퇴를 야기하리라는 이유 때문이다. 때문에 이들에 대해서는 다양한 종교적, 철학적 윤리학파가 여과 없이 윤리적 비난을 퍼붓는다. 하지만 확실한 것은 인구를 제한하는 사람들의 통속 윤리라는 관점에서 보았을 때, 이러한 제한은 기본 상식에 해당한다는 것이다. 인구를 제한하려는 동기는 경제적인 측면, 그리고 사회적 야망과 연결되어 있다. 모든 현대 문명사회에서 부모가 아이의 수를 제한하려는 이유는 부모가 아이들의 삶의 질을 개선하고자 하기 때문이다. 여기에는 배려, 교육, 여행, 그리고 자본의 지출(본서 320절)을 통해 아이들의 삶이 개선될 수 있다는 전제가 따른다. 아이 양육의 문제는 인류 역사의 가장 이른 시기로부터 오늘에 이르기까지 인류에 압박을 가해 왔다. 아이 양육은 극도로 단순한 현실적인 문제다. 다시 말해 이는 일종의 책무와 이를 수행할 능력과 관련된 문제이며, 지출과 이를 충족할 수단과 관련된 문제인 것이다. 집단의 차원에서도 오늘날과 다를 바 없이 인구는 항상 정책의 문제를 만들어냈다. 인구 문제가 집단의 이익과 관련된다는 사실은 의심의 여지가 없다. 이 문제를 해결하기 위해 가장 바람직한 방법은 신중하면서도 잘 짜인 정책 프로그램을 채택하는 것이다. 사회에 적용해보는 계획 중 상당수는 사실상 적절한 지식 없이 현명하다고 추정되는 인구에 대한 신조를 현실에 적용한 것이다. 이러한 계획은 특정 수혜자들을 위해 인구에 전혀 제약을 가하지 않기도 한다. 반면 우리가 가지고 있는 최선의 지식에 바탕을 둔 건전한 인구 정책이 있을 수 있는데, 이는 오늘날 사회의 활력을 고갈시키는 매우 심각한 여러 악행(알코올 중독, 성병, 아둔함, 열광 그리고 유아 사망률 등의)에 대한 진정한 해결책이 될 수 있을 것이다.

319. 아이들에 대한 부담 혹은 아이들이 주는 이익

앞서 언급한 바와 같이 낙태와 유아살해는 아이들에 대한 부담, 그리고 인구 과잉이 미칠 수 있는 해악을 물리치려는, 역사상 가장 이른 시기에 살았던 사람들의 방편으로서의 노력으로, 그들은 이를 위해 직접적인, 그리고 잔혹한 특징을 지닌 구체적인 방법들을 사용했다. 아이들에 대한 부담의 하중은 집단의 생활환경에 따라 크게 다르며, 사람들이 생존 투쟁에 대처하는 기술 수준의 단계에 따라 다르기도 하다. 어떤 영토에 인구가 과소한데 인구가 증가할 경우에는 1인당 산출량과 배당량이 증가된다. 반면 영토에 인구가 과잉일 경우에는 먹을거리를 구하기가 힘들어지고, 아이들은 부모들에게 곤경을 초래한다. 반면 그 집단에 강력한 힘을 갖춘 이웃 집단이 존재하고, 이에 따라 전사가 필요하다면 아이를 낳아야 할 요구는 커질 것이다. 이러한 요구는 여자아이보다는 사내아이에 대해 클 수 있는데, 물론 그 반대인 경우도 있을 수 있다. 가령 아내를 얻으려는 교환에 쓰려면 여아들이 필요할 수 있다. 하지만 여아에 대한 수요가 더 큰 것은 대개 이미 확립되어 있는 모레스 때문이다. 여아에 대한 수요가 매우 커서 자식 양육 부담을 상쇄할 정도가 되고, 집단이 그 부담을 감내할 것을 필연적으로 요구하는 경우가 있을 수 있다. 각각의 아버지 혹은 어머니의 관점에서 보자면 이는 양육에 드는 노고와 비용에 보상이 있음을 의미한다. 아버지는 여아의 신붓값을 제대로 받게 되면 이것이 적어도 보상이 됨이 분명하다. 반면 어머니는 대개 아무런 보상을 받지 못하는데, 이는 어머니의 삶에서 특별히 이례적인 일이 아니다. 어머니들이 결혼을 시키면서 딸을 제공하게(팔게) 될 경우 대개 분개한다는 사실은 널리 알려져 있다. 지금까지 이러한 사실에 대한 적절한 설명은 이루어진 적이 없다. 하지만 아내가 아이를 낳고 키웠음에도 막상 딸을 팔아서 신붓값을 받는 것이 남편이라면 아내가 화를 내는 것은 전혀 이상할 것이 없는 듯이 보인다. 이와 반대로 인도의 마라타족(Marathas)에게는 "아무리 부자라도 딸이 많은 것은 저주다." 신부 아버지는 신랑에게 지참금을 많이 제공해야 했다. 아버지가 지위가 있음에도 가난하면, 딸은 흔히 나이와 지위라는 측면에서 열등한 남성과 결혼해야 했다.[3]

320. 개인과 집단의 이해 관심

이러한 사실로부터 다양한 생활환경 속에서, 모든 형태의 산업 조직 안에서, 그리고 모든 기술 발전의 단계에서 아이들의 가치가 달라지며, 사내아이와 여자아이의 상대적인 가치가 어떤 경우에는 전자가 높아지는 방향으로, 또 다른 경우에는 후자가 높아지는 방향으로 전환되는 국면들이 발생한다고 말할 수 있다. 낙태와 유아살해 관습에 관한 사례를 검토할 때 우리는 이러한 국면들에 유달리 관심을 기울여야 한다. 예컨대 목축생활 혹은 유랑생활을 하는 곳은 어디건 자손이 많은 것이 축복이며, 그들 사이에서는 아이 양육이 부담으로 느껴지지 않을 것이다. 아이들이 부담으로 느껴지고, 그리하여 소위 '발전'이 낙태와 유아살해를 초래한 것은 소가족화된(여기서 구체적인 가족 형태는 별 상관이 없다) 생활 속에서였다. 세상이 더욱 발전하면서 아이들의 값어치는 비록 공언된 바는 아니지만 '신맬서스주의'가 사실상 이기주의와 아이 양육 간의 타협 방식으로 자리 잡고 있는 오늘날에 이르기까지 더욱

---

[3] *Ethnography of India*, I, 95.

높아져 갔다. 문명화되지 않은 사람들이 가지고 있는 신념과 비교해보았을 때, 인구 정책의 바탕이 되는 습속에는 어떤 경우에도 인구에 대한 방침과 관련된 많은 지식이 담겨 있는 듯하다. 그러나 실정은 다르다. 습속에 담겨 있는 지식은 단순하고, 조례 등은 눈앞의 이익을 따르는 한편, 일반화해서 제시하는 내용은 충분한 이해가 전제되지 않은 결과이다. 어머니들은 출산과 양육이 주는 스트레스를 잘 알고 있다. 그들은 순전히 이기적인 이유로 이를 회피하려 한다. 그 결과 식량 공급 수준에 맞게 인구 조정이 자동적으로 이루어진다. 그 어떤 사람도 이를 예견하거나 계획한 적이 없다. 집단이 전사(戰士)를 필요로 하거나, 남성들이 딸을 누군가의 아내로 팔길 원하면, 남성들은 여성들의 어머니 역할 회피를 그냥 보고만 있지 않을 것이다. 이렇게 보자면 어머니들의 이기적인 동기만으로는 습속이 만들어지기에 충분치 않다. 습속은 집단의 이익 혹은 남성들의 이익과 조화를 이룰 필요가 있다. 낙태와 유아살해는 기근, 질병, 인구 과잉이 초래하는 다른 재앙들에 대응하는 부모들의 주요한, 그리고 과격한 자기방어 행위다. 낙태와 유아살해의 가능성은 각각의 남성 혹은 여성이 부담해야 할 자녀의 수가 늘어남에 따라 커진다. 얼마 있지 않아 이러한 관습은 망령의 인가를 받게 된다. 하지만 이렇게 되는 원인이 직접적으로 초자연적인 존재에 대한 믿음 혹은 사행적 요소 때문만은 아닌 듯하다. 이러한 관습은 이내 의례 행위가 되고, 이들이 사회의 복리와 관련이 되는 것으로 간주되면 (이는 어느 정도 숙고가 이루어진다는 의미를 담고 있는데) 언제나 신성화된다. 이러한 관습은 고통과 삶이 주는 긴장에 대한 일차적인 반응에서 유래한다. 옳음과 의무에 대한 교의는 관습과 호응을 이루어 행동원칙을 산출해낸다. 설령 아이가 시한부 생명을 살고 있다고 해도, 그 아이를 죽여서는 안 되는 경우가 있다. 오직 여아만이 살해되는 경우도 있는데, 이들은 그 수가 적더라도 부족(部族)을 유지하는 데 어려움이 없기 때문이다. 한편 유아살해가 오직 온전하지 않은 아이만을 대상으로 이루어지기도 한다. 부족의 입장에서는 온전한 신체를 갖춘 사람이 성원이 되는 것이 이익이 된다. 또한 부족의 입장에서는 누군가를 양육하는 데 아무런 힘이나 자본을 들이지 않으려 할 수 있다. 바로 이와 같은 이유로 온전하지 않은 아이들에 대한 살해가 이루어지는 것이다. 유아살해가 아이를 길거리에 버리는 방식으로 시행되는 경우가 있는데, 이때 누군가가 아이를 구해줄 경우 아이는 목숨을 건지게 된다. 아버지가 의례 행위(예를 들어 신생아를 땅에서 들어 올리는 경우와 같은)를 통해 아이를 살릴지 그렇지 않을지에 대한 결정을 겉으로 표현해야 하는 경우도 있다. 유아살해와 관련이 있는 또 다른 관습은 아이를 노예로 파는 것이다. 이는 사회적 곤경이 심각할 때 유아살해의 대안으로 활용된다. 유대인들은 유아살해를 몹시 혐오했지만 자신의 아이들을 유대인에게 팔아넘기기도 했다.[4] 결혼하지 않은 여성의 낙태는 미혼모에 대한 처벌 차원에서 이루어졌으며, 이는 결혼한 여성이 하는 낙태와 오직 형식적으로만 동일한 부류에 속했다. 이하에서는 낙태가 빈곤 때문이 아니라 오직 이기적인 동기 때문에 이루어지는 사례, 그리고 낙태와 유아살해가 사실상 집단 자살이라는 수준에서 시행되는 사례를 살펴볼 것이다. 마지막으로 비슷한 맥락의, 출산을 막는 미신적 관습, 그리고 오래된, 어리석은 용례들이 언급될 것이다. 이들을 언급하고자 하는 이유는 이러한 관습 혹은 용례들이 낙태와 유아살해가 의거하고 있는 것들과 동일한 관념과 바람의 지배를 받고 있기 때문이다(본서 321절을 볼 것).

---

[4] 출애굽기 21장 7절.

321. 민속지학적 사례

뉴기니 길빙크(Geelvink)만(灣)의 파푸아인들(Papuans)은 "아이들은 부담이다. 우리는 그들에 지쳤다. 그들은 우리를 파멸로 이끈다."라고 말한다. 여성들은 인구 증가율이 매우 낮아지는 경우까지, 일부 지역의 경우 여성이 부족할 때까지 낙태를 한다.[5] 네덜란드령 뉴기니를 통틀어 여성들은 아이를 두셋 이상 갖지 않으려 한다.[6] 섬 사람은 모두 아이들을 사랑하긴 하지만 식량 공급이 불충분해질까 두려워서, 혹은 아이를 양육하면서 겪게 될 곤경을 피하면서 편안함을 구하려 하기 때문에 아이를 적게 갖는 것으로 알려져 있다.[7] 독일령 멜라네시아에는 이러한 관습이 널리 퍼져있다. 수많은 유럽인이 원주민 여성과 살고 있지만 혼혈아는 찾아보기가 그리 쉽지 않다.[8] 코드링턴(Codrington)[9]은 낙태가 이루어지는 이유를 다음과 같이 설명한다. "여성은 아이를 양육하면서 겪게 될 곤경을 바라지 않고, 젊게 보이길 원하는 경우, 또한 남편이 이른 시기에 아이가 태어났다고 생각할까 두려워하거나 남편을 괴롭히고자 할 때 낙태를 한다." 링 로스(Ling Roth)[10]는 다야크족(Dyaks)이 절대로 의도적으로 유산을 하지 않는다는 로(Low)의 언급을 인용하고 있지만 이러한 주장은 다야크족의 일부로 국한되어야 한다. 페레러(Perelaer)[11]는 심지어 결혼한 여성마저도 낙태를 하며, 유해한 수단을 동원한다고 말

---

[5] Rosenberg, *Geelvinkbaai*, 91.
[6] Krieger, *Neu-Guinea*, 390.
[7] 위의 책, 165.
[8] Pfeil, *Aus der Südsee*, 31.
[9] *Melanesians*, 229.
[10] *Natives of Sarawak and British North Borneo*, I, 101.
[11] *Dajaks*, 37.

하고 있다. 아체족(Atchinese)은 결혼 이전, 그리고 결혼을 하고 나서도 낙태를 시행한다. 이는 특별한 것이 아니다.[12] 중앙 셀레비스(Central Celebes)[13]의 여성들은 회음부가 찢기는 것을 방지하려고 아이를 갖지 않고, 임신을 피하려고 낙태를 한다. "그들이 생각하기에 회음부가 찢기는 것은 여성에게 가장 수치스러운 일이다."[14] 말라카(Malacca)반도의 결혼하지 않은 디아쿤(Djakun) 여성은 낙태를 하면 종족 내에서 모든 지위를 잃게 된다. 여성들은 그녀를 경멸한다. 어떤 남성도 그녀와 결혼하지 않으려 하고, 그 여성은 부모가 내린 벌로 지위가 낮아지게 된다. 결혼한 여성들이 임신 부담을 피하려고 낙태를 하기도 하는데, 남편에게 이를 간파당하면 여성들은 두들겨 맞으며, 심지어 죽게 되는 경우도 있다. 오랑 라우트(Orang Laut)[15]의 이웃 부족에서는 어떤 낙태의 수단도 알려져 있지 않았다. "그들은 그와 같은 혐오스런 일이 가능하다고 생각하지 않았다."[16] 이러한 말라카 지역의 부족들은 문명 수준이 매우 낮다. 그들은 원래 사는 곳에서 쫓겨나 억압을 받아온 원주민이다. 누쿠오로족(Nukuoro)[17]은 모두 체격이 좋고, 몸이 크다. 그들은 자신들이 원하는 것 이상으로 먹을거리를 확보하며, 영양 상태가 좋다. 그런데 최근 들어 아이가 태어나자마자 혹은 태어나기 전에 살해를 함으로써 인구가 줄어들었다.[18] 뉴브리튼(New Britain)[19]에서는 여성들이 결혼하자

---

[12] Snouck-Hurgronje, *De Atjehers*, I, 73.
[13] (옮긴이 주) 인도네시아의 섬.
[14] *Bijdragen tot de Taal-Land-en Volkenkunde van Nederlandsch Indië*, XXXV, 79.
[15] (옮긴이 주) 인도네시아 토착 소수 부족.
[16] *Zeitschrift für Ethnologie*, XXVIII, 186.
[17] (옮긴이 주) 필리핀 동쪽 서태평양 상의 미크로네시아 연방에 속해 있는 누쿠로에 사는 사람들.
[18] Kubary, *Nukuoro*, 9, 12, 14.

마자 곧바로 어머니가 되길 싫어한다. 일반적으로 그들은 결혼 후 2~4년이 지난 후에야 아이를 갖고자 한다.[20] 뉴헤브리디스(New Hebrides)[21]에서는 여성들이 이기적인 이유로 낙태를 하며, 흔히 나무에 오르거나 무거운 것들을 운송함으로써 유산을 한다.[22] 뉴헤브리디스 거주민의 수는 감소하고 있는데, 특히 해안가에서 그러하다. 그 이유는 그들이 백인을 피해 내륙으로 도망갔기 때문이다. 10년 전에는 말리콜로(Mallicolo)의 샌드위치(Sandwich) 항구에 600명의 사람들이 살았다. 오늘날에는 그 수가 절반으로 줄어들었다. 지난 수년 동안 5명이 태어났고 30명이 죽었다. 이곳에서는 매우 흔히 낙태가 이루어진다. 만약 지체아가 태어나면 아이와 어머니가 죽임을 당했다. 다수의 국가는 노예와 인육을 얻으려고 서로에 대한 침략을 감행했다.[23] 이상에서 인용한 사례들은 태평양 군도 전역에서 살펴볼 수 있는 일반적인 용례들을 단적으로 보여주고 있다.

322.

오비에도(Oviedo)는 남아메리카 '본토' 여성들이 처음 발견되었을 때

---

[19] (옮긴이 주) 뉴브리튼섬은 파푸아뉴기니의 비스마르크 제도에서 가장 큰 섬이다.
[20] JAI, XVIII, 291.
[21] (옮긴이 주) 뉴헤브리디스는 남태평양에 있는, 현재의 바누아투 지역 군도를 1980년까지 부르던 명칭이다.
[22] *Australian Association for the Advancement of Science: Fourth Meeting, at Hobart, Tasmania*, 1892, 704.
[23] *Globus*, LXXXVIII, 164, after Joly.

임신으로 자신의 몸을 망치지 않으려 낙태를 했다는 이야기를 전한다.[24] 파라과이의 카두베오족(Kadiveo)은 점차 사라져 가고 있는데, 그 이유 중 상당 부분은 아이를 하나 이상 갖지 않으려 하는 여성의 낙태 때문이다.[25] 그들은 귀쿠르족(Guykurus) 일파로, 60~70년 전 이와 같은 원인으로 그 수가 감소하는 것으로 보고되었던 종족이다. 여성들은 "30세가 되기 전까지 임신의 고난과 양육의 고통을 겪지 않으려 낙태를 한다."[26] 마르티우스(Martius)[27]는 이들이 낙태를 하는 추가적인 이유를 다음과 같이 제시하고 있다. 그에 따르면 이러한 부족은 말을 타고 다니며 생활하는 경우가 많은데, 여성들은 이러한 생활을 하면서 겪게 되는 커다란 곤경으로 힘들게 살아가고 싶어 하지 않았고, 남편이 떠나 홀로 삶을 영위하는 것을 원하지도 않았다. 북아메리카 평원의 인디언들도 유사한 난관에 내몰렸다. "한 여성이 첫째 아이가 10살이 되기 전에 둘째를 갖지 않는 것은 오랜 관습이었다."[28] 아이들은 그들의 생활 방식에 커다란 방해가 되었다. 아프리카 대륙 북동부에서는 기근 시기를 제외하고는 일반적으로 낙태와 유아살해를 시행하지 않는다.[29] 반면 남아프리카에서는 낙태가 흔한 관습이다.[30] 미개인의 삶 속에서는 낙태와 유아살해가 개인의 방책으로건, 아니면 집단의 방책으로건 거의 보편적으로 행해진다. 이에 따라 이러한 악덕이 행해지지 않는 예외적인

---

[24] *Three First English Books about America*, 237.
[25] *Globus*, LXXXI, 4.
[26] Spix and Martius, *Reise in Brasilien, 1817~1820*, II, 77.
[27] *Ethnographie und Sprachenkunde Amerikas zumal Brasiliens*, 231.
[28] Grinnell, *Cheyenne Woman Customs*, 15; *New Series American Anthropologis*; IV, 13.
[29] Paulitschke, *Ethnographie Nordost Afrikas*, I, 172.
[30] Fritsch, *Die Eingeborenen Süd-Afrikas*, 96.

경우가 오히려 주목할 만한 현상이다.

323. 낙태 금지

고대 인도에서는 낙태가 매우 커다란 범죄로, 이는 브라만을 살해한 것과 다를 바 없는 범죄로 간주되었다.[31] 플라톤은 남성은 55살을 넘어서, 여성은 40살이 넘어서는 시민을 낳지 말아야 하며, 이것이 옳다고 생각했다. 그는 이들의 자손이 모두 낙태 혹은 유아살해를 통해 제거되어야 한다고 주장했다.[32] 아리스토텔레스 또한 완전하지 못한 아이는 죽여야 하며, 그 수가 제한되어야 한다고 생각했다. 만약 부모가 규정된 수를 넘어서 아이를 가지면 낙태를 시행해야 한다.[33] 분명 이들 두 철학자는 그리스인 사이에 이미 확립된 모레스를 바탕으로 자신들의 이념을 구축한 것이며, 그들의 윤리적 교의는 그들이 살았던 시대의 모레스에 대한 승인을 표현한 것에 지나지 않는다. 반면 유대인들은 낙태와 유아살해를 이교도가 범하는 혐오스런 범죄로 간주했다. 이들은 모두 본서 2절에서 말하는 '두 가지 방식'으로 금지되었다. 게르만 국가의 법에는 어머니가 아이를 가질지 여부를 결정할 권리를 갖는다고 규정되어 있었다. 다른 사람이 그 여성의 낙태를 강제하면 범죄였지만 스스로 낙태를 했다면 범죄가 아니었다. 오직 서고트의 법률에서만 어머니에 의한 낙태가 범죄로 간주되었는데, 이처럼 범죄로 파악된 이유는 낙태가 국가에 해가 된다고 생각했기 때문이었다.[34] 오늘날의 형

---

[31] Zimmer, *Altindisches Leben*, 333.
[32] *Republic*, V, 9.
[33] *Politics*, VII, 16.

가리에서는 결혼 생활에서 여성들이 아이를 갖지 않으려는 욕구가 아이를 수년 동안 갖지 않거나 갖는 것을 완전히 막는 다수의 오랜, 그리고 무익한 용례를 통해 표현되고 있다. 낙태는 헝가리 전역에서, 모든 민족의 여성에 의해 행해지고 있다. 여성들은 불임을 기뻐하며, 결혼해서 2~3년 내에 아이를 갖는 것은 칭송 거리로 간주되지 않는다.[35] 그럼에도 출생률은 매우 높다(1,000명당 39명).

324. 유아살해의 사례

오스트레일리아인은 거의 보편적으로 유아살해를 시행한다. 한 여성은 두 아이를 감당하지 못한다. 이에 따라 그녀에게 걸음마도 시작하지 못한 아이가 있는데, 그녀가 또 다른 아이를 임신하게 되면 후자가 살해당한다. 쌍둥이의 경우는 한 명 혹은 둘 모두가 살해당한다. 원주민 남성은 반(半)백인 혼혈아를 살해했다.[36] 오스트레일리아인의 생활은 식량과 물 공급이 제한됨으로써 극도로 궁핍했다. 이러한 환경 때문에 사람들은 여기저기를 방랑하고 다닐 수밖에 없었는데, 한 여성이 두 아이를 가지면 그녀는 남편과 함께 다닐 수가 없었던 것이다.[37] 전하는 바에 따르면 한 아이의 운명은 "그 당시 국가가 처한 상황(가뭄 등), 그리고 어머니가 얼마만큼 아이를 만족스럽게 키울 수 있는지에 대한

---

[34] Rudeck, *Geschichte der oeffentlichen Sittlichkeit in Deutschland*, 181.
[35] Temesvary, *Volksbräuche und Aberglauben in der Gebürtshilfe in Ungarn*, 12~14.
[36] Ratzel, *Völkerkunde*, II, 59.
[37] Eyre, *Expeditions into Central Australia in 1840~1841*, II, 324; Spencer and Gillen, *Native Tribes of Central Australia*, 51, 264.

전망에 따라 크게 달라진다."[38] 병약하고 완전하지 못한 아이들은 매우 커다란 관심이 요구되므로 죽임을 당했다. 첫 번째 아이 또한 그들이 생각하기에 미성숙하고 보존의 가치가 없으면 죽임을 당했다.[39] 어머니가 아이를 먹는 경우는 매우 흔했는데, 이는 아이에게 준 힘을 회복하기 위함이었다.[40] 더 나이가 든 아이가 있으면 그 아이 또한 죽임을 당한 아이를 먹었는데, 이는 그가 힘을 얻을 수 있다고 믿었기 때문이었다. 한 여성이 아이를 넷 이상 키우는 것이 허용되는 매우 희귀한 경우가 있었다.[41] 커(Curr)[42]는 백인이 들어오기 전까지 각각의 여성이 평균적으로 아이 여섯을 가졌고, 일반적으로 사내아이 둘과 여자아이 하나를 키웠으며, 최대 10명까지 아이를 키웠다고 밝히고 있다. 정보를 전하는 사람들은 한결같이 아이들이 태어날 때 살아있을 경우 사랑을 듬뿍 받았음을 인정하고 있다. 안다만(Andaman)[43] 군도에서는 유아살해가 있었다는 이야기가 없고,[44] 뉴질랜드에서도 흔치 않았다. 사내아이는 전사로, 여자아이는 아이를 낳는 사람으로 성장할 것이라는 이유로 집단에서 바람의 대상이었다.[45] 한 선교사는 뉴기니에서 치아가 나고 있는, 병약하고 허약한 아이의 부모가 조용히 아이를 죽이기로 결정한 경우를 보고하고 있다.[46] 영국령 뉴기니에서는 유아살해가 어느 정도 행해

---

[38] JAI, XIII, 137.
[39] Smyth, *Victoria*, I, 52.
[40] *Novara-Reise*, I, 32.
[41] Dawson, *West Victoria*, 39.
[42] *The Australian Race*, I, 70.
[43] (옮긴이 주) 안다만해 또는 버마해는 벵골만 남동쪽에 있는 바다. 미얀마의 남쪽, 타이와 말레이시아의 서쪽에 있다.
[44] JAI, XII, 329.
[45] 위의 책, XIX, 99.
[46] Abel, *Savage Life in New Guinea*, 43.

지는데, 이곳에서는 아버지가 아이에게 관심을 갖지 않으려고, 또한 곤란을 겪지 않으려고 아이가 태어나자마자 교살한다. 딸은 살려두는데, 그 이유는 아버지가 딸을 시집보내는 대가로 받게 될 신붓값 때문이다.[47] 누쿠오로(Nukuoro)[48]에서는 민간 통치자가 아이를 살릴 것인지 그렇지 않을 것인지를 태어나기 훨씬 전에 결정한다. 만약 부정적으로 결정이 나면, 아이는 태어나자마자 질식사당한다.[49] 뱅크스 제도(Banks Islands)[50]에서는 여아를 선호한다. 그 이유는 그곳 사람들이 모계 사회를 구성하고 살아갈 뿐만 아니라, 여아가 결혼 대상으로서의 가치를 갖기 때문이다.[51] 토러스 해협의 머리 군도[52](Murray Islands in Torres Straits)에서는 "식량 부족을 막기 위해" 규정된 수 이상의 아이를 모두 죽여버린다. "만약 아이가 모두 동성(同性)이라면, 부모는 이에 치욕을 느껴 그중 일부를 살해하는데, 이는 그들이 남자아이와 여자아이 수가 동일한 것이 바람직하다고 생각하기 때문이다."[53] 솔로몬 제도의 일부 집단에서는 사생아가 탄생한 경우를 제외하고는 유아살해가 시행되지 않는다. 다른 섬의 해안에 사는 사람들은 자신들의 아이를 살해하고, 내륙의 숲에 사는 사람들에게서 성장한 아이를 산다. 그것이 아이를 갖는 더욱 손쉬운 방법이기 때문이다.[54] 사모아에서는 유아를 살해하지 않는다. 결혼하지 않은 사람들은 낙태를 한다.[55] 폴리네시아에서는 사회의 존속을

---

[47] Krieger, *Neu-Guinea*, 292.
[48] (옮긴이 주) 북태평양 미크로네시아의 섬.
[49] Kubary, *Nukuoro*, 35.
[50] (옮긴이 주) 북아메리카 북부의 북극 제도의 섬이다.
[51] Codrington, *Melanesians*, 229.
[52] (옮긴이 주) 오스트레일리아와 뉴기니섬 사이에 있는 작은 화산섬.
[53] JAI, XXVIII, 11.
[54] JAI, XVII, 93.

위해 유아살해가 널리 퍼졌는데, 혼혈 혹은 다른 계급 사람들 사이에서 태어난 아이는 모두 죽임을 당했다. 오직 한 가정에서 사내아이 둘만 살 수 있도록 허용되었고, 여아는 한 명도 허용되지 않았다.[56] 타히티에서는 전쟁, 신에 대한 의식, 낚시 혹은 항해를 할 때 전혀 도움이 되지 않는 여아를 죽였다.[57] 마다가스카르의 말라가산족(Malagassans)은 불길한 날에 태어난 아이를 모두 죽였다.[58]

325.

피마(Pima)(애리조나)의 여성들은 유아를 살해했다. 왜냐하면 남편이 죽으면 그들은 가난해질 것이며, 키우고 있는 아이들을 자신의 노력으로 부양해야 했기 때문이다.[59] 극북에 사는 사람들(Hyperboreans)은 식량을 구하기 어려워 유아를 살해한다.[60]

326.

서아프리카의 본다이족(Bondei)은 자신들이 본 수많은 징조와 전조 중

---

[55] *Australian Association for the Advancement of Science*, 1892, 621.
[56] Waitz, *Anthropologie*, V, 139.
[57] Ratzel, *Völkerkunde*, II, 126.
[58] Waitz, *Anthropologie*, II, 441.
[59] *Reports of the Smithsonian Institute*, 1871, 407; quoted, *Bureau of Ethnology*, I, 99.
[60] Ratzel, II, 769; *Bureau of Ethnology*, XVIII, 289.

어떤 것이 불길하면 태어난 아이를 교살한다. 윗니가 먼저 나도 아이는 살해당한다.[61] 매우 최근까지도 아한타(Ahanta)[62]의 일부 지역에서는 같은 어머니에게서 태어난 열 번째 아이를 살아있는 채로 버리는 것이 관행이었다.[63] 카브레(Kabre, 토고)는 인구가 많고 먹을거리가 적었다. 사람들은 흔히 자신의 아이를 팔거나 다른 사람의 아이를 납치했고, 자신의 아이를 양육하기 위해 이렇게 납치한 아이를 팔았다.[64] 바드샤가족(Vadshagga)은 사생아를 죽였고, 윗 앞니가 먼저 나는 아이를 죽였다. 후자와 같은 아이를 살려두면 이는 존속살해와 다를 바 없는 범죄를 저지르는 것이었다.[65] 잔지바르(Zanzibar)[66] 해안에서는 장애가 있는 약한 아이를 집 밖에 버렸다. 가톨릭 선교사가 이와 같은 아이를 많이 구했는데, 그러자 원주민들은 장애아들을 제거하기 위해 더 많은 아이를 집 밖에 버렸다.[67] 호텐토트족(Hottentots)[68]은 여자 쌍둥이를 집 밖에 버린다.[69] 카빌족(Kabyls)[70]은 사생아, 강간과 간음으로 태어난 아이를 모두 죽였다. 만약 어머니가 아이의 목숨을 살려줄 경우 그녀는 죽음을 면할

---

[61] PSM, L, 100.
[62] (옮긴이 주) 아프리카 가나의 일부. 역사적으로 가나의 해안 지역에서 가장 부유한 지역 중 한 곳으로 알려져 왔다.
[63] Ellis, *Tshi-speaking Peoples*, 234.
[64] *Globus*, LXXXIII, 314.
[65] Volkens, *Kilimandscharo*, 252.
[66] (옮긴이 주) 아프리카 동쪽 해안의 섬. 과거에는 영국의 보호령으로 있었으며, 현재는 탄자니아의 일부다.
[67] Stuhlmann, *Mit Emin Pascha ins Herz von Afrika*, 38.
[68] (옮긴이 주) 아프리카 남부 칼라하리 사막 주변에 살고 있는 황갈색 피부의 미개종족. 남아프리카 서해안에 널리 분포되어 살고 있었으나, 현재 나미비아 일부와 보츠와나에 일부 남아 있다. 키가 작으며, 여성은 엉덩이가 유달리 돌출한 것이 특징이다. 유목 생활을 했으나 오늘날에는 대부분 정착 생활을 하고 있다.
[69] Ratzel, *Völkerkunde*, I, 104.
[70] (옮긴이 주) 알제리 북부의 원주민인 베르베르(Berber)족.

수 없었다.[71] 캄보디아에서는 유아를 살해하지 않는 것으로 알려져 있다.[72] "모기아족(Moghiahs, 중앙 인도의 도적 무리(criminal tribe))[73] 과부들은 재혼을 할 수 있는데, 이에 따라 그들 사회에서 여아살해가 널리 확산된 적은 전혀 없었다."[74] "포모사(Formosa)[75]의 중국인들은 "집안에 연이어 여아가 태어날 경우" 여아를 살해했다. "문명인이건 미개인이건, 원주민들은 중국인들의 이러한 측면의 몰인정함을 극도의 혐오감을 가지고 바라봤다." 이 중국인들은 이러한 관습을 중국 본토에서 도입했는데, 중국 남동부의 인구가 과밀한 지역에서는 이것이 일반적인 관습이었다.[76] 인도의 콘드족(Khonds)은 격리된 구릉지대에 거주하는 가난한 종족인데, 그들은 동일 부족 내에서의 결혼을 근친상간으로 간주하기 때문에 여아를 살해한다.[77] 그들과 동일한 처지에 있는, 족내혼을 거부하는 종족은 모두 해결해야 할 독특한 문제를 가지고 있다. 윌킨스(Wilkins)[78]는 인도 인구의 7분의 6이 수 세대에 걸쳐 여아를 살해했다고 말한다. 불교는 비인간적이고 반사회적인 종교로 간주되는데, 그 이유는 불교가 인구 증가를 막기 위해 행해지는 모든 것을 눈감아주기 때문이다. 불교는 예컨대 중국에서는 일부다처제와 유아살해를, 일본에서는 축첩을, 그리고 두 나라 모두에서는 성매매를 허용했다. 불교는 수 세대 동안 인

---

[71] Hanoteau et Letourneux, *La Kabylie*, III, 220.
[72] PSM, XLIV, 779.
[73] (옮긴이 주) 영국인들이 잔인무도한 강도짓을 일삼는 부족을 'criminal tribe'라고 불렀다고 한다.
[74] JASB, I, 283.
[75] (옮긴이 주) 타이완의 과거 이름.
[76] Pickering, *Formosa*, 61.
[77] Hopkins, *The Religions of India*, 531.
[78] Wilkins, *Modern Hinduism*, 431.

구 과잉으로 고통받던 나라들에서 비롯되어 발달이 이루어졌다. 이러한 나라들은 인구 과잉으로 인한 기근과 질병, 그리고 전쟁이 일상화되어 있었다.[79]

327. 유아살해에 대한 반감

고대 이집트는 유아살해에 반감을 품고 자신들의 모레스에서 이를 제거했다.[80] 스트라보(Strabo)[81]는 '모든 아이를 양육해야 한다'고 생각하는 것이 이집트인의 특이함이라고 주장했다. 그리스인은 유아살해가 필요하다고 생각했고, 그저 피할 수 없는 문제를 다루는 적절한 방식이라고 생각했다. 이견이 없지는 않았다. 예컨대 테베에서는 유아살해를 금지했다.[82] 서덜랜드(Sutherland)[83]는 유아살해가 순수 혈통의 그리스인과 라틴인이 없어지게 된 데 미친 효과를 지적하고 있다. 그들은 자신들의 여성들을 소홀히 했고, 외국인과 노예 여성과의 사이에서 자손을 가졌으며, 그리하여 자신들 인종의 혈육붙이를 양육하는 데 소홀했다. 로마인들은 제국 시대에 이르기까지 어떤 인구 정책도 채택하지 않은 듯이 보인다. 이 시기는 사회가 타락하고 사람들이 이기적인 태도를 취함으로써 번식이 극히 제한되었고, 이에 따라 인구 정책은 결혼과 부모로서의 임무와 역할을 강조하는 데 초점을 맞추고 있었다. 이에 호응하여

---

[79] Humbert, *Japan*, 311.
[80] Lippert, I, 205.
[81] *Geographica*, VIII, 24.
[82] Aelian, *Variae Historiae*, II, 7.
[83] *Moral Instinct*, I, 134, 136.

당대의 법학자들과 모럴리스트들은 유아살해를 반대했다. 오비디우스(Ovid), 세네카(Seneca), 플루타르코스(Plutarch), 파보리누스(Favorinus), 그리고 유베날리스(Juvenal)는 낙태가 일반적인 관행이고, 주지의 사실이지만 이것이 범죄라고 말하고 있다.[84] 타키투스(Tacitus)는 게르만인들을 칭찬했는데, 그 이유는 그가 잘못된 앎에 근거하여[85] 게르만인들이 유아살해를 허용하지 않는다고 생각했기 때문이다. 그는 유대인들이 유아살해를 금지하는 것으로 알고 있기도 했다.[86] 한편 그리스와 로마에서는 그들의 환경적 상황과 이익에 부합되는, 이와 정반대 경향의 모레스(이를 뒷받침하는 철학과 윤리 원리들과 더불어)가 견지되었음을 보여주는 뚜렷한 사례를 확인할 수 있다. 로마에서는 아이들이 과거에 아이를 버리는 원인으로 작용한 빈곤 때문에, 혹은 향락, 이기주의 그리고 악덕 때문에 길거리에 버려졌다. "이교도와 기독교 당국은 유아살해를 제국의 심각한 악덕이라고 말하는 데 한목소리를 냈다."[87] 이처럼 누군가가 반대하고 있다는 사실은 모레스가 유아살해의 관습을 충분히 비호하지 않음을 보여준다. 그럼에도 플리니우스(Pliny)는 유아살해가 필요하다고 생각했으며,[88] 세네카는 결함이 있는 아이를 죽이는 것이 자신이 실례로 활용할 수 있는 현명하고도 의심의 여지가 없는 관습이라고 소개한다.[89] 제국 말기에 이르기까지도 대중에게 유아살해는 기껏해야 최소한의 범죄였다. "유아살해 문제에 요구되는 바는 더욱 확실한 도덕적 가

---

[84] Lecky, *History of European Morals from Augustus to Charlemagne*, II, 20도 참조.
[85] Weinhold, *Die Deutschen Frauen in dem Mittelalter*, I, 91.
[86] *Germania*, 19; *Historiae*, V, 5.
[87] Lecky, *History of European Morals from Augustus to Charlemagne*, II, 27.
[88] *Naturalis Historia*, IV, 29.
[89] *De Ira*, I, 15.

르침이 아니라 과거로부터 오랫동안 유아살해에 가해져온 비난을 더욱 강화하는 것이며, 길에 버려진 아이들에 대한 보호를 한층 강화하는 것이다. … 교회는 이러한 범죄의 심각성을 한층 더 부각하려는 노력을 기울였다."[90] 유아살해는 유해한 경우에도, 그리고 어떤 관점에서도 필요치 않은 이런저런 상황에서도 진지하게 받아들여지는 전통이었음이 분명하다. 서기 331년 콘스탄티누스 황제[91]는 부모에게서 버려진 아이를 구하는 사람에게 칭호를 붙여주었다.[92] 이는 아이들에게 도움이 되었다. 이렇게 말하는 이유는 설령 아이가 갖는 노예 혹은 성매매 종사자로서의 미래 가치를 본 사람들에 의해 아이가 양육된다고 해도, 만약 아이가 목숨을 부지하는 것이 아이에게 이익이라고 가정할 수 있다면, 이 때문에 아이들이 구원받을 기회가 늘어나기 때문이다. 유아살해 반대 입법의 당연한 귀결로, 버린 아이들을 돌봐주는 기관이 만들어지게 되었다. 이는 자애롭고 인도적인 기관으로 자리매김한다. 하지만 이러한 기관의 역사를 살펴보면 유아살해가 차라리 친절해 보일 정도다.[93] 374년 유아살해는 사형에 처할 범죄가 된다. 유스티니아누스는 버려진 아이가 자유인이라고 규정했다.[94] 하지만 유아살해는 계속 관행으로 유지되었다. 교회는 신비스러운 종교적 요소를 도입하면서 이를 중단시키려 분투했다. 유아살해의 대상이 된 아이는 세례를 받지 않은 채 죽음

---

[90] Lecky, *History of European Morals from Augustus to Charlemagne*, II, 29.
[91] (옮긴이 주) 중기 로마의 황제(재위 306년~337년). 기독교에서는 그를 흔히 콘스탄티누스 대제로 부른다. 동방정교회에서는 그를 성 콘스탄티누스로 부르며 성인으로 추대했다.
[92] 테오도시우스 법전 V, 7.
[93] (옮긴이 주) 유아살해가 끔찍한 범죄임에도 불구하고 역사를 살펴보면 살해당하는 것이 도리어 나은 처우일 수 있었다는 의미.
[94] Blair, *Slavery amongst the Romans*, 44.

을 맞이했다. 종교가 더욱 의례적인 성격을 띠게 됨에 따라 아이가 세례를 받지 않고서 죽게 된다는 사실은 대중의 마음을 움직였는데, 이는 아이들의 고통 혹은 죽음이 그 당시까지 주었던 그 어떤 영향에 비해 컸다. 사실을 냉정히 평가해볼 때, 낙태가 이루어지면서 아이들이 크게 고통을 느끼는지도 의문이었고, 이전까지만 해도 대중은 이해 관심이라는 것을 갖추기도 전에 아이의 생명을 앗아가는 범죄에 대해 매우 관대했다. 그런데 "사람들이 낙태가 덧없는 생명을 앗아가는 데 그치지 않고, 불멸의 영혼을 저주하는 것까지 포함한다고 믿게 되자, 낙태가 범죄라고 생각하는 사람들의 낙태에 대한 태도는 걷잡을 수 없을 정도로 악화되었다."[95] 이와 같은 방식으로 종교의 교리를 일관되게 적용하려는 신앙인들의 관심은 오랜 관습에 대항하는 투쟁의 여정에서 아이들에 대한 사랑을 강화하는 결과를 낳게 되었다. 교회법은 이를 살인으로 해석하기도 했다. 중세를 통틀어 아이 매매는 흔한 일이 아니었지만 길가에 아이를 버리는 관습은 지속되었다.[96] 튜튼족의 아주 오랜 관습에는 아이를 길에 버리는 것이 포함되어 있었다. 아버지는 땅에서 아이를 들어 올림으로써 아이를 살릴 것을 결정했고, 이어서 아이를 목욕시키고 이름을 지어줬다. 통치자들은 타인에게 의존하는 사람들의 수가 늘어나지 않도록 아이들을 길에 버렸다. 흉몽 또한 길거리에 아이를 버리게 했다. 아이슬란드인들이 기독교를 받아들일 당시, 일부 사람들은 그 조건으로 말고기를 계속 먹을 수 있도록 허용하고, 아이를 길에 버리는 관행을 허용할 것을 요구했다.[97] 오랜 게르만법에서는 유아살해가 친척을 살해하는 것과 동급으로 간주되었다. 법은 당대의 독창적인

---

[95] Lecky, *History of European Morals from Augustus to Charlemagne*, II, 23.
[96] *Polyptique de Irminon*, I, 287.
[97] Weinhold, *Die Deutschen Frauen in dem Mittelalter*, I, 93, 96; II, 93.

잔혹성을 드러내면서 죄를 지은 어머니를 살아있는 상태에서 개, 고양이, 닭, 그리고 독사와 함께 자루에 집어넣어서 땅에 파묻을 것을 명했다.[98] 고대 아라비아에서는 아버지가 새로 태어난 딸을 살아있는 채 땅에 파묻어 죽였다. 이러한 오랜 관습이 실행된 것은 식량 부족으로 인해 아이에게 제대로 음식을 제공하지 못하리라는 염려, 그리고 아들이 아니라 딸의 아버지가 되었다는 불명예에 대한 부끄러움이 그 동기로 작용했다.[99] 코란에는 굶주릴 것이 두려워 아이를 죽이는 것을 금하고 있다. 현대 국가에서 유아살해는 법 혹은 모레스가 어머니에게 가하는 처벌의 경중에 따라 흔해지거나 희귀해졌다. 16세기 스페인에서는 불륜에 의한 사생아가 매우 흔히 태어났다. 유아살해는 매우 드물었지만 양육 포기(길에 아이를 버리는 것)가 그 자리를 대신했다. 길거리에 버려진 아이는 부랑자와 불량배가 되었다.[100]

328. 낙태와 유아살해의 윤리

낙태와 유아살해는 부모의 자식 사랑과 대비된다. 보편적이지는 않지만 부모의 자식 사랑은 동물들 사이에서도 새끼가 어미에게 의존하는 동안 흔히 살펴볼 수 있는 감정이다. 낙태와 유아살해의 관행들은 사변(speculative) 윤리의 영향으로 사라진 듯이 보일 수 있다. 하지만 이들은 사실상 사라지지 않았다. 이들은 그 양태가 바뀌었고, 동일한 목적을 달성하는 더욱 온건한 방법으로 대체되었다. 구체적으로 어떤 시점

---

[98] Rudeck, *Geschichte der oeffentlichen Sittlichkeit in Deutschland*, 182.
[99] Wellhausen, *Ehe bei den Arabern*, 458.
[100] Chandler, *Romances of Roguery in Spain*, 30.

에서 부모가 아이들에게 애정을 갖게 되기 시작하는지는 전혀 분명치 않다. 우리는 누군가를 죽인다는 개념을 상당 부분 야만인들에게서 배웠다고 생각한다. 하지만 미개인들은 상응하는 무엇을 대가로 주지 않고서 감히 자연에서 무엇을 가져가려 하지 않았다. 또한 그들은 신에게 먼저 제물로 바치지 않고서, 나중에는 동물 혹은 그 종(種)의 영혼을 달래지 않고서 감히 동물을 죽이려 하지 않은 듯하다. 만약 한 생명의 탄생을 막는 것이 살해라면, 어떤 지점에서 막는 것부터 범죄에 해당하는지를 결정하는 것은 일종의 결단의 문제가 될 것이다. 결혼을 하지 않고 독신으로 살아가는 것도 일종의 살해가 될 수 있다.

329. 낙태와 유아살해에 관한 기독교의 모레스

낙태와 유아살해에 반대하는 전통은 유대인에게서 우리의 모레스로 전해져 내려왔다. 종교의 입장에서는 낙태와 유아살해가 커다란 종교적 범죄에 해당한다. 아이가 세례를 받지 않고 죽게 되기 때문이다. 이러한 관점이 채택되기 전까지 낙태와 유아살해 반대의 전통은 모레스 안에서 힘을 얻지 못했다. 기독교에서는 수태의 순간부터 아기에게 영혼이 부여된다고 생각했다. 현실에서 기술 발전(경제력의 증진) 외에 유아살해에 종지부를 찍는 데 영향을 준 것은 아무것도 없다. 기술의 발전 덕에 부모는 아이를 제대로 양육할 수 있게 되었다. 사람들은 여전히 신맬서스주의[101]를 따르고 있으며, 이는 경제력에 맞게 인구를 조

---

[101] (옮긴이 주) 19세기 말 프랑스에서 대두된 경제 이데올로기. 신맬서스주의는 피임을 통한 인구 통제가 인류의 생존에 필수적이라는 입장을 견지한다. 이러한 입장은 자원이 한정되어 있으며, 인구의 증가가 토지와 식량을 포함한 자원의

절하는 통제력을 발휘하고 있다. 우리는 이러한 사실을 부끄러워해야 한다. 신맬서스주의를 기꺼이 승인하거나 공공연하게 옹호하려 하는 사람은 없다. 그럼에도 '두 자녀 갖기'는 오늘날 프랑스와 독일의 문헌에서 이미 확립된 가족 정책으로 언급되고 있으며, 산아 제한은 분명 하나의 사실로 모든 문명인의 모레스 안에 자리 잡고 있다. 프랑스와 독일 국민 다수가 이를 옳게 생각하지 그르게 생각하지 않는 것은 확실하다. 하지만 그들이 지침을 얻는 곳은 어떤 사변 윤리가 아니라 자신들의 편의다. 그들이 아이들에게 헌신하는 정도는 이전 시대의 유사한 덕목에 대해 사람들이 보여준 헌신의 정도에 비해 크다. 그들은 아이들에게 최대한 희생을 하려는 모습을 기꺼이 보여준다. 하지만 그들 중 아이를 더 많이 가지려 하는 자들은 별로 없다. 왜냐하면 그렇게 하면 자식들에게 해줄 수 있는 바가 제한될 것이기 때문이다. 요컨대 관습과 그들의 동기는 야만의 시대 이래 바뀐 것이 거의 없다.

330. 노인에 대한 존경 혹은 경멸의 모레스

이 장의 모두(冒頭)에서 나는 노인에 관한 두 가지 유형의 모레스가 존재한다고 밝힌 바 있다. (a) 첫 번째 유형의 모레스에서는 여러 가르침과 용례가 관례적으로 이루어지는 노인에 대한 존경을 구현하고 있다. 이에 따라 그들은 지혜를 갖춘 자로서, 또한 조언을 해주는 자로서 이유를 막론하고 보호를 받으며, 애정과 공감의 대상이 됨으로써 보호를 받기도 한다. (b) 또 다른 유형의 모레스에서는 노인이 주어진 과제

공급을 빠르게 넘어설 수 있다는 생각에 바탕을 두고 있다.

를 담당하기에 적절치 못하게 되었다는 이유로 사회의 힘을 낭비하는 부담으로 간주된다. 이에 따라 그들은 자신의 손에 의해, 혹은 친척의 손에 의해 죽음을 맞이할 수밖에 없다. '이러한 방침 중 첫 번째 것이 두 번째 것을 실천하는 자들에 비해 문명이라는 측면에서 더 높은 위치를 점하는 사람들에 의해 시행된다'는 주장은 진실과는 거리가 멀다. 실제로 낮은 문명의 사람들이 높은 문명의 사람들에 비해 노인들의 지혜와 충고로 더 많은 혜택을 누리는데, 이러한 경험 때문에 낮은 문명의 사람들은 노인을 공경하고 존중하라는 교육을 받게 된다. "부권(父權)이 도입되면서 나이든 남자가 더욱 존경을 받게 되었다."[102] 일부 경우에 우리는 두 가지 규율이 갈등을 일으키고 있음을 목도하게 된다. 고대의 튜튼족은 아버지가 미성년 아이를 길에 버리거나 팔 수 있었으며, 성인 아들은 자신의 나이든 부모를 죽일 수 있었다.[103] 아이의 부모에 대한, 혹은 부모의 아이에 대한 고정적인 의무는 없었다.

331. 노인 공경의 민속지학적 사례

"마다가스카르 사람들은 노인과 부모를 매우 공경한다. 노인에 대한 존경은 심지어 과장되어 있기도 하다." 호바족[104](Hovas)은 노인들에게 늘 의례적인 존경을 표한다. 두 노예가 짐을 함께 운반할 경우, 이들 중 젊은 사람이 혼자서 모든 짐을 운반하려 할 것이다.[105] 서아프리카에

---

[102] Lippert, *Kulturgeschichte der Menschheit*, I, 240.
[103] Grimm, *Deutsche Rechtsalterthümer*, 461, 487.
[104] (옮긴이 주) 북미 애리조나주에 살고 있던 인디언들.
[105] Ratzel, *Völkerkunde*, II, 511.

서는 "사회의 모든 젊은 성원이 노인들에게 최대한의 경의를 표하도록 어렸을 때부터 훈련을 받는다. 그들은 어르신들이 계실 때 어르신들 거처에 출입하지 않으며, 모자를 벗고 웅크린 자세를 취하지 않은 채 그들의 거처를 지나쳐서도 안 된다. 그들과 함께 앉아 있으면 항상 '공경을 나타내는 거리'에 앉아 있어야 한다. 이러한 거리는 어르신의 연령과 사회적 지위에서의 차이에 비례한다. 젊은이가 어르신에게 불을 붙인 파이프 혹은 물 한 컵을 드릴 수 있을 만큼 충분히 가까이 다가설 때는, 항상 한쪽 무릎을 꿇어야 한다."[106] "오로모족(Oromo)[107]의 훌륭한 점을 꼽는다면 그들이 노인을 공경하는 태도를 견지한다는 것이다. 노인을 존경하지 않는 것은 국가의 관습을 침해하는 태도로 간주된다. 노인들은 항상 명예를 나타내는 자리에 앉고, 공공 회의에서 발언권을 가지며, 시민들 간에 발생하는 논의, 논쟁에서도 발언권을 가진다. 젊은이와 여성은 모든 경우 그들을 잘 대접해야 한다고 배운다."[108] 헤레로족(Hereros)[109] 또한 노인을 공경한다. 심지어 재산을 아들이 관리하게 된 후에도 재산은 노인에게 귀속된다. 사람들은 축복받기 위해 우유 들통과 고깃덩어리를 노인에게 가져온다.[110] 노인들은 오스트레일리아에서도 융숭한 대접을 받는다. 사람들은 그들을 위해 음식을 어느 정도 마련해 둔다.[111] 남동 인도 치타공(Chittagong) 구릉지대의 로사이족(Lhoosai)은 "부모를 공경하고, 노인들을 추앙한다. 시간이 흐르면 아버지와 어머니는 아이들의 보살핌을 받는다."[112] 니코바르족[113](Nicobarese)

---

[106] Nassau, *Fetishism in West Africa*, 159.
[107] (옮긴이 주) 에티오피아 남부의 오로미아와 케냐 북부에 주로 살고 있는 원주민.
[108] Vannutelli e Citerni, *L'Omo*, 448.
[109] (옮긴이 주) 아프리카 남서부에 살고 있는 반투족.
[110] Ratzel, *History of Mankind*, II, 468.
[111] Ratzel, *Völkerkunde*, II, 22.

은 노인들에게 친절하며, 그들이 가능한 한 최대한 오래 살 수 있도록 배려한다.[114] 안다만족[115](Andamanese) 또한 노인들을 매우 공경하며, 그들을 보살피고 배려한다.[116] 중앙 오스트레일리아 부족들에게 "노인이나 노쇠한 사람을 버리는 관습 같은 것은 없다. 반대로 노인들은 특별히 친절한 대우를 받으며, 식량을 스스로 획득할 수 없더라도 자신의 몫을 할당받는다."[117] 니제르강 보호령의 제크리스족(Jekris)은 "일반적으로 아버지, 족장, 그리고 노인들을 매우 존경한다. 이러한 점에 대한 대중의 생각은 매우 견고하다."[118] 북아메리카 북서 해안 인디언들은 "노인들을 매우 존경하며, 이들은 대부분의 문제에 충고를 한다. 이는 매우 무게가 있다."[119] 브라질의 게스(Ges) 종족인 차반테스족(Chavantes)은 "노인들에 대한 존경심이 대단하다."[120] 크란츠(Cranz)[121]는 그린란드 에스키모가 노부모를 잘 살핀다고 말하고 있다. "(코카서스의) 오세티야족(Ossetines) 역시 부모에 대한 사랑과 존경이 극진하며, 노인 일반, 그리고 조상에 대한 사랑과 존경 또한 마찬가지다. 가장, 할아버지, 아버지, 의붓아버지, 삼촌, 혹은 형의 권위는 무조건적이다. 나이가 어린 남성은 손윗사람이 있는 곳에서는 절대로 자리에 앉지 않고, 크게 이야기를

---

[112] Lewin, *Wild Races of Southeastern India*, 256.
[113] (옮긴이 주) 벵골만의 열도에서 살아가는 사람들. 북쪽으로 안다만 제도가 있으며, 행정구역상으로 인도 안다만 니코바르 제도에 속해 있다.
[114] JAI, XVIII, 384.
[115] (옮긴이 주) 인도 안다만 제도(Andaman Islands)의 원주민.
[116] 위의 책, XII, 93.
[117] Spencer and Gillen, *Native Tribes of Central Australia*, 51.
[118] JAI, XXVIII, 109.
[119] *Reports of the National Museum of the United States*, 1888, 240.
[120] Martius, *Ethnographie und Sprachenkunde Amerikas zumal Brasiliens*, 274.
[121] *Historie von Grönland bis 1779*, 197.

하지 않으며, 어른의 이야기를 절대로 반박하지 않는다."[122] "젊은 칼무크족[123](Kalmuck)은 맨정신이 아니면 절대로 자신의 모습을 아버지나 어머니에게 보이려 하지 않는다. 그는 노인의 면전에서 자리에 앉지 않으며, 무릎을 꿇는다. 이는 그에게 매우 익숙한데, 그는 뒤꿈치를 땅에 대어 자신의 몸을 지탱하면서, 무릎을 쪼그리고 웅크려 앉는다. 그는 결코 허리띠를 두르지 않고서 노인들 면전에 나서는 법이 없다. 허리띠를 두르지 않는다는 것은 극단적인 평상복 차림을 하고 있음을 의미한다."[124] 마인(Maine)[125]은 다음과 같이 말한다. "한 뉴질랜드인 추장은 동료 부족인 노인의 복리에 대한 질문을 받자 다음과 같이 답했다. '우리는 자비를 베푸는 차원에서 그를 살해했다. 그가 정말 많은 훌륭한 충고를 해주었기 때문이다.' 이러한 답변은 노인들에 대해 미개인이 취하는 두 가지 관점을 훌륭하게 설명해준다. 먼저 노인들은 무용하고 짐스러운 대상이며, 그에 따른 처우를 받는다. 이어서 그들의 지혜는 그들을 높은 명예를 누리는 자리로 격상시킨다." 여기에서 언급되고 있는 내용, 다시 말해 좋은 충고를 해주는 사람을 어떤 차원에서라도 살해한다는 것이 잘못되었음은 명백하다. 위에서 인용한 사례는 거의 모두가 미개인과 야만인의 것이다. 더욱 발달한 문명에서 살아가는 사람들에 대한 내용은 아래에서 인용할 다른 모레스에 대한 사례에서 확인할 수 있을 것이다(본서 335절을 볼 것).

---

[122] von Haxthausen, *Transkaukasia*, II, 35.
[123] (옮긴이 주) 중국 서부에서 볼가강 하류까지 펼쳐져 있는 지역에 살고 있는 몽골계 불교 신자들 집단. 유럽에서는 '오이라트'라고 부른다.
[124] *Russian Ethnography: The Peoples of Russia* (Russ.), II, 445.
[125] *Early Law and Custom*, 23.

332.

"로마에서 아버지의 위치는 그가 살아있는 한 존경과 복종을 보장했다. 그는 마음대로 유언장을 작성할 수 있었는데, 이로 인해 그는 자신의 운명을 마음대로 조정할 수 있었다."[126] 가족 내에서 법이 부여한 아버지의 힘은 매우 컸다. 하지만 아들들은 아버지에게 애정을 다해 존경을 표하는 법이 없었다. "우리는 노인 남성을 대하듯 노인 여성을 함부로 대한다는 이야기를 좀처럼 들어보지 못하는데, 이는 특이한 일이다. 어머니에 대한 사랑이 이를 관장하는 효과적인 감정이었을까? 모권 하에서는 아이와 부모의 관계가 훨씬 돈독했다. 외삼촌과의 관계는 이차적이었으며, 이는 어머니와의 관계라는 일차적인 관계를 통해서만 형성되는 관계였다."[127]

333. 노인살해

우리에게 노인을 살해하는 관습, 특히 부모를 살해하는 관습은 매우 부정적으로 느껴진다. 하지만 앞으로 제시할 사례들은 유랑민들에게 그러한 관습이 필요하다는 사실을 보여줄 것이다. 노인들은 길에 버려지고 기진맥진하여 죽게 된다. 그들을 살해하는 것은 친절을 베푸는 것이며, 어쩌면 더 친절한 것일지도 모른다. 적이 쫓아온다면, 이렇게 해야 할 필요성은 더욱 절실해진다.[128] 이 모든 것은 살아가는 환경에

---

[126] Lippert, *Kulturgeschichte der Menschheit*, I, 241.
[127] Lippert, *Kulturgeschichte der Menschheit*, I, 325.

매우 깊숙이 침투하며, 이에 따라 노인살해의 관습은 생활 방침의 일부로 행해진다. 노인살해는 생활 방침의 일부로 이해되고 잠자코 받아들여진다. 간혹 노인들이 삶이 지겨워져서, 혹은 집단의 복리에 기여하려고 이를 요청하기도 한다.

334. 민속지학에서의 노인살해

"간혹 갈리노메로족[129](Gallinomero)은 2 내지 3 코드(cords)[130]의 목재를 장작으로 만들어 원형 천막 주변에 깔끔하게 쌓아 놓는다. 그런데 목재가 쌓여있을 이런 때도 이 종족은 냉혹하고 잔인하게도 도끼만 쥐여준 채 노인을 먼 숲으로 내쫓는다. 그곳으로부터 그는 울퉁불퉁한 수족의 무게로 고통스럽게 숙인 백발의 머리, 그리고 새까맣게 그을린 맨살의 안짱다리를 움직여 인디언의 고양이 같은 부드러움과 평정심을 가지고 되돌아온다. 그러나 너무 천천히 움직여 그는 거의 앞으로 나아가지 못하는 것처럼 보인다."[131] 캘리포니아에서는 맹인이라서 아이들에게 버려진 나이든 인디언 여성(squaw)[132]이 산악지역을 헤매는 모습이 발견되었다.[133] "효심은 와일라키족(Wailakki) 혹은 다른 인디언들이 가지고 있는 두드러진 특징이라고 말할 수 없다. 아무리 지위가 높다 해도 나

---

[128] Powers, *The Tribes of California*, 319.
[129] (옮긴이 주) 북부 캘리포니아에 살았던 인디언 종족.
[130] (옮긴이 주) 장작의 평수 단위. 보통 128입방 피트를 1코드라고 부른다.
[131] 위의 책, 176; Bancroft, *Native Races*, I, 390.
[132] (옮긴이 주) 스쿠오(squaw)란 북아메리카 원주민 여자를 뜻한다.
[133] 위의 책, 112.

이 들고 노쇠한 사람은 짐으로 간주된다. 수많은 전투의 영웅인 노인이라 해도 활과 화살을 다루는 솜씨가 없어지면 불명예스럽게도 아들들을 따라 숲으로 가서 아들들이 죽인 사냥감을 어깨에 짊어지고 집으로 돌아올 수밖에 없다."[134] 캐틀린(Catlin)은 약간의 식량과 물, 꺼져가는 불, 그리고 몇 개의 막대기를 가지고 부족의 버림을 받는 나이든 폰카족(Ponca) 부족장의 작별 장면을 묘사하고 있다.

그 부족은 기아로 인해 압박을 받고 있었다. 나이든 부족장은 다음과 같이 말했다. "얘들아, 우리나라가 가난하니 너희가 모두 고기를 얻을 수 있는 나라로 가는 것이 좋겠구나. 내 눈은 흐릿하고 내 기력도 더 이상 … 나는 너희에게 부담이다. 나는 갈 수 없다. 마음을 굳게 먹고 내 생각 하지 말거라. 나는 아무 데도 쓸모가 없다."[135] 이는 버려진 노인이 한 말로, 여기서 우리는 마지못해 받아들일 수밖에 없는 절차에 대한 노인의 입장을 확인할 수 있다. 아마도 우리가 인용할 수 있는 것 중에서 이보다 충분히 희생자의 입장을 잘 드러낸 사례는 없을 것이다. 버려지는 노인들이 항상 이와 같은 입장을 표명하는 것은 아니다. 이는 대초원을 배회하는 모든 종족이 공통적으로 가지고 있는 관습이었다. 노쇠할 때까지 산 사람은 모두 자신이 이를 현실로 받아들일 수밖에 없음을 깨달았다. 더욱 최근의 이야기에 따르면 폰카족[136](Poncas)과 오마하족[137](Omahas)은 결코 노인과 쇠약한 사람을 대초원에 내버려두지 않는다. 그들은 노인과 쇠약한 사람이 사냥 무리가 되돌아올 때까지 물자가 적당히 비축되어 있는 집을 지키게 한다.[138] 이러한 사실은

---

[134] 위의 책, 118.
[135] *Reports of the Smithsonian Institute*, 1885, Part II, 429.
[136] (옮긴이 주) 미국 중서부에 살던 원주민 인디언.
[137] (옮긴이 주) 미국 네브래스카주에 거주했던 인디언.

그들이 정착하여 사는 집이 있었음을 보여주고 있으며, 그 맥락에서 그들의 옥수수밭이 언급되고 있기도 하다. 노인들은 옥수수밭을 감시했고, 이에 따라 어느 정도 집단에 도움이 되었다. 여타의 일에 적합하지 않은 노인은 잉카법에 따라 새를 쫓았다. 그들은 장애인처럼 공공비용으로 부양이 이루어졌다.[139] 허드슨만(灣) 에스키모는 다른 사람들에게 식량을 의존하는 노인을 교살하거나 야영지를 옮길 때 두고 떠나서 죽게 한다. 그들은 부담이 되는 노인을 직접 죽이지 않고 이들을 제거하기 위해 이동을 하는 것이다.[140] 서부 알래스카, 극동부 러시아에 사는 에스키모는 노인들을 살해한다. 왜냐하면 그들은 폭력에 의해 숨을 거둔 사람이 모두 행복의 땅으로 간다고 생각하기 때문이다. 이렇게 숨을 거두지 않은 사람에게는 그러한 행복한 미래가 보장되지 않는다.[141] 난센(Nansen)[142]에 따르면 "사람들이 나이가 들게 되면 자신을 돌보지 못하게 되는데, 흔히 에스키모는 노인, 특히 노인 여성을 별다른 배려의 대상으로 생각하지 않는다." 브라질의 수많은 종족은 노인들이 부담이고, 더 이상 전쟁, 사냥, 그리고 향연을 즐길 수 없게 되었다는 이유로 살해했다. 투피족[143](Tupis)은 샤먼(shaman)[144]이 병에 걸린 사람이 회복되지 못할 것이라고 말하면 그를 죽여 시신을 먹곤 했다.[145] 파라과

---

[138] *Bureau of Ethnology*, III, 274.
[139] Martius, *Ethnographie und Sprachenkunde Amerikas zumal Brasiliens*, 126, 주석.
[140] *Bureau of Ethnology*, XI, 178, 186.
[141] 위의 책, VI, 615.
[142] *Eskimo*, 178.
[143] (옮긴이 주) 남아메리카 인디언 중에서 투피어를 사용하는 여러 종족을 통칭하는 말. 아마존 유역에 살며 원시 농경, 수렵에 종사한다.
[144] (옮긴이 주) 부족사회에서 초자연적인 힘이나 존재와 통하는 신비한 능력이 있다고 알려져 있는 사람.
[145] Martius, *Ethnographie und Sprachenkunde Amerikas zumal Brasiliens*, 126.

이의 귀쿠르족(Guykuru)인 토바족(Tobas)은 노인들을 산 채로 땅에 파묻는다. 대개 노인들은 고통과 노쇠를 이유로 죽여 달라고 간청한다. 이때 이들의 요청을 들어주는 것은 여성들이다.[146] 오스트레일리아 머리강 주변에서 살아가는 종족의 한 나이든 여성은 엉덩이뼈가 깨졌다. 그녀는 그대로 죽게끔 방치되었는데, "그 이유는 그 종족 사람들이 그녀 때문에 불편함을 겪고 싶지 않았기 때문이다." 무력하고 노쇠한 사람이 이와 같은 처우를 받게 되는 것은 일종의 관습이었다.[147] 서빅토리아(West Victoria)[148]에서는 살해를 위임받은 친척이 노인을 교살하며, 시신은 불태운다. 이러한 관행이 이루어지는 이유에 대해 제시되는 한 가지 근거는 적에게 공격당하면 노인들은 사로잡혀 고문당하다 죽음을 맞이한다는 것이다. 희생되는 노인은 흔히 그 시기를 늦춰달라고 요구하지만 받아들여지는 경우가 없다.[149] 멜라네시아인은 병든 사람과 노인들을 살아있는 채로 땅에 파묻는다. "이를 행할 때는 일반적으로 상대에게 호의를 베풀고자 하는 의도가 담겨 있었다." 심지어 젊은 사람들이 이기적인 이유로 마지막을 재촉하는 경우에도 병들고 나이가 많은 사람은 묵묵히 따라 주었다. 흔히 그들은 속 편하게 이를 알려달라고 부탁을 했다.[150] 이스터(Easter)섬에서는 노인이 별다른 존경을 받지 못했다. 병든 사람은 가까운 친척이 아닌 이상 좋은 처우를 받지 못했다.[151] 솔로몬 제도 사람들(Solomon Islanders)은 "젊은이들이 어른들에게 어떤 존경

---

[146] *Globus*, LXXXI, 108.
[147] Eyre, *Expeditions into Central Australia in 1840~1841*, I, 321.
[148] (옮긴이 주) 오스트레일리아 남동부에 있는 주(州)로, 본토 내에서 가장 소규모의 주다.
[149] Dawson, *West Victoria*, 62.
[150] Codrington, *Melanesians*, 347.
[151] Geiseler, *Oster-inseln*, 31.

도 표하지 않는 공동체"로 묘사되고 있다.¹⁵² 홀럽(Holub)¹⁵³은 일부 남아프리카 종족이 노인을 돌보기 지쳤을 때 그들을 던져 버리는 거대한 절벽을 언급하고 있다. 호텐토트족(Hottentots)은 흔히 짐을 나르는 소에 노쇠한 노인을 싣고 사막으로 데려간다. 노인들은 약간의 식량과 함께 소기의 목적을 위해 준비해 놓은 조그만 오두막에 남겨진다. 오늘날 그들은 무력한 노인들을 아주 매정하게 대하고 있다.¹⁵⁴ 부시먼은 노인들에게 약간의 식량과 물을 주고 버리고 떠난다.¹⁵⁵ 니제르강 보호령에서는 나이 들고 무용한 사람들이 죽임을 당한다. 이곳 사람들은 시신을 불에 태워 가루로 만들며, 이러한 가루를 물과 옥수수와 함께 버무려 작은 덩이를 만든다. 이 덩이는 건조되어 음식으로 사용하기 위해 보관된다.¹⁵⁶ 소말리족¹⁵⁷(Somali)은 최후의 순간까지 노인의 노동을 착취하며, 그리고 나서는 그들을 굶어 죽도록 버려 버린다.¹⁵⁸ 북극 지방 사람들은 일반적으로 험난한 생활환경 때문에 노인들을 죽음에 이르게 한다. 척치족¹⁵⁹(Chuckches) 노인은 자신의 권리임을 내세우면서 죽게 해달라고 요구한다.¹⁶⁰ 그들의 삶은 매우 고단하고 식량은 귀하다. 때문에 그들은 죽음에 무관심하며, 희생을 받아들이는 것이 무리 없는, 기꺼운

---

[152] Woodford, *Head-hunters*, 25.
[153] *Sieben Jahre in Süd-Afrika*, I, 409.
[154] Kolben, *History of the Cape of Good Hope*, I, 324; Fritsch, *Die Eingeborenen Süd-Afrikas*, 334.
[155] *Globus*, XVIII, 122.
[156] Kingsley, *West African Studies*, 566.
[157] (옮긴이 주) 소말리아, 에티오피아 동부, 지부티, 케냐 등지에 살고 있는 동아프리카의 한 종족. 흑인과 아라비아인 등의 혼혈이다.
[158] Paulitschke, *Ethnographie Nordost Afrikas*, I, 205.
[159] (옮긴이 주) 시베리아에서 유목 생활을 하던 용맹스런 민족.
[160] *New Series American Anthropologist*, III, 106.

것으로 묘사된다.[161] 한 사례에서는 자신의 요구에 따라 그 부족 노인이 친척들에게 죽임을 당한 경우가 묘사되고 있다.[162] 노인은 그들이 신성한 의무를 수행한다고 생각했다. 이전에 야쿠트족도 이와 유사한 관습을 지니고 있었다. 그들 부족에서는 노인이 자식들에게 자신을 빨리 죽일 수 있게 해달라고 요청했다. 그들은 숲속의 구멍에 노인을 밀어 넣고, 그곳에 그릇, 도구, 그리고 약간의 음식을 남겨 놓았다. 간혹 남성과 그의 아내가 같이 땅에 묻히기도 한다. 야쿠트족에게는 노인 혹은 노인의 친척들에 대한 존경 같은 것이 없었다. 젊은이들은 나이든 사람들을 약탈하고, 야단치고 혹사시켰다.[163]

335.

"인도유럽인들에게는 폭력적인 방법을 이용해 늙고 쇠약한 사람의 생명을 끊는 관습이 드물지 않았으며, 이는 원시시대에서 역사시대에 이르기까지 계속 유지되었다. 이는 고대 베다인, 이란인(박트리아족, Bactrians)[164]과 카스피족(Caspian),[165] 그리고 고대 게르만, 슬라브, 그리고 프로이센인들에게서 사실임이 확인된다."[166] 박트리아족(Bactrians)은 나

---

[161] De Windt in *N. Y. Times*, 1897년 5월 10일 자.
[162] *Russian Ethnography: The Peoples of Russia (Russ.)*, II, 578.
[163] Sieroshevski, *Yakuty (Russ.)*, 511, 621.
[164] (옮긴이 주) 박트리아: 고대 그리스인들에 의해 중앙아시아에 건립된 왕국(기원전 246년~기원전 138년).
[165] (옮긴이 주) 지금의 카스피해 연안에 살던 고대의 민족.
[166] Schrader, *The Prehistoric Antiquities of the Aryan Peoples*, 379; Zimmer, *Altindisches Leben*, 327.

이든 병든 사람들을 개에게 던져줬다.[167] 마사게타이족[168](Massagetæ)은 소와 노인을 희생시켜 모두를 먹였다. 노인의 입장에서 이는 행복한 종말이었다. 질병에 걸려 죽은 사람은 땅에 파묻혔는데, 그들은 운이 덜 좋은 사람으로 간주되었다.[169] "내가 아는 한 아리아인이 노인을 살해했다는 이야기를 들어본 적이 없다(우리가 노인살해 이야기를 최초로 접하게 되는 것은 그들의 이주 시기다). 자식이 부모를 살해하는 경우도 마찬가지다. 하지만 노인이 쫓겨나는 경우에 대해서는 언급되고 있다."[170] 그리스인은 노인을 홀대했고, 존경하지 않았다.[171] 곰므(Gomme)[172]는 15세기의 파르지팔(Parsifal)[173] 이야기의 필사본을 인용한다. 이 이야기에서 영웅은 "침대에서 숨지는 불명예에서 벗어나게 하려고 아들들이 아버지를 침대에서 끌어내 죽이는" 웨일스 사람과 자신이 같지 않음을 자축하고 있다. 그는 "교회 문 뒤에 매달린, 커다란 성스러운 나무망치"에 대한 이야기도 인용하고 있다. "이는 아버지가 70세가 되었을 때 아들이 사용할 수 있었는데, 이는 몸이 쇠약해져 더 이상 쓸모가 없어진 아버지의 머리를 가격할 때 사용하는 도구였다."[174] 한때 아

---

[167] Strabo, XI, 517; Spiegel, *Eranische Alterthumskunde*, III, 682.
[168] (옮긴이 주) 고대 이란인들의 유목연맹체로, 카스피 해 동부 중앙아시아의 스텝 지대를 점유하고 살아가던 종족. 헤로도토스의 저작을 통해 세상에 알려졌다.
[169] Herodotus, I, 216.
[170] Ihering, *The Evolution of the Aryan*, 33.
[171] Mahaffy, *Social Life in Greece*, 229.
[172] *Ethnology in Folklore*, 136.
[173] (옮긴이 주) 아서왕의 원탁의 기사 중의 한 사람으로 퍼시발(Percival: Perceval)로도 알려져 있다. 오랜 시련을 극복하고 최종적으로 성배를 찾은 기사로 잘 알려져 있다.
[174] 스톡홀름 소재 국립 박물관은 스웨덴의 모든 교회에서 편평한 곤봉들을 다수 수집해 놓았다. 이의 활용방식은 우회적인 방식으로 서술되어 있다. 곤봉들이 교회에서 활용되었다는 사실은 그러한 행동을 종교가 허용했음을 은연중 드러

이슬란드에서는 엄숙한 결의를 통해 기근 시기에 모든 노인과 생산력이 없는 사람을 죽음에 처하기로 결정했다. 이러한 결정은 법 체제의 일부였는데, 이 나라는 이러한 결정을 통해 잉여적이고 의존적인 성원들로부터 사회가 벗어날 안전장치를 마련할 수 있었다.[175]

336. 문명인이 직면하는 예외적인 긴급사태

어떤 경우 문명인들이 원초적인 상황에 직면해 원시적인 필요를 경험하게 될 때가 있다. 이때 문명이 영향을 미친 정서의 힘이 어느 정도인지와 상관없이, 그러한 필요는 문명의 영향을 매개로 형성된 정서의 힘을 훌쩍 뛰어넘는다. 1849년 프레몽(Fremont) 대령은 아내에게 보낸 편지에서 자신과 동료들이 전쟁터를 통과하면서 같은 부대 소속의 죽어가는 쇠약한 성원들을 어떻게 하나씩 눈 속에서 죽어가도록 내버려 뒀는지 이야기해주고 있다. 그들은 조그만 불을 피워준 후 죽어가는 사람들을 그냥 방치해버렸다.[176] 이와 유사한 수많은 사례가 구전(口傳)된다. 이 문제는 인도적(人道的) 정서의 크고 작음과 관련이 없다. 이는 생존 투쟁과 관련된 문제로, 생존 투쟁에서 어떤 한 가지 상황이 한계에 처하게 될 때 발생하는 문제인 것이다. 일반적으로 문명은 삶의 경쟁에서 서로가 서로에게 경쟁자이면서 적이라는 사실을 은폐한다. 이와 같이 은폐된 사실은 방금 언급한 그와 같은 상황, 혹은 조난을 당한 상황에서 적나라하게 드러난다. 한 사람을 포기하지 않으면 모두를 잃을 수밖

낸다.
[175] Weinhold, *Die Deutschen Frauen in dem Mittelalter*, II, 92.
[176] Thayer, *Marvels of the New West*, 231.

에 없다. 낙태, 유아살해, 그리고 노인살해는 삶의 경쟁이 매우 직접적이고 냉혹해져서 인도적인 감정의 여지가 전혀 남지 않은 시기에 나타나기 시작한다. 인도적인 감정은 문명의 산물이다. 이는 생존을 위한 경쟁이 치열하지 않고, 경쟁이 매우 온건하게 이루어져 가혹한 상황에서 벗어난 사람들에게서만 계발될 수 있다. 이때는 잉여가 있고 생활환경이 넉넉하다. 살해 혹은 자살은 그 대안이 아니다. 이와 같은 평안함은 이주를 하거나 기술이 발달할 경우 누릴 수 있게 된다. 짧게 말해 자연에 대한 인간의 통제력이 커질 때 도달할 수 있는 것이다. 이 경우에 이르러서야 비로소 근본적인 요소들이 바뀌게 된다.

337. 모레스가 어떻게 변했는가

낙태, 유아살해, 그리고 노인살해는 가장 직접적이면서 원초적인 방식으로 삶의 고난에 대응하는 주요 습속이다. 모든 사람이 따르는 지배적인 관습이 되면, 이들은 비난받지 않는다. 다른 원초적인 용례들과 비교해보았을 때, 이들은 모레스의 지위에 보다 쉽게 오른다. 그 이유는 이들이 복리에 기여한다고 믿는 표면적인 이유들이 매우 단순하면서도 명백해 보이기 때문이다. 정착 생활이 유랑 생활을 대체하면, 이러한 관습을 지탱하는 일부 직접적인 이유들이 유명무실해진다. 평화가 이웃 종족들과의 전쟁의 자리를 대체하면 그러한 관습이 만들어질 수밖에 없었던 다른 원인들이 방기된다. 이때 세 가지 유형의 살해는 덜 빈번하게 행해지게 되며, 유아살해와 노인살해의 경우는 더욱 그러하다. 그런데 오랜 관습을 재활용해야 하는 경우가 발생할 수 있는데, 이때 재활용은 일부 강한 반발을 거슬러야만 가능하다. 삶의 무게에 크게 찌들지 않은 사람들은 이 경우에 유아살해 혹은 노인살해를 피하려 할 것이다. 그들은 고난을 겪고 싶어 하지 않는 감정에 굴복하기보다는 이러한 살해 관행에 분개하는 감정에 따른다. 이후 생존 경쟁에서 사회가 더욱 커다란 힘을 갖추게 되면 아이들과 노인들은 목숨을 부지할 수 있게 되며, 오랜 관습은 잊히게 된다. 이때 이들 관행은 혐오의 대상으로 간주되며, 모레스는 아이와 노인을 보호한다. 오늘날 우리에게 들려오는 프랑스의 소작농에 대한 이야기들은 모레스와 법이 제재를 하지 않으면 아들이 나이든 아버지를 기꺼이 죽이려는 마음과 의지를 쉽게 가질 수 있다는 사실을 보여준다.

제8장 식인(食人)

식인 - 식량 공급의 기원 - 혐오스럽지 않은 식인 - 집단 내 식인 - 인구정책 - 사법적인(judicial) 식인 - 민속지학에서의 사법적인 식인 - 집단 외 식인 - 질병 치료를 위한 식인 - 식인 풍습으로 복귀 - 기근에서의 식인 - 식인과 망령에 대한 공포 - 마법에서의 식인과 희생제의 - 컬트와 식인 - 식인에 대한 미신 - 민속지학에서의 음식 금기 - 목숨을 빼앗는 행위에 대한 속죄 - 식인의 철학

338. 식인

식인(食人)은 근원적인 모레스 중 하나이다. 식인은 인간이 지구에 처음 등장했다고 알려진 최초의 시기로 거슬러 올라간다. 식인이 모든 민족 사이에서 행해진 관습이라고 믿을 만한 근거가 적지 않다.[1] 목축 단계에 들어서서 짐승의 고기가 일반화되고 풍부해지면서 식인은 중단되었다.[2] 가장 비천하고 핍박당한 종족인 아프리카의 피그미족과 수마트라의 쿠부족은 둘 다 식인을 하지 않는데[3] 그들보다 더 우월한 이웃 종족들은 식인을 한다. 이는 주목할 만한 사실이다. 우리의 식인에 대한 강한 거부감은 음식 금기(본서 353~354절 참조)이며 우리가 계승한 가장 강한 금기에 속할 것이다.

339. 식량 공급의 기원

식인은 식량 공급 부족, 특히 육류 공급 부족에 기인한다는 것이 정설이다. 뉴질랜드인과 다른 종족들은 육류를 충분히 공급받을 때도 식인을 했다는 반론은 자주 나오지만 정확하지는 않은 반론이다. 육류에 대한 욕망은 특히 녹말 식량에 높게 의존하는 사람들 사이에서 매우

---

[1] Andrée, *Anthropophagie*; Steinmetz, *Endo-Kannibalismus, Mitteilungen der Anthropologischen Gesellschaft in Wien*, XXVI를 보라. *Archiv für Anthropologie*, IV, 245에 실린 Schaffhausen의 언급도 참조. 슈타인메츠는 식인의 알려진 사례들을 그 동기와 더불어서 도표로 제시하고 있다. p. 25.
[2] Lippert, *Kulturgeschichte der Menschheit*, II, 275.
[3] Globus, XXVI, 45; Stuhlmann, *Mit Emin Pascha ins Herz von Afrika*, 457; JAI, XXVIII, 39.

강하다. 그래서 그들은 벌레, 곤충 그리고 동물 내장 등을 먹는다. 또한 인육에 대한 식욕은 인육 섭취가 습관화되었을 경우 강화된다. 소금을 섭취할 수 없을 때, 육류에 대한 갈망은 최고조에 달한다. "오스트레일리아의 부족들이 버냐버냐(bunya-bunya)[4] 열매를 먹으러 모일 때, 그들은 이 나무가 자라는 지역에서는 어떤 것도 사냥하지 말아야 했다. 그리고 마침내 육류에 대한 열망이 너무나 강해지자 그들은 사냥을 하지 못하는 대신 자신들 중 한 명을 죽여서 그 열망을 충족하게 되었다."[5] 이런 관습이 전통이 되면 현재의 식량 공급은 그런 전통적인 식인에 별로 영향을 미치지 못한다. 오늘날 몇몇 사례에서 보면, 인육을 식량으로 사용하는 관습은 대규모로 그리고 체계적인 방식으로 이루어지고 있다. 뉴브리튼섬에서 인육은 마치 푸줏간에서 고기를 파는 것처럼 가게에서 판매된다.[6] 솔로몬 제도 몇몇 섬에서는 (주로 여성인) 인간 희생양을 마치 돼지처럼 잔치에서 잡아먹기 위해 살찌게 만든다.[7] 로이드 (Lloyd)[8]는 방과족(Bangwa)[9]의 식인을 일상적인 일로 묘사하는데, 다만 그들은 주로 적을 먹으며 여성을 먹는 경우는 드물다. 여성들은 따로 앉아서 잔치에 참여한다. 로이드는 그것은 명백히 "타락한 식욕"이라고 말한다. 그들은 식인을 전혀 부끄러워하지 않는다. 육체적으로 남자들은 매우 건강하다. "몬부토(Monbutto)[10]의 식인은 세계에서 가장 활발하

---

[4] (옮긴이 주) 원래의 명칭은 퀸즐랜드 아라우카리어(Queensland-Araukarie)라고 불리는 나무로서 동부 오스트레일리아가 원산지이다.
[5] Smyth, *Victoria*, I, xxxviii.
[6] *Australian Association for the Advancement of Science*, 1892, 618.
[7] JAI, XVII, 99.
[8] *Dwarf-land*, 345.
[9] (옮긴이 주) 아프리카의 한 부족으로서 현재의 카메룬과 말라위 지역에서 주로 살고 있다. 특산품인 토속적 조각상으로 유명하다.
[10] (옮긴이 주) 중부 수단 지방을 가리킨다.

다."¹¹ 그들 사이에서 인육은 마치 주식(主食)처럼 판매된다. 그들은 "고상한 종족"이다. 그들은 민족적 자부심, 지적인 능력 그리고 건전한 판단력을 가지고 있다. 그들은 예의 바르고 친절하며 안정된 민족적 삶을 영위한다.¹² 와드(Ward)¹³는 콩고강의 거대한 만곡부에서 이루어지는 식인은 인육에 대한 욕구 때문이라고 말한다. "아마도 식인은 적대적인 환경이 주는 스트레스에서 발생하여 이후 후천적인 취향으로 되었을 것이다. 이 식인에 대한 집착은 특별한 종류의 정신적인 질환, 그리고 감정의 결핍, 투쟁 욕구, 잔인성 그리고 인간적 타락 등을 사람들의 주요한 특징으로 만들었다." 콩고강 상류에서는 식량으로 쓰기 위해 인간을 조직적으로 거래하는 일이 벌어진다. 왐부티(Wambutti)의 피그미족¹⁴은 식인종이 아니다. 왜냐하면 그들은 너무 '약골'이고 또 아래쪽 앞니를 갈지 않기 때문이다. 이 앞니를 가는 관습은 콩고 지역의 식인에서 항상 나타난다. 또한 그것은 더 재능 있고, 아름답고 명민한 부족들의 특징이기도 하다.¹⁵ 서아프리카 해안의 부족들은 아무도 인육을 먹지 않는다. 그러나 내륙의 부족들은 어떤 이유로 죽었는지에 상관없이 시신을 먹는다. 가족은 자기 가족의 시신을 먹는 데 주저한다. 그러나 이를 팔거나 다른 가족의 망자의 시신과 교환한다.¹⁶ 콩고 지역 전체에 이런 관습이 존재한다. 특히 호전적인 부족들에서 많이 나타난다. 이들은 전쟁 포로뿐 아니라 노예도 먹는다.¹⁷

---

11 Schweinfurth, *The Heart of Africa*, II, 94.
12 Keane, *Ethnology*, 265.
13 JAI, XXIV, 298.
14 (옮긴이 주) 주로 콩고 지역에 거주하는 피그미족을 가리킨다. 중앙 수단 지방의 언어들과 반투어를 사용한다.
15 *Globus*, LXXXV, 229.
16 Nassau, *Fetishism in West Africa*, 11.

여기서 인육을 먹는 데 필요한 포크[18]가 포크를 어떤 다른 목적으로 사용하기 훨씬 이전에 이미 폴리네시아에서 발명되었다는 사실을 언급하고 넘어가야겠다.

340. 혐오스럽지 않은 식인

스픽스와 마르티우스(Spix and Martius)[19]는 미란하족(Miranhas)[20]의 족장에게 왜 당신의 종족은 식인을 하는지 물었다. 족장은 식인을 혐오스러운 관습이라고 생각하는 사람들이 있다는 것은 그에게 금시초문임을 드러냈다. 그는 말했다. "당신들 백인들은 악어나 원숭이가 맛있어도 그것을 먹지 않을 것이다. 만약 당신들이 돼지나 게가 많지 않다면 배고픔을 달래기 위해서 악어와 원숭이를 먹을 것이다. 그것은 모두 습관의 문제이다. 내가 적을 한 명 죽이면, 그가 썩어 없어지게 하는 것보다는 먹어치우는 것이 더 낫다. 큰 사냥물은 드물다. 왜냐하면 그들은 거북이처럼 알을 낳지는 않기 때문이다. 만약 내가 살해당한다면, 나쁜 것은 먹히는 것이 아니라, 죽음이다. 우리 부족의 원수가 나를 먹든 말든 상관없다. 나는 인간보다 더 맛있는 사냥물을 알지 못한다. 당신들 백인들은 정말 셋이 먹다 하나가 죽어도 모를 만큼 맛이 있다."

---

[17] *Globus*, LXXII, 120; LXXXVII, 237.
[18] 드레스덴 박물관에 견본 소장.
[19] *Reise in Brasilien*, 1249.
[20] (옮긴이 주) 브라질과 콜롬비아 지역의 푸투마요(Putumayo)강 주변에 사는 인디언 민족이다. 또는 종종 이 지역에 사는 잘 알려지지 않는 사람들을 총칭하는 말로도 사용된다.

341. 집단 내 식인

식인은 모레스 내에서 너무나 기본적이어서 식인은 두 개의 형태 즉 집단 내 식인과 집단 외 식인의 두 형태를 갖는다. 전자의 경우 식인은 애정의 이론으로, 후자 경우는 적대감의 이론으로 설명된다. 집단 내에서 식인은 결코 적대감의 행위가 아니며 또 은밀한 야비함도 아니며 그래서 가장 가까운 가족에게도 적용된다. 어머니들은 아기가 사망하면 그 아기를 낳느라 소비한 힘을 되찾으려고 아기를 먹었다. 헤로도토스(Herodotus)는 마사게타이인(Massagetae)[21]은 부족의 노인들을 희생시켜서 그들의 몸을 가축의 고기와 함께 끓인 뒤에 먹었다고 말한다. 노인이 되기 전에 병으로 죽은 자는 매장했다. 그러나 그들은 이것을 행복한 삶이라고 생각하지 않았다. 헤로도토스는 인도의 동쪽 끝에 사는 파데아족(Padeans)은 부족 내의 병든 사람을 죽여서 먹었는데, 이는 그의 신체가 병에 의해 낭비되지 않도록 하기 위해서였다고 말한다. 여성들도 병든 여인을 그와 마찬가지로 다루었다. 어떤 사람이 이런 관습에 희생되지 않고 노년에 도달했다면 그도 역시 살해되어 섭취된다. 또한 헤로도토스는 러시아 동남부의 이시도네족(Issidones)에 대해 언급하는데, 이들은 죽은 아버지들을 토막 내서, 그 인육을 희생제물이 된 동물들과 섞어서 큰 잔치를 벌인다고 한다. 두개골은 정갈하게 씻어서 치장한 뒤에 상징물처럼 보관한다. 그리고 매년 그 앞에서 제사를 지낸다. 그들은 옳고 바른 사람들로 간주된다. 그들 사이에서 여자들은 남자와

---

[21] (옮긴이 주) 고대 동부 이란 지역에서 살았던 유목집단으로서 중앙아시아의 초원 지역, 카스피해의 북동부(오늘날의 투르크메니스탄, 서부 우즈베키스탄, 남부 카자흐스탄 지역)에 걸쳐 활동했다. 이들에 대해서는 헤로도토스의 역사 기록을 통해서 주로 알려지고 있다.

동등하게 존경받는다.[22] 스트라보(Strabo)[23]의 말에 따르면 아일랜드인들은 죽은 부모를 먹는 것을 칭찬할 만한 일이라고 생각한다. 힌두스탄 하자리바그(Hazaribag)의 비르호족(Birhors)은 과거 부모를 먹었다. 그러나 "그들은 자신의 친척 이외의 다른 사람을 먹는다는 생각을 거부한다."[24] 르클뤼(Reclus)[25]는 이렇게 말한다.[26] 그 부족에서 "부모는 자신의 시신이 자식의 뱃속에서 안식처를 찾는 편이 길 위나 숲속에 남겨지는 것보다 더 낫다고 간청한다." 고대의 티베트인들은 "효심에서, 즉 자신의 내장 이외의 다른 곳에 매장하지 않으려고" 부모를 먹었다. 이 관습은 기원후 1250년 이전에 중단되었다. 그러나 친척의 두개골로 만든 컵은 기념물로서 사용되었다. 타타르인과 어떤 "나쁜 그리스도인들"은 아버지가 늙으면 죽여서 그 시신을 태운 뒤, 그 재를 일용하는 음식에 섞어 넣었다.[27] 오스트레일리아의 만(灣) 지역에서는 오직 가까운 친척만이 죽은 자를 먹는 일에 참여한다. 그 시신이 적의 시신이라면 그런 제한이 없다. 각자는 단지 아주 소량의 조각만을 먹는다. 적의 경우에 식인의 목적은 그의 힘을 얻는 것이다. 친척의 경우에 식인의 동기는 살아남은 자들이 비탄에 잠겨서 공동체에 피해를 주지 않도록 하기 위한 것이다.[28] 디에예리족(Dyeyerie)은 가부장제를 취한다. 아버지는 자신의 아이를 먹을 수 없지만, 어머니와 가족 내 여성들은 그렇게 해야

---

[22] Herodotus, I, 216; III, 99; IV, 26.
[23] IV, 5, 298.
[24] JASB, II, 571.
[25] *Primitive Folk*, 249.
[26] (옮긴이 주) Elisee Reclus(1830~1905). 프랑스의 지리학자이자 무정부주의자이다. 1892년 그의 대표작인 『새로운 보편적 지리학』이라는 저작으로 파리 지리학회가 수여하는 금메달을 수상했다.
[27] Rubruck, *Eastern Parts*, 81, 151.
[28] JAI, XXIV, 171.

한다. 그것은 망자를 자신들의 간(肝), 즉 감정의 자리에 안치하기 위해서이다.²⁹ 브라질의 투아레족(Tuaré, 남위 2도, 서위 67도)은 망자의 시신을 태운다. 그리고 그 재를 대롱에 보관한 뒤 일용하는 음식에 섞어서 먹는다.³⁰ 아마존 상류의 주마나족(Jumanas)은 뼈를 영혼의 자리로 간주한다. 그들은 망자의 시신을 태운 뒤, 뼈를 가루로 갈고, 그것을 술과 같은 취하게 하는 액체와 섞어서 마신다. 이것은 "망자가 자신들 속에서 다시 살아있도록 하기 위함이다."³¹ 투피족의 모든 분파는 식인종이다. 그들은 이 관습을 내륙에서 가져왔다.³² 코베나족(Kobena)은 죽은 친척의 뼛가루를 카치리(cachiri)라는 음료에 섞어서 마신다.³³ 우루과이의 샤반테족(Chavantes)은 죽은 자식을 먹어서 그들의 영혼을 다시 돌아오게 하려 한다. 특히 젊은 어머니가 그렇게 한다. 왜냐하면 그 젊은 어머니들은 자식에게 자신의 영혼의 일부를 너무 빨리 넘겨주었다고 생각되기 때문이다.³⁴ 서부 빅토리아에서는 "폭력에 의해 사망한 친척의 시신만을 섭취할 수 있다." 각자는 단지 작은 조각을 먹는데, 그것은 "식욕을 채우려는 욕망에서가 아니라 오직 망자에 대한 존경과 회한의 상징으로서"³⁵ 그렇게 한다. 오스트레일리아에서 친척을 먹는 식인은 망실될 망자의 힘을 보존하거나 망자의 숙련과 지혜를 획득한다는 생각을 배경으로 하고 있다. 적들은 적의 힘이나 숙련을 획득하기 위해서 먹는다. 단지 작은 조각만을 먹는다. 큰 잔치는 없다. 지방과 부드러운 부분들

---

29 JAI, XVII, 186.
30 *Globus*, LXXXIII, 137.
31 Martius, *Ethnographie und Sprachenkunde Amerikas zumal Brasiliens*, 485.
32 Southey, *Brazil*, I, 233.
33 *Zeitschrift für Ethnologie*, XXXVI, 293.
34 Andree, *Anthropophagie*, 50.
35 Dawson, *West Victoria*, 67.

을 먹는다. 왜냐하면 그런 부분에 영혼이 머물기 때문이다. 또한 적을 먹는 행위에는 의례적인 의미가 있는 듯하다.[36] 즉 살해된 자의 영혼을 제거함으로써 그가 복수를 하지 못하도록 하려는 의례적인 목적이 있는 듯하다.

342. 인구정책

서부 오스트레일리아 일부 주민들은 식인(그들은 태어나는 아이의 1할 정도를 먹었다)을 "영토가 허락하는 이상의 인구 증가를 막으려면 필요하다"[37]고 설명했다. 영아살해는 인구정책의 일부분이다. 식인도 식량 공급을 위한 것이든 초자연적인 존재에 대한 믿음을 위한 것이든 거기에 추가될 수 있다. 멕시코에서는 어린이가 희생제물로 바쳐졌을 때, 마법의 힘을 얻으려고 그 아이의 심장을 익혀서 먹었다.[38]

343. 사법적인 식인

집단 내 식인의 다른 효용은 중요한 금기를 범한 사람을 제거하는 것이다. 망령은 육신을 – 예를 들어 불같은 것으로 태워 – 완전히 없애버려야 제거될 수 있다는 생각은 자연부족들 사이에서 종종 발견된다.

---

[36] Smyth, *Victoria*, I, 245.
[37] Whitmarsh, *The World's Rough Hand*, 178.
[38] *Globus*, LXXXVI, 112.

사법적 식인(Judicial cannibalism)은 육신을 파괴하며 이 행위에 의해 집단의 성원들은 범죄자를 완전하게 무로 돌리는 의례적인 또는 성스러운 예식에 참여한다. 또한 거기에는 집단의 성원을 제거하는 행위에 대한 집단적 책임이라는 생각도 있을 수 있다. 같은 부족원의 생명을 빼앗는 일은 오랫동안 강한 동기와 책임을 요구한 행위이며 속죄를 요구했다. 처형의 의례는 희생 예식과 유사했다. 히브리의 법에서 어떤 피의자들은 전체 회중이 던지는 돌에 맞아 죽었다. 그 대규모 행사에서는 모두가 한몫을 해야 했다. 만약 그것이 살인의 죄라면, 그것은 모두가 함께 범해야 했기 때문이다.[39] 원시적인 금기들은 망령들을 화나게 하고 그리하여 집단 전체에 해를 끼칠 수 있는 행위들에 부가되었다. 즉 금기를 범한 사람은 누구든 죄를 지은 것이고, 초월적 힘을 분노하게 한다. 그러므로 그는 동료들이 겪을 공포와 두려움을 자신에게로 가져와야 한다. 동료들은 그를 추방하거나 죽임으로써 축출해야 한다. 그들은 금기를 범한 자와 자신을 분리하려 한다. 그들은 그가 도발한 힘 앞에 그를 희생제물로 바친다. 동료들이 그의 시신을 먹을 때, 그들의 의무가 완수된다. 동료들은 그와 그의 영혼을 완전하게 없애 버린다.

344. 민속지학에서의 사법적 식인

"무타오-잠보스(Mutao-jamvos)의 하렘에서 발견된 어떤 사람은 토막 났고, 아직 체온이 남은 그대로 사람들에게 식용으로 제공되었다."[40] 바탁

---

[39] W. R. Smith, *Religion of the Semites*, 284.
[40] Oliveira Martins, *Raças Humanas*, II, 67.

족(Bataks)은 사법적 식인을 정규적인 체계로서 활용한다. 그들은 그 밖의 다른 방식의 식인은 행하지 않는다. 그들은 간통한 사람, 근친상간한 사람, 손아래 형제의 미망인과 성교를 한 사람, 반역자, 스파이 그리고 전쟁 포로들을 살해하여 먹었다. 전통적으로 포로는 산 채로 도려내서 조금씩 먹었는데, 이는 그들을 가장 수치스러운 방식으로 절멸시키기 위함이다.[41] 과거에 티베트인과 중국인들은 사회적 권위에 의해 처형된 모든 사람을 먹었다. 9세기에 중국을 여행한 한 아랍인의 보고에 따르면, 한 중국 관리는 반역을 저질렀다가 살해되었고 먹혔다. 식인의 최근 사례들은 중국에서 발견되고 있다. 참수된 범죄자의 피로 얼룩진 고환은 결핵에 대한 치료제로 사용된다. 또한 반역자의 살을 지배자 자신 및 자신의 가신들의 음식에 섞도록 명령한 타타르 지배자의 사례가 보고되고 있다. 타타르의 여자들은 피의자를 넘겨달라고 간청하고, 그를 산 채로 삶아서, 그 시체를 저며내고, 그것을 모든 군인에게 식용으로 분배한다.[42]

345. 집단 외 식인

외부인에 대한 식인은 예를 들어 마오리족 사이에서는 "복수에 대한 욕망 때문이다. 요리해서 먹는 것은 가장 커다란 모욕이다."[43] 타나(Tanna)(뉴헤브리디스 제도(New Hebrides))[44]에서 적을 먹는 것은 그에 대한

---

[41] Wilken, *Volkenkunde*, 23, 27.
[42] Marco Polo, I, 266과 Yule's note, 275.
[43] JAI, XIX, 108.
[44] (옮긴이 주) 남태평양에 위치한 군도를 가리킨다. 이 군도는 현재 바나투

가장 커다란 경멸이며, 그의 시체를 개나 돼지에게 주거나 훼손하는 것보다 더 큰 경멸이다. 또한 이들은 시체를 먹음으로써 힘이 획득된다고 믿었다.[45] 프랑스령 콩고 야분다(Yabunda)의 한 흑인 추장은 브루나쉬(Brunache)[46]에게 이렇게 말했다. "우리가 증오하는 사람 그리고 전쟁이나 결투에서 우리가 살해한 사람의 살을 먹는 것은 매우 고상한 일"이라고 말했다. 마르티우스(Martius)는 미란하족의 식인은 "이들의 천박한 허영심을 충족하는 드물고 사치스러운 음식이며, 또 어떤 경우에는 혈족 복수나 미신"[47]에 속한다고 말한다. 식인은 미란하족을 이미 식인을 중단한 이웃 부족들보다 더 야만적인 상태에 붙잡아 두는 원인 중 하나이다. "그것은 인간의 도덕적 상태 중에서 모든 짐승 같은 특성 중에서도 가장 짐승 같은 것에 속한다." 최근 어떤 지역, 예를 들면 플로리다(솔로몬 제도)에서는 식인이 처음 도입되었다고 한다. 또한 이 섬들에서도 해안에 사는 사람들은 식인을 중단(이들은 물고기를 잡을 수 있다)했지만 내륙에 사는 사람들은 여전히 식인을 행한다고 말한다. 이 사람들 사이에서는 아마도 이런 음식을 통해 마나(mana)를 얻는다는 생각이 지배적인 듯하다. '마나'는 성공을 보장하는 모든 힘과 재능 그리고 능력을 가리키는 명칭이다.[48] 멜라네시아인들은 어떤 범죄 또는 추정된 범죄를 이용하며, 그래서 피의자를 어떤 정령에게 제공하여 전사들을 위

(Vanatu)라는 국가명을 채택하고 있다. 1606년 스페인의 탐험대에 의해서 처음 발견되었고, 18세기에 제임스 쿡 선장이 이 군도를 방문한 이후에 프랑스와 영국에 의해서 식민화되었다.

[45] *Australian Association for the Advancement of Science: Fourth Meeting, at Hobart, Tasmania*, 1892, 649~663.
[46] *Le Centre de l'Afrique*, 108.
[47] *Ethnographie Brasiliens*, 538.
[48] JAI, X, 305.

한 투쟁의 '만나'를 획득한다.[49] 코친차이나의 참족(Chames of Cochin China)은 살해된 적의 쓸개즙을 브랜디와 혼합하면 전투적 용기와 기술을 산출하는 탁월한 수단이 된다고 생각한다.[50] 중국인은 간이 생명과 용기의 근원이라고 믿는다. 쓸개는 영혼의 현현이다. 병사들은 자신의 정력과 용기를 키우려고 살해된 적의 쓸개즙을 마신다.[51] 나탈(Natal)의 산악 부족들은 신체를 태우고 갈아 만든 가루로 환약을 만드는데, 성직자는 이것을 젊은이들에게 먹인다.[52] 어떤 남아프리카 부족들은 같은 종류의 가루로 죽을 만드는데, 이 죽은 오직 규정된 방식에 따라서 마셔야 한다. 그것은 "손으로 감싸서 입에 던져 넣어야 한다. 그것은 병사들에게 용기, 지구력, 강건함, 전략, 참을성 그리고 지혜를 준다."[53]

346. 질병 치료를 위한 식인

인간 신체의 각 부분이 여러 가지 질병을 치유한다는 생각은 인육을 먹음으로써 용기와 기술을 획득한다는 관념의 변종일 뿐이다. 병든 자에 대한 사랑과 헌신에서 자신의 몸 일부를 먹게 하는 사례들이 기록으로 남아 있다.[54]

---

[49] *Bijdragen tot de Taal-Land-en Volkenkunde van Nederlandsch Indië*, 1895, 342.
[50] *Bijdragen tot de Taal-Land-en Volkenkunde van Nederlandsch Indië*, 1895, 342.
[51] *Globus*, LXXXI, 96.
[52] JAI, XX, 116.
[53] JAI, XXII, 111; 이사야 65장 4절도 참조.
[54] *International Archiv für Ethnologie*, IX, Supplem. 37.

347. 식인 풍습으로 복귀

보다 고도한 문명사회에서 전쟁이나 분쟁에 의해서 야만적이고 잔인한 감정들이 촉발되면, 식인의 경향이 다시 발전한다. 아킬레우스는 헥토르에게 당신을 먹고 싶다고 말했다. 헤카베(Hekuba)는 아킬레우스의 간을 먹어치우고 싶다는 소망을 드러냈다.[55] 1564년 터키인들은 그들에게 큰 손해를 끼친 폴란드의 용맹한 병사 비슈네비츠키(Vishnevitzky)를 처형했다. 그들은 그의 심장을 먹었다.[56] 도지(Dozy)[57]는 890년 엘비라(Elvira)에서 있었던 사건을 이야기한다. 즉, 여자들이 자신의 가족을 죽인 한 족장의 시신을 덮쳐서 토막 내고 그것을 먹었다고 한다. 또한 도지는 모아비아(Moavia)의 어머니인 힌드(Hind)가 오호드(Ohod)에서 살해된 이슬람교도들의 코와 귀로 자신의 목걸이와 팔찌를 만들었으며, 또한 무함마드의 숙부의 시신을 해부하여 간을 떼어냈고 그중 한 조각을 먹었다고 말하고 있다.[58] 12세기의 한 아일랜드 촌장에 대해서 전해지는 이야기에 따르면 그는 평소에 증오하던 사람의 목을 병졸들이 가져왔을 때, "그 코와 입술을 가장 잔인하고 비인간적인 방식으로 물어뜯었다."[59]

---

[55] *Iliad*, XXII, 346; XXIV, 212.
[56] Evarnitzky, *Zaporoge Kossacks* (russ.), I, 209.
[57] *Musulmans d'Espagne*, II, 226.
[58] 위의 책, I, 47.
[59] Gomme, *Ethnology in Folklore*, 149.

348. 기근에서의 식인

다른 식량이 전혀 없는 상황에서 식인 풍습의 부활은 특히 주목할 만한 것은 아니다. 그러나 기근 동안 사람들이 식인에 매우 익숙해지고 그래서 식인에 대한 두려움이 사라진 역사적 사례들을 볼 수 있다. 압달라티브(Abdallatif)[60]는 1200년 나일강이 범람하지 않아서 발생한 이집트의 대기근을 언급한다. 죽음을 피하려면 식인에 의존해야 했다. 처음에 지배 권력은 적발된 사람을 산 채로 태웠다. 왜냐하면 그것은 경악과 공포를 불러일으켰기 때문이다. 그러나 나중에 이런 정서들은 촉발되지 않았다. "사람들은 인육을 일상적 음식으로 간주하고 그것을 별미로 이용하며 또 비축하게 되었다. … 이러한 용례는 도입되자마자 모든 지역으로 퍼져 나갔다. 그러자 그것은 더 이상 놀랄 일이 아니게 되었다. … 사람들은 그에 대해 일상적으로 그리고 아무렇지도 않게 말했다. 그러한 무심함은 습관과 익숙함에 기인한 것이었다." 이 사례는 식인의 공포가 모레스에서의 전통에 기인한다는 것을 보여준다. 디오도로스(Diodorus)[61]에 따르면, 고대 이집트인들은 기근 동안에, 신성하다고 간주되는 동물을 먹기보다는 오히려 서로를 식량으로 삼았다.[62]

---

[60] *Relation de l'Egypte*, 360.
[61] (옮긴이 주) 기원전 1세기경에 활동한 그리스의 역사가이다. 그 자신의 저술에 따르면 그는 시칠리아의 Agira에서 태어났다. 기념비적인 저작 『비블리오테카 히스토리카』를 남겼다. 제1부는 트로이 몰락까지의 신화적 역사를 다루고, 제2부는 트로이 전쟁부터 알렉산더 대왕이 죽기까지의 기간을 다룬다. 제3부는 그 이후부터 기원전 60년까지의 역사를 다룬다. 도서관을 의미하는 비블리오테카라는 단어가 이미 암시하고 있듯이 그는 많은 저작을 인용하여 책을 저술했다.
[62] Diodorus, I, 84.

349. 식인과 망령에 대한 공포

인간 희생제의와 식인은 반드시 한통속인 것은 아니다. 그러나 종종 양자는 한때 결합되어 있었지만 이후 분리된 듯이 보인다.[63] 인간이 원하는 모든 것을 망령도 원한다. 만약 인간이 식인종이라면, 망령도 그럴 것이다. 신들은 영혼을 먹는다는 생각도 종종 있었다. 이런 관점에서 인간은 제물로 바쳐진 동물의 고기는 자기가 먹고, 생명 또는 영혼을 포함하는 피는 희생제물로 신에게 바친다. 적어도 유대인들은 그렇게 했다. 그들은 또한 신장, 신장의 지방질 그리고 간을 불에 태웠다. 그들은 이것이 생명의 보금자리라고 생각했다. 이것을 먹어서는 안 되었다.[64] 인간이 변화할 때, 신들은 변화하지 않는다. 그래서 인간 희생제의와 식인은 모레스에서 사라진 뒤에도 한참이나 그 혐오감에도 불구하고 종교 내에서 지속되었다. 혐오감은 희생제의의 일부이다.[65] 자기통제와 자기복종이 성사(聖事) 속으로 들어간다. 두렵고 역겨운 것으로서 우리의 상상력에 둔중한 영향을 미치는 행위 즉 종교에 참여하는 모든 사람은 서로 합일 상태로 들어간다. 달성되어야 할 선(善)에 참여하려고 갈망하는 모든 사람은 그 행위에 한몫을 해야 한다. 위에서 이미 보았듯이, 아무도 나머지를 비난할 지위에 있지 못하게 하려면 모두가 동참해야 한다. 이런 관점 아래서 인육은 다른 음식과 혼합될 수 있는 작은 조각이나 한 방울의 피로 축소된다. 훨씬 뒤에는 인육은 예를 들어 단지 인간의 형태를 가진 과자로 대체된다. 중세에 대중의 상

---

[63] Ratzel, *Völkerkunde*, II, 124; Martius, *Ethnographie und Sprachenkunde Amerikas zumal Brasiliens*, 129; *Globus*, LXXV, 260.
[64] W. R. Smith, *Religion of the Semites*, 379.
[65] Lippert, *Kulturgeschichte der Menschheit*, II, 292.

상력은 성체(host)에서 인간의 육체를 보았고, 성체에 마법사나 유대인이 했던 변환조작을 불러냈다. 원래 이 변환조작은 인간 신체에만 적용했던 것이었다. 그러자 그리스도의 몸과 피에 대한 신약성서의 언어는 사실적으로 식인의 의미를 갖게 되었다.

350. 식인, 마법 그리고 희생제의

서아프리카 부족들 사이에서 주술을 위해서 행해지는 희생 제의적인 식인은 거의 보편적이다.[66] 셀파 핀토(Serpa Pinto)[67]는 비헤족(Bihe) 족장들의 잦은 잔치에 대해서 언급하는데, 이 잔치에는 특정한 직업을 가진 남자 한 명과 여자 네 명이 필요했다. 그들의 시신은 잘 씻은 뒤에 황소 고기와 함께 삶았다. 잔치에서 모든 것은 인간의 피로 표시되어야 했다. 종교적인 축제 및 희생제의와 연관된 식인은 중앙아메리카의 멕시코와 영국령 콜롬비아에서 극단적으로 발달했다. 그 예식들은 희생제의가 성사와 대속의 의미를 갖는다는 것을 보여준다. 어떤 경우에는 그 희생제의를 관장하는 사람이 기도를 행한다. 그것은 성공과 번영을 위한 기도이다. 또한 살아있는 사람의 팔에서 살점을 물어뜯어서 먹었다. 종교적 관념은 열광으로 나아갔고, 인육에 대한 취향이 발전했다.[68] 여기서도 우리는 샤먼들이 금식이나 고독과 연관해서 전문적인 자극의 수단으로서 시신의 살을 먹은 관례를 볼 수 있다.[69] 프로이스(Preuss)는 멕시

---

[66] Kingsley, *Travels in West Africa*, 287.
[67] *Como eu atravassei Africa*, I, 148.
[68] Bancroft, *Native Races of the Pacific Coast*, I, 170 (III, 150); II, 176, 395, 689, 708; III, 413.

코에서 실행된 것과 같이 인간 희생제물 일부를 먹는 데는 마법의 거대한 요소가 있음을 강조한다.[70] 마법, 종교적 제의 그리고 식인의 결합은 매우 세심한 주의를 필요로 한다. 축제의 의례들은 연극적인 마법의 사례였다. 전쟁의 신을 위한 연례 축제에서 이 신의 상은 곡식, 씨앗 그리고 채소로 만들어졌고 의도적으로 희생된 소년들의 피로 반죽되었다. 성인 남자들은 이 상을 부스러뜨려서 "우리의 성찬식의 방식에 따라"[71] 먹었다. 페루인은 인간 희생제물의 피로 반죽한 성스러운 전병(cake)을 "잉카족과의 동맹의 표시로"[72] 먹었다. 과테말라에서는 살해된 전쟁 포로의 신체기관을 늙은 여자 예언자에게 식용으로 주었다. 이 여자 예언자는 자신이 섬기는 우상에게 기도하여 그 사람들이 많은 포로를 잡을 수 있게 해달라고 청했다.[73] 인간 희생제의와 성사적인 식인은 영국령 아메리카의 북서부에 있는 벨라-쿨라(Bella-coola) 인디언들 사이에 아직도 존재한다. 가난한 자의 아이를 부모에게 사서 희생제물로 바친다. 피는 마시고 살은 날로 먹는다. 희생된 자의 영혼은 태양에 가서 살고 새가 된다. 영국 정부가 이 희생제의를 없애려 했을 때, 성직자들은 시신을 파내서 먹었다. 그러다가 많은 사람이 식중독에 걸렸다.[74]

---

[69] 위의 책, III, 152.
[70] *Globus*, LXXXVI, 109, 112.
[71] *Bureau of Ethnology*, IX, 523.
[72] 위의 책, 527.
[73] Brinton, *Nagualism*, 34.
[74] *Mittheilungen von Berlin Museum*, 1885, 184.

351. 컬트와 식인

위에서 언급한 사례들은 짐승으로 대체되지 않으면, 어떻게 컬트가 식인을 유지하는가를 보여준다. 또한 수많은 피 사용 관례와 피에 대한 미신들은 식인의 잔여이거나 식인에서 도출된 것인 듯하다. 이것은 농부들이 만드는 특별한 모양의 축일 전병에 대해서도 적용될 수 있다. 이 전병의 의미는 이미 오래전에 잊혔다. 프랑스 일부 지역에서는 마지막에 수확한 곡식으로 인간의 모습을 한 빵을 만든다. 이것은 곡식이나 다산의 정령을 대표한다고 생각된다. 이 빵을 조각내서 모든 마을 사람이 나누어 먹는다.[75]

몽골의 한 승려는 부탄(Butan)의 로파(Lhopa)라는 부족에 대해서 보고하고 있다. 이 부족은 결혼식을 할 때 야만인(wild man)을 포획하지 못하면 신부의 어머니를 살해하여 먹었다.[76]

352. 식인에 관한 미신

1865년 프로이센의 한 도둑은 하녀를 살해해서 살을 도려내어 양초를 만들었는데, 이는 나중의 도둑질에 사용하려는 것이었다. 그는 다른 도둑질을 하다가 체포되었다. 그는 그가 최초로 언급한 희생자의 시신 중 일부를 "양심을 진정시키기 위해서"[77] 먹었다고 한다.

---

[75] PSM, XLVIII, 411.
[76] Rockhill, *Mongolia and Thibet*, 144.
[77] Porphyrius, *De Abstinentia*, II, 11.

353. 음식 금기

인간 신체를 먹는 데 대한 혐오감은 관습의 산물이며 다른 식량이 풍부해진 이후에 모레스에서 성장했다. 이제 특이한 식량은 우리의 노력을 요구한다. 예를 들어 개구리 다리는 처음에는 대부분 사람에게 혐오감을 준다. 우리는 부모에게서 무엇을 먹는가를 배운다. 다른 음식들은 '획득한 입맛'에 의해서 채택된다. 모든 음식 선호와 금기가 얼마나 모레스의 일부인가는 음식 금기의 몇 가지 사례들을 비교해봄으로써 해명할 수 있다. 기원후 2세기 후반에 티레(Tyre)[78]에 살았던 그리스도교인 포르피리우스(Porphyrius)는 페니키아인이나 이집트인은 소고기보다 인육을 더 좋아한다고 말한다.[79] 유대인은 돼지고기를 먹지 않는다. 조로아스터 교도들은 누군가가 개고기를 먹는다는 것을 상상조차 할 수 없었다. 우리는 아마도 고양이고기나 말고기를 먹지 않는 것과 같은 이유로 개고기를 먹지 않는다. 즉 이들 고기는 질기거나 맛이 없는데 우리는 더 좋은 고기를 얻을 수 있기에 먹지 않는다. 그러나 북아메리카의 인디언들은 개고기가 가장 좋은 음식이라고 생각했다. 프랑스령 콩고의 반지리족(Banziris)의 경우 개고기는 남자에게만 허용되며, 남자들은 엄숙한 의례에 따라서 개고기를 먹는다. 남자는 개고기를 먹은 후 하루 동안 아내에게 손을 대서는 안 된다.[80] 포나페(Ponape)[81]의 주민들은 뱀장어를 먹지 않는다. "그들은 뱀장어를 가장 두려워한다."

---

[78] (옮긴이 주) 옛 페니키아의 항구. '튀루스'라고도 불린다.
[79] Brunache, *Le Centre de l'Afrique*, 69.
[80] Christian, *The Caroline Islands*, 73.
[81] (옮긴이 주) 미크로네시아 국가 연합(the Federated States of Miconesia)에 속한 섬 중 하나.

뱀장어를 말하는 그들의 단어는 "무시무시한 것"[82]을 의미한다. 다야크족은 뱀은 먹지만 뱀장어는 먹지 않는다.[83] 일부 멜라네시아인은 뱀장어를 먹지 않는다. 왜냐하면 뱀장어에는 망령이 깃들어 있다고 생각하기 때문이다.[84] 남아프리카 반투족은 생선을 혐오한다.[85] 일부 카나리아 군도의 주민은 생선을 전혀 먹지 않는다.[86] 태즈메이니아인(Tasmanians)은 생선을 먹으니 굶을 것이다.[87] 소말리아 사람들은 생선을 먹는 것은 불명예스럽다고 생각하기에 생선을 먹으려 하지 않는다.[88] 그들은 또한 사냥물이나 새도 거부한다.[89] 뱀장어와 생선을 거부하는 이 사람들은 그들의 생활공간에 풍부하게 널려 있는 식량을 거부하고 있다.

354. 민속지학에서의 음식 금기

미크로네시아 사람 중 일부는 가금류를 먹지 않는다.[90] 스리랑카의 원주민인 베다족은 가금류를 거부한다.[91] 투아레그인(Tuareg)[92]은 생선,

---

[82] Perelaer, *Dyaks*, 27.
[83] Codrington, *Melanesians*, 177.
[84] Fritsch, *Die Eingeborenen Süd-Afrikas*, 107.
[85] *New Series American Anthropologist*, II, 454.
[86] Ling Roth, *The Aborigines of Tasmania*, 101.
[87] Paulitschke, *Ethnographie Nordost Afrikas*, I, 155.
[88] Paulitschke, *Ethnographie Nordost Afrikas*, I, 155.
[89] 위의 책, II, 27.
[90] Finsch, *Ethnologische Erfahrungen*, III, 53.
[91] *Journal of the Ethnological Society of London, New Series*, II, 304.
[92] (옮긴이 주) 투아레그족은 아프리카에 사는 한 종족이다. 이들은 주로 사하라 사막 위쪽 지역에 널리 퍼져 살고 있다. 수백 년 동안 말리, 알제리, 나이지리아, 리비아 등의 지역에서 유목민으로 살았다. 그러나 20세기 중반 이후 상당수가

새 또는 새알을 먹지 않는다.[93] 동아프리카의 여러 부족은 새알과 가금류를 먹는 것을 혐오한다. 이들은 백인이 달걀을 먹는 것을 보고 질색한다. 마치 백인이 야만인이 짐승의 내장을 먹는 것을 보고 질색하듯이 말이다.[94] 어떤 오스트레일리아인들은 돼지고기를 먹지 않는다.[95] 나가족과 그 이웃들은 구운 개고기를 매우 맛있는 것으로 생각한다. 이들은 모든 것, 심지어는 매장한 지 사흘이 지난 코끼리를 먹는다. 그러나 우유는 혐오하며, 저장된 바닷가재 냄새가 너무 역하다고 생각한다.[96] 프랑스령 콩고에 사는 흑인들은 "우유를 마신다는 생각에 대해 지독한 두려움을 갖는다."[97]

355. 목숨을 빼앗는 행위에 대한 속죄

목숨을 빼앗는다는 것에 대해 우리가 발견할 수 있는 가장 원시적인 관념은 어떤 초월적 힘에게 희생제물로 바치는 경우를 제외하고는 어떤 것을 죽이는 것은 항상 잘못이라는 생각이다. 생명을 빼앗는 것이 인간의 특권처럼 보임에도 불구하고 그에 대해 갖는 이 두려움은 희생제의와 음식에 관한 모든 관례에 배경을 제공한다. "고대 이스라엘에서 모든 살해는 희생제의였고 사람들은 종교적 행위가 아니고서는 소고기

정착하여 살고 있다고 한다.
[93] Duveyrier, *Touaregs du Nord*, 401.
[94] Volkens, *Kilimandscharo*, 244.
[95] Smyth, *Victoria*, I, 237.
[96] JAI, XI, 63; XXII, 245.
[97] Kingsley, *West African Studies*, 451.

나 양고기를 먹을 수 없었다." 아랍인 사이에서는 "현대에조차도 손님을 위해서 양이나 낙타를 잡을 때 지켜야 할 관습은 집주인은 모든 이웃에게 대문을 열어 놓는 것이다."[98] 현대의 힌두스탄에서는 통상 금기시되는 음식도 만약 신에게 바치려고 얻은 것이라면 먹어도 된다. 그러므로 푸줏간에는 신의 상이 걸려 있기 마련이다. 모든 동물은 명목상 신에게 바치기 위한 것으로서 얻는 것이다. 이것이 금기를 풀기 때문에 그 고기는 주저 없이 구입할 수 있고 먹을 수 있다.[99] 따라서 식인에 관한 금기는 종교에 의해서 제거될 수 있다. 또는 식인은 종교에 의해서 의무로 될 수 있다. 고대 셈족 사이에서 어떤 동물은 두 가지 면을 동시에 갖는다는 이유 때문에 음식 금기 아래 놓였다. 그 동물들은 공격적(의례적으로 부정한 것)인 동시에 신성했다. 신성한 것과 혐오스러운 것은 같은 방식에 의해 배제된다. 성서는 그런 동물을 취급한 사람을 부정하게 본다고 유대인들은 생각했던 것이다. 신성하고 부정한 것은 신성모독에 대비되는 어떤 공통의 요소를 갖는다. 양자 모두에는 더 높은 권능에 대한 헌신이나 정화가 있다. 만약 그 높은 권능이 선한 것이라면, 그것은 신성하다. 만약 그것이 악한 권능이라면 그것은 부정한 것이다. 그 어느 쪽이든 그것을 건드리는 사람은 금기에 떨어지며, 정화의 과정을 거쳐야 한다.[100] 금기시되는 것들은 희생제의를 통해서 또는 성사를 통해서만 먹을 수 있다. 즉 그것들은 역하고 기이한 것으로서 그만큼 더 희생제물로서 큰 의미를 갖는다.[101] 이런 생각은 모든

---

[98] W. R. Smith, *Religion of the Semites*, 142, 283.
[99] Wilkins, *Modern Hinduism*, 168.
[100] Bousset, *Die Religion des Judenthums im neutestamentlichen Zeitalter*, 124.
[101] W. R. Smith, *Religion of the Semites*, 290; 이사야 65장 4절; 66장 3절, 17절; swine, dog, and mouse.

금욕적 관례에서 추적할 수 있고 또한 순종의 자기절제를 고양하기 위해 역겨운 요소들을 도입한 중세적 종교 관례의 발전에서도 추적할 수 있다. 캐롤라인 제도에서 거북이는 신에게 바쳐진 것이어서, 오직 질병 치료를 위해서 또는 희생제물로서만 먹을 수 있다.[102]

356. 식인의 철학

식인이 식량 공급, 특히 육류 공급을 위해서 시작되었다면 그것을 둘러싼 폭넓고 다양한 관계는 쉽게 이해된다. 인간이 커다란 동물을 제대로 사냥할 수 없었을 때, 식인은 사회생활의 주요한 특징이었고, 이를 중심으로 수많은 이해관계가 매달려 있었다. 여러 가지 생각이 식인에 의해서 발전되었고, 식인은 행해야 하는 일을 규제하고 명령하는 기능을 하였다. 친족 간의 정서는 가까운 가족을 먹어야 한다는 생각을 올바르고 참된 것으로 만들었다. 그로부터 더 나아간 귀결들이 뒤따랐다. 위에서 제시한 사례들은 그 예증이다. 적에 대해서는 반대되는 정서가 식인과 연관되었다. 그것은 망령에 대한 공포와 직접 결합되었다. 성사(聖事)적인 관념은 거기서 잉태된 것인 듯하다. 사냥 기술이 충분히 발전해 더 나은 식량을 공급하게 되었을 때, 인육에 대한 금기는 위에 말한 다른 음식 금기들과 마찬가지로 비합리적인 것이 되었다. 백조와 공작은 중세에는 매우 맛있는 음식으로 생각되었다. 그러나 우리는 이제 그것을 먹지 않는다. 뱀은 영양이 풍부한 음식이라고 한다. 하지만 우리 대부분은 뱀을 먹지 못한다. 하지만 어째서 뱀은 개구리나

---

[102] Kubary, *Der Karolinen Archipel*, 168.

뱀장어보다 더 혐오스러운 것인가? 난파선의 사람들, 포위된 성의 주민들 그리고 기근을 당한 사람들은 그냥 죽기보다는 인육에 대한 혐오감을 극복했다. 다른 사람들은 이 혐오감을 극복할 수 없어서 죽어갔고, 이를 통해서 모레스의 힘을 웅변으로 증언했다. 일반적으로 여러 사례는 인간은 너무 배고프거나 너무 화가 나면 지금이라도 다시 식인 풍습으로 되돌아갈 수 있음을 보여준다. 식인에 대한 우리의 공포는 오랜 그리고 광범한 전통에 기인한다. 하지만 지금도 그것을 실행하고 있는 아주 먼 곳의 극히 야만적인 사람이 있다는 풍문이 들린다. 아마도 식인에 대해 대중은 그것은 사악한 것이라고 생각할 것이다. 식인은 어떤 종교의 규칙에 의해서도 금지되지 않는다. 왜냐하면 그것은 '종교'라는 것이 생겨나기 이전에 이미 모레스에서 사라졌기 때문이다.

참고문헌

Aarbøger for Nordisk Oldkyndighed
Abdallatif, *Relation de l'Egypte* (trad. de Sacy) (Paris, 1810)
Abel, C. W., *Savage Life in New Guinea* (London, 1902)
Abercromby, J., *The Pre- and Proto-historic Finns, Eastern and Western, with Magic Songs of the West Finns* (2 vols. London, 1898)
Achelis, H., *Virgines Subintroductae* (1 Cor. vii) (Leipzig, 1902)
Achelis, T., *Die Ekstase in ihrer kulturellen Bedeutung* (Berlin, 1902)
Aelian, *Variae Historiae*
Æneas Silvius. → Piccolomini를 볼 것.
Alanus ab Insulis, *De Planctu Naturae* (Migne, *Patrologia Latina*, V, 210)
Alberi, E., *Relazione degli Ambasciatori Veneti al Senato* (Firenze, 1840): Letter of D. Barbaro, sent to England for the Accession of Edward VI (Series I, Tome II, 230)
Alec-Tweedie, Mrs., *Sunny Sicily* (New York, no date)
Am Urquell
Ameer Ali, *The Influence of Woman in Islam* (Nineteenth Century, XLV, 755)
American Anthropologist
American Journal of Semite Languages and Literature
American Journal of Sociology
Ammianus Marcellinus, *Rerum Gestarum* (libri 18, out of 31)
Ammon, O., *Die Gesellschaftsordnung und ihre natürlichen Grundlagen* (Jena, 1896)
d'Ancona, A., *Le Origini del Teatro in Italia* (2 tomes. Firenze, 1877 e 1891)
Andree, R., *Die Anthropophagie* (Leipzig, 1887)
Andree, R., *Ethnographische Parallele und Vergleiche* (2 Folgen. Leipzig, 1889)
Angerstein, W., *Volkstänze im Deutschen Mittelalter* (2te Aufl. Berlin, 1874)
l'Année Sociologique. → Durkheim을 볼 것.
l'Anthropologie. → Bulletins를 볼 것.
Apostolic Constitutions. Die Syrischen Didaskalia übersetzt und erklärt von A. Achelis und J. Fleming (Leipzig, 1904) contains the "Two Ways"
Appianus, *Historia Romana*
Apuleius, *Metamorphoses*

Arabian Nights. → Lane을 볼 것.
Archiv für Anthropologie
Archiv für Kunde der Œsterreichischen Geschichtsquellen
Archiv für Religionswissenschaft
Ashton, J., *Social Life in the Reign of Queen Anne* (London, 1883)
Athenæus, *Deipnosophistorum libri*
Athenagoras, *Apologia* (on the resurrection of the dead)
Augustine, *Opera* (Paris, 1635)
d'Aussy. → Legrand을 볼 것.
Australian Association for the Advancement of Science: Fourth Meeting, at Hobart, Tasmania, January, 1892 (Sydney, 1892)
d'Avenel, G., *Histoire Economique de la Propriété, des Salaires, des Denrées, et de tous les Prix en général, depuis l'an 1200 jusqu'en l'an 1800* (2 tomes. Paris, 1894~1898)

Babelon, E. C. F., *Les Origines de la Monnaie* (Paris, 1897)
Bancroft, H. H., *The Native Races of the Pacific States of North America* (New York, 1875~1876)
Barthold, F. W., *Die Geschichte der Hansa* (Leipzig, 1862)
Barthold, F. W., *Jürgen Wüllenweber von Lübeck* (Räumer, *Historisches Taschenbuch*, VI)
Barton, G. A., *Semitic Origins* (New York, 1902)
Bastian, A., *Die Deutsche Expedition an der Loango-Küste* (Jena, 1874)
Bebel, A., *Die Frau* (Zurich, 1883)
Becke, L., *Pacific Tales* (New York)
Becker, W. A., und Hermann, K. F., *Charikles* (3 Bände. Leipzig, 1854)
Beloch, J., *Die Bevölkerung der Griechisch-Römischen Welt* (Leipzig, 1886)
Beloch, J., *Griechische Geschichte* (4 Bände. Strassburg, 1904)
Bender, H., *Rom und Römisches Leben im Alterthum geschildert* (Tübingen, 1880)
Bent, J. T., *The Sacred City of the Ethiopians* (London, 1893)
Bergel, J., *Die Eheverhältnisse der alten Juden im Vergleiche mit den Griechischen und Römischen* (Leipzig, 1881)
Berlin Museum
Bernardin, N-M., *La Comédie Italienne en France, 1570~1791* (Paris, 1902)
Bethe, E., *Die Geschichte des Theaters im Alterthume* (Leipzig, 1896)

de Bethencourt, J., *Le Canarien livre de la Conquête et Conversion des Canaries (1402~1422)* (ed. G. Gravier Rouen, 1874)

Bijdragen tot de Taal-Land-en Volkenkunde van Nederlandsch Indië

Binet, A., *La Suggestibilité* (Paris, 1900)

Biot, E. C., *De l'Abolition de l'Esclavage ancien en Occident* (Paris, 1840)

Bishop, Mrs. (Isabella Bird), *Among the Thibetans* (New York, 1894)

Bishop, Mrs., *Korea and her Neighbors* (New York, 1898)

Blair, W., *Slavery amongst the Romans* (Edinburgh, 1833)

Bock, C., *Reis in Oost-en Zuid-Borneo* (s'Gravenhage, 1887)

Bodin, J., *Les Six livres de la République* (7a ed. Frankfort, 1641)

Boggiani, G., *I Caduvei* (Roma, 1895)

Boissier, G., *La Religion Romaine d'Auguste aux Antonins* (2 tomes. Paris, 1874)

Bourquelot, *Foires de Champagne* (Acad. de Belles Lettres et d'Inscriptions, 1865)

Bousset, D. W., *Die Religion des Judenthums im neutestamentlichen Zeitalter* (Berlin, 1903)

Bridges, T., *Manners and Customs of the Firelanders* (*A Voice for South America*, XIII, 201~114)

Brinton, G., *Nagualism* (Philadelphia, 1894)

Brunache, P., *Le Centre de l'Afrique* (Paris, 1894)

Bücher, K. W., *Die Aufstände der Unfreien Arbeiter* (Frankfurt, 1874)

Buchholz, E. A. W., *Homerische Realien* (3 Bände. Leipzig, 1871~1885)

Budge, E. A. W., *The Gods of the Egyptians* (Chicago, 1904)

Buhl, F. P. W., *Die Socialen Verhältnisse der Israeliten* (Berlin, 1899)

Bühler, G., *The Laws of Manu* (trans.) (Oxford, 1886)

B[ulletins] et M[émoires] de la Société d'Anthropologie de Paris (Paris, 1901): Art. by Guyot on Les Indigènes de l'Afrique du Sud, based on the Report of the South African Committee (Pres. J. Macdonell) on the Natives of South Africa (Series V, Tome II, 362)

Burchard, J., *Diarium sive verum urbanarum commentarii, 1483~1506* (ed. Thusane) (3 tomes. Paris, 1885)

Burckhardt, J., *Griechische Kulturgeschichte* (3 Bände. 2te Aufl. Stuttgart, 1898)

Burckhardt, J., *Die Kultur der Renaissance in Italien* (Basel, 1860)

Burckhardt, J. L., *Arabic Proverbs* (London, 1830)

Bureau of Ethnology, Washington, Annual Reports

Burnaby, A., *Travels through the Middle Settlements of North America in 1759 and*

1760 (London, 1775)

Burrows, G., *The Land of the Pigmies* (London, 1898)

Büttner, C. G., *Das Hinterland von Walfischbai und Angra Pequena* (Heidelberg, 1884)

Cambridge History of Modern Europe, (ed. by A. W. Ward and G. W. Prothero) (New York, 1902, etc.)

Cameron, V. L., *Across Africa* (2 vols. London, 1877)

Campbell, H., *Differences in the Nervous Organization of Man and Woman* (London, 1891)

Cantacuzene, J., *Romana Historia* (Bonn, 1832)

Carey, B. S., and Tuck, H. N., *The Chin Hills* (Rangoon, 1896)

Carmichael, M., *In Tuscany* (3rd ed. New York, 1902)

Cartwright, J., *Isabella d'Este, Marchioness of Mantua, 1474~1539* (2 vols. New York, 1903)

Castiglione, B., *The Book of the Courtier [1528]* (trans. by L. E. Opdyke) (New York, 1903)

Cato Major, *De Agri Cultura*

Cator, Dorothy, *Everyday Life among the Head-hunters* (New York, 1905)

Cayley-Webster, H., *Through New Guinea and the Cannibal Countries* (London, 1898)

Cellini. → Symonds를 볼 것.

Celestina. → Mabbe를 볼 것.

Century Magazine

Ch. Br. R. A. S. = China Branch, Royal Asiatic Society

Chandler, F. W., *Romance of Roguery: I. The Picaresque Novel in Spain* (New York, 1899)

Charles, R. H., *The Book of Enoch* (trans.) (Oxford, 1893)

Charles, R. H., *The Book of Jubilees or the Little Genesis* (trans.) (London, 1902)

Christian, F. W., *The Caroline Islands* (London, 1899)

Chrysostom, *Opera* (Migne, *Patrologia Graeca*, XLVII-LXIV. Homily on Matthew in LVIII, 591)

Churchman, The

Cibrario, G. A. L., *Della Politica Economia del Medio Evo* (2^a ed. 3 tomes) (Torino, 1841~1842)

Cicero, *Orations*

Cicero, *Tusculan Disputations*
Clement, K. J., *Das Recht der Salischen Franken* (Berlin, 1876)
Clement, P., *Jacques Cœur et Charles VII, France au XV siècle* (Paris, 1853)
Cockayne, O., *Hali Maidenhad* (*Early English Text Society*, London, 1866)
Codrington, R. H., *The Melanesians* (Oxford, 1891)
Cook, K. R., *The Fathers of Jesus: a Study of the Lineage of the Christian Doctrines and Traditions* (2 vols. London, 1886)
Corpus Juris Canonici (Colon. Munat., 1717)
Corpus Juris Civilis (Lipsiae, 1858)
Corpus Poeticum Boreale, the Poetry of the Old Northern Tongue (Oxford, 1883)
Coryate, T., *Crudities* (New York, 1905)
Cranz, D., *Historie von Grönland bis 1779* (Leipzig, 1780)
Crawford, J., *History of the Indian Archipelago* (2 vols. London, 1820)
Crawley, A. E., *Sexual Taboo* (JAI, XXIV, 116, 219)
Creighton, M., *Historical Essays and Reviews* (New York, 1902)
Cunningham, A., *Ladak* (London, 1854)
Cunow, H., *Verwandtschaftsorganization der Australneger* (Stuttgart, 1894)
Curr, E. M., *The Australian Race* (Melbourne, 1886)
Curtius Rufus, Quintus, *De Rebus Gestis Alexandri*
Cyprian, *Epistolae*

Daniel, H. A., *Codex Liturgicus Ecclesiae Universae in Epitomen Redactus* (Lipsiae, 1851)
Darmsteter, J., *Translation of the Zend Avesta* (Oxford, 1880)
Darinsky (*Zeitschrift für vergleichende Rechtswissenschaft*, XIV)
Darwin, Charles, *Descent of Man* (New York, 1886)
Dasent, Sir G. W., *The Story of Burnt Njal* (New York, 1900)
Dawson, J., *Australian Aborigines in the Western District of Victoria* (Melbourne, 1881)
Degroot, J. J. M., *The Religious System of China* (Leyden, 1892)
Denecke, A., *Entwickelungsgeschichte des gesellschaftlichen Anstandsgefühls in Deutschland* (Dresden, 1891)
Deutsch, S. M., *Peter Abälard* (Leipzig, 1883)
Dezobry, C. L., *Rome au Siècle d'Auguste* (4me ed. 4 tomes.) (Paris, 1875)
Dialogue of the Exchequer. → Henderson을 볼 것.

Dill, S., *Roman Society from Nero to Marcus Aurelius* (London, 1904)
Dill, S., *Roman Society in the Last Century of the Western Empire* (2nd ed. London, 1899)
Dio Cassius Coccejanus, *Historia Romana*
Dio Chrysostom, *Orations*
Diodorus Siculus, *Bibliotheca Historica*
Dionysus Halicarnessensis, Antiquitatum Romanorum quae supersunt
Dozy, R., *Musulmans d'Espagne, 711~1110* (4 tomes. Leyde, 1861)
Drumann, W. K. A., *Die Arbeiter und Communisten in Griechenland und Rom* (Königsberg, 1860)
Dubois, J. A., *Mœurs Institutions et Ceremonies des Peuples de l'Inde* (2 tomes. Paris, 1825)
Du Camp, M., *Paris dans la Seconde Moitié du dixneuvième Siècle* (Paris, 1873~1875)
Du Cange, C. du Fresne, *Glossarium mediae et infimae Latinitatis* (Paris, 1840~1850)
Dulaure, J. A., *Paris et ses Monuments* (Paris, 1865)
Durkheim, E., *La Prohibition de l'Inceste et ses Origines* (l'Année Sociologique, Tome I. Paris, 1898)
Duveyrier, H., *Les Touaregs du Nord* (Paris, 1864)
van Duyl, C. F., *Beschavingsgeschiedenis van het Nederlandsche Volk* (Groningen, 1895)

l'École d'Anthropologie de Paris, Revue de
Economics of Aristotle
Economicus of Xenophon
Edda, the
Ehrenreich, P., *Völkerkunde Brasiliens* (Veröffentlichungen des Berliner Museums, Band II)
von Eicken, H., *Geschichte und System der mittelalterlichen Weltanschauung* (Stuttgart, 1887)
Ellis, A. B., *The Ewe-speaking Peoples* (London, 1890)
Ellis, A. B., *The Tshi-speaking Peoples* (London, 1887)
von Elsberg, R. A., *Elizabeth Bathory* (die Blutgräfin) (Breslau, 1904)
Endemann, W., *Studien in der Romanischkanonischen Wirthschafts-und Rechtslehre* (2 Bände. Berlin, 1883)
Erasmus, D., *Colloquia* (Rotterdam, 1664)

Erasmus, D., *Colloquy of the Beggars [Franciscans]* (Opera, I, 739)
Erasmus, D., *Libellus Aureus de Civilitate Morum Puerilium* (Aboae, 1670)
Erman, A., *Aegypten und Aegyptisches Leben im Alterthume* (Tübingen, 1885)
Estrup, H. F. J., *Samlede Skrifter* (Kjøbenhavn, 1842)
Ethnography of India. → Risley를 볼 것.
Ethnological Society of London, Journal of the (New Series)
Euripides
Evans, J., *British Coins* (London, 1864)
Evarnitzky, D. I., *The Zaporoge Kossacks* (in Russian) (2 vols. St. Petersburg, 1888)
Eyre, E. J., *Expeditions into Central Australia in 1840~1841* (2 vols. London, 1845)

Farnell, L. R. (Archiv für Religionsgeschichte, VII)
Farnell, L. R., *The Cults of the Greek States* (2 vols. Oxford, 1896)
Farr, W., *Vital Statistics* (London, 1885)
Fauriel, C. C., *The Last Days of the Consulate* (London, 1885)
Fawcett, F., *On Basivis* (JASB, II, 322)
Felkin. → Wilson을 볼 것.
Finsch, O., *Ethnologische Erfahrungen* (Wien, 1893)
Finsch, O., *Samoafahrten* (Leipzig, 1888)
Fioretti di San Francisco (Torino, 1882)
von Fircks A., *Bevölkerungslehre und Bevölkerungspolitik* (Leipzig, 1898)
First Three English Books about America, The (Arber. Birmingham, 1885)
Flade, P., *Das Römische Inquisitionsverfahren in Deutschland bis zu den Hexenprocessen* (Leipzig, 1902)
Forbes, H. O., *The Kubus of Sumatra* (JAI, XIV, 121)
Foureau, F., *D'Alger au Congo par le Tchad* (Paris, 1902)
Freeman, E. A., *Western Europe in the Eighth Century* (New York, 1904)
Freeman, E. A., *Western Europe in the Fifth Century* (New York, 1904)
Freie Wort, Das
Freisen, J., *Geschichte des kanonischen Eherechts* (Tübingen, 1888)
Friedberg, E., *Das Recht der Eheschliessung* (Leipzig, 1865)
Friedberg, E., *Verlobung und Trauung* (Leipzig, 1876)
Friedländer, L., *Sittengeschichte* (3 Bände. Leipzig, 1862~1871)
Friedmann, M., *Ueber Wahnideen im Völkerleben* (Wiesbaden, 1901)
Fries, T. M., *Grönland dess Natur och Innevånare* (Upsala, 1872)

Fritsch, G., *Die Eingeborenen Süd-Afrikas* (Breslau, 1872)
Funck-Brentano, T., *La Science Sociale; subtitle, le Suicide* (Paris, 1897)
Furnival, F. J., *Child-marriages, Divorces, etc., 1561~1566* (Early English Text Society, No. 108) (London, 1897)

Gaius, *Institutiones* (Berlin, 1884)
Galton, F., *Hereditary Genius* (New York, 1870)
Galton, F., *Inquiries into Human Faculty* (New York, 1883)
Garnier, R. M., *The English Landed Interest* (London, 1892~1893)
Gauthiez, P., *Lorenzaccio, 1514~1548* (Paris, 1904)
Gehring, H., *Süd-Indien* (Gütersloh, 1899)
Geiger, Ludwig, *Renaissance und Humanismus in Italien und Deutschland. Allgemeine Geschichte in Einzeldarstellungen* (Berlin, 1882)
Geiger, W., *Ostiranische Kultur* (Erlangen, 1882)
Geijer, E. G , *Svenska Folkets Historia* (Stokholm, 1851)
Geiseler, *Oster-Inseln* (Berlin, 1883)
Gibbon, E., *Decline and Fall of the Roman Empire*
Gjessing, *Traeldom i Norge* (*Annaler for Nordisk Oldkyndighed*, 1862, p. 85)
Globus, der
de Gobineau, J. A., *La Renaissance* (Paris, 1877)
Goetz, W., *Ideale des Heiligen Francis* (*Historisches Vierteljahrschrift*, VI)
von Götzen, G. A., *Durch Afrika von Ost nach West* (Berlin, 1895)
Gomme, G. L., *Ethnology in Folklore* (New York, 1892)
Goodrich-Frear, A., *Inner Jerusalem* (New York, 1904)
Gower, J., *Vox Clamantis* (London, 1850)
Gozzi, Memoirs of (trans. by J. A. Symonds) (2 vols. London, 1890)
Graetz, H., *Geschichte der Juden* (Leipzig, 1888~1897)
Graphic, the London
Gregorovius, F., *Lucrezia Borgia* (trans. by J. L. Garner) (New York, 1903)
Grimm, J. L. C., *Deutsche Rechtsalterthümer* (Cited D. R. A.) (2te Ausg. Göttingen, 1854)
Grimm, J. L. C., *Teutonic Mythology* (trans. by Stallybrass) (4 vols. London, 1883)
Grinnell, G. B., *Cheyenne Woman Customs* (*American Anthropologist*, IV)
Grinnell, G. B., *Pawnee Hero Stories and Folktales* (New York, 1899)
Grupp, G., *Kulturgeschichte der Römischen Kaiserzeit* (Münden, 1903)

Gubernatis, A., *Usi Nuziali in Italia e presso gli altri Popoli Indo-Europei* (2a ed. Milano, 1878)

Guhl und Koner, *Das Leben der Griechen und Römer* (5te Aufl. Berlin, 1882)

Gumplowicz, L., *Grundriss der Sociologie* (Wien, 1885)

Gumplowicz, L., *Sociologie und Politik* (Leipzig, 1892)

Gunkel, H., *Zum religionsgeschichtlichen Verständniss des Neuen Testaments* (Göttingen, 1903)

Haeckel, E., *Aus Insulinde* (Bonn, 1901)

Hagelstange, A., *Bauernleben im Mittelalter* (Erfurt, 1897)

Hagen, B., *Unter den Papuas* (Wiesbaden, 1899)

Haimensfeld, M. G., editor of the *Collectio Constitutionum Imperialium* (Frankfurt, 1615)

Hale, H., *The Iroquois Book of Rites* (Philadelphia, 1883)

Hall, H., *Society in the Elizabethan Age* (London, 1887)

Hamilton, *The Panis: An Historical Outline of Canadian Indian Slavery in the Eighteenth Century* (Toronto, 1897)

Hanoteau, A., et Letourneux, A., *La Kabylie* (2e ed. 3 tomes. Paris, 1893)

Hansen, J., *Zauberwahn Inquisition und Hexenprocess im Mittelalter* (Leipzig, 1900)

Hardy, T., *Tess*

Harnack, A., *Die Pseudoclementinischen Briefe de Virginitate und die Entstehung des Mönchthums* (Sitzungsberichte der k. Preuss. Akad. der Wissenschaften, XXI, 1891)

Harnack, A., *Dogmengeschichte* (3te Ausg. 3 Bände. Leipzig, 1894)

Harper, R. F., *The Code of Hammurabi* (Chicago, 1904)

von Hartmann, K. R. E., *Phänomenologie des sittlichen Bewusstseins* (Berlin, 1879)

Hartmann (*Zeitschrift des Vereins für Volkskunde*, XI, 247)

Hastings, J., *Dictionary of the Bible* (New York, 1898)

Hatch, E., *Griechenthum und Christenthum* (trans.) (Freiburg, 1892)

Hauréau, B., *Bernard Délicieux et l'Inquisition Albegeoise, 1300~1320* (Paris, 1877)

Hauri, J., *Der Islam in seinem Einfluss auf das Leben seiner Bekenner* (Leyden, 1881)

Hausrath, A., *Peter Abälard* (Leipzig, 1893)

von Haxthausen, A., *Transkaukasia* (2 Bände. Leipzig, 1856)

Hearn, L., *Japan* (New York, 1904)

Hefele, C. J., *Conciliengeschichte* (Freiburg, 1858)
Heimskringla. → Laing를 볼 것.
Heisterberg, B., *Die Entstehung des Colonats* (Leipzig, 1876)
Henderson, E. F., *Translation of Select Documents of the Middle Ages* (London, 1892), contains the Dialogue of the Exchequer
Herodianus
Herodotus
Heusler, A., *Deutsches Privatrecht* (2 Bände. Leipzig, 1885)
Heyck, E., *Die Mediceer* (Leipzig, 1897)
Heyd, W., *Levanthandel im Mittelalter* (2 Bände. Stuttgart, 1879)
Heydemann, *Phlyakendarstellungen* (*Jahrbuch des kaiserlich Deutschen Archäologischen Instituts*, 1886)
Heyer, F., *Priesterschaft und Inquisition* (Berlin, 1877)
Hiekisch, C., *Die Tungusen* (St. Petersburg, 1879)
Hildebrands Zeitschrift. → Jahrbücher를 볼 것.
Hildreth, R., *History of the United States* (New York, 1849)
Hoensbroech, Graf von, *Das Papstthum* (Band I. Leipzig, 1901)
Holm, G., *Angmagslikerne* (Kjøbenhavn, 1887)
Holub, E., *Sieben Jahre in Süd-Afrika, 1872~1879* (2 Bände. Wien, 1881)
Holub, E., *Von der Capstadt ins Land der Maschukalumbe, 1883~1887* (2 Bände. Wien, 1890)
Holzmann, A., *Indische Sagen* (2 Bände. Stuttgart, 1854)
Hontan. → Lahontan를 볼 것.
Hopkins, E. W., *The Religions of India* (Boston, 1895)
Horn, F. W., *Mennesket i den forhistoriske Tid* (Kjøbenhavn, 1874)
Hostmann, F. W., *De Beschaving van Negers in Amerika* (Amsterdam, 1850)
Howitt, A. W., *Native Tribes of South Eastern Australia* (London, 1904)
Hubbard, G. G., *The Japanese Nation* (Smithsonian Report, 1895)
Humbert, A., *Japan and the Japanese* (New York, 1874)
Hutchinson, H. N., *The Living Races of Mankind* (New York, 1902)

Ibn Batuta. → Batuta를 볼 것.
Ibrahim Ibn Jakub, *Sklavenlände* (Geschichtschreiber der Deutschen Vorzeit, XXXIII)
von Ihering, R., *The Evolution of the Aryan* (trans.) (London, 1897)
Inderwyck, F. A., *The King's Peace* (London, 1895)

International Archiv für Ethnologie
International Congress of Anthropologists (Chicago, 1893)
Iphigenia among the Taurians
Iphigenia in Aulis
Isidore of Seville, *Sententiae* (in Part IV of Institutiones Theologicae Antiquorum Patrum of Cardinal Tomasius)

Jackson, A. V. W., *Zoroaster* (London, 1899)
Jaeger, C., *Ulms Leben im Mittelalter* (Stuttgart, 1831)
Jahrbuch des Deutschen Archäologischen Instituts
Jahrbücher für Nationalökonomie und Statistik, gegründet von B. Hildebrand
JAI = *Journal of the Anthropological Institute of Great Britain*
Janssen, J., *Geschichte des Deutschen Volkes* (8 Bände. Freiburg, 1892~1894)
JASB = *Journal of the Anthropological Society of Bombay*
Jastrow, M., *Religion of the Assyrians and Babylonians* (in the supplementary volume of Hastings's *Dictionary of the Bible*)
Jastrow, I., and Winter, G., *Deutsche Geschichte im Zeitalter der Hohenstaufen, 1125~1273* (2 Bände. Stuttgart, 1897~1901)
Jenks, E., *Law and Politics of the Middle Ages* (New York, 1898)
Jewish Encyclopedia (New York, 1905)
Johnston, Sir H., *The Uganda Protectorate* (2 vols. New York, 1902)
Jolly, J., *Les Seconds Mariages* (Paris, 1896)

Jolly, J., *Recht und Sitte der Indo-Aryer* (Strassburg, 1896)
Jolly, J., *Ueber die Rechtliche Stellung der Frauen bei den alten Indern* (Akademie der Wissenschaften zu München, 1876)
Josephus, F., *Opera* (Berlin, 1885~1895)
Journal of American Oriental Society
Journal of the Ethnological Society
Journal of Philology
Journal of the Royal Asiatic Society
Journal of the Society of Comparative Legislation
Julius Capitolinus, *Life of Marcus Aurelius* (in Scriptores Aug. Historiae) (Lipsiae, 1865)
Julleville, L. Petit de, *La Comédie et les Mœurs en France au Moyen Age* (Paris,

1886)
Junker, W., *Reisen in Afrika, 1875~1886* (3 Bände. Wien, 1875~1886)
Justi, F., *Geschichte des alten Persiens* (Berlin, 1879)
Juvenal, *Satires*
Juynboll, T. W., *Mohammedaansche Wet volgens de leer der Sjafi-itische School* (Leiden, 1903)

Keane, A. H., *Ethnology* (Cambridge, 1896)
Keller, A. G., *Homeric Society* (New York, 1902)
Kingsley, M. H., *Travels in West Africa* (New York, 1897)
Kingsley, M. H., *West African Studies* (New York, 1899)
Klein, J. L., *Geschichte des Dramas* (Leipzig, 1866)
Klose, H., *Togo* (Berlin, 1899)
Klugmann, N., *Die Frau im Talmud* (Wien, 1898)
Knight, Mrs. S. K., *Journey from Boston to New York in 1704* (New York, 1825)
Kohler, J., *Zur Urgeschichte der Ehe* (Stuttgart, 1897)
Kohler und Peiser, *Aus dem Babylonischen Rechtsleben*
Kolb [or Kolben], P., *Voyage to the Cape of Good Hope* (Mayor's Voyages, IV)
Kostomarow, H., *Domestic Life and Mores of the Great Russians in the Sixteenth and Seventeenth Centuries* (in Russian) (3rd ed. St. Petersburg, 1887)
Krasinski, *Cossacks of the Ukrain* (London, 1848)
Krauss, *Volksglaube und Religiöser Brauch der Süd-Slaven* (Münster, 1890)
von Kremer, A., *Kulturgeschichte des Orients unter den Chalifen* (2 Bände. Wien, 1875~1877)
Krieger, M., *Neu-Guinea* (Berlin, 1899)
Kubary, J., *Die Socialen Einrichtungen der Pelauer* (Berlin, 1885)
Kubary, J., *Nukuoro* (Hamburg, 1900)
Kubary, J. S., *Der Karolinen Archipel* (Leiden, 1895)
Kugler, B., *Die Kreuzzüge* (Berlin, 1880)

Lacroix, P., *Manners, Customs, and Dress during the Middle Ages and during the Renaissance Period* (London, 1876)
Lacroix, P., et Seré, F., *Le Moyen Age et la Renaissance* (5 tomes. Paris, 1848~1851)
Lafitau, J. F., *De Zeden der Wilden van Amerika, from the French* (Amsteldam, 1751)

de Lahontan, Baron L. A., *Nouveaux Voyages dans l'Amérique Septentrionale* (2 tomes. A la Haye, 1703; new edition by R. G. Thwaites, from the English edition of 1703, Chicago, 1905)

Laing, S., *The Heimskringla or Sagas of the Norse Kings, from the Icelandic of Snorre Sturlason* (4 vols. London, 1889)

Lane, E. W., *Manners and Customs of the Modern Egyptians* (2 vols. London, 1842)

Lane, E. W., *The Thousand and One Nights* (London, 1841)

von Langsdorff, G. H., *Voyages and Travels in Various Parts of the World, 1803~1807* (Carlisle, 1817)

Lazarus (in *Zeitschrift für Völkerpsychologie*, I)

Lea, H. C., *A History of the Inquisition of the Middle Ages* (3 vols. New York, 1888)

Lea, H. C., *History of the Inquisition of Spain* (4 Bände, New York/London 1906~1907)

Lea, H. C., *Sacerdotal Celibacy* (Philadelphia, 1867)

Lecky, W. E. H., *History of European Morals from Augustus to Charlemagne* (3rd ed. New York, 1877)

Lecky, W. E. H., *History of Rationalism in Europe* (New York)

Lefèvre, *Les Phénomènes de Suggestion et d'Autosuggestion* (Paris, 1903)

Lefèvre, A., *Race and Language* (New York, 1894)

Legrand d'Aussy, P. J., *Fabliaux ou Contes Fables et Romans du XIIme et du XIIIme Siècle* (Paris, 1829)

Lehmann, K., *Verlobung und Hochzeit* (München, 1882)

Leland, C. G., and Prince, J. D. *Kuloskap the Master* (New York, 1902)

Lenient, C., *La Satire en France au Moyen Age* (Paris, 1883)

Lewin, T. H., *Wild Races of Southeastern India* (London, 1870)

Libri-Carrucci, G. B., *Sciences Mathematiques en Italie depuis la Renaissance* (Paris, 1835)

Lichtenberger, H., *Le Poème et la Légende des Nibelungen* (Paris, 1891)

Lichtenstein, H., *Reisen im Südlichen Afrika, 1803~1806* (2 Bände. Berlin, 1811~1812)

Ling Roth. → Roth를 볼 것.

Lintilhac, E., *Théâtre Sérieux du Moyen Age* (Paris, no date)

Lippert, J., *Kulturgeschichte der Menschheit* (2 Bände. Stuttgart, 1887)

Little, W. J. K., *St. Francis of Assisi* (New York, 1897)

Livingstone, D., *Travels in South Africa* (2 vols. New York, 1858)

Livy

Lloyd, A. B., *In Dwarf Land and Cannibal Country* (New York, 1899)
Lope de Vega
Lorris, G. de, and Meung, J. de, *The Romant de la Rose* (trans. by F. S. Ellis) (London, 1900)
Lubbock, J., *Prehistoric Times* (London, 1872)
Lucian, *De Dea Syria*
Lucian, *Demonax*
Lucianus Samosatensis (Rostok, 1860) [I, Part II, 68, "End of the Wanderer"]
Lucius, P. E., *Der Essenismus* (Strassburg, 1881)
Lumholtz on the Tarahumari (*Scribner's Magazine*, October, 1894)
Lund, T., *Norges Historie* (Kjobenhavn, 1885)

Mabbe, J., *Celestina, or the Tragicke-Comedy of Calisto and Melibe, englished from the Spanish of Fernando de Rojas* (London, 1894)
Machiavelli, *Mandragore*. → Rousseau를 볼 것.
Macrobius, *Saturnalia*
Madras Government Museum
Magnin, C., *Histoire des Marionettes* (Paris, 1862)
Magnin, C., *Les Origines du Théâtre Moderne* (Paris, 1838)
Magnin, C., *Théâtre de Hrotsvitha* (Paris, 1845)
Mahaffy, J. P., *Egypt under the Ptolemaic Dynasty* (London, 1899)
Mahaffy, J. P., *Social Life in Greece* (London, 1874)
Mahaffy, J. P., *The Greek World under Roman Sway* (New York, 1890)
Maine, Sir H. S., *Ancient Law* (New York, 1871)
Maine, Sir H. S., *Early Law and Custom* (New York, 1883)
Mantegazza, P., *Gli Amori degli Uomini* (Milano, 1886)
Manu. → Bühler를 볼 것.
March, O. S. von der, *Völkerideale* (Leipzig, 1901)
Marco Polo. → Yule을 볼 것.
Margry, P., *Les Navigations Françaises* (Paris, 1867)
Marquardt, J., und Mommsen, T., *Römische Alterthümer* (Band I, Die Magistratur) (Leipzig, 1876)
Marsden, W., *Sumatra* (London, 1811)
von Martius, C. F. P., *Ethnographie und Sprachenkunde Amerikas zumal Brasiliens* (3 Bände. Band I, *Ethnographie Brasiliens*) (Leipzig, 1867)

Martins, J. P. Oliveira, *As Raças humanas e a Civilisação Primitiva* (Lisboa, 1881)
Martins, J. P. Oliveira, *Civilisação Iberica* (Lisboa, 1885)
Masi, E., *Storia del Teatro Italiano nel Secolo XVIII* (Firenze, 1891)
Mason, O. T. (*American Anthropologist*, IX)
Mason, O. T., *The Origin of Invention* (New York, 1895)
Maspero, G., *Peuples de l'Orient Classique* (3 tomes. Paris, 1899)
Masson, C., *Balochistan* (London, 1844)
de Maulde la Clavière, A. K., *Les Femmes de la Renaissance* (Paris, 1898)
Maurer, F., *Völkerkunde Bibel und Christenthum* (Leipzig, 1905)
Mauthner, F., *Kritik der Sprache* (3 Bände. Stuttgart, 1901~1902)
Mayer, F. M., *Geschichte Oesterreichs* (2 Bände. Leipzig, 1901)
McCabe, J., *St. Augustine and his Age* (London, 1903)
Medhurst, *Laws of Marriage Affinity and Inheritance in China* (China Branch of the Royal Asiatic Society, IV)
Meltzer, C., *Geschichte der Karthager* (2 Bände. Berlin, 1896)
Meyer, E., *Geschichte des alten Aegyptens* (Berlin, 1887)
Michael, E., *Geschichte des Deutschen Volkes* (2 Bände. Freiburg, 1899)
Middendorff, A. F., *Reisen in Siberien in 1843~1844* (4 Bände. St. Petersburg, 1847~1875)
Migne, J. P., *Patrologia Latina*
Migne, J. P., *Patrologia Graeca*
Mittheilungen der Anthropologischen Gesellschaft in Wien
Molmenti, P. G., *La Storia di Venezia nella Vita Privata* (Torino, 1885)
Mommsen, T, *Römische Strafrecht* (Duncker and Humboldt, 1899)
Monier-Williams, Sir M., *Brahmanism and Hinduism* (New York, 1891)
More, Sir T., *Utopia* (trans.) (London, 1899)
Moreau-Christophe, L. M., *Du Droit à l'Oisiveté* (Paris, 1849)
Morgan, L. H., *Ancient Society* (New York, 1877)
Müller, D. H., *Die Gesetze des Hammurabi* (Wien, 1903)
Müntz, E., *Leonardo da Vinci* (from the French) (New York, 1898)
Muratori, L. A., *Dissertazioni sopra le Antichità Italiane* (Vol. I, 267, Dissertazione XV, Delle Manumissioni de' servi) (Firenze, 1833)
Muratori, L. A., *Rerum Italicarum Scriptores Mediolani, 1723~1738* (→ Vol. IX, 134, on the cruelties of Ezzelino da Romano를 볼 것.)

Nachtigal, G., *Sahara und Sudan* (2 Bände. Berlin, 1879~1881)
Nadaillac, Marquis de, *Prehistoric America* (trans.) (New York, 1884)
Nansen, F., *Eskimo Life* (trans.) (London, 1893)
Nassau, R. H., *Fetichism in West Africa* (New York, 1904)
National Museum of the United States, Reports of the
Nekrassow, N. A., *Poems* (2 vols. 6 ed. St. Petersburg, 1895) (in Russ.). (In the second volume the poem "Who Lives Happily in Russia?"; German version in the Universal Bibliothek, 2447)
Nelson on the Eskimo (*Bureau of Ethnology*, XVIII, Part I)
Neumann, K., *Geschichte Roms während des Verfalls der Republik* (2 Bände. Breslau, 1881~1884)
Nieuwenhuis, A. W., *In Centraal Borneo* (2 tomes. Leiden, 1900)
Nilsson, S., *Les Habitants Primitifs de la Scandinavie* (Paris, 1868)
Nineteenth Century
Nivedita (Margaret E. Noble), *Web of Indian Life* (New York, 1904)
Novara Reise. → Wüllestorff를 볼 것.

Oliphant, L., *The Earl of Elgin's Mission to China and Japan* (London, 1859)
Opdyke. → Castiglione을 볼 것.
Otto, W., *Priester und Tempel im Hellenischen Aegypten* (Leipzig, 1905)

Pallas, P. S., *Voyages en Russie* (5 tomes. Paris, 1793)
Pandolfini, A., *Trattato del Governo della Famiglia* (Milano, 1902)
Parkinson, R., *Die Ethnographie der nordwestlichen Salomo Inseln* (Museum zu Dresden)
Pater, W. H., *Marius the Epicurean* (London, 1885)
Patrick, Psychology of Language (Expletives) (*Psychological Review*, VIII, 113)
Patursson, S. O., *Sibirien i vore Dage* (Kjøbenhavn, 1901)
Paulitschke, P., *Ethnographie Nordost Afrikas* (2 Bände. Berlin, 1896)
Peel, C. V. A., *Somaliland* (London, 1900)
Pellison, M., *Roman Life in Pliny's Time* (trans.) (Meadville, Pennsylvania, 1897)
Pereiro, A. C., *La Isla de Ponape* (Manila, 1895)
Perelaer, M. T. H., *Ethnographische Beschrijving der Dyaks* (Zaltbommel, 1870)
Peschel, O., *The Races of Man* (New York, 1876)
Petermann's Mittheilungen

[Peters, S.], *A History of Connecticut* (London, 1781)
Petri, E., *Anthropologie* (in Russ.) (St. Petersburg, 1890)
Petri, E., *Exceptiones Legum Romanorum* (in Appendix to Vol. II of Savigny, F. C., *Geschichte des Römischen Rechts im Mittelalter*, Heidelberg, 1834)
Petrie, W. M., *Flinders, Race and Civilization* (Smithsonian Report, 1895)
Pfeil, J., *Studien aus der Südsee* (Braunschweig, 1899)
Philo Judæus, The Contemplative Life
Philology, The Journal of (Cambridge, England)
Piccolomini, Æneas Silvius (Pope Pius II), *Die Geschichte Kaiser Friedrichs des Dritten* (übersetzt von Ilgen) (Leipzig, 1899)
Pickering, W. A., *Formosa* (London, 1898)
Pietschmann, R., *Die Phönizier* (Berlin, 1899)
Pike, L. O., *Crime in England* (London, 1873~1876)
Pinkerton, J., *Collection of Voyages* (17 vols. 1808~1814)
Pischon, C. N., *Der Einfluss des Islam auf das Leben seiner Bekenner* (Leipzig, 1881)
Pliny, *Naturalis Historia*
Plutarch, *Lives of Illustrious Men*
Pöhlmann, R., *Die Uebervölkerung der Antiquen Grossstädte* (Leipzig, 1884)
Politisch-Anthropologische Revue
Pollock, Sir F., and Maitland, F. W., *History of English Law* (Cambridge, 1895)
Polyptique de l'Abbé Irminon (ed. Guerard) (Paris, 1844)
Pommerol, J., *Une Femme chez les Sahariennes* (Paris)
Porphyrius, *De Abstinentia*
Portman, L., *Vacation Studies* (New York, 1902)
Powers, S., *The Tribes of California* (Washington, 1877)
Prescott, W. H., *The Conquest of Peru* (Philadelphia, no date)
Preuss, *Die Feuergötter* (Mitt. der Anthrop. Gesellschaft in Wien, XXXIII, 156)
Proceedings of the Society of Biblical Archeology
Proksch, O., *Die Blutrache bei den vorislamischen Arabern und Mohammeds Stellung zu ihr* (Leipzig, 1899)
von Prschewalsky, N., *Reisen in der Mongolei, 1870~1873* (Jena, 1881)
Prutz, H., *Kulturgeschichte der Kreuzzüge* (Berlin, 1883)
Przewalsky, H. M., *Travels in Central Asia* (in Russ.) (St. Petersburg, 1883; also 1900)

PSM = *Political Science Monthly*
Puini, C., *Le Origine della Civiltà* (Firenze, 1891)
Pullan, L., *History of the Book of Common Prayer* (New York, 1900)

Quintus Curtius Rufus. → Curtius를 볼 것.

Ralston, W. R. S., *Songs of the Russian People* (London, 1872)
Ranke, J., *Der Mensch* (Leipzig, 1894)
RAS = Royal Asiatic Society
Ratzel, F., *Anthropogeographie* (Stuttgart, 1882~1891)
Ratzel, F., *History of Mankind* (trans. of Völkerkunde) (New York, 1896)
Ratzel, F., *Völkerkunde* (3 Bände. Leipzig, 1885)
Rau, *Prehistoric fishing in Europe and North America*. (Washington: Smithsonian Institution, 1884)
von Räumer, F. L. G., *Historisches Taschenbuch* (Leipzig, 1te Folge, 1830~1839)
Reclus, E., *Primitive Folk* (New York, 1891)
Regnard, P., *Les Maladies epidémiques de l'esprit* (Paris, 1887)
Reich, H., *Der Mimus* (Berlin, 1903)
Reichel, O. J., *Canon Law: I. Sacraments* (London, 1896)
Renan, E., *Averroes et l'Averroisme* (Paris, 1861)
Rerum Script. Ital. → Muratori를 볼 것.
Retzius, G., *Finska Kranier* (Stokholm, 1878)
Revue de l'École d'Anthropologie de Paris
Rheinisches Museum
Ridgeway, W., *The Origin of Metallic Currency and Weight Standards* (Cambridge, 1892)
Risley, H. H., *Census of India*, 1901: I, *Ethnographic Appendices* (Calcutta, 1903)
Rockhill, W. W., *Mongolia and Thibet in 1891~1892* (Washington, 1894, and Smithsonian Report for 1892, p. 659)
Rockhill, W. W., trans. of William of Rubruck's Journey to the Eastern Parts of the World, 1253~1255 (Hakluyt Society, 2nd Series, No. 4. London, 1900)
Rodbertus, *Die agrarische Entwickelung Roms unter den Kaisern* (Hildebrand's Jahrbücher, II, 206, and following articles)
Rogers, R. W., *Babylonia and Assyria* (New York, 1901)
Rohde, E., *Psyche* (2te Ausg. Freiburg, 1898)

Rohlfs, G., *Reise durch Nord-Afrika von Tripoli nach Kuka* (Gotha, 1868) *Petermann's Geographischen Mitteilungen*, Ergaenzungsheft, XXV.

de Rojas. → Mabbe를 볼 것.

Romaunt de la Rose. → Lorris를 볼 것.

Rosenbaum, J., *Die Lustseuche* (Halle, 1892)

von Rosenberg, S. B. H., *Reistochten naar de Geelvinkbaai op Nieuw Guinea, 1869~1870* ('s Gravenhage, 1875)

Rossbach, A., *Römische Hochzeits- und Ehe-Denkmäler* (Leipzig, 1871)

Rossbach, G. A. W., *Die Römische Ehe* (Stuttgart, 1853)

Rossbach, J. J., *Geschichte der Familie* (Nordlingen, 1859)

Roth, H. Ling, *Natives of Sarawak and British North Borneo* (New York, 1896)

Roth, H. Ling, *The Aborigines of Tasmania* (London, 1890)

Roth, W. E., *The Northwest Central Queensland Aborigines* (Brisbane, 1897)

Rothe, T., *Nordens Staatsverfassung vor der Lehnszeit* (aus dem Dänischen. Leipzig, 1784~1789, 296)

Rousseau, J. B., Œuvres (IV, 305, trans. of Machiavelli's "Mandragore") (Paris, 1820)

Rubruck. → Rockhill을 볼 것.

Rudeck, W., *Geschichte der oeffentlichen Sittlichkeit in Deutschland* (Jena, 1897)

Russian Ethnography: The Peoples of Russia (published by the Journal "Nations and Peoples," St. Petersburg, 1878) (in Russ.)

de Saint Genois, J., *Sur des Lettres Inédites de Jacques de Vitry écrites en 1216* (in *Nouveaux Mémoires de l'Académie Royale des Sciences, Lettres, et Beaux Arts de Belgique*, XXIII, 1849)

Salviani Opera Omnia (Vindobonae, 1883) (Corpus Script. Ecclesiast., VIII)

Sarassin, P. and F., *Die Weddahs* (Wiesbaden, 1893)

Sarpi, Fra Paolo, *Della Inquisizione di Venezia* (in Vol. IV of his Opere)

Savigny. → Petri를 볼 것.

Schaafhausen, *Menschenfresserei und das Menschenopfer* (*Archiv für Anthropologie*, IV, 245)

von Schack, A. F., *Geschichte der Dramatische Literatur und Kunst in Spanien* (Frankfurt, 1854)

Schallmeyer, W., *Vererbung und Auslese* (Jena, 1903)

Scheltema, J., *Volksgebruiken der Nederlanders bij het Vrijen en Trouwen* (Utrecht, 1832)

Scherillo, M., *La Commedia dell'Arte in Italia* (Torino, 1884)
Scherr, J., *Deutsche Frauenwelt* (Leipzig, 1898)
Scherr, J., *Deutsche Kultur- und Sittengeschichte* (Leipzig, 1879)
Schmidt, C., *La Société Civile dans le Monde Romain et sa Transformation par le Christianisme* (Strassbourg, 1853)
Schmidt, E., *Ceylon* (Berlin, 1897)
Schoemann, G. F., *Griechische Alterthümer* (Berlin, 1897)
Schomburgk, R., *Britisch Guiana in 1840~1844* (Leipzig, 1847)
Schotel, G. D. J., *Het Oud-Hollandsch Huisgezin der Zeventiende Eeuw* (Haarlem, 1867)
Schotmüller, K., *Untergang des Templer-Ordens* (Berlin, 1887)
Schrader, E., *The Prehistoric Antiquities of the Aryan Peoples* (trans.) (London, 1890)
Schultz, A., *Das Höfische Leben zur Zeit der Minnesinger* (Leipzig, 1879~1880)
Schultz, A., *Deutsches Leben in XIVten und XVten Jahrhundert* (Cited D. L.) (Leipzig, 1892)
Schultze, *Psychologie der Naturvölker*
Schurz, H., *Entstehungsgeschichte des Geldes* (*Deutsche Geographische Blätter*, XX, Bremen, 1897)
Schwaner, C. A. L. M., *Borneo* (Amsterdam, 1853)
Schweinfurth, G., *The Heart of Africa* (trans.) (New York, 1874)
Scientific American
Scribner's Magazine
Scripta Historica Islandorum: II. Historiae Olavi Trygvii (Hafniae, 1827)
Seeck, G., *Untergang der antiquen Welt* (Berlin, 1895)
Selenka, E., *Der Schmuck des Menschen* (Berlin, 1900)
Semon, R., *In the Australian Bush* (New York, 1899)
Semper, K., *Die Palau Inseln* (Leipzig, 1873)
Seneca, *De Ira*
Seneca, *Letters*
Seneca, *Opera*
Serpa Pinto, *Como eu atravassei Africa* (London, 1881)
Seuberlich. → Nekrassow를 볼 것.
Sibree, J., jr., *The Great African Island* (London, 1880)
Sieroshevski, V. L., *Jakuty* (in Russ.) (St. Petersburg, 1896)
Sieroshevski, V. L., *Twelve Years in the Country of the Yakuts* (Polish version of

the last with revision and additions) (Warsaw, 1900)
Simkhovitsch, W. G., *Die Feldgemeinschaft in Russland* (Jena, 1898)
Simrock, K., *Das Nibelungen Lied* (Stuttgart, 1890)
Smith, A. H., *Chinese Characteristics* (New York, 1894)
Smith, W. Robertson, *Kinship and Marriage in early Arabia* (Cambridge, 1885)
Smith, W. Robertson, *Religion of the Semites* (London, 1894)
Smith, William (ed.). *Dictionary of Greek and Roman Antiquities* (London: John Murray)
Smithsonian Institute, Reports of the,
Smithsonian Contributions to Knowledge
Smyth, R. B., *The Aborigines of Victoria* (Melbourne, 1878)
Snouck-Hurgronje, C., *De Atjehers* (Leyden, 1894~1895)
Snouck-Hurgronje, C., *Mekka* (Haag, 1889)
Snyder, W. L., *The Geography of Marriage* (New York, 1889)
Sohm, R., *Trauung und Verlobung* (Weimar, 1876)
Southey, R., *History of Brazil* (London, 1822)
Spencer, B., and Gillen, F. J., *Native Tribes of Central Australia* (New York, 1899)
Spencer, H., *Principles of Sociology* (New York, 1905)
Spiegel, F., *Eranische Alterthumskunde* (Leipzig, 1871~1878)
Spix, J. B., und Martius, C. F. P., Reise in Bras*ilien, 1817~1820* (München, 1831)
Sprenger, A., *Die Alte Geographie Arabiens* (Berlin, 1875)
Sprenger, F. J., *Malleus Maleficarum* (Venici, 1576)
Stammler, C., *Stellung der Frauen* (Berlin, 1877)
Starcke, C. N., *The Primitive Family* (New York, 1889)
von den Steinen, K., *Naturvölker Zentral Brasiliens* (Berlin, 1894). Shingu Tribes (Berlin Mus., 1888)
Steinmetz, S. R., *Endo-Kannibalismus, Mitteilungen der Anthropologischen Gesellschaft in Wien*, XXVI
Stengel, P., *Die Griechischen Kultusalterthümer* (München, 1898)
Stevens, H. V., *Frauenleben der Orang Belendas, etc.* (*Zeitschrift für Ethnologie*, XXVIII, 163)
Stieda, L., *Die Infibulation* (Wiesbaden, 1902)
Stiles, H. M., *Bundling in America* (Albany, 1869)
Stoll, O., *Suggestion und Hypnotismus in der Völkerpsychologie* (Leipzig, 1904)
Strabo, *Geographica*

Strange, Sir W. T., *Hindu Law* (London, 1830)
Strauss, A., *Die Bulgaren* (Leipzig, 1898)
Strong, J. C., *Wakeenah and her People* (New York, 1893)
Stubbs, W., *Constitutional History of England* (Oxford, 1874)
Stubbs, W., *Select Charters* (Oxford, 1874)
Stuhlmann, F., *Mit Emin Pascha ins Herz von Afrika* (Berlin, 1894)
Suetonius, *De XII Caesaribus*
Surtees Society (Vols. LIX and LX), *Manuale et Processionale ad usam insignis Ecclesiae Eboracensis* (Edinburgh, 1875)
Susemihl, F. K. E., *Geschichte der Griechischen Literatur in der Alexandriner Zeit* (Leipzig, 1891~1892)
Symonds, J. A. → Gozzi를 볼 것.
Symonds, J. A., *The Catholic Reaction* (London, 1886)
Symonds, J. A., *The Renaissance in Italy* (London, 1875)
Symonds, J. A., *Autobiography of Cellini* (New York, 1888)

Tacitus, *Germania*
Tacitus, *Annals*
Temesvary, R., *Volksbräuche und Aberglaube in der Geburtshilfe* (Leipzig, 1900)
Tertullian, *de Anima*
Tertullian, *Apologia*
Tertullian, *de Spectaculis*
Tertullian, *ad Nationes*
Thayer, W. M., *Marvels of the New West* (Norwich, Conn., 1888)
Thomae Aquinatis Opera Omnia jussu impensaque Leonis XIII, P. M. (Rome, 1892)
Thomae Aquinatis Opuscula Omnia (Paris, 1534)
Thomson, J., *Illustrations of China* (London, 1873)
Thruston, Gates Phillips, *The Antiquities of Tennessee and the Adjacent States and the State of Aboriginal Society in the Scale of Civilization Represented by Them.* (Cincinnati, Ohio: The R. Clarke Company, 1897)
Tiele, C. P., *Geschichte der Religion im Alterthume* (Gotha, 1896)
Times, The New York
Todd, J. H., *Life of St. Patrick* (Dublin, 1864)
Tornauw, *Das Moslimische Recht* (Leipzig, 1855)
Trevelyan, G. M., *England in the Age of Wycliffe* (New York, 1899)

Two Ways, The. → Apostolic Constitutions를 볼 것.
Tylor, E. B., *Anthropology* (New York, 1881)
Tylor, E. B., *Early History of Mankind* (London, 1865)

Ueberweg, F., *History of Philosophy* (trans.) (New York, 1873)
Uhland, *Geschichte der Dichtung und Sage* (Stuttgart, 1865)
Umschau, Die

Valerius Maximus, *Factorum et Dictorum Memorabilium libri novem*
Vambery, H., *Sittenbilder aus dem Morgenlande* (Berlin, 1877)
Vanutelli, L., e Citerni, C., *L'Omo* (Milano, 1899)
de Varnhagen, F. A., *Historia Geral do Brazil* (Rio de Janeiro, 1854~1857)
Venetian Ambassadors. → Alberi를 볼 것.
Veth, P. J., *Borneo's Wester-Afdeeling* (Zaltbommel, 1856)
Vinogradoff, P. G., *Villainage in England* (Oxford, 1892)
Vissering, W., *On Chinese Currency* (Leiden, 1877)
Vitry. → Saint Genois를 볼 것.
Volkens, G., *Der Kilimandscharo* (Berlin, 1897)

Wachsmuth, *Bauernkriege* (Räumer, *Historisches Taschenbuch*, V)
Waitz, F. T., *Anthropologie* (1859~1872)
Wallon, H. A., *L'Esclavage dans l'Antiquité* (Paris, 1847)
Weinhold, K., *Die Deutschen Frauen in dem Mittelalter* (Wien, 1882)
Wellhausen, J., *Die Ehe bei den Arabern* (Göttingen, 1893)
Wellhausen, J., *Skizzen und Vorarbeiten* (Berlin, 1887)
Wellsted, J. R., *Travels in Arabia* (London, 1837)
Westerhout, R. A., *Het Geslachtsleven onzer Voorouders in de Middeleeuwen* (Amsterdam, no date)
Westermarck, E., *Human Marriage* (London, 1891)
Whitmarsh, H. P., *The World's Rough Hand* (New York, 1898)
Whitney, W. D., *Language and the Study of Language* (New York, 1867)
Wiklund, K. B., *Om Lapparna i Sverige* (Stockholm, 1899)
Wilken, G. A., *Huwelijks- en Erfrecht bei de Volken van Zuid Sumatra* (Bijdragen tot T. L. en V.- kunde van Indie, XL)
Wilkins, D., *Concilia Magnae Britanniae et Hiberniae, 446~1717* (London, 1737)

Wilkins, W. J., *Modern Hinduism* (London, 1887)
Williams, S. W., *The Middle Kingdom* (New York, 1883)
Wilson, C. T., and Felkin, R. W., *Uganda and the Egyptian Sudan* (London, 1882)
Wilutsky, P., *Mann und Weib* (Breslau, 1903)
Winckler, H., *Die Gesetze Hammurabis* (Leipzig, 1902)
Winter, E. → Jastrow, J.를 볼 것.
Wisen, T., *Om Qvinnan i Nordens Forntid* (Lund, 1870)
Wissowa, G., *Religion und Kultus der Römer* (München, 1892)
Wobbermin, G., *Beeinflussung des Urchristenthums durch das Mysterienwesen* (Berlin, 1896)
Woodford, C. M., *A Naturalist among the Headhunters* (London, 1890)
Wüllestorff und Urbair, *Reise der Novara um die Erde, 1857~1859* (Wien, 1861~1865)
Wundt, W., *Ethik* (Stuttgart, 1892)

Xenophon, *Economicus*
Xenophon, *Symposium*
Xiphilin, *The History of Dio Cassius abridged* (trans. by Dr. Manning) (London, 1704)

Yriarte, C., *La Vie d'un Patricien de Venise* (Paris, 1874)
Yule, H., *Mission to Ava in 1855* (London, 1858)
Yule, H., *The Book of Ser Marco Polo* (London, 1903)

Zappert, G., *Das Badewesen* (*Archiv für Kunde oesterreichischer Geschichtsquellen*, XXI)
de Zarate, A. Gil, *Literatura Española* (Madrid, 1874)
Zay, E., *Histoire Monétaire des Colonies Françaises* (Paris, 1892)
Zeitschrift für Ethnologie
Zeitschrift für Vergleichende Rechtswissenschaft
Zeitschrift für Völkerpsychologie
Zeitschrift für Volkskunde
Zimmer, H., *Altindisches Leben* (Berlin, 1879)

찾아보기

ㄱ

가우초 / 17
가족 노예제 / 173
갈라족 / 26, 170
갈리노메로족 / 280
감옥 / 65
건축 / 32
검사성성 / 130, 139
겉치레 / 21
게르만법 / 271
경구 / 7, 12
계몽주의자 / 44
고대국가 / 190
고문 / 70, 105, 110
고문 심문소 / 147
골튼(Galton) / 33
공상적 이상주의 / 84
과학 / 103
관례화 / 22
관조적인 삶 / 221
교회 / 132
교회법 / 121, 271
구별 / 18
국민 / 8
귀족 / 19
귀쿠르족 / 177, 260

규약 / 102
그라쿠스 / 194
그레고리오 9세 / 69, 133
금기 / 61
금욕주의 / 91
기병대원 / 208
기사 / 56
기술 / 103
기적극 / 88

ㄴ

낙태 / 248, 249
남북전쟁 / 74
네르바 / 115
노동조합주의 / 9
노블레스 오블리주 / 60, 61
노예 / 10
노예무역 / 231, 241
노예제 / 158
노인 / 248, 274
노인살해 / 249, 279
누비아족 / 164, 240
누쿠오로족 / 258, 264
뉴헤브리디스 / 259
느굼바족 / 169
느헤미야 / 189

니코바르족 / 276
니콜라오 1세 / 113
니콜라오 5세 / 229
니콜라이 1세 / 35

ㄷ

다마라족 / 173
다모필로스 / 197
다미아니 / 94
다야크족 / 184, 257
대속 / 215
대장장이 / 27
대중 / 93, 105, 132
대중 박해 / 125
대중현상 / 49, 52, 65
도나투스파 / 66
도덕극 / 7, 88
도르소 / 127
도미니코회 / 106, 124
도미티아누스 / 212
드레스 / 23
드미 테름 / 30
디모테오파 / 74
디오 크리소스토무스 / 46, 208
디오도루스 / 197
디오클레티아누스 / 219
딩카족 / 27

ㄹ

라마교 / 91
라티푼디아 / 197, 219

레오 10세 / 102
레위기 / 107
레키(Lecky) / 62, 212
로마 / 190
로마법 / 109, 120
로베르(경건왕) / 125
로사이족 / 276
로코코 양식 / 32
로트베르투스(Rodbertus) / 219
롤라드파 / 147
루쿨루스 / 196
루퀜족 / 28
리(Lea) / 142
리그르의 노래 / 223

ㅁ

마녀 / 39, 103
마녀 박해 / 103
마니교 / 66, 153
마라타족 / 254
마르카르트(Marquardt) / 216
마르쿠스 아우렐리우스 / 217
마리우스 / 199
마법 / 63, 68, 112
마사게타이족 / 286
마사바족 / 162
마사이족 / 163
마카라카족 / 163
마코롤로족 / 163
마크로비우스 / 213
마태복음 / 189

마하바라타 / 54
막시무스 / 113
말라가산족 / 265
망령에 대한 믿음 / 109
망사르 양식 / 32
망상 / 65, 67, 81
매너 / 59
멋쟁이 / 47
메로빙거 왕조 / 69
메이즈 / 55
면죄부 / 123
모기아족 / 267
모델 / 50
모럴 / 4
모럴리스트 / 33
모레스 / 3
모어(Thomas More) / 238
무도광 / 68, 71
무원죄 잉태설 / 124
무의미한 감탄사 / 41, 42
무함마드 / 233
물신 사제 / 168
민속지학(ethnography) / 275
민주적 / 10
민주주의 / 7
밀트 / 55

ㅂ

바니카족 / 170
바드샤가족 / 266
바실리우스 1세 / 214

바알제불 / 134
바울(사도 바울) / 63
바탁족 / 185
바후마족 / 162
박트리아 / 285
박해 / 110, 128, 132
반야보족 / 164
발라돌리드 위원회 / 229
발렌티니아누스 / 218
발롱(Wallon) / 216
포겔바이데(Walter von der Vogelweide) / 88
방언 / 42
뱅크스 제도 / 264
범죄 / 61
베네치아 / 20, 30, 231
베로네세(Paolo Veronese) / 152
베롬부타족 / 163
베르나르 기 / 139
베르나르 델리시외
　　　(Bernard Delicieux) / 78, 119
베르톨드(Franciscan Berthold of
　　　Ratisbon) / 73
베스파시아누스 / 217
별명 / 7, 11
보나벤투라 / 78
보니파키우스 8세 / 153
보닛 / 62
보댕 / 233
복음주의 / 74
본다이족 / 265

볼로냐 / 231
볼모 노예 / 188
부시먼 / 284
분석 / 16
비베스(Louis Vivez) / 143
비스콘티 / 154
비트리(Jacques de Vitry) / 75, 76
빈곤 / 75
빌런 / 238

ㅅ

사롱 / 28
사변(speculative) 윤리 / 272
사비트리 / 54
사신(邪神) / 83, 112
사신 연구(demonology) / 68
사신에 대한 믿음(demonism) / 68
사투르날리아 / 213
사형(死刑) / 105
사형(私刑) / 108, 114
사회선택 / 3, 86, 99, 100, 120
사회적 힘(social force) / 98
삽화 / 6
상징 / 6, 7
샤먼 / 282
서고트족 / 233, 235
서사시 / 4, 5
서컴셀리온 / 82
선전구호 / 7, 9
성례 / 70
성서 / 6

성실청 / 148
성인 / 57
성전기사단 / 119
성직자 / 93, 94, 99
성직자 독신제 / 100
성직특권주의 / 92
성찬중시주의 / 92
세계관 / 103
세네카 / 208, 269
소말리족 / 169, 284
소포로시네 / 55
수도회 / 77
순교 / 66
순수 문학 / 45
술라 / 199
술탄 / 235
쉐르(Scherr) / 41
슈미트(C. Schmidt) / 212
슈바인푸르트(Schweinfurth) / 235
슐츠(Scultz) / 21
스콜 / 224
스콜라주의 / 37
스크립토레스 에로티시 / 191
스파르타쿠스 / 195
스피(Spee, Count Frederick von) / 119
스피리투알 / 77
슬로건 / 7, 9
시민 재판 / 142
시바파 / 91
시스비오 / 48

식스투스 4세 / 145
신맬서스주의 / 254, 273
신명기 / 190
신사 / 59, 60
신스토아학파 / 208
신약성서 / 110
신화 / 4
실재론 / 37
십자가 / 6
십자군 / 56, 67, 70, 89
씨종 / 184

ㅇ

아담파 / 66
아르마냐 / 232, 233
아르테 / 54
아메리카주의 / 8
아베로에스 / 141
아벨라르두스 / 97
아스다롯 / 134
아시리아 / 111
아우구스투스 / 47, 201
아우렐리아누스 / 218
아이도스 / 55
아이밀리우스 파울루스 / 199
아체족 / 258
아카르나니아족 / 163
아파족 / 169
안다만족 / 277
안토니누스 피우스 / 212
안토니오(Antony of Padua) / 71

알곤킨족 / 174
알렉산더 세베루스 / 210
알렉산데르 4세 / 142
알마 위원회 / 229
알비파 / 75, 106, 124
암시 / 3
압둘라흐만 3세 / 234
애국심 / 8
어린이 십자군 / 72
언약 법전 / 189
에릭손 / 226
에비아족 / 161
에우리피데스 / 192
에우세비우스 / 111
에이메리쿠스 / 149
엑스라샤펠 / 71
엘레우테로스 / 55
엘렉트라 / 60
엘로이즈 / 97
엘리트 / 59
열광 / 65, 67, 81, 82
영원한 복음 / 141
오디세이 / 4
오랑 라우트 / 258
오로모족 / 276
오마하족 / 281
오세티야족 / 277
올보스 / 54
와동 / 37
와일라키족 / 280
요세푸스 / 82

요술(witchcraft) / 68, 155
요아킴 / 141
요한 22세 / 77, 123, 154
욥기 / 189
우화 / 31, 36
울피아누스 / 119, 203
움메우스 / 191
원시 기독교 / 75
월가 / 8
위생 / 64
위선적 표현 / 45
유명론 / 37
유베날리스 / 62, 205
유스티니아누스 법전 / 214, 270
유아살해 / 248, 249, 262
유행 / 21, 29, 30, 31
은어 / 41, 43
음바야족 / 176
이단 / 68, 103, 117, 122
이단 심문 / 102, 110, 129, 133, 140, 141
이단 혐의 / 140
이단자 화형 법령 / 147
이로쿼이족 / 109
이리아르트(Yriarte) / 30
이상 / 29, 50
이성주의 / 37
이시도르(Isidore of Seville) / 215
이신론 / 37
이오니아 / 191
이자른 / 106

인구 / 248
인구 정책 / 251
인노켄티우스 3세 / 118, 125
인노켄티우스 4세 / 135, 142
인노켄티우스 8세 / 96, 145
인도주의 / 13
인두세 / 200
인유 / 4
일리노이족 / 174
일리아드 / 4
일부다처제 / 164
일시적 유행 / 21, 44
임금 노예 / 11
입증 / 16

장미 이야기 / 76
재산 몰수 / 139
전언(common report) / 121
전쟁 포로 / 241
정당 / 105
제노바 / 20
제크리스족 / 277
종교개혁 / 88
종교재판소 / 126
죄인 판별법 / 118
중세 교회 / 86
지복직관 / 123

ㅊ

차반테스족 / 277

창안 / 51
채찍질 고행자 / 67, 70, 71
처벌 / 85
척치족 / 284
체르케스족 / 238
최적 집단 / 164
치누크족 / 175
침시아족 / 175

ㅋ

카두베오족 / 260
카롤링거 왕조 / 69, 121
카르타고 / 20
카빌족 / 266
카타리파 / 139
카토 / 195
카피르족 / 164
칼데아 / 188
칼로카가티 / 55
칼리굴라 / 107
칼무크족 / 278
케사르 / 206
코란 / 234, 272
콘드족 / 267
콘벤투알 / 77
콘스탄티노플 공의회 / 93
콘스탄티누스 / 107, 214, 270
콜로나투스 / 215, 217
콜론 / 216
쿠르드족 / 238
쿠리아 / 77

퀘이커교도 / 21, 66
큐리알 / 218
크라수스 / 194, 195
크리놀린 / 23, 36, 39
크리소스토무스 / 33, 220
크시필리누스 / 62
클라우디우스 / 194
클레멘스 5세 / 230
클뤼니 / 87

ㅌ

타키투스 / 201, 269
탁발 수도회 / 69, 74, 76, 79, 133
태머니 홀 / 58, 101
태머니파 / 101
테라포이트 / 221
테오도시우스 법전 / 108
토가 / 200
토다스족 / 91
토마스 아퀴나스 / 229
투아레그족 / 163
투피족 / 282
트로이의 여인들 / 192
트리엔트 공의회 / 97
트링킷족 / 175
티베리우스 / 195
팁 도덕 / 204

ㅍ

파르지팔 / 286
파리아 / 170

파토스 / 14, 15
파푸아인 / 26, 257
판테아 / 207
팔라디오 양식 / 32
페니키아 / 191
페드로 2세 / 130
페르티낙스 / 217
페트리(Flinders Petrie) / 29
편의 / 274
평민 / 205
포니족 / 174
포모사 / 267
폭군 / 206
폭군 살해 / 14
폰카족 / 281
폼페이우스 / 196
표준 / 50
푸프 / 31
품성 / 43
풍자화 / 48, 49
퓨리턴 / 21
프라 파올로 사르피 / 101, 152
프란체스코 / 79
프란체스코(Francis of Assisi) / 74
프란체스코회 / 31, 73
프랑크족 / 228
프로테스탄트 / 6
프루멘타리 / 197
프리드리히 2세 / 133, 142
프리메이슨 / 81
플로렌티누스 / 203

플로루스 이단 / 77
플로지스톤 / 37
플루타르코스 / 111, 209
플리니우스 / 208, 269
피렌체 / 20
피숑(Pischon) / 236
피에트로(Peter of Ravenna) / 143
피챔 / 148
피츠허버트 / 238
필로 유데우스 / 221
필로타스 / 111
필리프 4세(미남왕) / 228

ㅎ

하드리아누스 / 212
하이스터베르크(Heisterbergk) / 216, 219
한자 / 20
함무라비 / 105, 107, 188
해방노예 / 201, 205
행형학자 / 108
허식 / 21, 44
헤레로족 / 27, 276
헤로데 1세 / 107
헤카베 / 192
형벌 / 105
호노리우스 / 218
호메로스 / 191
호바족 / 275
호텐토트족 / 173, 266, 284
홀럽 / 172

화체설 / 90
화형 / 105, 106, 113
황제 / 200
후밀리아티 / 76

후파족 / 163
히스테리 / 65, 82
힐데브란트 / 94, 97, 100
힐페리히 / 113

절번호 찾아보기

1권

절번호	쪽
1.	2
2.	3
3.	5
4.	6
5.	8
6.	9
7.	11
8.	11
9.	12
10.	15
11.	17
12.	19
13.	19
14.	20
15.	21
16.	22
17.	23
18.	24
19.	25
20.	27
21.	27
22.	32
23.	33
24.	34
25.	37
26.	40
27.	41
28.	42
29.	45
30.	48
31.	49
32.	50
33.	51
34.	52
35.	52
36.	54
37.	55
38.	56
39.	57
40.	58
41.	60
42.	62
43.	63
44.	64
45.	65
46.	66
47.	67
48.	68
49.	68
50.	71
51.	72
52.	75
53.	78
54.	78
55.	80
56.	81
57.	83
58.	84
59.	85
60.	87
61.	89
62.	91
63.	92
64.	93
65.	95
66.	97
67.	98
68.	101
69.	102
70.	103
71.	105
72.	107
73.	110
74.	111
75.	114
76.	115
77.	119
78.	119
79.	120
80.	124
81.	127
82.	128
83.	129
84.	131
85.	132
86.	135
87.	136
88.	137

89. ……………… 140	124. ……………… 203	159. ……………… 270
90. ……………… 141	125. ……………… 204	160. ……………… 272
91. ……………… 143	126. ……………… 205	161. ……………… 273
92. ……………… 145	127. ……………… 206	162. ……………… 274
93. ……………… 146	128. ……………… 210	163. ……………… 276
94. ……………… 148	129. ……………… 212	164. ……………… 278
95. ……………… 149	130. ……………… 215	165. ……………… 280
96. ……………… 150	131. ……………… 216	166. ……………… 282
97. ……………… 151	132. ……………… 218	167. ……………… 285
98. ……………… 153	133. ……………… 220	168. ……………… 288
99. ……………… 155	134. ……………… 221	169. ……………… 289
100. ……………… 156	135. ……………… 222	
101. ……………… 158	136. ……………… 225	**2권**
102. ……………… 160	137. ……………… 225	170. ……………… 3
103. ……………… 162	138. ……………… 230	171. ……………… 3
104. ……………… 164	139. ……………… 232	172. ……………… 6
105. ……………… 167	140. ……………… 233	173. ……………… 7
106. ……………… 168	141. ……………… 234	174. ……………… 9
107. ……………… 171	142. ……………… 236	175. ……………… 10
108. ……………… 171	143. ……………… 239	176. ……………… 11
109. ……………… 173	144. ……………… 241	177. ……………… 12
110. ……………… 175	145. ……………… 244	178. ……………… 14
111. ……………… 175	146. ……………… 246	179. ……………… 15
112. ……………… 176	147. ……………… 247	180. ……………… 16
113. ……………… 177	148. ……………… 250	181. ……………… 16
114. ……………… 180	149. ……………… 251	182. ……………… 18
115. ……………… 183	150. ……………… 253	183. ……………… 19
116. ……………… 184	151. ……………… 256	184. ……………… 20
117. ……………… 186	152. ……………… 258	185. ……………… 21
118. ……………… 188	153. ……………… 258	186. ……………… 22
119. ……………… 190	154. ……………… 261	187. ……………… 23
120. ……………… 190	155. ……………… 263	188. ……………… 25
121. ……………… 192	156. ……………… 265	189. ……………… 28
122. ……………… 198	157. ……………… 268	190. ……………… 30
123. ……………… 201	158. ……………… 269	191. ……………… 32
		192. ……………… 34

193. ·········· 35	228. ·········· 97	263. ·········· 144
194. ·········· 36	229. ·········· 99	264. ·········· 146
195. ·········· 39	230. ·········· 100	265. ·········· 147
196. ·········· 40	231. ·········· 100	266. ·········· 149
197. ·········· 41	232. ·········· 102	267. ·········· 151
198. ·········· 44	233. ·········· 104	268. ·········· 153
199. ·········· 46	234. ·········· 106	269. ·········· 154
200. ·········· 48	235. ·········· 108	270. ·········· 158
201. ·········· 49	236. ·········· 109	271. ·········· 159
202. ·········· 49	237. ·········· 110	272. ·········· 161
203. ·········· 50	238. ·········· 112	273. ·········· 164
204. ·········· 50	239. ·········· 114	274. ·········· 166
205. ·········· 52	240. ·········· 114	275. ·········· 168
206. ·········· 53	241. ·········· 118	276. ·········· 173
207. ·········· 57	242. ·········· 118	277. ·········· 173
208. ·········· 58	243. ·········· 120	278. ·········· 176
209. ·········· 59	244. ·········· 121	279. ·········· 179
210. ·········· 61	245. ·········· 122	280. ·········· 180
211. ·········· 61	246. ·········· 124	281. ·········· 186
212. ·········· 63	247. ·········· 125	282. ·········· 186
213. ·········· 65	248. ·········· 127	283. ·········· 187
214. ·········· 67	249. ·········· 128	284. ·········· 189
215. ·········· 68	250. ·········· 128	285. ·········· 190
216. ·········· 72	251. ·········· 129	286. ·········· 194
217. ·········· 74	252. ·········· 130	287. ·········· 196
218. ·········· 76	253. ·········· 131	288. ·········· 198
219. ·········· 79	254. ·········· 132	289. ·········· 201
220. ·········· 80	255. ·········· 133	290. ·········· 203
221. ·········· 81	256. ·········· 135	291. ·········· 205
222. ·········· 84	257. ·········· 136	292. ·········· 206
223. ·········· 85	258. ·········· 136	293. ·········· 208
224. ·········· 86	259. ·········· 138	294. ·········· 209
225. ·········· 89	260. ·········· 140	295. ·········· 211
226. ·········· 90	261. ·········· 141	296. ·········· 212
227. ·········· 92	262. ·········· 142	297. ·········· 215

298. ·············· 217	333. ·············· 279	367. ·············· 17
299. ·············· 220	334. ·············· 280	368. ·············· 18
300. ·············· 221	335. ·············· 285	369. ·············· 20
301. ·············· 222	336. ·············· 287	370. ·············· 21
302. ·············· 227	337. ·············· 288	371. ·············· 22
303. ·············· 227	338. ·············· 292	372. ·············· 25
304. ·············· 230	339. ·············· 292	373. ·············· 27
305. ·············· 232	340. ·············· 295	374. ·············· 31
306. ·············· 233	341. ·············· 296	375. ·············· 34
307. ·············· 237	342. ·············· 299	376. ·············· 36
308. ·············· 238	343. ·············· 299	377. ·············· 37
309. ·············· 239	344. ·············· 300	378. ·············· 39
310. ·············· 239	345. ·············· 301	379. ·············· 40
311. ·············· 240	346. ·············· 303	380. ·············· 41
312. ·············· 242	347. ·············· 304	381. ·············· 45
313. ·············· 243	348. ·············· 305	382. ·············· 46
314. ·············· 248	349. ·············· 306	383. ·············· 47
315. ·············· 248	350. ·············· 307	384. ·············· 49
316. ·············· 250	351. ·············· 309	385. ·············· 50
317. ·············· 250	352. ·············· 309	386. ·············· 51
318. ·············· 251	353. ·············· 310	387. ·············· 53
319. ·············· 253	354. ·············· 311	388. ·············· 54
320. ·············· 254	355. ·············· 312	389. ·············· 55
321. ·············· 257	356. ·············· 314	390. ·············· 55
322. ·············· 259		391. ·············· 56
323. ·············· 261	3권	392. ·············· 58
324. ·············· 262	357. ·············· 2	393. ·············· 59
325. ·············· 265	358. ·············· 2	394. ·············· 59
326. ·············· 265	359. ·············· 4	395. ·············· 60
327. ·············· 268	360. ·············· 5	396. ·············· 61
328. ·············· 272	361. ·············· 7	397. ·············· 63
329. ·············· 273	362. ·············· 8	398. ·············· 64
330. ·············· 274	363. ·············· 9	399. ·············· 65
331. ·············· 275	364. ·············· 10	400. ·············· 67
332. ·············· 279	365. ·············· 12	401. ·············· 67
	366. ·············· 13	

402. ············· 68	437. ············· 117	472. ············· 168
403. ············· 69	438. ············· 120	473. ············· 169
404. ············· 69	439. ············· 120	474. ············· 172
405. ············· 70	440. ············· 122	475. ············· 173
406. ············· 71	441. ············· 123	476. ············· 174
407. ············· 73	442. ············· 123	477. ············· 175
408. ············· 75	443. ············· 125	478. ············· 177
409. ············· 77	444. ············· 129	479. ············· 179
410. ············· 80	445. ············· 130	480. ············· 180
411. ············· 81	446. ············· 131	481. ············· 181
412. ············· 81	447. ············· 133	482. ············· 183
413. ············· 86	448. ············· 134	483. ············· 184
414. ············· 86	449. ············· 135	484. ············· 185
415. ············· 88	450. ············· 136	485. ············· 186
416. ············· 89	451. ············· 137	486. ············· 188
417. ············· 90	452. ············· 139	487. ············· 189
418. ············· 93	453. ············· 139	488. ············· 190
419. ············· 94	454. ············· 141	489. ············· 192
420. ············· 96	455. ············· 142	490. ············· 193
421. ············· 97	456. ············· 142	491. ············· 194
422. ············· 99	457. ············· 144	492. ············· 196
423. ············· 99	458. ············· 145	493. ············· 197
424. ············· 100	459. ············· 146	494. ············· 198
425. ············· 101	460. ············· 148	495. ············· 200
426. ············· 103	461. ············· 149	496. ············· 200
427. ············· 103	462. ············· 152	497. ············· 204
428. ············· 104	463. ············· 153	498. ············· 207
429. ············· 106	464. ············· 155	499. ············· 208
430. ············· 106	465. ············· 156	500. ············· 210
431. ············· 109	466. ············· 158	501. ············· 211
432. ············· 110	467. ············· 160	502. ············· 213
433. ············· 111	468. ············· 162	503. ············· 213
434. ············· 113	469. ············· 165	504. ············· 215
435. ············· 115	470. ············· 166	505. ············· 216
436. ············· 116	471. ············· 167	506. ············· 217

507. 218	542. 255	576. 7
508. 224	543. 257	577. 9
509. 225	544. 258	578. 10
510. 226	545. 259	579. 12
511. 227	546. 260	580. 12
512. 228	547. 262	581. 13
513. 229	548. 265	582. 14
514. 230	549. 266	583. 17
515. 231	550. 267	584. 18
516. 232	551. 268	585. 22
517. 233	552. 270	586. 22
518. 234	553. 272	587. 23
519. 235	554. 273	588. 24
520. 237	555. 274	589. 26
521. 237	556. 276	590. 28
522. 238	557. 276	591. 29
523. 239	558. 278	592. 29
524. 240	559. 278	593. 33
525. 241	560. 279	594. 34
526. 241	561. 281	595. 38
527. 241	562. 283	596. 38
528. 242	563. 284	597. 39
529. 242	564. 284	598. 43
530. 243	565. 285	599. 44
531. 244	566. 286	600. 44
532. 246	567. 287	601. 45
533. 247	568. 290	602. 47
534. 250	569. 291	603. 47
535. 250	570. 293	604. 48
536. 251	571. 294	605. 51
537. 252		606. 52
538. 253	**4권**	607. 53
539. 253	572. 2	608. 55
540. 254	573. 3	609. 56
541. 255	574. 4	610. 58
	575. 5	

611. ············ 58	646. ············ 106	681. ············ 149
612. ············ 59	647. ············ 107	682. ············ 152
613. ············ 61	648. ············ 108	683. ············ 152
614. ············ 65	649. ············ 109	684. ············ 154
615. ············ 65	650. ············ 110	685. ············ 154
616. ············ 67	651. ············ 113	686. ············ 155
617. ············ 69	652. ············ 114	687. ············ 156
618. ············ 70	653. ············ 116	688. ············ 160
619. ············ 72	654. ············ 117	689. ············ 161
620. ············ 73	655. ············ 117	690. ············ 161
621. ············ 73	656. ············ 119	691. ············ 162
622. ············ 75	657. ············ 120	692. ············ 164
623. ············ 76	658. ············ 121	693. ············ 164
624. ············ 77	659. ············ 122	694. ············ 164
625. ············ 80	660. ············ 124	695. ············ 167
626. ············ 82	661. ············ 124	696. ············ 170
627. ············ 83	662. ············ 125	697. ············ 170
628. ············ 86	663. ············ 126	698. ············ 172
629. ············ 86	664. ············ 127	699. ············ 174
630. ············ 87	665. ············ 128	700. ············ 176
631. ············ 91	666. ············ 129	701. ············ 177
632. ············ 92	667. ············ 130	702. ············ 180
633. ············ 94	668. ············ 132	703. ············ 182
634. ············ 95	669. ············ 134	704. ············ 184
635. ············ 95	670. ············ 135	705. ············ 185
636. ············ 97	671. ············ 135	706. ············ 186
637. ············ 98	672. ············ 138	707. ············ 187
638. ············ 99	673. ············ 139	708. ············ 187
639. ············ 99	674. ············ 141	709. ············ 188
640. ············ 100	675. ············ 142	710. ············ 189
641. ············ 101	676. ············ 143	711. ············ 189
642. ············ 104	677. ············ 144	712. ············ 192
643. ············ 104	678. ············ 145	713. ············ 193
644. ············ 105	679. ············ 146	714. ············ 193
645. ············ 105	680. ············ 147	715. ············ 195

716. ……………196	721. ……………201	726. ……………214
717. ……………196	722. ……………203	727. ……………214
718. ……………198	723. ……………205	728. ……………216
719. ……………199	724. ……………206	
720. ……………200	725. ……………211	

| 옮긴이 해제 |

사회진화론에 대한 일반적인 비판을 윌리엄 섬너의 입장에도 적용할 수 있는가?[1]

I. 서론

사회진화론(Social Evolutionism)은 자연계에 적용되는 진화론을 인간 사회에도 적용하는 일련의 이론을 지칭하는 단어다. 이러한 이론은 19세기 말 다윈의 진화론이 커다란 반향을 일으키고 난 후 스펜서(Herbert Spencer)를 위시한 여러 학자가 다양한 형태로 제시하면서 한 시대를 풍미했다. 하지만 사회진화론은 얼마 있지 않아 철학적으로 미성숙한 이론이라는 판정을 받게 된다. 그런데 이보다 더 문제가 되었던 것은 사회진화론이 제국주의 침략을 옹호하고 인종 차별 등 각종 불평등의 불가피성까지도 옹호하고 있다는 의심이 제기되었다는 점이다.[2] 이러한

---

[1] 「사회진화론에 대한 일반적인 비판을 윌리엄 섬너의 입장에도 적용할 수 있는가?: 그의 주저 『습속』을 중심으로」, 2017.09, 동서철학연구 85호, 동서철학회, 517~540쪽.

[2] Peter Munz, "Darwinism" in D. Callahan & R. Chadwick ed., *Encyclopedia of*

문제로 어떤 이론이 사회진화론으로 분류된다는 것은 곧 그러한 이론이 심각한 문제가 있음을 뜻하게 되었다.

이 글에서 검토해 보고자 하는 섬너(William G. Sumner)는 스펜서의 영향을 받은 사회진화론자로 알려진 미국의 사회학자이자 경제학자다. 이와 같은 평가는 사실상 섬너에게도 사회진화론자가 일반적으로 받는 비판이 그대로 적용됨을 의미한다. 다시 말해, 그 또한 진화론을 적자생존의 과정으로 보았을 뿐만 아니라 이를 옳다고 생각했으며, 이를 바탕으로 각종 차별을 정당화했다는 것이다.[3] 하지만 이와 같은 비판은 적절한가?

이하에서 필자는 사회진화론에 제기되는 일반적인 비판이 섬너의 입장에도 적용될 수 있는지를 검토해 보고자 한다. 이를 위해 우선 사회진화론의 일반적인 특징을 일별하고, 그러한 입장에 대한 일반적인 비판을 정리해볼 것이며, 이를 기준으로 섬너 또한 같은 비판을 받아야 하는지를 확인해볼 것이다. 필자는 섬너가 적어도 자신의 주저인 『습속』에서는 이와 같은 비판을 벗어나 있으며, 따라서 사회진화론에 대한 일반적인 비판을 감수해야 할 이유가 없다고 생각한다.

II. 사회진화론과 허버트 스펜서

사회진화론은 생명의 기원과 발달에 대한 진화 이론을 인간이 이룬

Applied Ethics Vol. I, Academic Press, 1998, 711~713쪽.

[3] Chris MacDonald, "Evolutionary Perspectives on Ethics" in D. Callahan & R. Chadwick ed., *Encyclopedia of Applied Ethics Vol. II*, Academic Press, 1998, 191쪽.

사회를 설명하는 데까지 확대 적용하고자 하는 일군의 이론을 말한다. 이러한 이론이 가장 주목받던 시기는 다윈이 자연선택을 통한 진화론을 주창한 19세기 말에서 20세기 초반이었으며, 그 후 이러한 이론은 최근에 이르러 거의 자취를 감추고 만다.

이와 같은 사회진화론은 진화를 이용해 인간 사회를 설명한다는 사실 외에는 구체적인 특징을 획일적으로 규정하기가 힘들다. 그 이유 중 하나는 진화의 기작이 무엇인지에 대한 생각이 학자마다 다르기 때문이다. 예를 들어 진화를 자연도태의 과정으로 보고 이를 옹호하는 자들만을 사회진화론자라고 부를 경우 스펜서는 포함되겠지만 크로포트킨(Peter Kropotkin)이나 줄리앙 헉슬리(Julian Huxley) 등은 사회진화론자에서 제외될 것이다. 반면 사회진화론자를 우리가 진화 과정에 순응해야 한다고 주장하는 자로 한정한다면 토머스 헉슬리(Thomas Huxley)가 제외될 것이다. 이처럼 무엇을, 어떻게 강조하느냐에 따라 사회진화론으로 묶인 사상의 구체적인 특징은 다르다고 해야 할 것이다.

이와 같은 차이에도 사회진화론이라면 사람들은 거의 예외 없이 부정적인 생각을 떠올린다. 그 이유는 이러한 이론이 가지고 있는 부정적인 정치적 함의 때문이며, 철학적 미숙함 또한 사회진화론을 곱지 않은 시선으로 바라보게 되는 커다란 이유다. 이 중에서 부정적인 정치적 함의란 사회진화론이 다양한 불평등한 요소를 불가피한 것으로 여기며, 약소국가에 대한 제국주의적 침략 등 온갖 잘못된 관행의 정당화에 기여하는 이데올로기로 기능했다는 것이며, 철학적 미숙함이란 진화 과정 자체를 정당하다고 생각함으로써 사실의 문제와 가치의 문제를 구별하지 못하는 소위 '자연주의적 오류'(naturalistic fallacy)를 범하고 있다는 것이다. 이뿐만 아니라 비판자에 따르면 사회진화론자는 진화가 구체적으로 무엇을 의미하며, 이러한 진화가 어떻게 이루어지는지, 그 적용 범위가 어떻게 되는지 등에 대해서도 오해를 하고 있기도 하다. 한마디로 사회진화론은 총체적인 난국을 벗어날 수 없다는 것이다.

이러한 사회진화론을 대표하는 사상가는 스펜서다. 그는 사회진화론의 창시자며, 사회진화론에 대한 비판은 그와 그를 추종하는 사상가가 공통적으로 갖추고 있는 일반적인 특징 때문이라고 해도 과언이 아니다. 이렇게 본다면 사회진화론에 대한 일반적인 비판은 사실상 스펜서의 입장에 대한 비판이라고 해도 그리 잘못은 아닐 것이다. 스펜서의 입장은 다윈의 진화론과 구별되는 다음과 같은 특징을 가지고 있었다고 일컬어진다. 첫째, 다윈의 진화론이 자연계의 설명에 머물러 있었던 것과는 달리, 스펜서는 진화 원리를 확대 적용하여 이를 인간 사회를 포함한 모든 영역에 적용하고자 했다. 다윈은 단순히 어떻게 생명이 진화했는가에 대한 이론을 제시하는 데 머물러 있었다면 스펜서는 우주를 관장하는 힘으로서의 진화가 삼라만상에 영향을 두루 미치고 있다고 생각했다. 이로 인해 스펜서는 자연과학에서 형이상학으로 이행하게 된다.

둘째, 다윈과 달리 스펜서는 진화를 발전의 원리라고 생각했다.[4] 그는 자연을 포함한 사실상 모든 곳에서 다양하고 복잡한 형태로의 끊임없는 진보의 법칙을 확인할 수 있다고 주장했다. 또한, 다윈이 진화에서 이루어지는 경쟁을 의식적이지 않고 맹목적이라고 생각했지만 스펜서는 진화가 복잡함과 완벽함이라는 궁극적인 목표를 향해 나아가는 의도적인 운동으로 보았다. 그에게는 이와 같은 진화가 진보인 동시에 선(善)이었다. 인류는 이를 목표로 나아가는 진화를 방해해서는 안 되

---

[4] Herbert Spencer, *The Data of Ethics*, Wentworth Press, 2016 Chap. III, sect. 8 참조.

며, 우리는 진화 과정의 촉진을 삶의 목표로 삼아야 한다.

셋째, 스펜서는 '적자생존(survival of the fittest)'을 진화의 근본 원리라고 생각했다는 점에서 '자연선택(natural selection)'을 이야기하는 다윈과 차이가 있다.[5] 스펜서에 따르면 인간 사회는 적자생존이라는 자연법칙이 지배하는 장소로, 만인 대 만인의 투쟁이 벌어지는 전쟁터다. 여기에서 살아남는 것은 강자이며, 이러한 싸움에서 약자는 자연스레 사라지고 만다. 이와 같은 결과는 그 자체가 선(善)인 자연적 진화 과정의 산물이므로 국가 등이 개입하여 시정하려 해서는 안 된다.

III. 스펜서의 사회진화론에 대한 비판[6]

스펜서의 의견을 정리한다면 그는 '적자생존'을 삼라만상을 관장하는 근본적인 진화의 힘으로 파악했으며, 적자가 살아남는 것이 선(善)인 동시에 발전이라고 생각했다고 말할 수 있을 것이다. 이러한 입장에 다음과 같은 반론이 제기될 수 있다. 첫째, 진화 과정 자체는 선일 수도 발전일 수도 없다. 둘째, 진화는 최적자만이 살아남는 과정이 아니다. 셋째, 사회진화론은 자칫 약육강식의 이데올로기를 정당화할 수 있다.

---

[5] Herbert Spencer, *The Principles of Biology* Vol. 1, Nabu Press, 2011, 444쪽.
[6] 여기서 정리하고 있는 스펜서 비판에 반론을 제기하는 사람이 있을 수 있다. 하지만 이 글은 스펜서 이론 자체에 천착보다는 스펜서로 대표되는 사회진화론에 '일반적인' 비판이 어떻게 이루어지고 있는지를 보여주고, 이를 기준으로 보았을 때 섬너의 비판이 적절하지 못한 것에 초점을 맞추고 있다. 따라서 스펜서에 대한 비판의 적절성을 여기서 논의할 필요는 없을 것이다.

1. 진화 과정 자체는 선일 수도, 발전일 수도 없다.

진화 과정이 선일 수 없음은 일찍이 토머스 헉슬리가 비판을 제기한 바 있다. 그는 진화를 토대로 한 새로운 윤리를 발견하고자 하는 스펜서의 노력에 회의적인 눈길을 보낸다. 그에 따르면 '사회의 진화'는 '종의 진화'와는 전혀 다른 과정이다. 그가 생각하는 두 가지 세계, 즉 '우주의 진행 과정'과 '윤리적 진행 과정'은 심각한 투쟁을 벌이는 중이다.[7] 이 중 생물의 세계인 우주의 진행 과정에서는 이기적이고 파괴적인 활동이 대부분을 차지한다. 이러한 과정에서 생명체는 지속적으로 인간 윤리체계와 도덕적 감성을 침해하는 활동에 관여한다. 이렇게 볼 때 자연은 모방의 대상이라기보다는 비난의 대상이다.

헉슬리에 따르면 인간의 삶의 의미는 우주의 진행 과정을 따르기보다는 이에 대항하여 싸우는 데에서 발견된다.[8] 이러한 맥락에서 헉슬리는 문명을 찬양한다. 그 이유는 문명이 근본적인 자연 원리를 깨뜨리고 있기 때문이다. 인간은 자신의 도덕적 기준을 견지하고자 진화 법칙을 거슬러야 하며, 이를 통해 약한 자들이 제거되도록 방치하는 대신, 그들을 적극적으로 보호해야 한다. 그에 따르면 우리는 진화 과정에 대항하여 싸움을 벌여야 하는데, 그 목적은 인간의 윤리적 과정으로 진화적 과정을 대체하는 데 있다. 이러한 대체에 성공하면 우리는 적자(適者)로 살아남게 될 것이고, 궁극적으로는 최고로 윤리적인 인간들의 생존이 보장될 것이다. 반면 진화 과정에 복종하고, 거기에 내재된 가치를 내면화하면, 우리에게는 장래에 대한 희망이 완전히 사라져 버리게 될

---

[7] Thomas Huxley, "Evolution and Ethics" in M. Nitecki & D. Nitecki ed., *Evolutionary Ethics*, State Univ. of New York Press, 1993, 44쪽.
[8] Thomas Huxley, "Evolution and Ethics", 68쪽.

것이다.

헉슬리의 이러한 입장은 진화 과정이 선일 수 없음을 적절히 지적한다고 말할 수 있다. 그럼에도 헉슬리의 생각은 자칫 진화 과정을 부정적으로 평가할 여지가 있다. 다시 말해 우주의 진행 과정으로서의 진화를 선이 아닌 악으로 보게 될 수가 있다는 것이다. 이 또한 잘못인데, 진화는 선하지 않을 뿐 아니라 악하지도 않다. 진화는 생물이 태초부터 이제껏 살아온 과정에 대한 설명으로 그 자체는 가치중립적이다. 자연이 가치를 가진다고 생각하는 것은 자연에 평가자 자신의 가치를 투사하는 것일 뿐이다.

그런데 만약 진화가 선하지도 악하지도 않은 중립적인 것이라면, 진화가 곧 발전일 수도 없을 것이다. 그 이유는 발전이란 긍정적인 가치가 함축된 개념이기 때문이다. 가령 샤르댕(Teilhard De Chardin)은 진화의 과정에서 인간이 정점(頂點)을 차지한다고 주장하며, 진화가 곧 진보임을 말하고 있다.[9] 하지만 인간이 진화의 피라미드에서 가장 높은 자리를 점한다는 주장은 샤르댕 자신이 만들어낸 형이상학에 불과하다. 한마디로 이는 샤르댕의 감정 이입적인 세계 해석이다.

무어(George E. Moore)는 '자연주의적 오류'를 들어 이와 같은 입장의 잘못을 지적하고 있다.[10] 주지하다시피 '자연주의적 오류'란 영역이 구분되는 사실과 가치의 경계를 인정하지 않고 사실에서 임의로 가치를 연역해냈을 때 생기는 오류를 말한다. 이러한 기준으로 볼 때 스펜서는 분명 자연주의적 오류를 범하고 있다. '진화가 이루어진다'는 것과 '진

---

[9] Peter Bowler, *Evolution – The History of an Idea*, University of California Press, 1984, 309쪽.
[10] Michael Ruse, *Darwinism Defended: A Guide to the Evolution Controversies*, The Benjamin/Cummings Publishing Company, 1982, 268~269쪽.

화가 이루어져야 한다'거나 '우리가 이에 따라야 한다'고 말하는 것은 엄연히 구분되는 것이다.

2. 진화 = 적자생존?

스펜서에 대한 두 번째 비판은 진화의 기작이 구체적으로 무엇인가의 문제와 관련된다. 스펜서가 밝힌 것과는 달리, 진화는 만인 대 만인의 투쟁을 핵심으로 하는 상호 경쟁의 과정을 통해서만 이루어지는 것이 아니다. 이는 당대에 크로포트킨(Peter Kropotkin)이 문제점을 지적한 바 있다. 크로포트킨에 따르면 진화는 상호 살벌한 경쟁을 통해 이루어지지 않고 상호 협조를 통해 이루어진다.[11] 그가 전적으로 경쟁을 부정한 것은 아니었다. 하지만 경쟁은 오직 종간(種間)에만 일어나는 것이며, 집단 내(內), 특히 인간의 경우는 상호 간의 조화와 신뢰가 진화의 주요 요소가 된다. 이렇게 볼 때 진화의 과정에서 적자가 되는 것은 투쟁에서 최종적으로 승리를 거둔 자가 아니라 오히려 서로의 협조 관계를 유지한 자이다.[12] 물론 이와 같은 크로포트킨의 입장이 전적으로 옳다고 말할 수는 없다. 그럼에도 진화가 경쟁으로만 이루어지지 않으며, 진화를 이루려면 경쟁 외에도 협조 및 이타적 행위가 필요하다는 지적은 타당하다 할 것이다.

경쟁 외에 협동 또한 진화를 이루는 중요한 요소라는 지적과 별개로 생각해봐야 할 점은 경쟁의 의미다. 미즐리(Mary Midgley)에 따르면 '경쟁'

---

[11] Peter Kropotkin, *Mutual Aid: A Factor in Evolution*, CreateSpace Independent Publishing Platform, 2014, 1~2장 참조.

[12] Alan Urbanek, "Evolutionary Origin of Moral Principles" in Nitecki and Nitecki ed. *Evolutionary Ethics*, SUNY Press, 1993, 327쪽.

이라는 단어는 구분할 필요가 있다. 자연에서 이루어지는 경쟁은 의식적이지 않고 맹목적이지만 인간 사이에 이루어지는 경쟁은 다분히 의지가 개입되는 의도적인 경쟁이다.[13] 이렇게 보았을 때 인간 사회에서의 경쟁과 자연계에서의 경쟁은 분명 다르다고 해야 한다. 그럼에도 경쟁, 그리고 이에 따른 적자생존의 법칙을 인간과 자연계 모두에 동일하게 적용하는 것은 잘못이다.

다음으로 언급해야 할 것은 다윈이 말하는 진화는 '적자생존'보다는 '자연선택'의 과정을 거치면서 이루어지며, 오늘날 진화의 기작에 대한 설명으로 설득력을 인정받고 있는 것은 후자라는 점이다. 다윈의 자연선택 이론에 따르면 진화란 매우 서서히 진행되어 가는 과정으로, 특정 생명체는 그 과정에서 주변 환경이 유리하게 작용함으로써 우연히 살아남은 것일 뿐, 그 생명체가 다른 생명체보다 도덕적으로 우월하거나 강자이기 때문에 지금껏 생존하고 있는 것은 아니다. 다윈의 생각에 따르면 적자는 단지 상황에 따라 결정되는 우연의 산물일 따름이다.

마지막으로 지적하고 싶은 것은 다윈 진화론의 핵심인 자연선택마저도 진화가 어떻게 이루어지는지를 설명하는 포괄적인 이론적 틀일 뿐이며, 우리에게 필요한 것은 이보다 훨씬 상세한 설명이라는 점이다.[14] 그리고 설령 상세한 설명이 제시되더라도 그것을 따라야 한다거나 이의 진행을 방해해서는 안 된다는 이야기를 한다는 것은 또 다른 문제이다. 자연선택이건 적자생존이건 진화의 기작을 포괄적으로 나타내고

---

[13] Mary Midgley, "The Origin of Ethics" in Peter Singer ed., *A Companion to Ethics*, Blackwell, 1993, 5쪽.

[14] Arthur L. Caplan, "Say It Just Ain't So: Adaptational Stories and Sociobiological Explanations of Social Behavior" in Michael Ruse ed., *Philosophy of Biology*, Macmillan Publishing Company, 1989, 265쪽.

있는 이러한 단어는 생명계가 이제껏 살아온 복잡한 인과적 상호작용을 요약한 용어에 지나지 않는다. 이러한 의미에서 에른스트 마이어(Ernst Mayer)는 "특이성(uniqueness)이야말로 진화 생물학의 특징이며, 고전역학에서와 같은 일반 법칙으로 이와 같은 독특한 현상을 나타낼 수 없다"고 한 것이다.[15] 이렇게 보자면 자연선택, 적자생존 등의 단어를 통해서는 진화의 기작을 상세하게 드러낼 수 없으며, 이를 따라야 한다고 생각할 수도 없다.

지금까지의 논의를 사하키안(William Sahakian)의 질문에 답하면서 정리해보도록 하자. 그는 다음과 같이 사회진화론에 의문을 제기하고 있다: "진화 과정의 모든 결과는 다 좋은 것인가? 그 과정의 각각의 단계는 모두가 완전성으로 향하는 움직임인가? 그리고 생물학적인 진보는 필연적으로 도덕적 진보인가?"[16] 이에 우리는 다음과 같이 답할 수 있을 것이다. 첫째, 진화 과정의 모든 결과는 옳고 그름과 무관하며, 굳이 이에 윤리적 판단을 내리려면 또 다른 윤리 원리의 도움을 받아야 한다. 둘째, 진화는 완전성으로 향하는 움직임과는 무관하다. 이는 상황에 따라갈 방향이 정해지는 우연적인 움직임이다. 셋째 진화와 도덕적 진보는 전혀 별개의 문제다. 진화는 사실의 영역이며 여기에는 어떤 가치도 포함되어 있지 않다.

---

[15] 위의 책, 266쪽.
[16] W. 사하키안, 『윤리학의 이론과 역사』, 송휘칠 · 황경식 공역, 박영사, 1986, 263쪽.

3. 스펜서의 입장은 약육강식 이데올로기 정당화에 이용될 소지가 다분했다[17]

일상적으로 철학자가 다양한 오류를 범한다는 점을 감안할 때 스펜서가 범한 오류는 특별한 예외는 아니다. 문제는 그의 입장이 당대의 사회에 엄청난 파문을 일으키면서 신뢰성을 획득한 진화론을 이용하고 있었다는 것이고, 이러한 진화론이 왜곡되어 활용되었다는 것이다. 더군다나 진화론을 널리 보급하는 데 힘썼던 스펜서가 당대에 가졌던 영향력을 고려해볼 때 그의 입장이 미치는 사회적 폐해는 적지 않았다. 이렇게 말하는 이유는 스펜서가 적자생존으로서의 진화 과정이 선인 동시에 발전이라고 생각했기 때문이다. 이러한 입장은 사실상 강자는 성공하고 약자는 도태되는 것이 당연하며, 이는 그 자체가 선(善)인 자연법칙의 결과이기에 우리가 개입해서는 안 된다는 것을 시사하는 듯했다.

사실 앞에서 살펴본 크로포트킨 또한 진화가 선이라고 주장하고 있는 오류를 범한다는 점에서 스펜서와 크게 다를 게 없다. 하지만 그는 진화가 이루어지는 기작을 상호부조로 파악했기에 이를 우주의 법칙으로 확대 적용해도 오류를 범할지언정, 커다란 해악을 미치지 않을 수 있었다. 하지만 스펜서의 사회진화론은 적자의 생존을, 그리고 이것이 정당하다고 말하는데, 이는 그의 의도와 무관하게 약육강식을 정당화하는 논리가 되어버린다. 만약 인간을 배제한 채 자연을 바라보는 시각에만 머물렀다면 스펜서가 범한 오류는 논리적으로 문제가 되었을지언정 사회적으로는 별다른 부정적인 영향을 미치지 않았을 것이다. 하지

---

[17] 정연교, 「진화론의 윤리학적 함의」, 『철학적 자연주의』, 철학과 현실사, 1995, 277쪽.

만 이러한 입장이 인간 사회에까지 적용됨으로써 그의 이론은 힘없는 인종과 빈자 등의 약자들에 대한 차별, 제국주의와 식민주의 등 강자들의 횡포에 대한 정당화의 논리로 활용될 수 있었다. 이러한 우려는 현실로 나타났는데, 스펜서의 주장은 그의 실제 의도와 무관하게 사실상 강자의 번영과 약자의 파멸을 정당화하는 개념으로 그 영향력을 발휘했다. 예컨대 스펜서가 살아있을 당시 여러 인종의 정신적 특성에 관한 연구가 많이 이루어졌는데, 보아스(Franz Boas)에 따르면 "이들은 모두 유럽인이 최고의 인종이라고 먼저 가정하고, 따라서 유럽인들과 구별되는 모든 차이점은 곧 낮은 정신적 능력을 드러내는 흔적으로 해석"[18]한다. 그런데 스펜서의 입장은 이러한 해석에 정당성을 부여하고, 이러한 차별을 정당화하는 데 이용하기에 안성맞춤이었던 것이다.[19]

IV. 『습속』으로 본 섬너의 사회진화론

섬너는 스펜서를 계승하여 그의 입장을 미국에 널리 퍼뜨리는 데 기여한 사회진화론자로 알려져 있다. 일반적인 비판에 따르면 섬너는 스펜서와 마찬가지로 진화론을 적자생존의 과정으로 보았을 뿐만 아니라 이를 옳다고 생각하기도 했으며, 이와 같은 근본 신념을 바탕으로 각종 차별과 침략 등을 정당화하기도 했다.

---

[18] Franz Boas, *The Mind of Primitive Man*, The Macmillan Company, 1938, 16쪽.
[19] Talcott Parsons, *The Structure of Social Action*, Free Press, 1968, 3쪽. 이러한 비판을 정당하다고 생각했기 때문인지 사회진화론은 한동안 자취를 감추었고, 국내에서도 현재 이에 대해 연구를 하는 학자들은 거의 없다고 해도 과언이 아닐 정도다.

이러한 평가는 섬너가 스펜서와 다를 바 없는 비판을 받아 마땅하다는 것인데, 이러한 비판은 적어도 섬너의 주저인 『습속』에서만큼은 적절하지 않을 수 있다. 섬너는 앞에서 정리한 스펜서에 대한 비판을 바탕으로 사회진화론에 제기되는 일반적인 비판을 어느 정도 벗어나 있다. 『습속』에서 그는 습속과 모레스에 대한 정의에서 출발하여 노동, 부, 노예제도, 식인 풍습, 원시적 정의, 성, 결혼제도, 스포츠, 드라마, 교육과 역사에 이르기까지의 폭넓은 사회현상을 스펜서의 입장과는 상당히 다른 관점에서 설명하고 있다. 『습속』을 통해 보았을 때, 섬너는 다음과 같은 점에서 스펜서와는 입장을 달리한다.

　　1) 섬너는 진화가 아닌 '습속' 또는 '모레스'에 초점을 맞추어 사회 변화를 설명하고 있다.
　　2) 그가 말하는 진화는 형이상학적인 개념이 아니며, 진화 과정이 곧 발전도 아니다. 이는 단지 사회현상을 개괄적으로 설명하는 데 활용하는 설명틀일 뿐이다.
　　3) 그가 사회변화를 설명하는 데 활용하는 개념은 '적자생존'이 아닌 '자연선택'이다.
　　4) 섬너는 약육강식의 이데올로기를 정당화하지 않는다.
　　5) 섬너는 습속이나 모레스 자체를 선(善)이라 생각하지 않는다.

　만약 섬너의 입장이 이와 같다면 그가 스펜서와 다를 바 없는 사회진화론자로 불리면서 비판을 받아야 할 이유는 없을 것이다. 이하에서는 방금 정리한 내용을 섬너의 주저인 『습속』을 통해 상세히 살펴보도록 하자.

1. 사회를 관장하는 힘으로서의 습속 내지 모레스

섬너가 인간 사회와 생물계의 진화를 이야기하고 있음은 분명하지만 그가 초점을 맞추는 대상은 진화 자체가 아니다. 스펜서와 달리, 그가 초점을 맞추는 것은 삼라만상에 내재된 진화의 힘을 들추어내는 것이 아니다. 『습속』에서의 그의 관심은 사회 변화를 이끄는 힘으로서의 습속과 모레스의 특징을 규명하고, 이의 실재함을 다양한 사례를 통해 보이는 것이다. 그는 지극히 상식적인 의미에서의 '습속'과 '모레스'의 흥망성쇠에 관심을 집중하고 있는데, 이는 『습속』의 부제인 '용례, 매너, 관습, 모레스, 그리고 도덕의 사회학적 중요성'에서도 어느 정도 드러난다.

섬너가 이처럼 습속 내지 모레스에 초점을 맞추고 있다고 해서 그가 진화에 관심이 없는 것은 아니다. 그럼에도 그의 관심은 진화 자체가 아니라 자연계의 진화 과정과 유사한 과정을 거치는 습속이나 모레스의 진화다. 습속이나 모레스가 개인에게 미치는 영향이라는 측면에서 보자면 섬너의 입장은 진화를 이야기하지만 오히려 문화 결정론자로 일컬어지는 보아스(Boas)의 입장에 가깝다. 양자가 차이가 없는 것은 물론 아니다. 보아스는 문화의 상대성에 매료되어 심지어 문화마다의 공통성이 전혀 없다는 극단적 상대주의적 입장에 도달하지만 섬너는 인간이 가진 공통적인 특징을 인정함으로써 보아스와 같은 입장에까지 이르고 있지 않다. 그럼에도 개인에게 미치는 문화의 영향, 섬너의 입장에서는 습속이나 모레스의 영향의 중요성을 감안한다면, 그래서 문화에 의해 인성이나 품성이 좌우된다는 점을 양자 모두가 강조하고 있음을 감안한다면 섬너는 진화 결정론자보다는 문화 결정론자에 가깝다고 생각해야 할 것이다. "인간은 모레스를 만들 수 없다. 인간은 모레스에 의해 만들어진다."[20] 이러한 주장으로 미루어 보았을 때 그에게는 미국의 스펜서가 아닌 미국 사회학의 창시자라는 별칭이 훨씬 잘 어울린다고 말할 수 있다.

2. 사회현상을 설명하는 데 활용되는 틀로서의 진화

섬너가 말하는 진화는 보이지 않는 추진력을 갖춘 형이상학적 원리가 아닌, 상식적인 의미에서의 '습속'과 '모레스'의 흥망성쇠다. 그는 습속이 사회와 그 안에 사는 개인에게 미치는 힘, 습속의 변화 과정 등을 현실적인 관점에서 상세하게 설명하고자 할 뿐이며, 이를 관장하는 보이지 않는 힘을 상정하고 이를 설명하지는 않는다. 이는 스펜서와의 근본적인 차이점이다.

섬너가 말하는 사회는 자연계와 유사한 방식으로 진화가 이루어지지만 그렇다고 양자가 같은 것은 아니다. 습속이 자연계와 다른 방식의 진화를 거치는 이유는 습속이 유기적인 것이거나 물질적인 것이 아니며, 자연현상과는 별개 차원의 사회현상이기 때문이다. "이는 관계와 관례, 그리고 제도적 장치로 이루어진 초유기적 시스템에 속해"[21] 있다. 이에 따라 섬너는 양자를 관장하는 같은 진화의 힘을 상정하고 있지 않은데, 심지어 그는 진화론의 이론적 틀을 인간 사회의 변화를 설명하는 데 차용하고 있을 뿐 그 이상의 역할을 진화에 부과하고 있지 않다. 심지어 그는 양자 간의 유사성이 중요하지 않다고 지적을 하기도 한다. "모레스의 지속성 못지않게 주목해야 할 특징으로 들 수 있는 것은 모레스의 가변성과 변이성(variation)이다. 비록 **그 유사성이 중요한 것은 아**

---

[20] *Folkways*, 478.
[21] *Folkways*, V.

니지만(강조는 필자) 우리는 여기서 생명계의 유전과 변이와의 흥미로운 유사성을 발견할 수 있다."[22]

이러한 주장은 그의 진화 개념 활용이 사회 내에서의 다양한 변화나 현상 등을 설명하고자 편의적으로 차용한 데 머물고 있으며, 그 이상도 그 이하도 아니라는 점을 보여준다. 그는 형이상학자가 아닌 사회학자로서 진화 개념을 활용하고 있는 것이다. 이처럼 섬너는 진화론의 기본적인 이론 틀을 이용해 습속의 특징을 설명하는 데 머물고 있지, 그 범위를 확장하고 있지는 않다.

3. 최적자 생존이 아닌 자연선택을...

섬너가 스펜서와 다른 또 다른 점은 진화의 기작이 되는 원동력에 대한 견해에서도 찾아볼 수 있다. 스펜서는 경쟁에서 싸워 이기는 '최적자의 생존'(survival of the fittest)을 통해 진화가 이루어진다고 생각했고, 이를 정당한 것으로 파악했다. 반면 섬너는 '최적자 생존'을 이야기하지 않고 다윈 진화론의 핵심이라 할 수 있는 자연선택을 사회 변화를 설명하는 이론적 틀로 활용하고 있다. 이는 (1) 그가 '최적자의 생존'보다는 '선택'이라는 표현과 '변이' 등의 용어를 사용한다는 점, (2) 상황에 따라서, 우연적으로 사회선택이 이루어짐을 강조한다는 점, (3) 진화를 발전 과정이라고 생각하지 않는다는 점, 그리고 (4) 경쟁 외에 협동에 대해서도 관심을 가진다는 점 등을 통해 확인할 수 있다.

먼저 섬너가 스펜서의 최적자 생존보다는 다윈의 자연선택 개념에 충실하고 있음은 그가 책에서 사용하고 있는 진화와 관련된 개념들을

---

[22] *Folkways*, 85.

통해 확인된다. 예를 들어 그는 '생존을 위한 투쟁'을 이야기하지 '최적자의 생존'을 언급하고 있지 않다. 또한 그는 가변성과 변이(variation), 그리고 '선택'(selection)[23]을 말하며, 그리고 필연성이 아닌 우연성에 초점을 맞추기도 하는데, 이는 그가 스펜서보다는 다윈의 자연선택의 개념에 충실하고 있음을 시사한다. 그는 사회 진화를 이야기하면서 자연선택 개념을 활용하고 있는 것이다.

다음으로 섬너는 습속이 "인간의 의도나 지혜의 산물이 아니며",[24] "우연에 의해 형성"[25]된다고 주장한다. 이처럼 그는 다윈이 자연선택을 이야기할 때와 마찬가지로 상황에 우연적인 적응을 강조하고 있으며, 특정한 상황에서 사람들이 이루고자 하는 목적에 얼마만큼 부합되는지가 습속의 존속 여부를 결정한다고 생각한다. "습속의 성공 여부는 항상 소기의 목적에 얼마만큼 적절히 적응했는지에 좌우된다."[26] "생존을 위한 투쟁은 삶의 여러 조건에서, 그리고 살아가려고 치루는 경쟁과 연결되어 이루어짐이 분명하다. 삶의 조건은 가변적인 환경 요소에 좌우된다."[27] 습속은 이와 같은 상황을 적절히 반영하여 모양새를 갖추게 되는데, 여기에서 핵심은 그 과정과 결과의 우연성이다.

이와 같은 생각에 일관되게 섬너는 상황에 따르는 습속의 적응 방식이 항구적으로 유효한 것이 아니라고 생각한다. 왜냐하면 적절한 적응 방식은 상황에 따라 달라질 수 있기 때문이다. 그리고 이와 같은 이유로 상황에 대한 적응 방식으로서의 습속은 필연적으로 흥망성쇠의 과

---

[23] 예를 들어 *Folkways* 제5장의 제목은 사회선택이다. *Folkways*, 174.
[24] *Folkways*, 5.
[25] *Folkways*, 25.
[26] *Folkways*, 6.
[27] *Folkways*, 16~7.

정을 겪는다. 이는 자연선택에 의한 진화의 산물로서의 개체가 우호적인 상황에서 흥했다가 적대적인 상황을 맞으면서 사라지게 되는 경우와 다를 바 없는 것이다. 이러한 진화는 누군가의 의도와 무관하게, 우연히 이루어진다. 그리고 이러한 진화를 이야기하고 있다는 것은 섬너나 스펜서가 아닌, 다윈이 말하는 자연선택에 의한 진화에 충실하고 있음을 보여준다.

세 번째로 섬너가 최적자의 생존이 아닌 자연선택을 진화의 요체로 간주한다면 그는 진화가 곧 발전이라고 생각하지 않았을 것이다. 실제로 그는 이와 같은 입장을 견지하는데, 그리하여 시간이 흐름에 따라 습속이 오히려 퇴보할 수 있음을 이야기한다. "모레스가 시간이 흐르면서 점차 세련되어 간다는 견해(이러한 입장은 모레스가 스스로, 혹은 어떤 고유한 경향성에 의해 그러한 방향으로 진행되어 간다고 가정한다)는 전혀 근거가 없다."[28] 이러한 모레스는 시대적 요청에 따른 결과물일 뿐 최적자이기 때문에 살아남은 것이 아니며, 이것이 발전 또한 아니다.

이와 관련한 섬너의 구체적인 언급을 두 가지만 인용해보자. 섬너에 따르면 '인도주의'는 사람들이 새로운 땅을 획득함으로써, 또한 기술이 진보함으로써 자연을 통제하는 인간의 힘이 더욱 증진됨에 따라 탄생한 이념일 뿐, 인간이 이러한 힘을 갖출 수 없는 다른 상황이었다면 '인도주의'가 아닌 다른 이념이 지배적인 이념으로 자리 잡았을 것이다. 섬너의 생각에 따르면 인도주의는 하필이면 인류가 특정한 발달 과정을 거쳤기 때문에 요청되었을 뿐, 어떤 역사적인 과정을 거쳤다고 해도 그와 상관없이 인도주의가 시대의 지배 이데올로기가 되지는 않

---

[28] *Folkways*, 117.

앉을 것이다.[29]

이러한 생각은 민주주의에 마찬가지로 적용된다. 그는 민주주의가 절대적이면서 영원한 진리를 담는 것은 아니라고 생각한다. 이는 "지구의 인구가 과소하여 사람에 대한 경제적 목적의 수요가 있을 경우"[30]에 요청되는 이데올로기일 뿐 이러한 상황이 바뀔 경우 민주주의에 대한 평가도 달라질 수 있으며, 그러한 상황에 부합하는 이데올로기가 민주주의의 자리를 대신하게 될 것이다.

마지막으로 섬너는 진화가 이루어지려면 단지 경쟁만이 아니라 협동도 필요하다고 주장한다. "모든 자연이 투쟁과 경쟁의 무질서 상태에 놓여 있다고 생각하는 것은 잘못일 것이다. 제휴와 협력은 어떤 경우에도 필요하다."[31] 이와 같은 협동이 필요한 이유는 먼저 사람 간의 이익이 지나칠 정도로 충돌하면 모두가 실패하게 될 수 있기 때문이고, 둘째, 그들이 제휴하여 협력하면 자연에 대항하는 노력을 더욱 강력한 힘으로 승화시킬 수 있기 때문이다.[32] 섬너는 이러한 상황에서의 협력을 '적대적 협동'(antagonistic coöperation)이라고 불렀는데, 이러한 협동은 "더욱 큰 공동의 이익을 충족시키기 위해 결합하면서 이루어지며, 이렇게 하면서 세세한 이익 충돌이 억제된다."[33]

만약 지금까지 정리한 내용이 섬너의 입장을 적절히 반영하고 있다면 우리는 섬너가 '사회'의 진화를 이야기한다는 점에서 스펜서 쪽에 가까운 면도 있지만 사회의 진화를 자연선택을 통해 설명하고 있다는

---

[29] *Folkways*, 40.
[30] *Folkways*, 195.
[31] *Folkways*, 16.
[32] *Folkways*, 18.
[33] *Folkways*, 18~9.

점에서 오히려 섬너가 다윈의 입장을 충실히 반영하고 있다고 봐야 할 것이다.

4. 차별의 논리?

이처럼 섬너가 다윈의 자연선택 개념을 채택하여 사회의 변화 추이 등을 설명한다면 그가 각종 차별과 약육강식 등의 논리를 정당화한다는 주장은 근거가 없다. 이는 자연선택을 받아들이는 데 따른 논리적 귀결로서의 그의 주장으로도 확인할 수 있다. 예를 들어 그는 "어떤 국가에 속하는 사람은 '그 국가'를 혹은 군국주의, 상업주의, 혹은 개인주의를 신봉한다. 그들이 생각하기에 다른 나라 사람은 감정적이고, 신경질적이며, 미사여구를 좋아하고, 집단적 자만심으로 가득하다."[34]라고 하면서 쇼비니즘을 비판하고, "1898년 미국의 대중은 미국이 필리핀 군도를 점령하고, 그곳에서 지배를 받는 것이 아니라 그곳의 지배자가 되길 원했다. … 권력의 정당성을 지탱하는 원천으로서의 위대한 주의(主義)가 순식간에 밟혀 뭉개졌다."[35]라고 주장하면서 제국주의적 침략을 비판하며, "주인 때문에 아기 엄마가 된 노예 여성에 대한 이슬람 율법은 대부분의 기독교인을 부끄럽게 하는 규정 중의 하나다."[36]라는 주장을 통해서는 기독교중심주의 내지 자문화중심주의의 잘못을, "어느 한 집단도 다른 집단을 자신의 모레스로 개종할 합리적 근거를 전혀 갖지 못한다는 말을 듣는 어떤 집단은 충격을 받을 것이다. (왜냐하면 이것은 그들의 습속이 다른 집단의 습속보다 좋은 것이 아니라는 것을 함축하는 듯이 보이기 때문이다. 그러나 사실은 그렇지 않다.) 그

---

[34] *Folkways*, 99.
[35] *Folkways*, 168.
[36] *Folkways*, 304.

러나 이 말을 하지 않을 수 없다. 왜냐하면 그것은 진실이기 때문이다."[37]라는 주장으로는 모레스나 습속의 우열을 가릴 수 없음을 이야기하고 있다. 이처럼 그는 약육강식과 차별 등에 부정적인 견해를 보이는데, 이는 그가 "우리는 선이고 타인은 악이라는 주장은 절대로 참이 아니다"[38]라고 밝히는 데서도 극명하게 드러난다.

『습속』에서 강자의 논리를 정당화하는 듯이 보이는 대목 중의 하나는 그가 노예제를 비윤리적이라고 비난하지 않는 듯한 주장을 하는 데에서 찾아볼 수 있다. 가령 그는 다음과 같이 말한다. "노예제로 여성의 지위가 상승했고, 짐수레 끄는 동물 사육으로 노예들의 지위가 상승했다."[39] "노예 자신의 바람과 무관하게 그를 무조건 내쫓아야 한다는 명령을 내리는 인도주의적 견해는 분명 합당하지 않다."[40]

하지만 노예제에 전반적인 입장을 통해 보았을 때 섬너는 노예제에 분명 비판적인 견해를 보인다. "노예제는 탐욕과 허식에서 탄생한 만큼 사람들의 기본 동기에 부합되었고, 곧바로 이기심과 다른 근본적인 악덕과 뒤얽히게 되었다."[41] "우리는 노예제가 서비스를 약속했지만 결국 주인이 되어버린 끔찍한 악마였음을 알게 될 것이다."[42] 등의 주장은 섬너가 노예제를 어떻게 파악하는지를 확인할 수 있는 대목이다. 그렇다면 오해의 여지가 있는 그의 주장은 어떻게 받아들여야 할까?

이에 대한 적절한 견해를 보이려면 그가 옹호하는 듯한 노예제에 관한 주장이 '특정 환경 속에서 나타난 현상에 인과적 설명과 그에 따른

---

[37] *Folkways*, 474~5.
[38] *Folkways*, 16.
[39] *Folkways*, 306.
[40] *Folkways*, 307~8.
[41] *Folkways*, 280.
[42] *Folkways*, 264.

결론'임을 인지할 필요가 있다. 다시 말해 그는 노예제가 발생하게 된 사회적, 역사적 맥락이 있으며, 이러한 맥락을 고려하여 그 적절성을 판단해야 함을 이야기하는 것이다. 예를 들어 섬너는 "노예제가 문명사에서 좋은 역할을 했다고 해서 노예제가 영원히 지속되어야 한다고 말할 수는 없다."[43]라고 주장하고 있는데, 이는 한편으로는 전후 상황을 고려해보았을 때 노예제가 어떤 특정한 상황에서 일정한 역할을 한 경우가 있음을 인정하면서도, 다른 한편으로는 노예제가 시대 상황과 무관하게 그러한 역할을 할 수 없음을 이야기하는 것이다. 이 상황에서 그는 노예제가 정당하다고 하기보다는 특정 상황에서 노예제가 그 시대의 상황을 타개해 나갈 방법으로 부득이하게 노예제가 활용되었음을 이야기하고 있을 뿐이다.

섬너는 습속을 통틀어 일관되게 이러한 견해를 보인다. 가령 그는 "일반적으로 낙태, 유아살해, 그리고 노인살해는 개인의 직접적인 이기심 때문에 시행된다. 그럼에도 여기에는 사회 복지가 무엇을 요구하는지에 대한 판단의 요소가 다수 포함되어 있다."[44]고 이야기하고 있는데, 이것이 곧 이들 관행이 정당하다는 주장은 아니다. 다만 그는 이러한 관행이 이루어질 수밖에 없는 불가피한 상황과 맥락을 고려해볼 필요가 있음을 말하고 있을 뿐이다. 섬너가 생각하기에 현상에 대한 심층적인 이해를 도모하면, 우리는 이들에 인간의 사악한 측면만이 포함되어 있는 것은 아니며, 더욱 커다란 재앙을 피하기 위한 고민의 흔적을 발견할 수 있을 것이다.

그렇다면 섬너가 스펜서 등의 사회진화론자와 마찬가지로 제국주의

---

[43] *Folkways*, 267.
[44] *Folkways*, 310.

적 침략 등을 정당화하는 이론가로 비판을 받는 이유는 무엇일까? 아마도 그 이유 중 하나는 습속이나 모레스가 그 자체로 정당하다고 주장하는 것처럼 보이는 구절이 그의 저서에서 눈에 띄기 때문일 것이다. "사회는 무엇보다 방해꾼들에게서 자유로울 필요가 있다. – 다시 말해 그냥 혼자 내버려 둘 필요가 있다."[45] 이러한 주장은 사회진화론에 대한 일반적인 비판이 섬너에게 적용할 수 있다는 생각을 갖게 할 수 있다. 다시 말해 섬너가 진화 과정에 놓여 있는 습속이나 모레스 자체가 선(善)이요 정당성을 가지기 때문에 우리가 여기에 개입해서는 안 된다는 생각을 갖게 할 수가 있다는 것이다.

5. 진화 = 선?

지금까지의 논의를 정리해보면 섬너는 습속의 흥망성쇠를 이야기하고 있으며, 이러한 추이는 우연의 산물이지 필연 법칙의 소산이 아니라고 생각하고 있다. 또한, 그는 이와 같은 흥망성쇠 자체가 습속의 발전을 함의하는 것도 아니라고 생각한다. 그럼에도 그가 진화 자체를 선이나 악이라고 생각하는 것은 아닌가? 이 질문에 답하려면 먼저 섬너에게서 '진화'가 말 그대로 '진화 자체'를 이야기하는지, '진화 과정의 산물'을 말하는지, 아니면 '진화를 이끄는 힘'을 말하는지부터 정리해볼 필요가 있다.

먼저 섬너가 진화 자체를 이야기하면서 이를 선하다고 생각하고 있지 않음은 분명하다. 만약 섬너가 사회의 진화 자체를 선이라고 생각했

---

[45] William Sumner, *The Challenge of facts and Other Essays*, Forgotten Books, 2012, 25쪽.

다면 그는 어떤 경우에도 사회현상을 비판하지 않았을 것이고, 이에 정당성을 부여했을 것이다. 사회의 진화는 어떤 경우에도 옳을 것이기 때문이다. 하지만 섬너는 습속에서 그와 같은 견해를 보이지는 않는다. 앞에서 언급된 여러 인용문에서 확인해볼 수 있는 바와 같이 그는 기존의 사회현상에 비판의 칼을 휘두르고 있다.

다음으로 '진화 자체'를 '진화의 산물', 다시 말해 이를 진화의 산물로서의 습속이나 모레스로 파악하고, 이들을 선하다고 생각했을 가능성을 고려해보자. 섬너가 습속 내지 모레스가 진화 과정을 거친다고 생각하고 있음은 분명하다. 하지만 그가 이들이 진화 과정의 산물이기 때문에 선하다고 생각했을 가능성은 거의 없다. 그 이유는 진화 과정을 거쳤다는 이유만으로 습속이나 모레스가 선하다고 이야기할 수는 없을 것이기 때문이다. 이는 진화를 매개로 탄생하게 되었다고 해서 진화의 산물로서의 특정 동물을 선하다고 할 수 없다는 점을 생각해보면 쉽게 이해할 수 있을 것이다. 도대체 진화 과정을 거쳤다는 사실이 그 결과로서의 산물을 선하게 만드는 이유가 무엇인가?[46]

남은 것은 섬너가 '진화를 이끄는 힘'을 진화 자체로 생각했을 가능성이다. 다시 말해 섬너가 진화를 이끄는 힘으로서의 습속이나 모레스를 선이라고 생각했다는 것이다. 하지만 이처럼 해석하면 이들은 적어도 우주의 변화를 관장하는 힘이 될 수는 없을 것이다. 심지어 이는 자연계의 진화를 관장하는 힘마저 될 수 없다. 왜냐하면 습속이나 모레스는 오직 인간 사회에서만 확인되는 사회현상이기 때문이다. 실제로 섬너는 습속이나 모레스가 우주를 변화시키는 역할을 한다고 생각하지

---

[46] 그럼에도 자연의 진화와는 달리, 습속 변화의 산물인 '현재의 습속'을 그 자체로 선이며, 더 이상의 정당화는 불가능하다고 생각할 수 있는 여지는 있다. 이는 소위 윤리적 상대주의자인 관례주의자들(conventionism)이 취하는 입장이다.

않는다. 이들은 오직 사회의 진화에만 관여한다.

이와 같은 문제가 있음에도 섬너가 '사회' 진화를 이끄는 힘인 습속 내지 모레스가 선하다고 생각했을 가능성을 고려해보자. 만약 섬너가 사회 진화를 추진하는 힘으로서의 습속이나 모레스를 그 자체로 선하다고 생각한다면 우리는 섬너가 사회 진화론에 대한 일반적인 비판, 다시 말해 진화 내지 진화를 이끄는 힘 자체를 선이나 악이라고 생각했다는 비판을 근본적으로 벗어나지 못했다고 보아야 할 것이다.

습속과 모레스 중에서 섬너가 그 자체로 선이라고 생각했을 것으로 예상되는 후보는 습속보다는 모레스다. 물론 언뜻 보기에 섬너가 습속이 선이라고 주장한다고 판단할 수 있는 구절이 있다. 예를 들어 섬너는 "습속은 옳다",[47] "습속은 참이다"[48]와 같은 주장을 하고 있는데, 이들은 섬너가 습속 자체를 선이라고 생각했다고 읽힐 수 있는 구절이다. 하지만 이는 오해인데, 그 이유는 그가 습속은 '옳다'라고 하면서 구체적으로 제시하고 있는 내용을 살펴보면 '상황에 적절하다고 여겨지는 일반적인 행동 방식들'을 언급하고 있음을 확인할 수 있기 때문이다. "사냥을 할 때, 아내를 구할 때, 자신의 모습을 나타낼 때, 질병을 치료할 때, 망령을 경외할 때, 동료나 모르는 사람을 대할 때, 아이가 태어났을 때, 출정 길에 오를 때, 회의를 할 때의 행동 등 있을 수 있는 모든 경우에 대한 올바른 방식이 있다."[49] 이와 같은 올바른 방식은 특정 상황에서 적절하다고 여겨지는 편의적인 것이지 결코 도덕적인 옳고 그름은 아니다. 이들은 습속이긴 하지만 그 자체를 '도덕적인' 선으로 판정할 수 없는 것이다.

---

[47] *Folkways*, 30.
[48] *Folkways*, 29.
[49] *Folkways*, 29.

섬너가 습속을 선이라 생각하지 않았다고 말해야 하는 또 다른 이유는 그가 일부 습속을 나쁜 것으로 판정 내리기도 하기 때문이다. "전통적인 습속이 이성적 혹은 윤리적 검토의 대상이 되면, 이들은 더 이상 소박하고 무의식적인 것이 아니게 된다. 이때 우리는 이들이 조악하고, 터무니없으며, 적절치 못했던 것임을 발견할 수 있다."[50]

만약 습속이 선이 아니라면 모레스는 어떠한가? 섬너의 모레스에 대한 정의로 미루어 볼 때 그가 모레스를 선이라고 생각했을 가능성이 있다. "참됨과 옳음이라는 요소가 복리에 관한 교의로 발전하게 되면, 습속은 또 다른 국면으로 접어들게 된다. 이때 습속은 추론을 제시할 수 있게 되고, 새로운 형태로 발전을 이루며, 인간과 사회에 건설적인 영향력을 널리 발휘하게 된다. 우리는 이들을 모레스(mores)라고 부른다."[51] 또한 그는 "모든 사람은 습속을 강제로 따라야 하고, 습속은 사회생활을 지배한다. 이 경우 습속은 참되고 옳은 것으로 보이며, 복리를 지향하는 규범으로서의 모레스로 부상한다."[52]라고 주장하기도 하는데, 이는 섬너가 모레스가 곧 선이라고 생각했다고 볼 수 있는 대목이다. 그 밖에 섬너가 "한 시대와 장소에 있는 사람의 입장에서는 그들 자신의 모레스가 항상 좋은 것이며, 자신들이 받아들이는 모레스의 좋고 나쁨은 의심의 여지가 없는 것이다",[53] "어떤 시간과 장소에서 채택되고 있는 모레스 안의 모든 것은 그 시간과 장소에서는 정당한 것으로 간주해야 한다",[54] "모레스는 무엇이든 올바른 것으로 만들고 또 무엇

---

[50] *Folkways*, 69.
[51] *Folkways*, 31.
[52] *Folkways*, 39.
[53] *Folkways*, 59.
[54] *Folkways*, 59.

에 대한 비난이든 방지할 수 있다'[55]와 같이 주장하고 있음을 고려한다면 우리는 그가 모레스 자체를 선한 것으로 보았다고 생각해볼 수 있을 것이다.

하지만 습속에 제기한 의문과 마찬가지로, 섬너가 모레스를 곧 선이라고 생각했는지에 같은 의문이 제기될 수 있다. 예를 들어 그는 "마녀 박해는 모레스의 극단적인 어리석음, 사악함, 그리고 터무니없음을 보여준다."[56]라고 주장하는데, 이는 그가 마녀 박해를 모레스라고 생각하지만, 그럼에도 이러한 박해를 잘못이라고 판단하고 있음을 보여준다. 그는 모레스가 어떤 경우에도 선임을 인정하고 있지 않은 것이다. 그런데 우리는 이러한 섬너의 태도를 모순적이라고 생각해볼 수 있다. 어떻게 모레스가 특정 시간과 장소에서 정당한 것으로 간주해야 한다고 하면서 마녀 박해를 비판할 수 있을까? 마녀 박해는 특정 시대의 모레스이고, 이에 따라 그 자체가 선으로 파악해야 하는데 말이다.

이와 같은 일관되지 못한 태도는 섬너가 모레스 자체를 '정당하다'고 생각한 것이 아니라 그러한 모레스를 수용하고 있는 사람이 이를 정당하거나 선하다고 '생각'할 따름이며, 이에 따라 당대에 받아들이는 모레스가 '실제로' 선한 것이라고 생각하지 않았다고 이해함으로써 해소할 수 있을 것이다. 바꾸어 말해 마치 과거의 사람들이 천동설을 믿었지만 그것이 옳지 않았듯이, 설령 특정 시대 사람들이 모레스 자체의 정당성을 의심하지 않았다 해도 그것 자체가 모레스의 '실질적인' 정당성을 보장하지는 않는다고 이해하는 것이다. 이 경우 우리는 섬너가 다음과 같이 생각하고 있는 것으로 판단해볼 수 있다. '설령 당대의

---

[55] *Folkways*, 521.
[56] *Folkways*, 60.

사람들이 모든 모레스가 선하다거나 정당성을 갖는다고 생각한다고 해도 모든 모레스가 '실제로' 정당한 것은 아니며, 모레스 중 일부만을 그렇게 파악할 수 있다.' 이와 같은 방식으로 우리는 섬너가 마녀 박해도 '설령 모든 사람이 당대의 모레스인 마녀 박해가 정당하다고 생각했어도 그러한 박해가 실제로 정당한 것은 아니며, 이는 비판적인 통찰을 통해 그 어리석음과 사악함 등이 드러날 것이다.'라고 생각했다고 이해할 수 있을 것이다. 이처럼 해석하면 우리는 섬너가 모레스가 곧 선이 아니라 모레스 일부를 선이라고 생각한다고 이해할 수 있게 되며, 섬너가 주장하는 바의 모순을 해소할 수 있게 된다.

실제로 섬너는 모든 모레스를 선하다고 생각하지 않았는데, 이와 같은 이유로 섬너는 진정으로 선한 모레스와 그렇지 않은 것을 선별해내야 하며, 이를 위해 치열한 노력을 해야 한다고 주장한다. "우리가 잘못되었다고 판단하는 현행 모레스의 특정 부분에 저항하려면 용기를 가지고 분투해야 한다."[57]

이를 위해 섬너가 초점을 맞추는 것은 우리의 비판 능력이다. 그는 이러한 능력을 통해 모레스를 객관적으로 검토할 수 있어야 한다고 강조한다. "우리는 전통적인 모레스에 대한 자유롭고 이성적인 비판이 사회 복리를 위해 필수불가결하다고 생각해볼 수 있을 것이다."[58] 그런데 섬너에게 이러한 비판 능력을 이용해 우리가 진정한 선이라고 생각해야 할 모레스가 무엇인지, 이러한 생각을 근거 짓는 기준은 무엇이며, 어디에서 유래했는지를 물으면, 그는 이 모든 것의 답을 당대의 습속이나 모레스 안에서 찾아야 한다고 말할지도 모른다. 하지만 그의 구체적

---

[57] *Folkways*, 119.
[58] *Folkways*, 96.

인 답변이 무엇인지를 떠나 적어도 우리가 말할 수 있는 것은 섬너가 사회 진화의 엔진인 습속이나 모레스 자체를 선이라고 생각하지 않았다는 점이다.

V. 나가며

지금까지 우리는 스펜서에 대한 비판에서 비롯된 사회진화론에 일반적인 비판을 섬너에게 적용하는 것은 재고의 여지가 있음을 확인해보았다. 섬너는 사회진화론자이기보다는 진화론의 일부 이론적 틀을 활용한 사회학자이며, 스펜서와 다윈 중에서 후자의 입장에 더욱 가까운 것처럼 보인다. 이렇게 생각하는 이유는 섬너가 진화보다는 습속을 이야기하고 있고, 최적자의 생존을 통해 진화가 이루어지지 않고 자연선택으로 이루어진다고 생각하고 있기 때문이며, 이와 더불어 진화를 선도 악도 아니며, 발전을 함축하고 있다고 생각하고 있지 않기 때문이다. 이렇게 보았을 때 섬너를 온갖 차별과 제국주의 침략 등을 정당화하는 '못된' 사상가로 판단하는 것은 재고의 여지가 있다. 섬너에 대한 일반적인 비판은 대체로 허수아비 논증에 해당한다고 해야 할 것이다. 적어도 섬너의 주저인 『습속』의 경우는 그러하다. 만약 그의 주저인 『습속』을 기준으로 판단하는 것이 잘못된 시각이 아니라면 섬너를 스펜서주의로 부르면서 일반적인 사회진화론에 대한 비판 도구를 잣대로 판단하는 것은 재고해 보아야 할 태도라 할 것이다.

지은이 윌리엄 그레이엄 섬너(William Graham Sumner, 1840~1910)

윌리엄 그레이엄 섬너는 1872~1909년에 예일(Yale)대학교 교수를 지낸 미국의 사회학자이자 경제학자이다. 미국 사회학의 창시자로 불리기도 하는 그는 집단이 공유하고, 사회의 유지·발전에 힘이 되는 '습속'(folkways)이라는 단어를 최초로 사용했으며, 다윈 진화론의 기본 틀을 개인뿐만 아니라 사회를 설명하는 데 적용한 것으로도 널리 알려져 있다. 대표적인 저술은 『Folkways(1906)』이며, 이외에도 『Andrew Jackson as a Public Man(1882)』, 『What social class owe to each other(1883)』 등이 있다.

옮긴이 김성한

전주교대 윤리교육과 교수. 관심 분야는 함께 살아가는 삶, 채식, 진화론 등이고, 저서로는 『나누고 누리며 살아가는 세상 만들기』, 『어느 철학자의 농활과 나누는 이야기』, 『왜 당신은 동물이 아닌 인간과 연애를 하는가』, 역서로 『채식의 철학』, 『동물해방』, 『사회생물학과 윤리』, 『프로메테우스의 불』, 『동물에서 유래된 인간』, 『섹슈얼리티의 진화』 등이 있다.

옮긴이 정창호

고려대학교 영어영문학과를 거쳐 고려대학교 대학원에서 서양철학을 공부하였고 독일 함부르크 대학에서 철학교육학 박사학위를 취득하였다. 고려대학교 교육문제연구소 연구교수를 역임하였고, 현재 경기대학교 교직학부 초빙교수로 재직 중이며 고려대, 중앙대, 경희대에 출강하고 있다. 역서로는 존 듀이의 『공공성과 그 문제들』(이유선과 공역) 등 다수가 있고, 다문화교육, 인성교육 등의 분야에서 다수의 논문과 글들을 발표하였다.

한국연구재단 학술명저번역총서 서양편·784

습속
용례, 매너, 관습, 모레스, 그리고 도덕의 사회학적 중요성
제2권

1판 1쇄 발행 2019년 10월 10일
원　　제 | Folkways: A Study of Mores, Manners, Customs and Morals
지은이 | 윌리엄 그레이엄 섬너(William Graham Sumner)
옮긴이 | 김성한·정창호
펴낸이 | 김진수
펴낸곳 | 한국문화사
등　　록 | 1991년 11월 9일 제2-1276호
주　　소 | 서울특별시 성동구 광나루로 130 서울숲 IT캐슬 1310호
전　　화 | 02-464-7708
팩　　스 | 02-499-0846
이메일 | hkm7708@hanmail.net
웹사이트 | www.hankookmunhwasa.co.kr

ISBN 978-89-6817-808-5 94380
　세트 978-89-6817-806-1 94380

· 이 책의 내용은 저작권법에 따라 보호받고 있습니다.
· 잘못된 책은 구매처에서 바꾸어 드립니다.
· 책값은 뒤표지에 있습니다.

· 이 도서의 국립중앙도서관 출판예정도서목록(CIP)은 서지정보유통지원시스템 홈페이지
　(http://seoji.nl.go.kr)와 국가자료종합목록 구축시스템(http://kolis-net.nl.go.kr)에서
　이용하실 수 있습니다.(CIP제어번호 : CIP2019035786)
· '한국연구재단 학술명저번역총서'는 우리 시대 기초학문의 부흥을 위해
　한국연구재단과 한국문화사가 공동으로 펼치는 서양고전 번역간행사업입니다.